Aleksei Suetin

# Schachtraining

Sportverlag Berlin

Übersetzung aus dem Russischen:
Otto Dietze

Suėtin, Aleksej Stepanovič:
Schachtraining / Aleksei Suetin. [Übers. aus d. Russ.: Otto Dietze]. – 2., stark bearb. Aufl. – Berlin : Sportverl., 1988

ISBN 3-328-00247-2


Zweite, stark bearbeitete Auflage
Lizenznummer: 140 355/40/88
9095
Einband und Schutzumschlag: Siegmar Förster
Printed in the German Democratic Republic
Gesamtherstellung: Karl-Marx-Werk Pößneck V 15/30
Redaktionsschluß: 30. 4. 1987
671 745 3

01550

# Vorwort zur 2. Auflage

Für die 2. Auflage hat der Verfasser beträchtliche Änderungen vorgenommen. Unter Beibehaltung der Grundkonzeption der einzelnen Kapitel wurde eine ganze Reihe von Partien und Stellungsbeispielen durch solche ersetzt, die aus der Spielpraxis der letzten Jahre stammen. Es versteht sich, daß dabei den Weltmeisterschaftskämpfen der Jahre 1984/86 sowie dem Schaffen der neuen Schachsterne, wie Sokolow, Jussupow, Timman u. a., besondere Aufmerksamkeit galt.

Eine gründliche Überarbeitung erfuhr der Abschnitt „Die Arbeit mit kommentierten Partien und über die Kunst der Kommentierung". Der Verfasser betrachtet es als sein oberstes Anliegen, die Wichtigkeit der modernen Periodika und Informationsmittel aufzuzeigen und dem Lernenden die Richtung für eine sinnvolle Arbeit mit diesem Material zu weisen.

A. Suetin

# Einführung

Es heißt nicht ohne Grund: Es ist schwierig, im Schach Höchstleistungen zu erreichen, noch schwieriger aber ist es, sie zu halten. Dazu muß sich der Schachspieler eine ganze Reihe Eigenschaften anerziehen, die nicht unmittelbar mit seinem Schachstil zusammenhängen. Es gilt, sich ganz allgemein an eine spezifische und schwierige geistige Arbeit zu gewöhnen. Eine sportliche, gesunde Lebensweise ist für ihn ebenso notwendig wie für jeden anderen Sportler.
Der Schachspieler muß auch lernen, seinem Kontrahenten unbeschwert, ja gelassen entgegenzutreten, überhaupt gilt es, sich auf die verschiedenartigsten nervlichen Prüfungen im Turnierkampf vorzubereiten. Die Tätigkeit eines Meisters kommt immer sichtbar zum Ausdruck; seine Erfolge und Mißerfolge werden unverzüglich öffentliches Wissen. Das zwingt ihn zu verantwortungsbewußtem Tun und Handeln. Steinitz, Lasker, Aljechin, Botwinnik, Karpow und Kasparow, ja überhaupt alle Koryphäen – insbesondere die Weltmeister – sind die Vorbilder aller zielstrebigen Schachkämpfer, und der Einfluß dieser Schachgrößen geht weit über die Grenzen ihres schachlichen Schaffens hinaus.
Vergessen wir dabei nicht, daß die Ausbildung der schachlichen Fertigkeiten das eine ist. Das Erlernen der Spielprinzipien, die Aneignung der Theorie gehören nur zur Vorbereitung, doch die Hauptsache ist und bleibt die Bewährung im Wettkampf.
Das Ziel der vorliegenden Arbeit ist es, die Probleme des praktischen Denkens und des Trainings eines Schachspielers zu untersuchen. Wir setzen beim Leser Kenntnisse auf dem Gebiet der Strategie und Taktik sowie die entsprechende Spielstärke voraus. Hier wird ihm begreiflich gemacht, daß das moderne Schach ein besonderes Mittel zur Formung und Entwicklung des menschlichen Intellekts ist.

# ERSTER TEIL

# Die Praxis – Grundlage der Vervollkommnung des Schachspielers

Die praktische Partie stellt für einen Schachspieler die unmittelbare und natürlich hauptsächliche Lehrstunde dar. Es versteht sich von selbst, daß sie nicht als Lehrstunde schlechthin, sondern als ein Examen besonderer Art zu betrachten ist, in dem es sich zu bewähren gilt. Stellt man allerdings die Frage umfassender, so wird klar, daß die lange Kette dieser „Examen" im Endergebnis als eine reichhaltige Plattform für die Ausbildung aufzufassen ist. In unseren Darlegungen werden wir versuchen, ausführlicher auf die methodischen Besonderheiten einzugehen, die vorwiegend mit der Praxis und dem Entstehungsprozeß einer Schachpartie zusammenhängen.
Der Prozeß des praktischen Kampfes besitzt nicht nur vom Standpunkt der Anerziehung sportlicher Eigenschaften Bedeutung, vielmehr läßt sich ohne weiteres behaupten, daß er auch die Grundlage für die schöpferische Entfaltung bildet.
In diesem Teil, der durchaus keinen rein lehrbuchhaften Charakter trägt, möchten wir uns mit einigen verborgenen, sich auf die Denkeffektivität eines Schachspielers günstig auswirkenden „Triebfedern" befassen.

## 1. Kapitel

### Die Rolle der Aufmerksamkeit und die Probleme der sportlichen Form

Eine Schachpartie erfordert in der Regel vom ersten bis zum letzten Zug außergewöhnliche Genauigkeit. Zu Recht heißt es, daß man viele gute Züge benötigt, um eine Partie zu gewinnen, aber daß ein schlechter Zug genügt, um sie zu verlieren!

### Vor allem – Aufmerksamkeit!

Von allen Eigenschaften, die einen Schachspieler auszeichnen, kommt der Aufmerksamkeit erstrangige Bedeutung zu, denn das schachliche Denken trägt gegenständlich-bildhaften Charakter, so daß die rein visuelle Wahrnehmung von Wichtigkeit ist. Versehen lassen sich vor allem darauf zurückführen, daß das „Sehen" zu einem bestimm-

ten Zeitpunkt geschwächt ist und in der Tätigkeit des Gehirns eine gewisse Abschweifung vor sich geht.
Mit der Erkenntnis, daß der Mensch nie auslernt, kann ich meine Partie gegen Makarytschew bei der Offenen Meisterschaft von Moskau 1983 als meinen absoluten Rekord an Aufmerksamkeitsverlust registrieren. Die weißen Steine führend, erreichte ich ziemlich rasch spürbaren Vorteil:

**1.e4 c5 2.♘f3 ♘c6 3.d4 cd 4.♘:d4 ßf6 5.ßc3 d6 6.♗c4 g6(?) 7.♘:c6 bc 8.e5 ♘g4 9.♗f4 ♗h6??**

Schwarz versucht eine Variante, die in der Eröffnungstheorie einen schlechten Ruf genießt. Nach der Partie sagte mir mein Partner, daß er auf seinen letzten Zug Hoffnungen setzte, der nicht ohne Erfolg erstmalig von Ljubojević auf der Olympiade 1982 in Luzern angewandt worden war. Weiß findet jedoch eine Fortsetzung, die seinen Eröffnungsvorteil festhält.

**10.♗:h6 ♘:h6 11.♕d2 ♘f5 12.ed ♘:d6 13.0–0–0 ♕c7**

Danach wird die Stellung des Nachziehenden sehr schwierig. Die strategischen Vorzüge des weißen Aufbaus sind bereits offensichtlich, und es ist für Schwarz nicht leicht, einen gangbaren Weg zu finden.

**14.♕f4! 0–0**

Es drohte 15.♗:f7+!

**15.♘e4! ♘e8**

Auf 15. ... ♘b wäre außer 16.♕:c7 auch 16.♕h6! stark, wodurch ein Mattangriff drohte.

**16.♕:c7 ♘:c7 17.♘c5**

Leicht kann man sich überzeugen, daß die weißen Figuren auf dem Brett dominieren.

**17. ... ♖e8 18.♖he1 ♔g7 19.♖e3 a5 20.♖b3!**

Am einfachsten. Jetzt erleidet Schwarz Materialverlust.

**20. ... ♗f5 21.♖b6 ♖ec8 22.♖:c6 ♘e8 23.♗d5 e6 24.♗f3 ♖:c6 25.♗:c6 ♖c8 26.♗:e8 ♖:c5**

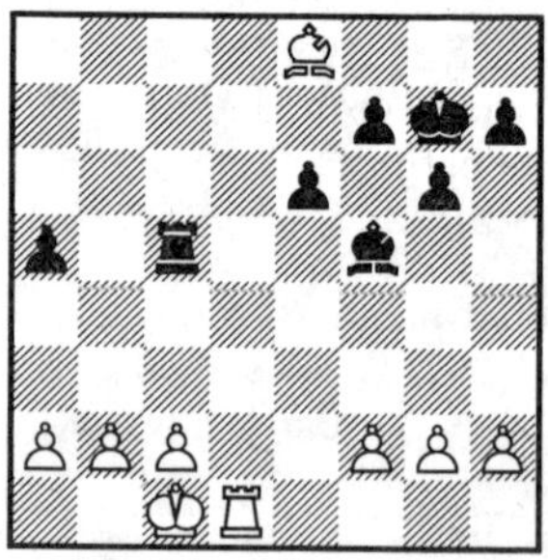

Hier nun, als alles gelaufen schien, spielte ich anstelle der selbstverständlichen Züge 27.♖d2 oder 27.c3 (wahrscheinlich hätte ich den ersteren gewählt) mechanisch **27.b3??** und hielt sogleich die Uhr an.
In der Meisterpraxis bilden ähnliche Fälle von Schachblindheit durchaus keine Seltenheit.

In der Regel sind sie nicht so sinnlos wie in dem soeben angeführten Beispiel, aber wieviel einzügige Mattdrohungen oder Figurenverluste wurden, selbst in entscheidenden Wettkämpfen, schon außer acht gelassen. Denken wir an das ärgerliche Übersehen eines einzügigen Matts, das sich Tschigorin in der entscheidenden Partie des Revanchematches im Jahre 1895 gegen Steinitz leistete. Im Interzonenturnier in Amsterdam 1956 „vergaß" Petrosjan (der sich in seiner gesamten Schachlaufbahn durch vorzügliche Aufmerksamkeit auszeichnete), seine Dame in der Partie gegen Bronstein aus ihrer bedrohten Lage zu nehmen ... Es wäre zu einfach, dies mit Nachlässigkeit erklären zuu wollen. Im Gegenteil, in der dem Versehen vorausgehenden Zeitspanne befindet sich ein Spieler im Zustand erhöhter Anspannung. Mir scheint es, daß vor allem Müdigkeit und Überanstrengung zu diesen verhängnisvollen Folgen führen. Unser Nervensystem macht zuweilen von seiner Fähigkeit Gebrauch, in einer Periode der übermäßigen Belastung „abzuschalten". Diesen Umstand sollte man berücksichtigen. Gerade deshalb ist eine kräftige Gesundheit vonnöten, muß der Schachspieler sowohl während eines Turniers als auch in der Vorbereitungsperiode eine entsprechende Lebensweise führen. Doch das allein genügt nicht! Er sollte vor allem sich selbst kennen, so tiefgründig wie möglich seinen Charakter, sein Denken erforschen, ständig gegen seine Hauptschwächen ankämpfen, die er selbst am besten zu diagnostizieren vermag.

Wir haben über folgenschwere Versehen gesprochen, die in gewonnenen oder klar besseren Stellungen geschahen. Bei starker Zeitnot erhöht sich natürlich, unabhängig vom Charakter der Stellung, rapide die Wahrscheinlichkeit von Fehlleistungen oder Fehlgriffen. Zeitnot – eine wahre Geißel vor allem bei einer von der Taktik diktierten Spielführung. Die Wahrscheinlichkeit, ein Versehen zu begehen, nimmt in objektiv schlechteren Stellungen rasch zu, besonders wenn man eine anstrengende und lange Verteidigung zu führen hat. Instruktiv ist das folgende Beispiel.

**Sizilianisch**
**Sokolow–Chalifman**
**Spartakiade der Völker der UdSSR, 1986**

**1.e4 c5 2.♘f3 d6 3.d4 cd 4.♘:d4 ♘f6 5.♘c3 g6 6.♗e2 ♗g7 7.0–0 0–0 8.♗g5 ♘c6 9.♘b3 ♗e6 10.f4 b5!? 11.♗f3 b4 12.♘d5 ♗:d5 13.ed ♘a5 14.♕e2 ♖c8 15.♔h1 ♕b6 16.♘:a5 ♕:a5 17.a3 h6 18.♗h4 ba 19.♖:a3 ♕b4 20.c3 ♕:f4 21.♗g3 ♕c4 22.♕:c4 ♖:c4 23.♖:a7**

Im wechselvollen Eröffnungs- und Mittelspielgeschehen ist es Schwarz trotz aller Bemühungen nicht gelungen, die Schwierigkeiten vollends zu beseitigen. Objektiv gesehen, kann Weiß kaum mit einem Gewinn rechnen. Allerdings können sich die Kontrahenten noch lange „quälen“, denn Schwarz steht eine mühsame Verteidigung bevor.

**23. ... ♖b8 24.♖:e7 ♖:b2 25.♗:d6 ♖:c3 26.♗e5 ♖f2 27.♔g1 ♖:f1+ 28.♔:f1 ♖:f3+ 28.gf ♘:d5 30.♖e8+ ♔h7 31.f4**

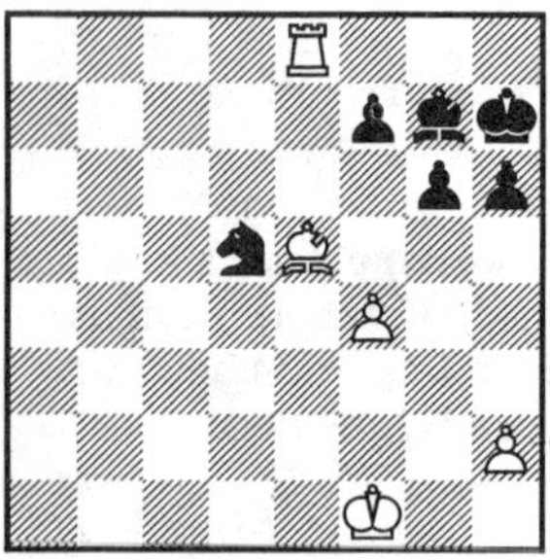

Durch Forcierung der Ereignisse und Vereinfachungen ging dann die Partie ins Endspiel über. Weiß besitzt zwar die Qualität für einen Bauern, doch sollten die Reserven des Nachziehenden für ein Remis ausreichen. Allerdings verfügt Chalifman hier nicht über die kämpferischen Qualitäten, die Schwierigkeiten einer langwierigen Verteidigung zu überstehen! Die folgende impulsive Antwort bringt ihn bereits in eine heikle Situation.

**31. ... g5? 32.♗:g7 ♔:g7 33.fg hg 34.♖e5** (diesen einfachen Zug hatte Schwarz übersehen; Sokolow führt das Endspiel nun überzeugend zum Sieg) **34. ... ♘f4 35.♖:g5+ ♘g6 36.♔f2 f6 37.♖g1 ♔h6 38.♔g3 ♔g5 39.♔f3 ♔f5 40.♖a1 ♔g5 41.♖a5+ ♘e5+ 42.♔e4 ♔h4 43.♔f5! ♔h3 44.♖a2 ♘d7 45.♖a7!** Schwarz gab auf.

In der Mehrzahl derartiger Versehen in schlechten Stellungen besteht noch Hoffnung auf Verteidigung. Jedoch wird durch den auf der verteidigenden Seite eintretenden psychologischen Bruch die normale Kampfesführung gestört. Mit Nachdruck sei ein Spieler, der eine lange Verteidigung zu führen hat, ermahnt, größte Aufmerksamkeit walten zu lassen. Es gilt äußerste Verteidigungsmaßnahmen zu unternehmen, an die eigenen Ressourcen zu glauben und achtzugeben, daß „in Eile“ kein taktisches Versehen unterläuft.

## Probleme der sportlichen Form

Der Zeitpunkt der Übermüdung im schachlichen Schaffen läßt sich sehr schwer genau bestimmen. Vielmehr ist er an gewissen indirekten Fakten zu erkennen. In der Regel zeigt sich das in einer Art „Gleichgültigkeit“, durch Verluste des inneren Schwungs und der Wahrnehmungsfrische. Ein derartiger Zustand wirkt sich vor allem funktionell aus, das heißt innerhalb einer Partie. Alles hängt hier von der richtigen ökonomischen Krafteinteilung während des fünfstündigen Kampfes ab. Schädlich ist es deshalb, endlose, wenig fruchtbare Berechnungen anzustellen, die Zeit und zudem Kraft kosten. Es versteht sich von selbst, daß man durch ein solches Vorgehen leicht in Zeitnot verfällt, in der sich die Fehlerquote auffallend erhöht. Natürlich ist niemand gegen derartige Fehlleistungen gefeit, selbst wenn man sich in ausgezeichneter Form befindet. Eine Übermüdung anderer Art macht sich durch Depressionen bemerkbar, Mangel an schöpferischem Denken, Verlust des spielerischen Selbstbewußtseins u. a. Das hängt primär vom allgemeinen physischen und psychischen Zustand eines Schachspielers ab. Häufig führen vorausgegangene äußerst hohe Trainingsbelastungen zu einem solchen Zustand oder auch zu häufige Teilnahme an Turnieren.

Drei Wochen vor meiner ersten Finalteilnahme bei den Landesmeisterschaften, das war im Jahre 1950, fuhr ich zu einem Lehrgang nach Podmoskowa, in der Hoffnung, mich von den Strapazen des eben erst beendeten Halbfinales erholen zu können und meine Kräfte moralisch auf die bevorstehenden Kämpfe auf großmeisterlicher Ebene zu konzentrieren. 10 Tage vor Beginn des Finales traf Boleslawski ein, der immerhin zu den Weltmeisterschaftskandidaten gehörte. So stand ich bei unserem guten Verhältnis zueinander unter dem starken Einfluß seiner Autorität. Er war in methodischer Hinsicht jedoch etwas einseitig, verschmähte offensichtlich die Psychologie des Schöpfertums. Sein Credo bestand in der endlosen eröffnungstheoretischen und analytischen Arbeit. Obwohl auch er ermüdet war durch seine eben erst beendeten Kandidatenmatche, verbrachte er buchstäblich ganze Tage mit Analysen. Und so ein Leben hatte ich voll und ganz mit ihm zu teilen! Unmittelbar vor dem Start zum Finale spürte ich plötzlich voller Betrübnis, daß meine kämpferische Stimmung erloschen war. Mehr noch, in meinem Kopf schwirrte eine unendliche Anzahl „unverdauter" Varianten. So fehlte mir der notwendige Schwung, und im Finish war ich gar so erschöpft, daß ich die vier letzten Begegnungen verlor. Offensichtlich war die Übermüdung eine Folge von Übersättigung. Ich bin durchaus nicht der Auffassung, daß man das Training vernachlässigen sollte. Im Gegenteil, ich bin bekannt als ein Anhänger der strebsamen, regelmäßigen schachlichen Betätigung. Allerdings muß sich alles in vernünftigen Grenzen bewegen. Dazu gehört, sich selbst zu kennen und seine Möglichkeiten richtig einzuschätzen, nicht im Training den „Hunger" zu stillen, sondern den „Appetit" für die eigentlichen Schachkämpfe anzuregen.

Große Kunst erfordert die Fähigkeit, die sportliche Form zu bewahren.

Schaffensschwung – darauf beruht hohe Spielstärke!

Jeder genügend erfahrene Schachspieler weiß, daß man scheinbar fast wie „auf Bestellung" gewinnen kann, wenn man sich in Schwung fühlt. Bei schlechter Form dagegen nagt im Bewußtsein der Gedanke, es gelänge einem kaum der Gewinn auch nur einer Partie.

In vielen Fällen führt von einem Formtief in der schachlichen Leistung ein direkter Weg zum Verlust des Geschmacks am Spiel. Und das ist sehr bedauerlich, zumal heutzutage im modernen, leistungsmäßig ausgeglichenen Schachkampf eine Partie gewöhnlich durch winzige Feinheiten gewonnen wird.

Es gibt nicht wenige Verfahren, um die Einstellung zum Kampf und die spielerische Form zu erhalten. Eines davon besteht darin, rechtzeitig vor Beginn eines Turniers oder eines Matches mit der schachlichen Betätigung aufzuhören. Die Zeitdauer kann hier sehr verschieden sein. So legte Botwinnik in seinen besten Jahren eine kurze Pause von 5 bis 6 Tagen ein. Petrosjan dagegen zog eine ziemlich lange Unterbrechung vor – bis zu einem Monat. Jedoch 3 bis 4 Tage vor dem Start „belastete" er sich hart mit Training, besonders in Form von Variantenberechnung. Bondarewski, der lange Zeit Trainer von Spasski war und um die ziemliche Nachlässigkeit seines Zöglings wußte, zwang diesen buchstäblich vor entscheidenden Wettkämpfen, mit voller Hingabe der Kräfte zu arbeiten. So führte Spasski auf Anraten Boleslawskis einen Tag vor Beginn seines Matches gegen Petrosjan 1969 ein sehr schwieriges Handikapspiel gegen starke Meisteranwärter durch.

Aus diesen unterschiedlichen Verhaltensweisen zur Erhaltung der Form und zur Stimulierung des Vorstartzustandes läßt sich schließen, daß die individuellen Besonderheiten berücksichtigt werden müssen.

In engem Zusammenhang mit diesem Problem steht der Kampf um die innere Ausgeglichenheit. Die schöpferische Tätigkeit eines Schachspielers ähnelt der eines Hochofens – sein Feuer soll niemals verlöschen. Er darf nicht rosten, nicht ruhen. Schach ist eine sehr lebendige Beschäftigung und ohne ständiges regelmäßiges Training eben nicht denkbar. Beim Hoffen auf Eingebungen sind traurige Folgen unausbleiblich. Wenn man es mit den negativen Folgen zweier Pole vergleicht – der erhöhten Trainingsbelastungen einerseits und des müßigen Wartens auf „Erleuchtung" andererseits –, so

stellt doch der erstere das kleinere Übel dar.
Wahre Eingebung setzt stete ernsthafte Arbeit voraus! Trotz allem garantiert höchste sportliche Form keinen Erfolg. Ein zufälliges, ärgerliches Versehen in einer Gewinnstellung und der damit verbundene Partieverlust wirken sich zuweilen wie ein Schock aus, der uns für den weiteren Turnierverlauf aus dem Gleichgewicht bringt. Deshalb ist es schwierig, im voraus zu sagen, wie sich ein Wettkampf gestalten wird.
Als Beispiel sei an meinen bereits erwähnten Vorfall mit Makarytschew erinnert. Trotz meines krankhaften Allgemeinzustandes lief zu Beginn des Turniers das Spiel ohne weiteres. Diese Katastrophe warf mich aber regelrecht aus der Bahn, und ziemlich unsinnige und grobe Fehler waren die Folge. Beispiele dieser Art ließen sich viele anführen, selbst von Kämpfen auf höchster Ebene. Weitaus schwieriger steht es mit Gegenbeispielen, wo es Schachspielern gelungen ist, ihre schlechte Form zu überwinden und trotz der anfänglichen Depressionen einen Kräftezuwachs zu erreichen. Wie paradox es auch klingen mag, manchmal bewirkt ein glücklicher Zufall, ein „Geschenk des Himmels", eine Verbesserung der sportlichen Form. Im Zusammenhang damit stehen die folgenden Ausführungen von Makarytschew über meine unglückliche Partie mit ihm (siehe Seite 8), die er in seinem Artikel über das Turnier in der „64", 7/83 veröffentlichte: „Als eine Wende in meinem Turnierschicksal erwies sich die Partie in der 11. Runde. Großmeister Suetin widerlegte mühelos die Eröffnungsidee von Schwarz, baute überzeugend seinen Vorteil aus und gewann einen Bauern. Ich bereute die gewählte Eröffnung, die ganze Reihe verpaßter Möglichkeiten in den vorangegangenen Runden, als plötzlich mein Gegner einen völlig unsinnigen Zug machte, der sofortigen Verlust in der technisch gewonnenen Stellung bedeutete. Das ungewöhnliche Geschenk brachte mir nicht nur einen Punkt, sondern einen Umschwung der Fortuna um 180 Grad. Und das Unmögliche gelang: Aus den restlichen 8 Runden errang ich 7 Punkte und teilte den 1. und 2. Platz."
Nun, nicht jeder ist zu einem so freimütigen Geständnis bereit, und auch nicht jeder Spieler erlebt einen Umschwung in der geschilderten Weise. Allerdings ist der Vorfall zweifellos typisch.

## 2. Kapitel

### Über den Stereotyp praktischen Denkens

Längst hat sich die Auffassung herausgebildet, daß die Arbeit

eines Schachspielers während der Partie nach einem bestimmten Stereotyp verläuft. In der Regel bedarf es im Verlaufe einer Partie zwei- bis dreimal einer erhöhten Zufuhr geistiger Energie. Das erste dieser Momente tritt ein bei der Wahl des Mittelspielplanes (oder beim Übergang ins Mittelspiel), das zweite, wenn der Kampf im Mittelspiel auf dem Höhepunkt steht und eine heiße taktische Schlacht entbrennt.
Tatsächlich entwickelten sich viele Partien der klassischen Schachepoche nach einem solchen „Szenarium". Aufschlußreich ist das folgende Beispiel.

Damengambit
Pillsbury–Tarrasch
Hastings 1895

**1.d4 d5 2.c4 e6 3.♘c3 ♘f6 4.♗g5 ♗e7 5.♘f3 ♘bd7 6.♖c1 0–0 7.e3 b6 8.cd ed 9.♗d3 ♗b7 10.0–0 c5 11.♖e1 c4 12.♗b1 a6 13.♘e5**

Beide Seiten haben ihre strategischen Pläne festgelegt. Schwarz traf im 11. Zug eine wichtige Entscheidung, indem er die Zentrumsspannung aufhob und gleichzeitig einen Bauerngegenangriff am Damenflügel einleitete. Weiß wiederum gab mit dem Zug 13.♘e5 das Signal zu dem anschließenden massierten Vorgehen am Königsflügel. Die folgenden Züge beider Partner bilden logische Kettenglieder ihrer wechselseitigen Pläne (in Übereinstimmung mit der notwendigen Prophylaxe!).

**13. ... b5 14.f4 ♖e8 15.♕f3 ♘f8 16.♘e2**

Der Springer begibt sich zum Königsflügel, wo Weiß seine Kräfte konzentriert hat.

**16. ... ♘e4 17.♗:e7 ♖:e7 18.♗:e4 de 19.♕g3 f6 20.♘g4 ♔h8 21.f5 ♕d7 22.♖f1 ♖d8 23.♖f4 ♕d6 24.♕h4 ♖de8 25.♘c3 ♗d5 26.♘f2 ♕c6 27.♖f1 b4 28.♘e2 ♕a4 29.♘g4 ♘d7**

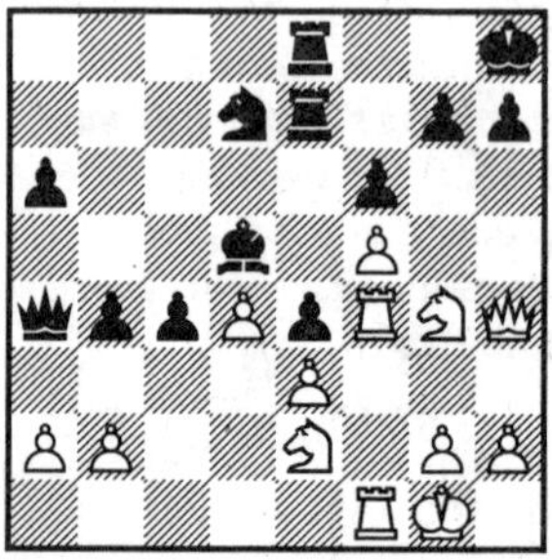

**30.♖4f2!**

Die Streitkräfte sind bereits hart aufeinandergestoßen. Die Zeit scharfen taktischen Kampfes, der eine umfangreiche und genaue Variantenberechnung erfordert, ist gekommen.
Als Weiß 30.♖4f2! spielte, mußte er vor allem genau die Folgen des Zuges 30. ... ♕:a2 berechnen. In diesem Falle sollte danach 31.♘f4 ♗f7 32.♘g6+ ♔g8 33♘:e7+ ♖:e7 34.♕g3! ♔f8 35.♕c7! h5 36.♕d8+ ♗e8 37.♘e5 der

weiße Angriff den Kampf entscheiden.

**30. … ♔g8 31.♘c1 c3 32.b3 ♕c6 33.h3 a5 34.♘h2 a4 35.g4 ab 36.ab ♖a8**

Obwohl nicht forciert, mußte Weiß lange vorher diese Entwicklung des Geschehens voraussehen.
Die gegenseitigen stürmischen Unternehmungen bedürfen in dieser Situation einer genauen Berechnung (einer mathematischen Berechnung, wie Réti betonte!). Unzweideutig zielt Schwarz auf den Punkt b3, dessen Eroberung mit der Bildung einer mächtigen Bauernphalanx am Damenflügel verbunden ist.
Die weißen Drohungen tragen einstweilen noch keinen konkreten Charakter.

**37.g5 ♖a3 38.♘g4 ♗:b3**

Im Falle von 38. … fg 39.♕:g5 ♘f6 40.♘e2 nebst ♘f4 wäre der weiße Angriff sehr gefährlich.

**39.♖g2! ♔h8 40.gf gf 41.♘:b3 ♖:b3 42.♘h6 ♖g7 43.♖:g7 ♔:g7**

Der Angriff von Weiß scheint zu spät zu kommen – Schwarz droht, mit dem c-Bauern zu marschieren.

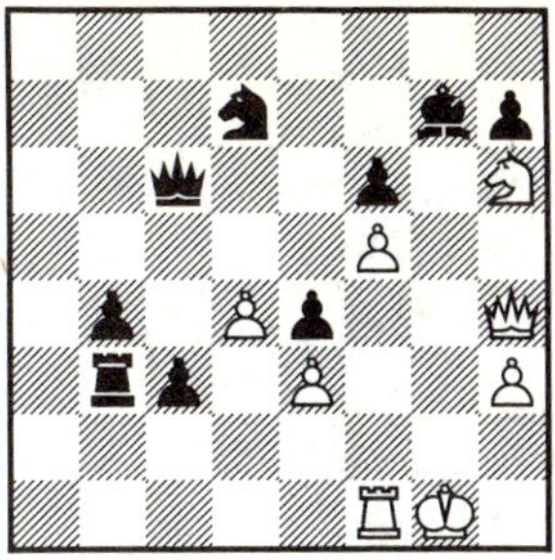

**44.♕g3+!**

Der entscheidende Angriff, den der Anziehende mit filigraner Genauigkeit bis zum Ende durchzurechnen hatte.

**44. … ♔:h6 45.♔h1! ♕d5 46.♖g1 ♕:f5 47.♕h4+ ♕h5 48.♕f4+ ♕g5 49.♖:g5 fg 50.♕d6+ ♔h5 51.♕:d7 c2 52.♕:h7 matt!**

Auch in unserer Zeit trifft man in sehr vielen Fällen diesen Stereotyp an.
Betrachten wir dazu die folgende Beispiele.

Skandinavisch
Fischer–Robatsch
Olympiade 1962

**1.e4 d5 2.ed ♕:d5 3.♘c3 ♕d8 4.d4 g6 5.♗f4! ♗g7 6.♕d2 ♘f6**

Ein wichtiges strategisches Moment beinhaltete der 5. Zug, mit dem Weiß den Plan festlegte, lang zu rochieren. Er mußte dabei genau die Folgen der nachstehenden Varianten berechnen: 6. … ♕:d4 7.♕:d4 ♗:d4 8.♘b5 ♗b6 9.♘:c7+ ♗:c7 10.♗:c7 mit solidem Positionsübergewicht für Weiß oder 6. … ♗:d4 7.0–0–0 ♘c6 8.♗b5 ♗d7 9.♘d5 e5 10.♘f3, und es steht schlecht um Schwarz.

**7.0–0–0 c6** (etwas besser ist 7. … ♘d5) **8.♗h6 0–0?**

Das kleinere Übel stellt 8. … ♗:h6 9.♕:h6 ♗f5 dar, bereit zur langen Rochade.

**9.h4 ♕a5 10.h5!**

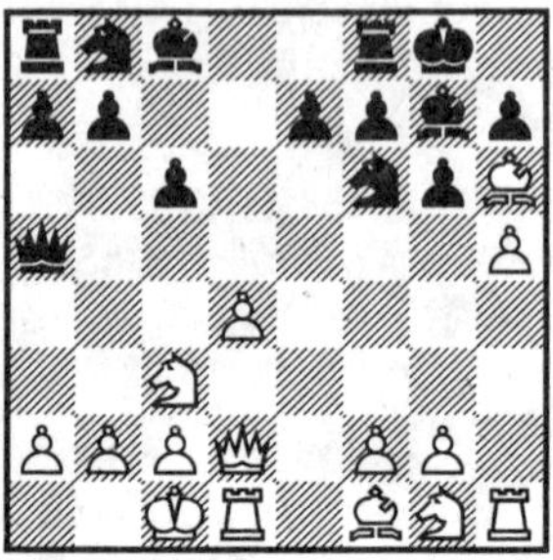

Eine wichtige taktische Phase. Weiß führt den Angriff sehr genau und konkret. Die Stellung des Anziehenden ist bereits strategisch gewonnen. Schlecht wäre z. B. 10. … ♘:h5 11.♗e2 ♘f6 12.♗:g7 ♔:g7 13.♕h6+ ♔g8 14.g4! ♖d8 15.g5 ♘h5 16.♗:h5 gh 17.♖:h5 ♗f5 18.g6! oder 10. … ♗f5 11.f3 ♗:h6 12.♕:h6 gh? 13.♕g5+ ♔h8 14.♗d3, und Weiß gewinnt eine Figur.

**10 … gh 11.♗d3 ♘bd7 12.♘ge2 ♖d8 13.g4! ♘f8 14.gh ♘e6 15.♖dg1 ♔h8 16.♗:g7+ ♘:g7 17.♕h6 ♖g8 18.♖g5 ♕d8 19.♖hg1 ♘f5**

Ein schönes Finale ergäbe 19. … ♕f8 20.d5! ♗d7 21.d6! ♘f5 22.♕:f8 ♖a:f8 23.♗:f5 ♖:g5 24.♖:g5 h6 25.de ♖b8 26.♖g3! ♗:f5 27.♖f3, und Weiß erobert eine Figur.

**20.♗:f5.** Schwarz gab auf.

Skandinavisch
Karpow–Lutikow
UdSSR 1979

**1.e4 d5 2.ed ♕:d5 3.♘c3 ♕d6?! 4.d4 ♘f6 5.♘f3 a6 6.♗e3 ♘c6 7.♕d2 ♗g4 8.♘g5!**

Ein starkes Manöver zur Festigung der weißen Initiative.

**8. … e5?**

Schwarz will sich nicht mit der Rolle eines Verteidigers begnügen und begeht sofort einen ernsten Fehler. Vorzuziehen war das bescheidene 8. … e6.

**9.d5 ♘b4 10.f3 ♗f5 11.♘ge4 ♕d7 12.0–0–0 c6**

Als schlecht erwiese sich 12. … 0–0–0? 13.♗c4!, und Weiß gewinnt rasch.

**13.dc ♕:d2+ 14.♖:d2 ♗:e4?**

Folgen mußte 14. … ♘:c6!, wonach Weiß die angenehme Wahl hat zwischen 15.♗c4 und 15.♘:f6+ gf 16.♘d5 0–0–0 mit Positionsübergewicht in beiden Fällen. Jetzt erreicht der Anziehende allerdings entscheidenden Vorteil.

**15.♘:e4! ♘:c6 16.♘:f6+ gf 17.♗d3 0–0–0 18.♖hd1 ♔c7 19.c3 h5 20.♗f5 ♖:d2 21.♖:d2 ♘b8**

Auf 21. … ♗d6 ist 22.♗b6+ unangenehm. Die schwarze Stellung ist allerdings bereits unbefriedigend. Das Finale der Partie behandelt Weiß sehr genau.

**22.h4 ♗h6 23.♗:h6 ♖:h6 24.a4 ♖h8 25.b4 b6 26.b5 ♖g8 27.♔c2 ab 28.ab ♖e8 29.c4.** Schwarz gab auf.

Skandinavisch
Suetin–Schamkowitsch
32. Meisterschaft der UdSSR, 1965

**1.e4 d5 2.ed ♘f6 3.d4 ♘:d5 4.♘f3 ♗g4 5.c4 ♘f6 6.c5!**

Ein wichtiger Augenblick des Eröffnungskampfes, der tiefes Nachdenken erfordert. Diese Fortsetzung ist zweifellos am energischsten. Auf das natürliche 6. … ♘d5 könnte 7.♕b3! folgen mit den Drohungen 8.♕:b7 und 8.♘e5. Kritische Varianten entstehen im Falle von 7. … ♗:f3 8.♕:b7! ♗e4 9.♘d2 oder 8. … ♘e3 9.♕:f3 ♘c2+ 10.♔d1 ♘:a1(?) 11.♗b5+ ♘d7 12.♗:d7+ ♔:d7 13.♕d5+, und Weiß gewinnt. Schwarz ist gezwungen, Verwicklungen aus dem Wege zu gehen, überläßt dem Anziehenden jedoch ein solides positionelles Übergewicht.

**6. … ♗:f3 7.♕:f3 ♘d5 8.♕b3 b6**

Nach 8. … ♘c6 9.♕:b7 ♘:d4 10.♗b5+ ♘:b5 11.♕c6+! steht es um Schwarz schlecht.

**9.♗g5!**

Weiß bremst die gegnerische Entwicklung, indem er den Zug e7–e6 verhindert.

**9. … ♕d7**

Auf 9. … h6 geschähe 10.♗c4, was die weitere Schwächung 10. … c6 bewirkt.

**10.♘c3 e6**

Das kleiner Übel war 10. … ♘:c3 11.bc e6, obwohl sich auch dann der weiße Druck sehr bemerkbar macht.

**11.♘:d5 ♕:d5 12.♕:d5 ed**

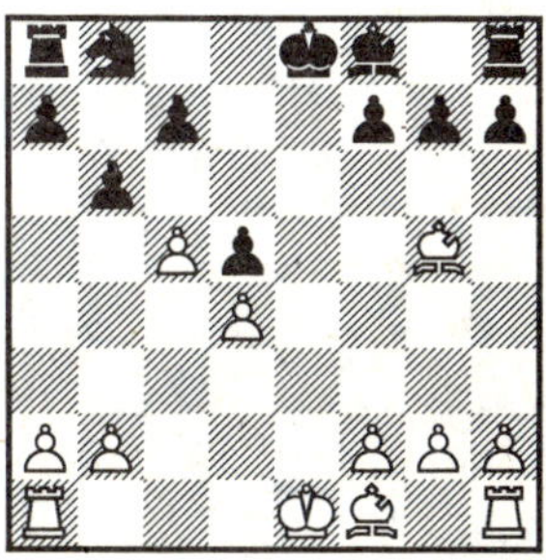

**13.c6!**

Die Pointe der Idee von Weiß. Die Folgen dieses Zuges mußten genau berechnet werden, denn dem Anziehenden obliegen Verpflichtungen, die ziemlich starken schwarzen Streitkräfte am Damenflügel zu bremsen.

**13. ... ♗e7 14.♗e3**

Nach 14.♗f4 ♗f6 oder 14.♗:e7 ♔:e7 15.♖c1 ♔d6 gerät Weiß rasch in Schwierigkeiten.

**14. ... ♔d8 15.♖c1 ♖e8 16.g3**

Verwirklicht die Leitlinie des Spiels und isoliert so Teile der schwarzen Streitmacht. Im Falle von 16.♗e2 ♗b4+ 17.♔d1 ♖e6 18.♗f3 ♖:c6 19.♗:d5 ♖:c1+ 20.♔:c1 c6 21.♗:f7 käme Schwarz mit einem Bauernverlust davon.
Jetzt könnte auf 16. ... ♗b4+ folgen 17.♔e2 ♖e6 18.♗g2 ♘:c6 19.♗:d5 ♘:d4+ 20.♔d3, und Weiß gewinnt.

**16. ... ♗g5 17.♗g2! ♗:e3 18.fe ♖:e3+ 19.♔d2 ♖e6 20.♖hf1 f6 21.♖f5! ♖d6**

Nach 21. ... ♘:c6 22.♖:d5+ ♔e7 23.♖h5 ♖d8 24.♖:c6 ♖:d4+ 25.♔c3 behielte der Anziehende in einem einfachen Endspiel eine Figur für zwei Bauern.

**22.♖:d5 ♖:d5 23.♗:d5 ♔e7 24.♗g2 ♘a6 25.a3 ♖d8 26.♖e1+ ♔d6 27.b4 b5 28.d5 ♘c5 29.bc+ ♔:c5 30.♖e7.**
Schwarz gab auf.

Damengambit
Beljawski–Geller
UdSSR 1983

**1.d4 d5 2.c4 e6 3.♘c3 ♗e7 4.cd ed 5.♗f4 c6 6.e3 ♗f5 7.g4 ♗e6 8.h4!?**

Dieses System führte Botwinnik in die Praxis ein. Die Erfahrung lehrt, daß es nicht wenige Probleme in sich birgt und zu einem komplizierten Kampf führt. In der ersten Zeit spielte man gewöhnlich 8.h3, was den Bauern g4 festigt. Jetzt geht man häufiger zu einem aggressiven Angriffsplan am Königsflügel über.
Früheren Spielauffassungen zufolge setzen an dieser Stelle tiefsinnige Überlegungen ein, um den richtigen strategischen Plan zu finden. Beim heutigen Stand der Eröffnungstheorie geschieht das in der Regel bereits während der häuslichen Vorbereitung. Der Zeitpunkt, da es gilt, direkt am Brett Entscheidungen zu treffen, beginnt verhältnismäßig spät. Vorerst verläuft das Geschehen nach der vorbereiteten Analyse.

**8. ... ♘d7 9.h5 ♕b6 10.♖b1 ♘gf6 11.f3 0–0 12.♗d3 c5 13.♘ge2 ♖ac8 14.♔f1 cd 15.ed ♗d6 16.♕d2 ♘e8 17.♔g2 ♕d8(?)**

Hier fängt nun die Improvisation an und das mit ihr im Zusammenhang stehende „Grübeln“ über die Wahl des konkreten strategischen Planes. Mit dem Textzug leitet Geller eine Umgruppierung ein. Sein Springer soll das Feld c4 besetzen.

**18.♖be1 ♘b6 19.♗b1!**

Dieses Manöver kennzeichnet den strategischen Plan von Weiß. Die geringe Schwächung der schwarzen Königsflanke ausnutzend, bereitet Beljawski einen entscheidenden Angriff auf dieser Seite vor.

**19. ... ♘c4 20.♕d3 f5 21.♗c1 ♘f6 22.♘g3!**

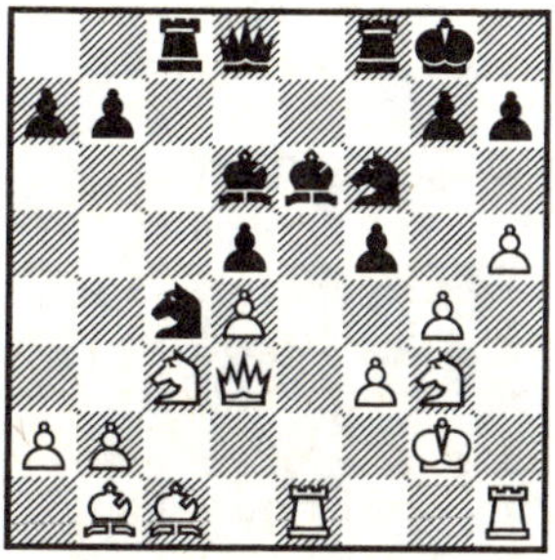

Bereits hier nimmt das taktische Spiel konkrete Formen an. Vor Ausführung seines letzten Zuges mußte der Anziehende genau die sich jetzt ergebenden Verwicklungen berechnen. Der kombinatorische Sturm beginnt.

**22. ... ♗:g3**

Wegen der Schutzlosigkeit der Punkte e6 und f5 ist Geller gezwungen, Materialverluste in Kauf zu nehmen.

**23.♖:e6 fg?! 24.♔:g3 ♘e4+ 25.♘:e4 ♖:f3+ 26.♕:f3 gf 27.♘g5!**

Im Ergebnis hat Weiß für die Dame einen Turm und zwei Leichtfiguren erhalten. Das reicht, um dem schwarzen König unverzüglich den Garaus zu machen.

**27. ... ♘d6 28.♗:h7+ ♔f8 29.♖f1.** Schwarz gab auf.

Pirc-Ufimzew-Verteidigung
Geller–Lerner
47. Meisterschaft der UdSSR, 1979

**1.ed d6 2.d4 ♘f6 3.♘c3 g6 4.g3 ♗g7 5.♗g2 e5?.**

Ein Suchen neuer Wege, das allerdings zu einem für Weiß günstigen Endspiel führt. Vorzuziehen war 5. ... 0–0. Nun erlangt Weiß durch feines Positionsspiel, das auf genauer Berechnung beruht, klares Übergewicht.

**6.de! de 7.♕:d8+ ♔:d8 8.♘f3 ♘bd7 9.b3!**

Unterstreicht den Eröffnungsvorteil des Anziehenden, denn seine Figuren sind harmonisch postiert und üben Druck auf die Zentrumsfelder aus. Die etwas unbeholfene Stellung des schwarzen Königs erschwert seine Verteidigung.

**9. ... ♘e8 10.♗b2 f6 11.0–0–0 c6** (besser ist 11. ... ♘d6) **12.♘e1! ♔c7 13.♘d3 ♘d6 14.f4 ♘f7 15.♖hf1 ef**

Oder 15. ... ♖e8 16.f5 g5 17.♗f3 mit offensichtlicher Überlegenheit von Weiß.

**16.gf ♖e8 17.♖de1 ♘f8 18.♘d1 ♗d7 19.♔b1 ♖ad8 20.♘e3 ♘d6?!**

Vergrößert die Schwierigkeiten des Nachziehenden. Zäher war 20. ... ♗c8, obwohl auch hier Schwarz eine schwierige Stellung behielte. Nun schließt sich der taktische Partieteil an, den Weiß ausgezeichnet behandelt.

**21.e5! fe 22.fe ♘f5 23.♘c4 ♘e6 24.♗h3! ♖g8**

Auch bei 24. ... ♘ed4 25.♗:d4 ♘:d4 26.♖f7 gewinnt Weiß.

**25.♘d6 ♘ed4 26.♗:d4 ♘:d4 27.♖f7 ♗f8 28.♘c5 ♖g7 29.♘:d7 ♖:f7 30.♘:f7 ♖:d7 31.♗:d7,** und Weiß gewann.

Alle diese Partien sind äußerlich verschieden (obwohl die drei ersten hinsichtlich der Eröffnung übereinstimmen), jedoch der innere Charakter ihrer Entwicklung weist gemeinsame klassische Wesenszüge auf. Jedesmal waren zwei bis drei wichtige Kampfmomente anzutreffen, und zwar ein strategisches und ein taktisches, die jeweils besondere Aufmerksamkeit und tiefes Nachdenken erforderten.
Längst nicht in jeder Partie äußert sich so ein auffälliger Denkstereotyp, besonders was den modernen dynamischen Kampf anbelangt. Selbst bei relativ kurzem Kampfverlauf überschreitet gewöhnlich der Umfang der Rechenarbeit heute weit die früheren Vorstellungen.

Wenden wir uns einmal dem folgenden Duell zu, das mit scharfem Kampf angefüllt ist. Hier findet sich kaum ein Zug, der nicht eine gefährliche Wendung in sich birgt, und kein Platz für allgemeine Überlegungen. Jede Figurenbewegung ist begleitet von Variantenberechnung und von der Suche nach kombinatorischen Möglichkeiten.

Skandinavisch
Spasski–Larsen
Montreal 1979

**1.e4 d5 2.ed ♕:d5 3.♘c3 ♕a5 4.d4 ♘f6 5.♘f3 ♗f5 6.♗d2 ♘bd7 7.♗c4 c6 8.♕e2!**

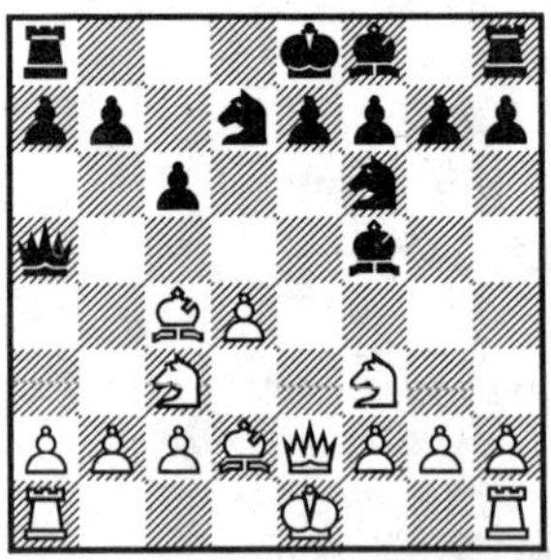

Ein feines Manöver. Jetzt mittels 8. ... ♗:c2? einen Bauern einzuheimsen, wäre nach 9.♘b5! mit der Drohung 10.♘d6+ ein Danaergeschenk. Die Drohung 9.♘b5 hängt ohnedies in der Luft.

**8. ... e6 9.d5!**

Eine weitere Überraschung. Seinen Entwicklungsvorsprung ausnutzend, unternimmt Weiß einen ungestümen Zentrumsangriff.

**9. ... cd 10.♘:d5 ♕c5 11.b4! ♕c8 12.♘:f6+ gf 13.♘d4 ♗g6 14.h4 h5 15.f4 ♗e7 16.♖h3!**

Das zeigt die schwarzen Schwierigkeiten auf. Buchstäblich alle weißen Figuren sind am Sturm auf den König beteiligt, für den es schwierig ist, einen sicheren Unterschlupf zu finden.

**16. ... ♕c7 17.0–0–0 ♕b6 18.♗e1!**

Der Anziehende führt seinen Angriff mit Schwung. Jetzt wäre 18. ... ♗:b4 schlecht wegen 19.♖b3.

**18. ... ♖d8 19.♘b5! ♘b8 20.♖:d8+ ♔:d8 21.♗f2 ♕c6 22.♗:a7 ♘d7 23.a3 ♕e4 24.♗e3 ♗f5 25.♖g3 ♕c6**

Auf 25. ... ♗g4? entscheidet 26.♗b6+!

**26.♘d4 ♕a4 27.♘:f7 ♕:a3+ 28.♔d1 ♕a1+ 29.♗c1 ♗:b4 30.♗b5 ♘b6 31.♕e4 ♕a5 32.♕:b7.** Schwarz gab auf.

Bisher haben wir Beispiele betrachtet, in denen die aktive Seite die sich verteidigende niederwirft. In der modernen Spielpraxis begegnet man allerdings auf Schritt und Tritt Methoden der aktiven, mit einem Materialopfer verbundenen Verteidigung, die einen zeitweiligen Wechsel der Initiative zur Folge haben. Ein zweischneidiges Spiel gibt solchen Partien das Gepräge.

Französisch
Timman–Jussupow
Kandidatenturnier 1986

**1.d4 e6 2.e4 d5 3.♘c3 ♘f6 4.e5 ♘fd7 5.f4 c5 6.♘f3 ♘c6 7.♗e3 ♕b6 8.♘a4 ♕a5+ 9.c3 cd 10.b4 ♘:b4!?**

Die mit einem positionellen Figurenopfer verbundene Eröffnungsbehandlung ist charakteristisch für den modernen dynamischen Stil. Im Falle des trivialen 10. ... ♕c7 11.♘:d4 würde Weiß beträchtliches Stellungsübergewicht erlangen.

**11.cb ♗:b4+ 12.♗d2 ♗:d2+ 13.♘:d2 b6 14.♕c2!?** (in einer früheren Partie spielte Timman gegen Donaldson, Lugano 1968, 14.♔f2 ♗a6 15.♘f3 ♖c8 16.♘:d4 und erhielt Vorteil) **14. ... ♗b7 15.♕c7 ♗a6** (günstig für Weiß wäre auch 15. ... ♖b8 16.♖b1! und 17.♗b5; ebenfalls stünde Weiß besser nach 15. ... ♕:a4 16.♕:b7 0–0 17.♕a6 ♕b4 18.♖b1 ♕c3 19.♕d3) **16.♗:a6 ♕:a6 17.♕c6! ♖c8 18.♘c5 ♖:c6 19.♘:a6 g5!**

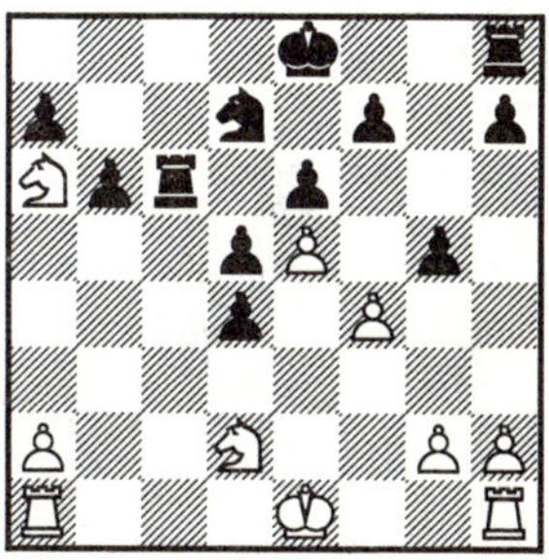

Beide Spieler wollen sich gewissermaßen an Scharfsinn und im Finden nicht standardgemäßer Lösungen übertreffen. Schwarz unterminiert die weißen Stützpunkte im Zentrum und bewahrt sich ausgezeichnete Chancen für ein Gegenspiel.

**20.0–0** (auch nach 20.g3 gf 21.gf ♖g8 oder 21. … f6 aktiviert der Nachziehende seine „schwere Artillerie") **20. … gf 21.♖:f4 ♘:f4 22.♖:d4 ♖g8 23.♘b4 ♖c3 24.♘:d5** (Weiß beschließt, die Figur zurückzugeben, wonach das Spiel remisartigen Charakter annimmt; nach 24.♖e1 f6! ginge die Initiative an Schwarz über) **24. … ed 25.♖:d5 ♖c5** (auch im Falle von 25. … ♖e3!? 26.♖c1! ♔e7 27.♘f1 ♖e2 28.♘g3 ♔e6 29.♖cd1! ♖:g3 30.hg ♖:a2 31.♖d6+ ♔e7 32.♖h6 wäre ein Remis wahrscheinlich) **26.♖:c5 bc 27.♘e4 ♔e7 28.♘:c5 ♖c8 29.♘b3 ♖c2 30.♘d4 ♖c4** (vielleicht war 30. … ♖d2 31.♖e1 ♔f6 stärker, obwohl auch hier nach 32.♖f1+ ♔g6 33.♘f3 ♘:f3+ 34.♖:f3 ♖:a2 das Remis in Sicht ist) **31.♖e1 f6 32.♘f3 ♔e6 33.♘:e5 fe 34.♖e3 ♖a4 35.♖h3 ♖:a2 36.♖:h7 e4 37.h4 e3 38.♔f1 a5 39.h5 ♖f2+ 40.♔e1 ♖:g2** remis.

Auf einen weiteren Umstand sei hingewiesen. Die ausgewählten Beispiele demonstrieren eine jeweils makellose Spielführung der stärkeren Parteien. Die Kompliziertheit des praktischen Kampfes bewirkt allerdings häufig wechselseitige Fehler. Der Begriff des Fehlers selbst erfuhr zudem einen bedeutenden Wandel. Durch diese Veränderung wurde die moderne Partie kontrast- und nuancenreicher. Es ist heute schwieriger, eine falsche Spielführung von einer richtigen zu unterscheiden. Doch zuerst ein Beispiel, in dem die Rolle des Fehlers in dem sich verändernden Kampfverlauf drastisch vor Augen geführt wird.

Benoni
Kasparow–Miles
Match 1986

**1.d4 ♘f6 2.c4 c5 3.d5 e5 4.♘c3 d6 5.e4 ♗e7 6.♘f3 0–0 7.h3 ♘bd7 8.g4!? ♘e8 9.♗d3 a6 10.a4 ♖b8** (vorzuziehen war 10. … g6 11.♗h6 ♘g7) **11.♖g1 ♘c7 12.b3 ♖e8** (es lohnte sich ein Bauernopfer: 12. … b5!? 13.ab – oder 13.cb ab 14.♘:b5 ♘:b5 15.♗:b5 ♗a6! mit Kompensation für den Bauern – 13. … ab 14.cb ♘f6 mit Gegenspiel für Schwarz) **13.h4 b5 14.g5 ♘f8** (die schwarze Stellung hat sich weiter verschlechtert; vielleicht verdiente den Vorzug 14. … bc 15.bc f6 mit Aktivierung der Verteidigung auf dem Königsflügel) **15.h5 ♗d7 16.♘h2 bc 17.♗:c4 f5?! 18.ef ♗:f5 19.♘f1(?)** (bisher hat Weiß untadelig gespielt; stärker war hier 19.♕f3 ♕d7 20.♘e4 nebst 21.♘g4 mit Druck) **19. … ♕d7 20.♘e3 e4**

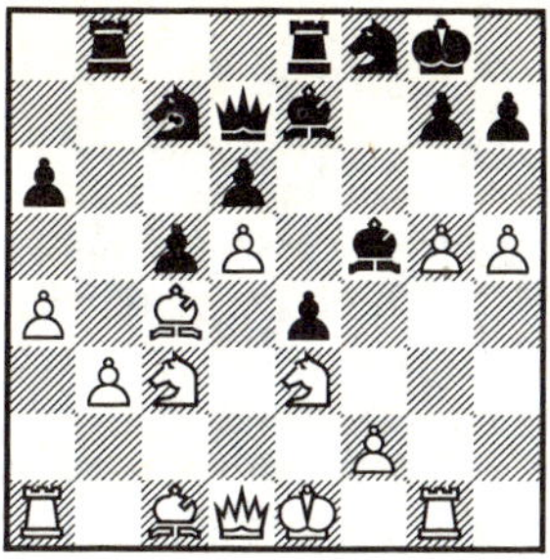

Schwarz ist es gelungen, seine Figuren etwas zu beleben.

**21.♗b2** (genauer war 21.♘:f5 ♕:f5 22.♕g4) 21. … **♗d8** **22.♘e2** (Beachtung verdiente 22.♕c2 ♕f7 23.0–0–0 und danach 24.f3, doch hier machte sich schon Zeitnot bemerkbar) **22. … ♕f7 23.♘f4 ♗c8** **24.♖g4 ♕e7 25.♖g3 ♕f7** **26.♘fg2** (als vorsichtiger erwies sich 26.♖g4 mit Zugwiederholung, denn jetzt geht die Initiative an Schwarz über) **26. … ♘a8 27.a5 ♘c7 28.♘h4 ♘b5** **29.g6 hg 30.♘:g6** (30.hg ♕f4!) **30. … ♗f6?!** (zu beachten war 30. … ♘d4, obwohl Schwarz in diesem Falle mit einem Qualitätsopfer rechnen mußte: 31.♗:d4 cd 32.♕:d4 ♗f6 33.♕d1) **31.♗:b5 ♖:b5 32.♕c2** **♗:b2?!** (besser war 32. … c4 33.♘:c4 ♖:d5; jetzt geht der Vorteil wieder an Weiß über) **33. ♕:b2 ♘:g6?! 34.♖:g6 ♖e5?** (erhöht die Schwierigkeiten; auch hier war 34. … c4 35.♘:c4 ♖:d5 36.♘:d6 ♖:d6 37.♖:d6 ♕:h5 besser) **35.0–0–0 ♖:h5** **36.♖dg1 ♖h7 37.♘c4 ♕f4+** **38.♔b1?** (läßt wieder einen kleinen Teil des Vorteils schwinden, der mit dem Zug 38.♕d2! gefestigt worden wäre) **38. … ♖b7** **39.♘:d6 ♗f5 40.♖f6 ♕h2?** (Remischancen bot 40. … e3+!) **41.♖g3 ♕h1+ 42.♔a2.** Schwarz gab auf.

Betrachten wir nun ein komplizierteres Beispiel, eine Partie zwischen zwei Weltmeisterschaftskandidaten, in der schließlich sehr feine Nuancen und die mit ihnen in Zusammenhang stehenden Fehlgriffe die Entscheidung bringen.

Sizilianisch
Sokolow–Ribli
Kandidatenturnier 1985

**1. e4 c5 2.♘f3 d6 3.d4 cd** **4.♘:d4 ♘f6 5.♘c3 a6 6.f4 ♕c7** **7.♗e2 e6 8.0–0 ♗e7 9.♔h1** **0–0 10.a4 ♘c6 11.♗e3 ♖e8** **12.♗f3 ♖b8 13.♕d2 ♗d7** **14.♘b3 b6 15.g4 ♗c8 16.g5** **♘d7 17.♗g2**

Interessant ist, daß sich der Anfang der Partie kurze Zeit später in der entscheidenden 24. Partie des Weltmeisterschaftskampfes Karpow–Kasparow wiederholte. Dort geschah 17.♕f2 ♗f8 (17. … ♘a5 18.♖ad1!) 18.♗g2 ♗b7 19.♖ad1 g6 mit sehr scharfem und kompliziertem Spiel.

**17. … ♘a5 18.♕f2 ♗f8** (ein entscheidendes Moment; aktiver sah 18. … ♘c4 aus, was die Antwort 19.♗c1 herausfordert;

allerdings könnte Weiß dann später mit ♘b3–d4, b2–b3 und ♗c1–b2 fortsetzen, was seine Bastionen verstärkt und zum Königsflügel zielt) **19.♖ad1 ♘c4 20.♗c1 b5 21.ab ab 22.♖d3 g6 23.♖h3 ♗g7 24.f5! ♘ce5 25.♕h4 ♘f8 26.f6 ♗h8 27.♘d4**

Schritt für Schritt verstärkt Weiß den Druck auf dem Königsflügel. Nachdem die schwarzen Figuren eingeengt sind und sich Motive für Mattdrohungen abzeichnen, muß Sokolow konkrete Wege für die Inszenierung eines Königsflügelangriffs suchen. Ein hartnäckiges Ringen beginnt.

**27. ... b4 28.♘d1 ♗a6 29.♖e1 ♖ec8 30.♘e3 h5**

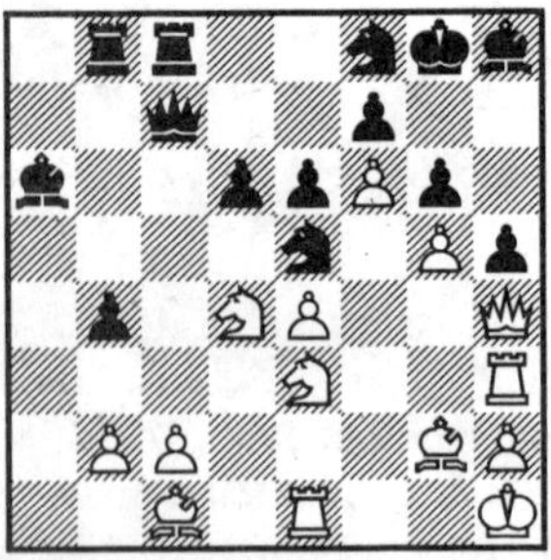

**31.♘f3(?)**

Hier ließ sich Weiß die Möglichkeit entgehen, durch 31.♘df5! auf schöne Weise die Partie zu beenden. Die unmittelbare Drohung besteht in 32.♘e7+ ♔h7 33.♕:h5+ gh 34.♖:h5 matt! Schwarz darf den Springer nicht nehmen, denn nach 31. ... ef 32.♘d5 ist die Drohung 33.♘e7+ unwiderlegbar, und falls 31. ... gf, so folgt 32.♕:h5 ♘fg6 33.♕h7+ ♔f8 34.♕:h8+ ♘:h8 35.♖:h8 matt. Es bleibt 31. ... ♖e8 übrig, jedoch dann droht nach 32.♘g3 vernichtend 33.♘:h5 gh 34.♕:h5, und der schwarze König ist schutzlos. Nach dem Textzug hat sich die Situation für Schwarz verbessert. Immerhin muß der weiße Springer zur Durchführung seiner Hauptdrohung – seiner Opferung auf h5 – die lange Marschroute f3–d2–f1–g3–h5 zurücklegen. Schwarz gewinnt so Zeit, seinen König zu evakuieren.

**31. ... ♘fd7 32.♘d2 ♔f8 33.♘df1 b3 34.♘g3 ♔e8 35.♘:h5!?** (Weiß hat dennoch das geplante Opfer durchgeführt, was ihm das Eindringen in das gegnerische Hinterland ermöglicht; allerdings ist Schwarz den furchtbaren Drohungen aus dem Wege gegangen, und der Ausgang des Kampfes erscheint unklar) **35. ... gh 36.♕:h5 ♘g6 37.♘f5!?**

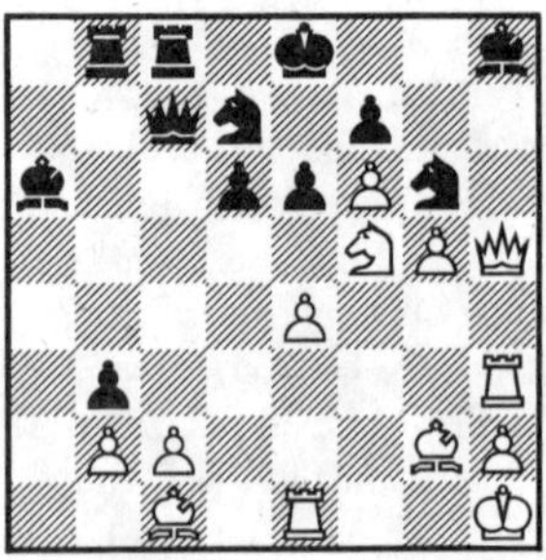

**37. … ♗:f6?** (der Gegenfehler, aber bereits der entscheidende; notwendig war 37. … ♘de5!; Schwarz hätte seine Mehrfigur behalten, und für Weiß wäre es durchaus nicht einfach, die Kompensation für den erlittenen Materialverlust nachzuweisen) **38.gf ef 39.ef+ ♘ge5 40.♕h8+ ♘f8 41.♕:f8+!** Schwarz gab auf.
Wie oft fehlt zum Erreichen des Sieges ein letztes Bemühen. Die Hindernisse, die sich hier auftürmen, können sehr verschiedener Natur sein, aber besonders häufig stört die Zeitnot den optimalen Kampfverlauf, und die mit ihr einhergehende spürbare Aufregung verleitet zu falschen Varianten. Selbst namhafte Schachspieler produzieren durch ein Zusammentreffen solcher Umstände „Ausschuß". Sehen wir uns ein Beispiel zu diesem Thema an.

Nimzowitsch-Indisch
Smyslow–Hübner
Viertelfinalmatch der WM-Kandidaten 1983

**1.d4 ♘f6 2.c4 e6 3.♘c3 ♗b4 4.♕c2 c5 5.dc 0–0 6.a3 ♗:c5 7.♘f3 b6?!** (logischer ist d5) **8.♗f4 ♗b7 9.♖d1 d5?!** (als zweckmäßiger erweist sich hier 9. … ♗:f3 10.gf ♘c6) **10.cd ed 11.e3 ♖e8 12.♗e2 ♘bd7 13.b4 ♗f8 14.0–0**

Die Eröffnung ist für Weiß günstig verlaufen: Seine Figuren stehen wirkungsvoll und belagern den isolierten schwarzen Zentrumsbauern auf d5. Smyslow führt das folgende Stadium des Mittelspiels vorbildlich.

**14. … a6 15.♕b3 b5 16.♘d4 ♖c8 17.♗f3 ♘e5 18.♗:e5! ♖:e5 19.♘de2 ♖c4 20.♖d3 ♕a8 21.♖fd1 ♘e4 22.h3 ♗c6 23.♖d4!**

Durch die Drohung 24.♗:e4 de 25.♖:c4 bc 26.♕:c4 bewirkt Weiß den Abtausch des aktiv postierten schwarzen Turmes.

**23. … ♖:d4 24.♖:d4 a5 25.♖d1 ab 26.ab ♕b7 27.♘d4 ♗e8 28.♗e2! ♘:c3 29.♕:c3**

Durch den Abtausch der zwei aktivsten schwarzen Figuren konnte Smyslow sein Stellungsübergewicht vergrößern.

**29. … ♖g5**

Die Drohung 30.♘:b5 veranlaßt den Nachziehenden, seinen Turm in eine weniger exponierte Stellung zu beordern.

**30.♗f3 ♕e7 31.♘c2 ♗d7 32.h4 ♖g6 33.♗:d5**

Weiß hat also einen Bauern gewonnen, für den Schwarz keinerlei Kompensation besitzt. Der Kampf ist allerdings noch nicht beendet.

**33. … ♗e6 34.♗:e6 ♕:e6**

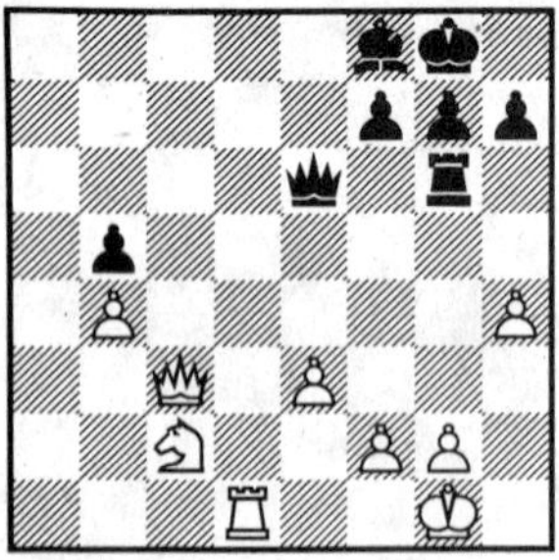

Hier konnte Weiß seine Stellungsüberlegenheit am einfachsten mittels 35.♖d4 festigen. Es scheint aber, daß sein folgender Zug noch stärker ist.

**35.♖d8 ♕e7 36.♖b8(?)**

Offenbar bemerkte Smyslow erst hier, daß sich Schwarz im Falle von 36.♕c8 mittels 36. ... ♖d6 verteidigen kann und 37.♖e8 wegen 37. ... ♖d1+ 38.♔h2 ♕:h4+ ein Schlag ins Wasser wäre.
Wiederum war 36.♖d4 geboten.

**36. ... ♕e4! 37.♘e1 ♖c6 38.♕d2 ♕:h4 39.♘f3 ♕e7 40.♖:b5 ♖c4,** und Hübner erreichte schließlich glücklich ein Remis.
Die bisher angeführten Beispiele verdeutlichen die verschiedenartigen Grenzen des praktischen Kampfes. Wir wollen uns nun mit den Problemen des Risikos und der Intuition befassen, die ständig die Denktätigkeit des Schachspielers begleiten.

## 3. Kapitel

### Risiko und Intuition

Eine in sich geschlossene, folgerichtig verlaufende Partie kann nur im Kampf zwischen zwei gleichwertigen Partnern bei voller beiderseitiger Kräfteanspannung zustande kommen. Darüber hinaus bin ich überzeugt, daß viele niveauvolle und bedeutende Partien *zufällig* entstanden und entstehen, und zwar indem der Schachspieler Zug für Zug in das eigentliche Wesen des Schachkampfes eindringt. Gerade in solchen Fällen wirkt die Intuition mit besonderer Stärke, ebenso das mit ihr stets verbundene Element des Risikos. Suchen Sie nicht um jeden Preis Verwicklungen; handeln Sie vor allem aufgrund einer gesunden Stellungsbewertung!
Dazu sei Aljechin zitiert: „Ein Spiel auf Verwicklung stellt die äußerste Maßnahme dar, zu der ein Schachspieler nur dann greifen soll, wenn er keinen klaren und logischen Plan findet."
Wenn aber nun das Spiel „ohne Regeln" beginnt, wenn ein Variantendurchrechnen wegen der Kompliziertheit der Stellung auf geistige und zeitliche Barrieren stößt, dann lassen Sie Ihrer Phantasie freien Lauf und sehen Sie den Verwicklungen mutig entgegen. Die Intuition – eine Grundlage für den kombinatorischen Sturm.

Zur Bekräftigung dieser Überlegungen wollen wir die folgenden Beispiele betrachten.
Die Diagrammstellung ergab sich in der Partie Kortschnoi–Kasparow (Olympiade 1982) nach dem 17. Zug von Weiß.

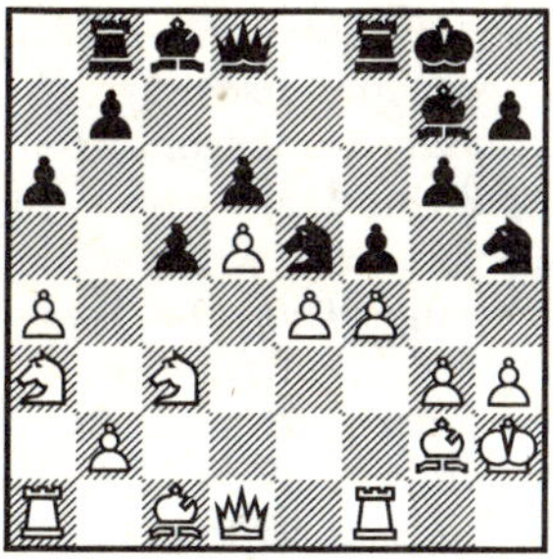

Vorrangig soll Kasparow zu Wort kommen, der diese Partie nicht nur vom Gesichtspunkt einer reinen Analyse ausgezeichnet kommentierte, sondern auch die dem Kampf innewohnende psychologische Linie aufzeigte. Die schwarze Stellung sieht kritisch aus. Kasparow schrieb jedoch zu dieser Situation: „Logisch urteilend, muß man die Abenteuerlichkeit des schwarzen Planes zugeben, zumal ein Springerrückzug zum unverzüglichen Zusammenbruch führt. Allerdings ist von nun an in dieser abenteuerlichen Szenerie kein Platz mehr für eine gesunde Spielauffassung, um so mehr bietet sich Raum für die Phantasie …“

**17. … b5! 18.ab**

Ein wahrhaft ganzes Meer von Varianten entstünde nach 18.fe ♘:g3! 19.♔:g3 ♗:e5+ 20.♔f3 b4 mit irrationalen Verwicklungen.

**18. … ab 19.♘a:b5 fe 20.♗:e4! ♗d7! 21.♕e2! ♕b6 22.♘a3 ♖be8**

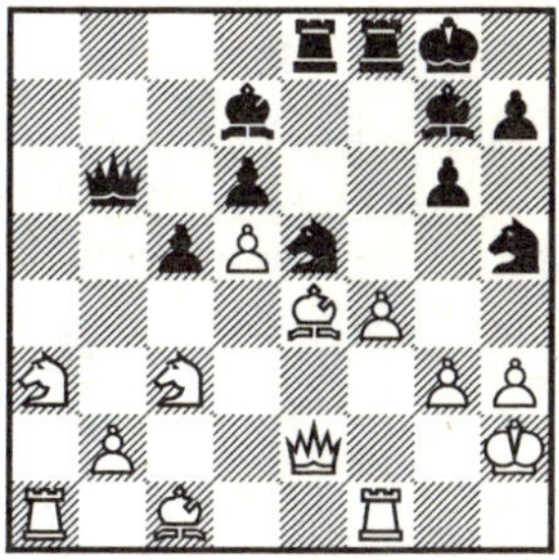

Dieses Partiemoment hält Kasparow für die kritischste Stellung: „Der Kampf ist angebrochen, nimmt zu, nähert sich seinem Höhepunkt. Die Qualität der nachfolgenden zwei bis drei Züge wird im wesentlichen das Schicksal der Partie entscheiden …
Die Schwierigkeit der Zugwahl liegt für Weiß hauptsächlich darin, daß ihm eine Fülle von Möglichkeiten zu Gebote steht. Erstens muß Weiß erneut (bereits zum wiederholten Male!) das Hauptproblem dieser Partie lösen: Soll er die Figur nehmen oder nicht? Die Situation für eine Entscheidung ist herangereift. Die Antwort 23. … ♗:e5 wäre erzwungen, wonach der Anziehende zwischen einer direkten oder indirekten Verteidigung

des Punktes g3 wählen müßte. Die Fortsetzung 24.♗f4 ♘:f4 25.gf ♗:f4+ 26.♔g2 ♕d8! führt zu einer Stellung, in der die zahlenmäßige Überlegenheit von Schwarz am Königsflügel aller Wahrscheinlichkeit nach die weiße Mehrfigur ausgleicht.
Stärker zieht 24.♘c4! aus, aber auch dann entsteht nach 24. … ♗g3+ 25.♔g1 ♕d8 eine Position, in der sich das weiße Materialübergewicht nicht auswirkt, während die schwarze Materialanhäufung am Königsflügel eine ständige Beunruhigung des weißen Königs verursacht, z. B. 26.♗h6?! ♖:f1+ 27.♕:f1 ♕h4 28.♖a7 ♘f6! mit schwerwiegenden Drohungen.
Weiß könnte mit dem Zug 23.g4? auch den zweiten schwarzen Springer angreifen. In diesem Falle ließe sich Materialeinbuße für Schwarz nicht vermeiden, aber wenn er günstig mittels 23. … ♘:g4+! 24.hg ♕d8! seine Kavallerie opfert, gelänge es Weiß trotz Mehrfigur nicht, die gegen seinen König gerichteten Drohungen abzuwehren, z. B. 25.g5? ♗:c3! 26.bc ♗f5 oder 25.♕f3 ♕h4+ 26.♕h3 ♕:h3+ 27.♔:h3 ♗:c3.
Die gesündeste Entscheidung besteht für Weiß darin, auf jeglichen Materialgewinn zuliebe der vollständigen Konsolidierung seiner Lage zu verzichten. Am besten diente diesem Ziel der Zug 23.♕g2!, der die Dame aus der unangenehmen Gegenüberstellung mit dem Turm entfernt und zudem das wichtige Feld e2 für den Springer frei macht. Früher oder später müßte der Nachziehende den Springer von e5 abziehen, was einem strategischen Mißerfolg gleichkommt.
Als ganz schlecht erwiese sich z. B. 23. … ♘f7, denn nach 24.♘c4 ♕b8 25.g4 ♘f6 26.♗d3! würden die schwarzen Figuren im eigenen Lager erstikken. Deshalb sind taktische Kniffe des Typs 23. … ♕d8!? angebracht, um mit Fortunas Hilfe die glimmenden Feuerchen jederzeit erneut kraftvoll zu entfachen.
Kaum zu glauben, aber dennoch führt 24.fe? ♖:f1! 25.♕:f1 ♗:e5 26.♘e2 ♘:g3! 27.♘:g3 ♕h4 28.♕g2 ♗:h3! 29.♔:h3 ♗:g3+ 30.♔g2 ♕:e4+ 31.♔:g3 ♕d3+ zum Gewinn. Bedauerlicherweise löst sich nach dem einfachen 24.♗d2! die Fata Morgana in nichts auf, und Schwarz steht vor unlösbaren Problemen."
Dem Leser empfehle ich, dem folgenden Teil dieser Ausführungen Kasparows besondere Aufmerksamkeit zu widmen.
„Es läßt sich also behaupten, daß Weiß mit einer Serie absolut genauer Züge den Nachziehenden vor schwierige, wahrscheinlich unlösbare Aufgaben stellen könnte. Kann man jedoch aus diesem Grunde das ganze bisherige Spiel von Schwarz als unbefriedigend bezeichnen? Ich meine, eine solche Schlußfolgerung wäre übereilt – ein absolut genaues Spiel

existiert im Schach nur theoretisch, und je schwieriger die Stellung, desto höher ist die Fehlerwahrscheinlichkeit. Natürlich ist ein solches Herangehen an eine Schachpartie mit einem gewaltigen Risiko verbunden, aber wer nichts wagt …!
Es versteht sich, daß eine solche Spielweise nur dann Chancen auf Erfolg verspricht, wenn es sich um verhältnismäßig neuartige Situationen handelt, folglich sich eine vollständige Kopie der schwarzen Züge dieser Partie nicht lohnt! Wahrscheinlich muß man mehr Aufmerksamkeit der nach 15. … ♗d7 entstandenen Stellung widmen oder in der Eröffnung einen prinzipiell anderen Plan wählen.“
In dieser Schlußfolgerung wird genau die Konzeption des komplizierten modernen Schachdenkens widergespiegelt. Die Kühnheit der Intuition, multipliziert mit der Energie des konkreten (und dem Umfang nach gigantischen!) Berechnens, wurde in dieser Partie zu einem gewaltigen Hebel, der ihren Verlauf gegen ihre logische Entwicklung herumwarf.

**23.♗d2? ♕:b2! 24.fe?**

Dazu Kasparow:
„Zum ungeeignetsten Augenblick! Jetzt dringt die in den Schwerfiguren aufgespeicherte Energie nach außen, Tod und Verderben im weißen Lager bewirkend.
Die stärkste schwarze Figur mußte unverzüglich mittels 24.♖a2 vertrieben werden. Wohin soll sich die Dame begeben? Das naheliegende 24. … ♕b4 führt nach massiven Vereinfachungen zum Remis: 25.♖b1 ♕d4 26.♘ab5 ♗:b5 27.♘:b5 ♕c4 28.♕:c4 ♘:c4 29.♗d3! ♘:d2 30.♖:d2. Weitaus stärker ist das paradox anmutende 24. … ♕b8! Die schwarze Dame kehrt, nachdem sie ihr Unwesen getrieben hat, heil nach Hause zurück, und der Springer ist nach wie vor unantastbar: 25.fe? ♖:f1! 26.♕:f1 ♗:e5 27.♗e1 (im Falle der Standardantwort 27.♘e2 wirkt sich nach 27. … ♘:g3! 28.♘:g3 ♕b3 die unglückliche Stellung des Turmes auf a2 verheerend aus) 27. … ♗:c3 28.♗:c3 ♖:e4. Das Übergewicht von Schwarz ist unbestreitbar – er besitzt einen Mehrbauern und die bessere Stellung. Weiß vermag nicht die scheinbare Schwächung der Diagonale a1–h8 auszunutzen, da die schwarzen Figuren umgehend dem weißen König an den Kragen gehen. Die folgende lustige Variante steht leider nur auf dem Papier: 29.♘c4? (29.♖f2 ♖e3!) 29. … ♗b5 30.♕a1 (30.♖b2 ♕e8!) 30. … ♗:c4! 31.♖a8 ♖e2+ 21.♔g1 ♖g2+! 33.♔h1 ♘:g3+ 34.♔:g2 ♗:d5+, und Schwarz gewinnt. Folglich müßte sich der Anziehende nach 24. … ♕b8! mit dem prophylaktischen 25.♕g2 begnügen, doch dann behauptet Schwarz mit dem ruhigen Sprin-

gerrückzug nach f7 sein Übergewicht, und die weißen Figuren besitzen im wesentlichen keine Stützpunkte. Der ganze Kampf stand übrigens noch bevor."

**24. ... ♗:e5 25.♘c4 ♘:g3! 26.♖:f8+ ♖:f8 27.♕e1! ♘:e4+ 28.♔g2 ♕c2**

Noch effektiver wäre 28. ... ♖f2+! 29.♕:f2 ♗:h3+ 30.♔f3 ♘:d2+ 31.♕:d2 ♕:a1 oder 29.♔h1 ♖:d2!! 30.♖a8+ ♔g7 31.♕:d2 ♕:d2 32.♘:d2 ♘:d2 33.♖a7 ♗:c3 34.♖:d7+ ♔f6 35.♖:d6+ ♔e5, und Schwarz gewinnt.

**29.♘:e5 ♖f2+?**

Zum Sieg führte 29. ... ♘:d2! Die folgende prächtige, forcierte Variante wurde von Kasparow angegeben: 30.♘:d7 ♘f3+ 31.♕e2 ♘h4+! 32.♔g1 ♕:c3 33.♕e6+ ♔h8 34.♘:f8 ♕g3+! 35.♔f1 ♕g2+ 36.♔e1 ♘f3+ 37.♔d1 ♕d2 matt.
Jetzt nimmt das Spiel erneut unklaren Charakter an:

**30.♕:f2!**

Wiederum soll Kasparow zu Wort kommen. Seine nachstehenden, sehr emotional gehaltenen Ausführungen zeugen von Gedankentiefe und Genauigkeit der Analyse.
„Jetzt entbrennt der Kampf mit neuer Kraft. Das Duell tritt in das Schlußstadium, das sich als das spannendste erweist. Im wesentlichen könnte dieses siebenzügige Finale hinsichtlich Reichtum und Mannigfaltigkeit der enthaltenen Möglichkeiten eine gesonderte Partie bilden. Leider bleiben alle Varianten hinter den Kulissen, was den ästhetischen Wert des Endspiels beträchtlich senkte, aber alles findet eine einfache Erklärung – beide Kontrahenten hatten nur noch etwa 5 Minuten Bedenkzeit."

**30. ... ♘:f2**

„Ruhm der Intuition! Eine Art sechster Sinn zwang mich, von dem sich aufdrängenden 30. ... ♗:h3+ Abstand zu nehmen, zumal die Zeit zur Berechnung der sehr komplizierten Varianten nicht mehr ausreichte. Die Analyse bestätigte vollends meine Befürchtungen. Nach 30. ... ♗:h3+? könnte geschehen 31.♔g1! ♘:f2 32.♖a2! Im Gewinnsinne unzureichend wäre nun 32. ... ♕f5 (32. ... ♕:a2? 33.♘:a2 ♘e4 34.♘c4!) wegen 33.♖e8+ ♔g7 34.♖a7+ mit ewigem Schach. Übrig bleibt 32. ... ♕b3. Dann müßte sich Schwarz nach 33.♖a8+ ♔g7 34.♖a7+ mit der Punkteteilung begnügen: 34. ... ♔g8 (34. ... ♔f8 35.♗h6+ ♔e8 36.♖a8+ ♔e7 37.♗g5 matt) 35.♖a8+ usw. Warum aber nicht 34. ... ♔f6? Was hat er zu befürchten, wenn sich der König ins Zentrum begibt? Sind die dem Anschein nach hilflos wirkenden weißen Figuren in der Lage, ernsthafte Drohungen zu schaffen?

Der stille Zug 35.♘f3!! bewirkt jedoch eine merkwürdige Stellung von märchenhafter Dominanz. Unerwartet ist eine vierzügige Mattdrohung entstanden: 36.♗g5+ ♔f5 37.♖f7+ ♔g4 38.♖f4+ ♔g3 (38. ... ♔h5 39.♖h4 matt) 39.♘e2 matt. Außerdem hängt der Springer auf f2. Diese beiden Drohungen vermag nur der Zug 35. ... ♘d3 zu parieren, doch dann naht das Unglück von der anderen Seite: 36.♘e4+! ♔f5 37.♘:d6+ ♔g4 (37. ... ♔f6 38.♖f7 matt) 38.♘h2+ ♔h4 39.♖:h7+ ♔g3 40.♘e4 matt! Völliger Triumph der Geisteskräfte! Ohne Frage hätte sich Schwarz zu 30. ... ♗:h3+? verführen lassen und die Partie auf diese Weise bei beiderseitiger Zeitnot ihr Ende finden können."

**31.♖a2! ♕f5 32.♘:d7 ♘d3 33.♗h6?!**

Dieser Partieteil verlief völlig unter „feldmarschmäßigen Bedingungen"; es blieb praktisch weder Zeit für umfangreiche Berechnungen noch für irgendwelche ernsthafte Überlegungen.

Vom Gesichtspunkt einer Analyse aus ist hier die wesentlichste Variante 33.♖a8+ ♔g7 34.♖a7!, der sich die folgenden von Kasparow angeführten Abspiele anschließen:
„Schwarz ist verpflichtet, den Läufer zu nehmen, wofür hat er sonst gekämpft? Also 34. ... ♕f2+ 35.♔h1 ♕:d2 (35. ... c4? 36.♘c5+!). Nach 36.♘e5+! wird der schwarze König gezwungen, einen gefahrlosen Pfad im Minenfeld zu finden: 36. ... ♔f8 (36. ... ♔h6?? 37.♘g4+ ♔g5 38.♘e4+) 37.♖a8+ ♔e7 38.♖a7+ ♔d8 39.♘f7+. Nach welcher Seite soll er sich wenden? Probieren wir es rückwärts: 39. ... ♔e8 40.♘:d6+ ♔f8 41.♖f7+ ♔g8 42.♘ce4! ♔e1+ 43.♔h2 zwingt Schwarz, im Gewinnsinne die Dame zu opfern, aber das Springerendspiel nach 43. ... ♕:e4 44.♘:e4 ♔:f7 reicht nur zum Remis.
Dem schwarzen König bleibt übrig, einen Unterschlupf in der anderen Brettecke zu suchen: 39. ... ♔c8 40.♘:d6+ ♔b8 41.♖b7+ ♔a8 42.♘cb5! Wir haben etwa die gleiche Situation wie auch nach 39. ... ♔e8, doch jetzt findet der Nachziehende ein günstiges Verfahren, das von Weiß geknüpfte Mattnetz zu zerstören: 42. ... ♘f2+ 43.♔g1 ♘:h3+ 44.♔h1 ♕:d5+ 45.♔h2 ♕:b7 46.♘:b7 ♔:b7 47.♔:h3 ♔c6. Schaut man sich diese Stellung an, fällt es schwer zu glauben, daß sie bei beiderseitig genauem Spiel nach dem Fehler

von Schwarz im 29. Zug forciert entstünde. Aller Wahrscheinlichkeit nach müßte der Nachziehende dieses Endspiel gewinnen, z. B. 48.♘c3 c4 49.♔g3 ♔c5 50.♔f3 ♔d4 51.♘e2+ ♔d3 usw., doch vielleicht läßt sich das Resultat der Partie durch die vereinten Bemühungen der weißen Figuren ändern?!
Nach 33.♗h6 erleichtert sich für Schwarz die Aufgabe." Jetzt folgt eine schnelle Entscheidung:

**33. ... ♕:d7 34.♖a8+ ♔f7 35.♖h8?**

Verliert unverzüglich. Jedoch auch nach 35.♘e4 ♕e7! 36.♖f8+ (36.♘g5+ ♔f6 37.♖f8+ ♔e5) 36. ... ♕:f8 37.♘g5+ ♔e8 38.♗:f8 ♔:f8 39.♘:h7+ ♔g7 40.♘g5 ♔f6 stünde Weiß hoffnungslos.

**35. ... ♔f6 36.♔f3? ♕:h3+. Weiß gab auf.**

Zum Abschluß dieser Partie voller Schachwunder soll noch der kuriose Umstand erwähnt werden, daß sie bis zum 20. weißen Zug einen Vorläufer in der kurz zuvor gespielten Partie Alburt–Olafsson (Reykjavik 1982) hat. Dort folgte 20.♘a7!? e3!? 21.♕e2!? ♘:g3! 22.♔:g3 g5 23.f5, und Weiß errang nach kopfzerbrechenden Verwicklungen den Sieg. Weder Kasparow noch Kortschnoi hatten von der Existenz dieser Partie die geringste Ahnung. Nicht zufällig verbrauchten beide bereits im frühen Partiestadium viel Bedenkzeit.

Solche Partien sind reich an jähen Wendungen, überraschenden Zügen von beiden Seiten und – an großen psychischen Belastungen. Wenn man doch hier viele Züge im voraus sehen könnte! Ja, dann ginge der Reiz für solche Zweikämpfe verloren. Der Verfasser hat gerade solche „heißen" Duelle in bester Erinnerung und ist überzeugt, daß diese Art von Partien zum Höchsten im Schachschaffen gehören, denn in ihrem Zustandekommen offenbart sich die Grenze menschlicher Möglichkeiten im praktischen Schachkampf. Hier möchte ich zwei Beispiele aus der eigenen Praxis anführen.

Sizilianisch
Suetin–Bywschew
21. Meisterschaft der UdSSR, 1954

**1.e4 c5 2.♘f3 d6 3.d4 cd 4.♘:d4 ♘f6 5.♘c3 a6 6.f4 ♕c7 7.♗e2 ♘c6 8.♗e3 g6 9.♘b3 ♗e6 10.g4! ♗g7 11.f5 ♗:b3 12.cb(?)**

Richtig ist 12.ab mit Übergewicht für Weiß.

**12. ... ♕a5 13.♕d2 ♖c8 14.♖d1 h5! 15.g5 ♘g4 16.♗:g4 hg 17.0–0 ♗e5(?)**

Bereits das erste Spielstadium war durch den nervösen Charakter des Kampfes und durch extravagante Entscheidungen gekennzeichnet. Schwarz erlangte eine ausgezeichnete Position, jedoch sein letzter Zug ist ziemlich fragwürdig. Aufmerksamkeit verdiente 17. … ♗:c3 18.bc ♕e5 19.♗f4 ♕:e4 20.♗:d6!? mit sehr scharfem Spiel.

**18.♖f2 ♖h3**

Ein äußerlich stark anmutender, aber doch sehr zweifelhafter Ausfall, der es Weiß ermöglicht, den Kampf zu verschärfen. Vollwertiges Spiel erhielt Schwarz mit der Fortsetzung 18. … g3! 19.hg ♗:g3 20.♖g2 ♗e5.

**19.fg fg 20.♕e2!**

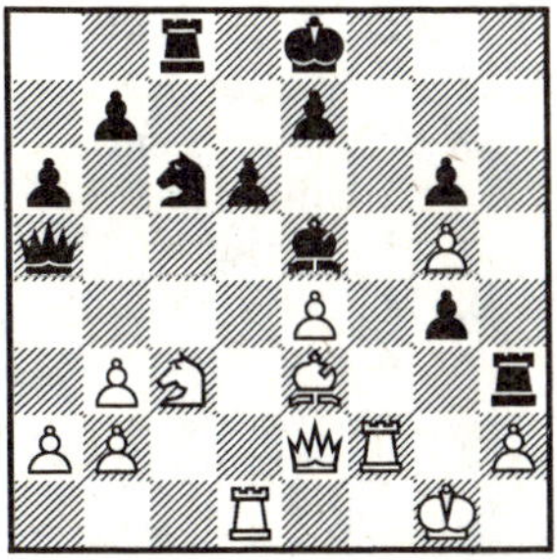

Weil die Partie lange zurückliegt, kann ich nicht sagen, wann mir dieser Zug, der dem Kampfverlauf eine heftige Wendung gab, in den Sinn kam.

**20. … g3**

Folgerichtig, aber schlecht. Verhältnismäßig besser war 20. … ♖h4, obwohl Weiß auch dann Angriff erhielte, z. B. 21.♘d5! g3 22.hg ♖:e4 23.♕f3 oder 21. … ♕:a2 22.♖df1, und Weiß droht Matt: 23.♖f8+, 24.♘b6+ nebst 25.♖:c8!

**21.♕g4!**

Die Pointe des Damenmanövers. Weiß verleiht nicht wenig Material für eine „Laufzeit" von 3 Zügen, erhält es jedoch mit Zinseszins zurück.

**21. … gf+ 22.♗:f2 ♗:h2+ 23.♔g2 ♖h5 24.♕:c8+ ♕d8**

Auf 24. … ♔f7 würde 25.♗g3 folgen mit der Mattdrohung 26.♖f1+, und im Falle von 24. … ♘d8 entscheidet 25.♘d5! mit den Drohungen ♘c7+, ♖f1 und ♗b6.

**25.♕e6 ♘e5 26.♗e3 ♔f8 27.♖h1 ♔g7 28.♖:h2 ♕f8 29.♖h3! ♖:h3 30.♕:h3 ♘d3 31.♗d4+ e5 32.♕:d3 ♕f4 33.♗f2.** Schwarz gab auf.

Nun ein Beispiel eines intuitiven Opfers großen „Kalibers".

Königsindisch
Birbrager–Suetin
Minsk 1964

**1.d4 g6 2.e4 ♗g7 3.c4 d6 4.♘f3 e5 5.♗e2 ♘c6 6.d5 ♘d4 7.♘:d4 ed 8.0–0 ♘e7 9.♘d2 c5 10.dc bc 11.♖b1 c5 12.b4 cb 13.♖:b4 0–0 14.♗b2 ♘c6 15.♖b3 ♖e8 16.♗d3 a5 17.♕a1**

Auch hier trug die Eröffnung keinen Standardcharakter. Weiß bearbeitet im folgenden den Bauern d4, jedoch verlieren seine Figuren ihr harmonisches Zusammenwirken. In der sich anschließenden taktischen Auseinandersetzung ergeben sich durch die Stellung der Dame auf a1 für Schwarz kombinatorische Motive.

**17. … a4 18.♖a3 ♗d7 19.♘f3 ♕b6 20.♖b1 ♕c5 21.♘e1 ♗e6 22.♗f1 ♘e5 23.♖c1 ♖eb8 24.♖g3**

Es drohte 24. … d3 mit sofortigem Zusammenbruch. Nach 24.♘d3 ♕b6! wären die weißen Figuren vielfach gebunden. Jetzt ist Schwarz an der Reihe, Überlegungen anzustellen, denn Weiß schuf eine direkte Bedrohung des Bauern d4. Wenig verlockend wäre z. B. 24. … ♘:c4 25.♗:c4 ♗:c4 26.♘d3! ♕b5 27.♗:d4, und Weiß entschärft durch Vereinfachung des Spiels die gegnerische Intiative. Nach einigem Nachdenken kam mir die folgende „verrückte“ Idee.

**24. … d3**

Die Einleitung zu einer komplizierten Kombination. Nichts verspräche übrigens 24. … ♖:b2 25.♕:b2 d3 wegen 26.♕d2!

**25.♗d4 d2!**

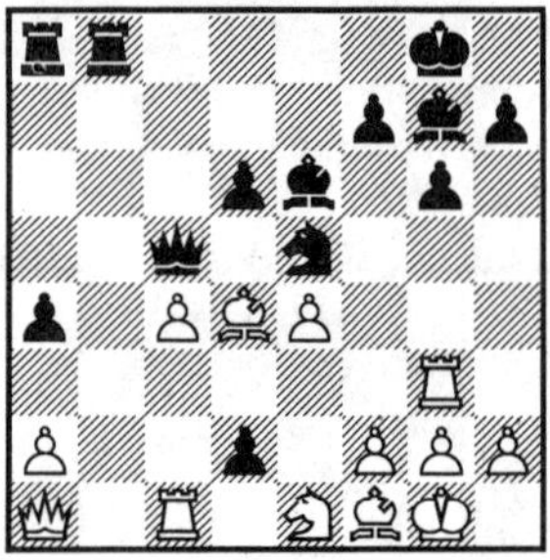

**26.♗:c5 dc5!**

Eine nicht alltägliche Stellung. Einstweilen hat Schwarz nur eine Figur für die Dame erhalten, jedoch wartet er mit äußerst gefährlichen Drohungen auf. Der positionelle Charakter des Damenopfers kommt in der Variante 27.♖gc3! dc♕ 28.♕:c1 ♘g4 29.♖g3 ♖b2 zum Ausdruck. Nach meiner Ansicht kompensiert die schwarze Initiative vollends den bereits nicht mehr großen Materialnachteil. Nach 27.f4 bringt der Rückgewinn der Dame mittels 27. … de♕ 28.♖:e1 ♘f3+ 29.♖:f3 ♗:a1 30.♖:a1 gar nichts ein. Besser wäre eine Fortsetzung im Gambitstil: 27. … ♘:c4 28.e5 dc♕ 29.♕:c1 ♘:e5 30.fe ♗:a2, und in dieser seltenen Stellung sollte der starke schwarze Freibauer Weiß teuer zu stehen kommen.
Diese Überlegungen zeigen die Schwierigkeiten auf, die sich für Weiß nach dem Damenopfer von Schwarz im 25. Zug ergaben. Leider blieben all diese Varianten hinter den Kulissen.

Mein Gegner hielt bereits hier den Anspannungen nicht stand. Wie bereits aus den Bemerkungen Kasparows hervorging, besteht in derart gelagerten Spielsituationen kein geringer Unterschied zwischen dem Denken am Brett und der häuslichen Analyse. Gerade hier offenbart sich die wahre Stärke des konkreten Denkens eines Schachspielers.

**27.♖cc3?**

Weiß ließ sich von dem Bestreben leiten, sein großes Materialübergewicht zu bewahren, und ermöglicht so einen effektvollen Abschluß des schwarzen Angriffs.

**27. ... ♘:c4! 28.♘c2**

Verhältnismäßig besser war 28.♕d1 ♗:c3 29.♖:c3 de♕ 30.♕:e1 ♘d6 31.a3 c4, obwohl auch hier Schwarz mittels 32. ... ♘b5 oder 32. ... ♖b3 über sehr starke Drohungen verfügt.

**28. ... ♖d8! 29.♗e2 ♖ab8**

Der Nachziehende kann sich den Luxus erlauben, seine Position in Ruhe zu verstärken. Trotz des beträchtlichen Materialübergewichts ist Weiß hilflos.

**30.♘e3**

Verliert sofort. Doch wie ist die Drohung 30. ... ♘b2! zu entschärfen? Schlecht wäre 30.♔f1 ♘b2 31.♗d1 ♗:c3 32.♖:c3 ♘:d1 33.♕:d1 ♗:a2 oder 30.♗d1 ♘b2. Für den letzteren Fall wie die Variante 31. ... ♘:d1 32.♕:d1 ♗:c3 33.♖:c3 ♖b1! vorgesehen.

**30. ... ♗:c3 31.♕:c3 ♘:e3 32.fe ♖b1+ 33.♔f2 ♖c1 34.♕e5 ♖e1! 35.♗f3 ♗c4 36.♖:g6+ hg 37.♕:c5 ♖f1+ 38.♔g3 ♖:f3+.** Weiß gab auf.

Betrachten wir noch ein Beispiel eines intuitiven Materialopfers, das auch hier einem Spiel mit dem Feuer glich und sehr umfangreiche Rechenarbeit verursachte, denn fast jeder Zug entzog sich einer standardgemäßen Berechnung. Zudem sei die Aufmerksamkeit auf den Umstand gelenkt, daß die verteidigende Seite wie in den eben erst angeführten Partiebeispielen Kortschnoi–Kasparow und Birbrager–Suetin einen Sturm auf dem Brett entfachte in dem Moment, als die weiße Initiative wie ein sich zusammenziehender Ring zu wirken begann und Schwarz sehr entschiedene Maßnahmen ergreifen mußte, um nicht in eine ausweglose Lage zu geraten. Es läßt sich der Schluß ziehen, daß die intuitive Methode eines aktiven Gegenspiels in der modernen Strategie eine wichtige Rolle spielt.

Damengambit
Timman–Jussupow
Kandidatenmatch 1986

**1.d4 d5 2.c4 e6 3.♘c3 ♘f6 4.♘f3 ♗e7 5.♗g5 h6 6.♗:f6 ♗:f6 7.♕b3 c6 8.0–0–0!?** (eine zweischneidige Fortsetzung; in der 3. Partie des WM-Matches 1985 Kasparow–Karpow geschah 8.e3 ♘d7 9.♖d1 0–0 10.♗d3 b6 11.cd cd 12.e4 de 13.♗:e4 ♖b8 14.0–0 b5! mit Ausgleichschancen) **8. ... dc 9.♕:c4 b5 10.♕b3 a5 11.e4 a4 12.♕c2 ♘d7 13.d5!? cd 14.ed a3?!** (eine intuitive Lösung; Schwarz spielt mit erhöhtem Risiko; vorsichtiger war 14. ... 0–0 15.de fe) **15.de ab+ 16.♔b1 fe** (Vorteil für Weiß ergibt 16. ... 0–0 17.ed ♕a5 18.♕b3! ♗b7 19.♘d4 b4 20.♘cb5) **17.♕e4!** (stellt Schwarz vor keine leichten Probleme; angemerkt sei, daß nach 17.♕g6+ ♔f8 18.♘d4 ♕b6 19.♕e4 ♗b7 20.♘:e6+ ♔g8 Schwarz ausgezeichnetes Spiel erhält) **17. ... ♗:c3!?**

Ein positionelles Qualitätsopfer. Schwarz vertraut auf die potentielle Stärke des Bauern b2 und beginnt einen verbissenen Kampf um die Initiative. Nach 17. ... ♖b8 18.♕:e6+ ♕e7 19.♕:e7+ ♔:e7 20.♘d5+ stünde Schwarz eine aufreibende Verteidigung bevor.

**18.♕:a8 0–0 19.♕c6**

Beachtung verdiente 19.♗:b5 ♕c7 20.♕c6 ♕:c6 21.♗:c6 ♘c5 mit etwas besseren Chancen für Weiß.

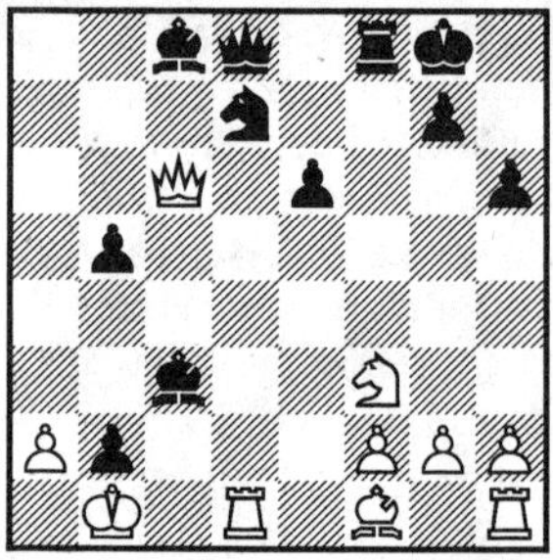

**19. ... b4!**

Eine wichtige Riposte. Schlecht wäre 19. ... ♕f6 wegen 20.♗:b5. Wenn man 20.♗b5, so 20. ... ♕f6 21.♖:d7 ♗:d7 22.♕:d7 ♖d8 mit der gefährlichen Drohung 23. ... ♕f5+ (oder 23. ... ♕g6+). Im Falle von 20.♕:e6+ ♔h8 21.♗b5 verfügt Schwarz neben 21. ... ♕f6 (was durchaus gut ist) auch über das scharfe 21. ... ♘c5!? 22.♖:d8 ♖:d8 22.♕g6 ♗e6 mit den Drohungen 24. ... ♗g8! und 24. ... ♖a8!

**20.♗c4 ♔h8 21.♕e4?** (hier beginnt Weiß vom richtigen Weg abzuweichen; richtig war 21.♗b3 oder 21.♖d6; im letzteren Falle könnte folgen 21. ... ♕f6 22.♖hd1 ♘e5 23.♘:e5 ♗:e5 24.♖6d2 ♗c3 25.♖d3 ♕e7 mit anschließendem 26. ... ♗b7 oder 26. ... e5, was zu unklarem und scharfem Spiel führt) **21. ... ♕c7 22.♘h4 ♘e5 23.♗d3 ♘:d3 24.♘g6+?!**
Mit diesem Schach hatte es kaum Eile.
Die von Timman begangenen Ungenauigkeiten beweisen, daß

er offentsichtlich mit der gewaltigen Anstrengung des „Rechenspiels“ nicht zurechtgekommen war.

**24. ... ♔g8 25.♖:d3?** (und das ist bereits der entscheidende Fehler; notwendig war 25.♕:d3) **25. ... ♖:f2 26.♖f3 ♖:f3 27.gf ♕d6!** (Schwarz verhindert 28.♖d1 und droht 28. ... ♗b7!; auf 28.♘f4 ist 28. ... ♗a6 sehr stark, den Schlag 29. ... ♕:f4 beabsichtigend) **28.♕c2 e5! 29.♘h4 ♗e6 30.♖d1 ♗d4! 31.♕a4 ♕d8 32.♕c6 ♗d5 33.♖:d4 ed 34.♕b5 ♕a8!** (Weiß hat eine Verluststellung) **35.♔:b2 ♕:a2+ 36.♔c1 ♕a1+ 37.♔d2 ♕c3+ 38.♔d1 ♗b3+.** Weiß gab auf.

Der „zufällige“ Charakter derartiger Schöpfungen beruht auf einer dialektischen Grundlage, die auf das äußerste Eindringen in das innere Wesen des Kampfes zurückgeht.

Es ist ein konzentriertes Suchen, in dem sich nichts genau voraussehen läßt. Reichen allerdings die schöpferischen Kräfte und die Energie aus, wird es aller Wahrscheinlichkeit nach von Erfolg gekrönt.

Der bekannte sowjetische Schachschriftsteller und -methodiker Wainstein hat in einem Artikel über die schöpferischen Ergebnisse der 25. Meisterschaft der UdSSR (1958) behauptet, daß ein Schachspieler bei der Zugfindung in erster Linie Hunderte von Varianten durchrechnet und im weiteren sich die Überprüfung anschließt. Ich denke, daß sich das nicht so verhält. Meine persönliche Erfahrung und natürlich auch die einer Reihe meiner Kollegen beweist, daß eine Entscheidung zuweilen sehr schnell, ohne jegliche Berechnungen, vor sich geht. Sie beruht auf konzentrierter Erfahrung, wobei oftmals wiederum das Positionsgefühl die Hauptrolle spielt.

Dieses Thema birgt eine Vielzahl von Rätseln und einstweilen ungelöster Probleme und gehört natürlich in die Sphäre der höheren Meisterschaft. Allerdings kann ich jungen, wenig erfahrenen Schachspielern raten, mit besonderer Aufmerksamkeit an ähnliche Situationen, die in der Spielpraxis unvermeidlich auftreten werden, heranzugehen. Dabei ist wichtig, ihr Wesen zu erfassen und zu lernen, sie mit äußerster Anspannung der Kräfte zu spielen.

Das Schachschaffen hängt letztlich eng zusammen mit dem intellektuellen und moralischen Charakter des Schachspielers; die positiven und negativen Eigenschaften äußern sich dabei in der kämpferischen Einstellung. Nach einem langen Schachleben kann ich konstatieren, daß Wagemut, Glaube an die Verwirklichung der eigenen Ziele einen unbestreitbaren Vorteil der Jugend darstellen. Im reifen und fortgeschrittenen Alter nimmt das Spielverständnis auffallend zu. Nach ungeschriebenen Gesetzen muß man allerdings dafür mit einem bestimmten Verbrauch unmittelbaren Schwungs bezahlen. Dabei spielen der Rationalismus und verzehrende Skeptizismus eine größere Rolle. Deshalb stellt das Schaffen auf Risiko und Intuition beruhender Schachwerke vor allem eine Domäne der Jugend dar.

## 4. Kapitel

## Sportliche Pflichten

Wir betrachteten in den vorangegangen Kapiteln Partien, in denen beide Partner den Sieg, den schöpferischen Kampf anstrebten. In der Praxis trifft man jedoch auf Situationen, in denen aus rein sportlichen Erwägungen eine Seite verpflichtet ist, auf Gewinn zu spielen, während die andere sich bescheidenere Ziele setzt. Ein solches Problem stellt sich zum Beispiel ganz unverhüllt in der letzten Runde oder in entscheidenden Augenblicken eines Turniers.
Die Wahl der Eröffnung gewinnt für den zum Sieg verpflichteten Spieler an Bedeutung, insbesondere für den Führer der schwarzen Steine. Ich verfüge über genügende Erfahrung, um zu bestätigen, daß in der Regel ein bedingungsloses Spiel auf Gewinn sich rasch zu einem Spiel auf Verlust wandelt.

Die folgende, kennzeichnende Partie stammt aus dem Kandidatenmatch 1983 zwischen Kasparow und Beljawski und ist zugleich die letzte in ihrem Zweikampf. Seinem Punktstand zufolge konnte Beljawski, der zudem die schwarzen Steine führte, nur auf Gewinn spielen. Die Situation war fast hoffnungslos. So ist es auch nicht verwunderlich, daß Beljawski auf der verbissenen Suche nach Verwicklungen das Spiel weder ausgleichen, noch seinen Partner vor irgendwelche Probleme stellen konnte.

Benoni
Kasparow–Beljawski
Viertelfinalmatch der WM-Kandidaten 1983

**1.d4 ♘f6 2.♘f3 c5 3.d5 d6 4.♘c3 g6 5.e4 ♗g7 6.♗b5+ ♗d7 7.a4 0–0 8.0–0 ♘a6**

Die Kontrahenten spielen eine der seltenen Varianten des klassischen Benoni. Bereits mit seinem 3. Zug gab Kasparow zu verstehen, daß er durchaus nichts gegen ein beiderseitiges Spiel auf Gewinn einzuwenden hat. Die richtige Taktik! Objektiv ist es für Schwarz nicht einfach, Ausgleich zu erzielen, denn die Raumüberlegenheit von Weiß ist genügend groß.

**9.♖e1 ♘b4 10.h3 e6 11.♗f4 e5**

Folgerichtig war 11. ... ed 12.ed, denn Schwarz ist verpflichtet, auf Verwicklungen zu spielen.

Jetzt entsteht eine typische Struktur, die für das alte Benoni charakteristisch ist. Der schwarze Springer auf b4 ist von den Hauptstreitkräften isoliert, und seine Aktivität hat nur scheinbare Wirkung. Sehr wichtig ist, daß Weiß über den bedeutsamen Punkt c4 verfügt, der immer ein Vorpostenfeld für seinen Springer abgibt. Die schwarze Stellung ist strategisch schon sehr schwierig.

**12.♗g5! ♗c8 13.♘d2 h6 14.♗h4 g5 15.♗g3 g4?!**

Das verschlechtert nur die schwarze Stellungsstruktur am Königsflügel, doch es ist nicht leicht, dem Nachziehenden ein brauchbares Rezept zu geben. Nun entwickelt sich das Geschehen rasch und entscheidend zum Vorteil für Weiß.

**16.hg ♘:g4 17.f3 ♘f6 18.♗h4**

Bremst wirkungsvoll die Entwicklung eines Gegenspiels von Schwarz, während sich jetzt ungehindert die weiße Initiative entfalten kann. Die folgenden Springermanöver sind auf die Schwächung des Schlüsselfeldes f5 gerichtet.

**18. ... ♔h8 19.♘e2! ♖g8 20.c3 ♘a6 21.♘g3 ♕f8 22.♘df1 ♘h7 23.♘e3**

Das Ziel ist erreicht. Die schwarze Stellung sieht völlig freudlos aus. Zu einem wirkungsvollen strategischen Mittel für Weiß werden seine Angriffsdrohungen an der Königsflanke, wo Schwarz im Bemühen um Gegenspiel eine Reihe wesentlicher Schwächen zuließ.

**23. ... ♗f6 24.♗:f6 ♘:f6 25.♘gf5 ♘h5 26.♔f2 ♘f4 27.g3!**

Am einfachsten. Weiß beugt möglichen gegnerischen Drohungen vor und beabsichtigt, unverzüglich den Angriff am Königsflügel auf der h-Linie fortzusetzen. Um sich der sogleich hereinbrechenden Krise zu widersetzen, greift der Nachziehende zum äußersten Mittel.

**27. ... ♘h3+ 28.♔e2 ♗:f5 29.♘:f5 ♖:g3??!**

Ein Verzweiflungsopfer.

**30.♘:g3 ♕g7 31.♖g1 ♖g8 32.♕d2!** Schwarz gab auf.

Nunmehr möchte ich versuchen, einige Ratschläge für solche heiklen Situationen zu geben, in denen ein gegnerischer Remiswille gebrochen werden muß. Was die allgemeine eröffnungstheoretische Vorbereitung anbelangt, so sollte man über einige extreme Varianten verfügen, die es dem Gegner erschweren, rasch das Spiel zu vereinfachen. Für Weiß ist eine solche Eröffnungswahl vollauf möglich, obwohl es auch hier nicht wenig entgegenwirkende „Bremsen" gibt (z. B. als Antwort auf 1.e4 die Russische Verteidigung oder die Caro-Kann-Verteidigung; auf 1.d4 die verschiedenen symme-

trischen Systemen vom Typ der Lasker-Verteidigung oder orthodoxen Verteidigung). Nahezu unlösbar sieht eine solche Aufgabe beim Spiel mit Schwarz gegen 1.d4 aus. Vielleicht käme das Leningrader System der Holländischen Verteidigung in Betracht. Kurzum, bei der häuslichen Vorbereitung läßt sich dieses Problem nur sehr bedingt lösen. Anders verhält es sich, wenn Sie die Untersuchung der Partien Ihres Gegners und die von ihm bevorzugten Eröffnungen als wertvolles Hilfsmittel in Ihre Vorbereitung einbeziehen können. Denn ein Schachspieler (zumal wenn er genügend Erfahrung besitzt) kann nicht plötzlich sein Eröffnungsrepertoire ändern, und in diesem Repertoire läßt sich immer irgendeine verwundbare Stelle finden zur Erreichung Ihres Ziels. Deshalb rate ich Ihnen in derartigen Fällen, sich in das Studium der individuellen Besonderheiten des Gegners zu vertiefen.
Das gewährt natürlich keinerlei Garantien, aber der Nutzen der Eröffnungsvorbereitung erhöht sich mit hoher Wahrscheinlichkeit ungemein. Bei diesem Studium der gegnerischen Waffen gilt es das rechte Maß zu wahren. Eine übermäßige Belastung kommt schon einer moralischen Niederlage gleich. Optimismus ist hier vonnöten, Vertrauen in die eigenen Kräfte.
Partien dieser Art stellen nicht nur eine sehr ernste Prüfung der kämpferischen, sondern auch aller anderen Eigenschaften eines Schachspielers dar. Wie ich bereits betont habe, ist der Weg eines Schachpraktikers eine Art Kette von ständig abzulegenden Prüfungen. Zu den strengsten und schwerwiegendsten zählen jene, da gleichzeitig von Angesicht zu Angesicht über Ihre sportliche Ehre entschieden wird.
Beim Mobilisieren aller Kräfte, Kenntnisse und der Fähigkeit, die psychologisch oft nicht leichte Problematik zu lösen, sollte man sich überdies immer das Gefühl für das Vertretbare bewahren: nicht in Panik zu verfallen, die notwendige Kaltblütigkeit behalten. Es scheint mir, daß hier ein Aphorismus Laskers zutrifft, daß nämlich ein Schachspieler die Verantwortung für seine Werke trage, aber nicht für ihre Resultate verantwortlich sei. Selbstverständlich bringt das alles viele Für und Wider mit sich. Einige unabdingbare Voraussetzungen gibt es allerdings. Das ist erstens die erforderliche Geduld und Ausdauer. Zweitens muß man bei allen spielerischen Wendungen in entscheidenden Partien möglichst viel Objektivität in der Bewertung der entstehenden Stellungen bewahren.
Das bedeutet vor allem so Schach zu spielen, daß das mindeste Ziel darin besteht, ein lange genügend spannendes Spiel zu erhalten.
Wenden wir uns einigen Beispie-

len mit einer positiven Lösung des Problems zu.
Einen großen Eindruck machte auf mich die Partie Lilienthal–Bondarewski, die in der letzten Runde der 12. Meisterschaft der UdSSR, 1940, gespielt wurde. Sie entschied über den ersten Platz: Bondarewski besaß einen Punkt Vorsprung, und um ihn einzuholen, mußte Lilienthal diese Begegnung unbedingt gewinnen. In seinen Kommentaren zu dieser Partie schrieb Lilienthal: „Da ein wagehalsiges ‚Spiel auf Gewinn' zu einer Niederlage führt, entschloß ich mich, eine komplizierte lavierfähige Stellung geschlossenen Typs anzustreben, die keinen Ansatz zu taktischen Möglichkeiten bietet, was dem scharfen kombinatorischen Stil Bondarewskis entgegenkäme."
Sehen wir uns einmal an, wie sich die Partie entwickelte, die mit den lehrreichen Erklärungen des Siegers versehen ist.

Französisch
Lilienthal–Bondarewski

**1.e4**

„Ich wende diesen Zug selten an, aber in diesem Falle leiste er gute Dienste bei der Maskierung meiner Absichten."

**1. ... e6 2.d4 d5 3.♘c3 de 4.♘:e4 ♘d7 5.♘f3 ♗e7 6.♗d3 ♘gf6 7.♘:f6+ ♗:f6 8.0–0 c5 9.c3 cd 10.cd 0–0** (genauer ist 10. ... ♘b6) **11.♕c2 g6 12.♗f4 ♘b6 13.♗c7 ♕e7**

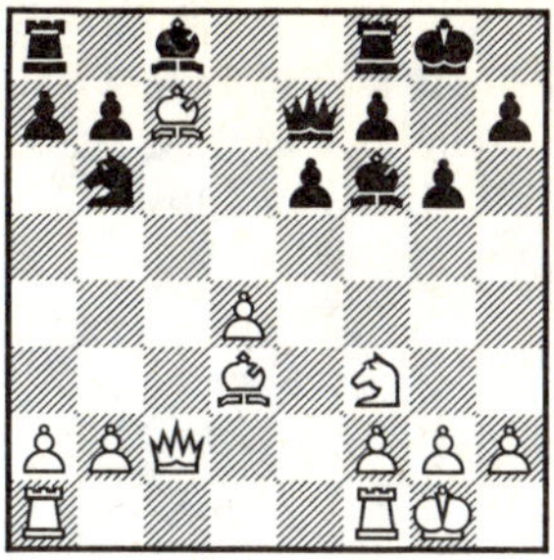

**14.♗e4!**

Die folgenden Bemerkungen Lilienthals hierzu sind äußerst interessant: „Ich hatte lange über die entstandene Stellung nachgedacht und war zu der Überzeugung gekommen, daß Schwarz keine realen Schwächen besaß. Die geringe Eingeengtheit seiner Figuren stellte nur eine zeitweilige Erscheinung dar, und seine Verteidigungsressourcen waren außergewöhnlich groß. Deshalb ließ ich gern, obwohl Weiß einen unbestreitbaren Entwicklungsvorsprung besaß, eine Reihe von Vereinfachungen zu und begnügte mich mit einem nur wenig besseren Endspiel."

**14. ... ♘d5 15.♗:d5 ed 16.♗e5 ♗f5 17.♗:f6 ♕:f6 18.♕b3 ♗e4 19.♘e5 ♕b6 20.♕:b6 ab 21.♖fc1 ♖fc8 22.a3 ♗f5 23.g4 ♗e6 24.h3 f6**

Nach Turmtausch auf der c-Linie hätte Weiß klaren Vorteil.

**25.♘d3 g5 26.f3 ♔f7 27.♔f2 ♔e7 28.♔e3 ♔d6?**

Schwarz hält den Belastungen

der kräftezehrenden Verteidigung nicht stand und begeht einen entscheidenden Fehler. Richtig war 28. ... h5!, um auf der h-Linie gegenzuhalten.

**29.♖:c8! ♖:c8 30.h4! h6 31.hg hg 32.♖h1 ♖e8 33.♔d2 ♗d7 34.♖h6 ♖f8 35.♘e1 ♔e7 36.♘c2 ♖f7 37.♘e3 ♗c6 38.♔c3 ♔d6 39.♔b4 ♗d7 40.♘f5+ ♔c7**

Falls 40. ... ♗:f5 41.gf ♔c6, so 42.a4! ♖f8 43.♖h7 ♖d8 44.♖f7 ♖d6 45.b3 b5 46.a5 b6 47.a6, und Weiß gewinnt.

**41.a4 ♗e6 42.♘g3 ♗d7 43.♘h5! f5 44.♘f6! fg 45.♘:d5+ ♔b8 46.fg**

Geht der Versuchung 46.♖h8+ ♔a7 47.♘c7 b5 48.a5 b6 49.a6 ♗c6! 50.♖c8 gf 51.d5 ♗:d5 52.♘:d5 ♔:a6! aus dem Wege.

**46. ... ♗:g4 47.♘:b6 ♖f2 48.b3 ♗d1 49.d5 ♔c7 50.a5 ♖d2 51.♖h7+ ♔b8 52.d6! ♖d4+ 53.♔c5 ♖h4 54.d7 ♔c7 55.d8♕+ ♔:d8 56.♖d7+.** Schwarz gab auf.

Meiner Ansicht nach kann diese Partie in gewisser Weise als Richtschnur für ein Spiel auf Gewinn in schwierigen Wettkampfsituationen dienen. Obwohl es weniger positive Beispiele gibt als negative, so stellen sie in der Meisterpraxis durchaus keine Ausnahme dar. Mit bewundernswerter Meisterschaft bewältigten die Weltmeister Lasker, Aljechin und Botwinnik (sowie in den letzten Jahren Karpow) derartige Aufgaben.
Hier einige glänzende Beispiele. Die folgende Partie wurde zum wichtigsten Zeitpunkt des Turniers gespielt, denn Lasker brauchte unbedingt den Sieg.

Spanisch
Lasker–Capablanca
St. Petersburg 1914

**1.e4 e5 2.♘f3 ♘c6 3.♗b5 a6 4.♗:c6(!) dc 5.d4 ed 6.♕:d4 ♕:d4 7.♘:d4 ♗d6**

Ich habe nicht zufällig hinter den 4. weißen Zug ein Ausrufezeichen gesetzt. Bereits in einem frühen Partiestadium beabsichtigte Lasker eine psychologische Spielgestaltung. Durch den schnellen Übergang ine ine Endspiel hoffte er, irgendwie die Wachsamkeit seines um Jahre jüngeren Gegners einzuschläfern.

**8.♘c3 ♘e7 9.0–0 0–0** (stärker ist 9. ... ♗d7 nebst 0–0–0) **10.f4 ♖e8 11.♘b3 f6(?)**

In den Anmerkungen zu dieser Partie schrieb Réti: „Das erstaunlich zaghafte Spiel Capablancas während der gesamten Partie beweist, daß er aufgrund seines ausgezeichneten Turnierstandes nur ein Remis anstrebte – ein verhängnisvoller Fehler für einen diese Variante mit Schwarz Spielenden."

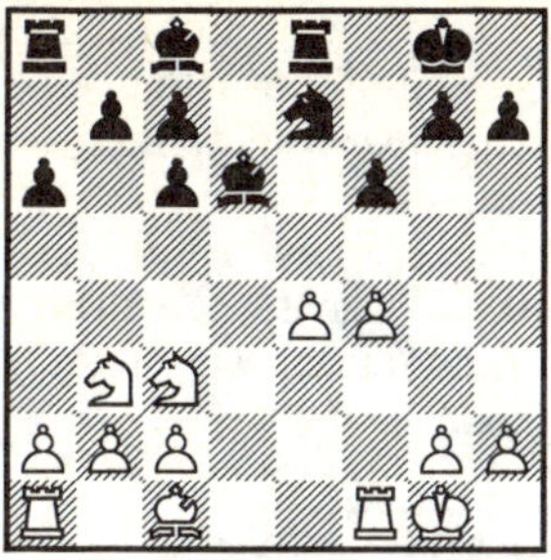

**12.f5!**

Ein ausgezeichneter Gedanke frei von jeder Schablone. Weiß schafft sich einen rückständigen Bauern auf e4 und überläßt dem Nachziehenden das starke Feld e5. Das hat jedoch überaus wichtige positive Seiten, denn jetzt sind der schwarze Springer und der Damenläufer stark eingeengt. Dem weißen Läufer wird Bewegungsfreiheit eröffnet. Außerdem pocht Lasker auf das starke Vorpostenfeld e6.

**12. … b6?** (besser ist 12. … ♗d7 nebst ♖ad8 oder sogar 12. … g5) **13.♗f4 ♗b7**

Hier war 13. … ♗:f4 stärker. Jetzt offenbart sich im schwarzen Lager die Schwäche des Bauern d6.

**14.♗:d6 cd 15.♘d4 ♖ad8 16.♘e6 ♖d7 17.♖ad1 ♘c8 18.♖f2 b5 19.♖fd2 ♖de7 20.b4 ♔f7 21.a3 ♗a8 22.♔f2 ♖a7 23.g4 h6 24.♖d3 a5 25.h4 ab 26.ab ♖ae7 27.♔f3 ♖g8 28.♔f4 g6 29.♖g3 g5+**

Das kleinere Übel bestand in 29. … gf mit dem Bestreben, das Spiel zu vereinfachen. Nun ist die schwarze Stellung hoffnungslos.

**30.♔f3! ♘b6 31.hg hg 32.♖h3 ♖d7 33.♔g3! ♔e8 34.♖dh1 ♗b7 35.e5! de 36.♘e4 ♘d5 37.♘6c5 ♗c8 38.♘:d7 ♗:d7 39.♖h7 ♖f8 40.♖a1 ♔d8 41.♖a8+ ♗c8 42.♘c5.** Schwarz gab auf.

Zu den bedeutendsten Siegen Aljechins in entscheidenden Wettkampfmomenten zählen wohl die in der 32. und 34. Partie seines Matches mit Capablanca im Jahre 1927.
Ich führe hier die 32. Partie an, die in allen Kampfstadien lehrreich ist. Übrigens wird gerade hier auffallend sichtbar, welche Bedeutung in einer gewohnten Spielfolge die Anwendung eines neuen, für den Gegner überraschenden Eröffnungssystems besitzt.
Nebenbei sei erwähnt, daß den Kontrahten für den Kampf um die Weltmeisterschaft damals keine Betreuer und Trainer zur Seite standen. Die gesamte häusliche theoretische Vorbereitung (ihr Umfang war natürlich weitaus geringer als heute) lastete auf ihren eigenen Schultern. In diesem Match offenbarte sich deutlich die gewaltige Arbeitsfähigkeit Aljechins, der nach zweimonatigen zermürbendem Kampf nicht nur für ein Spiel mit maximaler Anspannung die Kraft fand, sondern auch noch

die schöpferische Vorbereitung und die unablässige Suche nach Neuem.

Damengambit
Aljechin–Capablanca
32. Matchpartie, 1927

**1.d4 d5 2.c4 e6 3.♘c3 ♘f6 4.♗g5 ♘bd7 5.e3 c6 6.cd ed 7.♗d3 ♗e7 8.♘ge2!**

Damals setzte man hauptsächlich mit 8.♘f3 fort. Dieses Manöver stellt eine Erfindung Aljechins dar und ist die Einleitung zu dem folgenden, seit dieser Zeit geläufigen Spielplan, der einen schnellen Angriff am Königsflügel beinhaltet.
In seinen Anmerkungen schätzt Aljechin den Plan kritisch ein: „Ich bezweifle, daß dieses System bei richtigem schwarzem Gegenspiel dem Anziehenden Vorteil verspricht.“ Das Wesen der Neuartigkeit ist jedoch ein nicht zu unterschätzender Faktor.

**8. ... 0–0** (Aljechin empfahl 8. ... h6, um den Läufer auf g5 zu einer Erklärung zu zwingen) **9.♘g3 ♘e8 10.h4! ♘df6 11.♕c2 ♗e6 12.♘f5 ♗:f5 13.♗:f5 ♘d6 14.♗d3 h6 15.♗f4 ♖c8?**

Interessant ist die folgende Anmerkung Aljechins: „Sich gegen die Hauptdrohung 16.0–0–0 nebst ♖dg1 und g2–g4 verteidigend, worauf 16. ... c5! dem Nachziehenden ausreichendes Gegenspiel sicherte, berücksichtigte Schwarz jedoch nicht, daß sein Zug Weiß die Möglichkeit eines *unmittelbaren* Bauernangriffs einräumt.“ Angemerkt sei, daß 15. ... ♖e8 besser war, und falls 16.0–0–0, so 16. ... ♘fe4, was eine genügend feste Stellung gewährleistet.

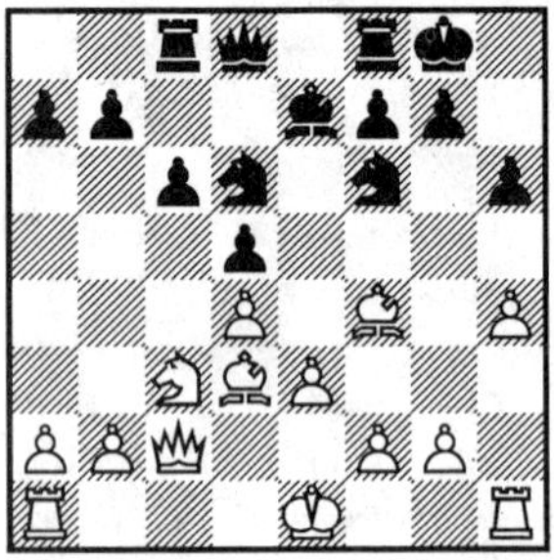

**16.g4! ♘fe4! 17.g5 h5 18.♗:e4**

Nicht schlecht war 18.♗:d6 ♘:d6 19.0–0–0. Dazu schrieb Aljechin: „Obwohl ich auch in diesem Falle meine Chancen hoch einschätzte, erschien es mir dennoch unlogisch, in dem ich einen Mehrbauern behielt und für meinen Gegner keine realen Remismöglichkeiten sah – die es tatsächlich nicht gab.“

**18. ... ♘:e4 19.♘:e4 de 20.♕:e4 ♕a5+ 21.♔f1 ♕d5! 22.♕:d5 cd 23.♔g2! ♖c2 24.♖hc1! ♖fc8**

Im Falle von 24. ... ♖:b2 25.♖cb1! ♖:b1 26.♖:b1 b6 27.♖c1 nebst ♖c7 steht Schwarz schlecht.

**25.♖:c2 ♖:c2 26.♖b1 ♔h7**

**27.♔g3 ♔g6 28.f3 f6 29.gf ♗:f6 30.a4 ♔f5 31.a5 ♖e2 32.♖c1?**

Eine Ungenauigkeit. Stärker ist 32.b4, und falls 32. ... g5, so 33.hg ♗:d4 34.♖h1! Auch im Falle von 33. ... ♗:g5 34.♗:g5 ♔:g5 35.f4+! ♔f5 36.♔f3 ♖h2 37.♖g1! müßte Weiß siegen.

**32. ... ♖:b2 33.♖c5 ♔e6 34.e4 ♗:d4 35.♖:d5 ♗c3 36.♖:h5 a6 37.♗c7! ♗e1+ 38.♔g4 ♖g2+ 39.♔h3 ♖f2 40.♔g4 ♖g2+ 41.♔h3 ♖f2 42.f4! ♖f3+ 43.♔g2 ♖f2+ 44.♔h3 ♖f3+ 45.♔g2 ♖f2+ 46.♔g1 ♖c2 47.♗b6 ♖c4?**

Danach ist die schwarze Stellung hoffnungslos. Mehr Chancen auf Rettung bot 47. ... ♗g3 48.♖e5+ ♔d6 49.♖g5 oder 48. ... ♔f7 49.h5, obwohl auch hier Schwarz vor nicht geringen Schwierigkeiten steht.

**48.♔g2! g6** (48. ... ♖:e4? 49.♔f3! verliert unverzüglich) **49.♖e5+ ♔d7 50.h5!**

Obwohl die weiße Stellung gewonnen ist, wird äußerst genaues Spiel verlangt. Natürlich ist ohne Arbeit an der Technik an keine schachpraktische Vervollkommnung zu denken.

**50. ... gh 51.♔f3 h4 52.♖h5 ♖c3+ 53.♔g4 ♖c4 54.♔f5! ♗:a5 55.♖h7+ ♔c6 56.♗:a5**

Nach 56.♖c7+ ♔b5 57.♖:c4 ♔:c4 58.♗:a5? h4 verliert Weiß.

**56. ... ♖c5+ 57.♔e6! ♖:a5 58.f5 ♖a3 59.f6 ♖f3 60.f7 b5 61.♖h5! h3 62.♖f5 ♖:f5 63.ef.** Schwarz gab auf. Nach 63. ... h2 64.f8♕ h1♕ entscheidet 65.♕a8+.

Die Fähigkeit, mit erhöhter Anstengung Entscheidungspartien zu spielen, war stets für Botwinnik bezeichnend. Erinnert sei beispielsweise an seine hervorragenden Siege über Kotow in der letzten Runde der 11. Meisterschaft der UdSSR, 1939, über Keres im 1. Tschigorin-Gedenkturnier 1947 in Moskau und im Matchturnier 1948 sowie über Smyslow bei der 13. Meisterschaft der UdSSR, 1944. Die Liste ließe sich fortsetzen. Wir möchten jedoch die in dieser Beziehung vielleicht wichtigste Partie Botwinniks anführen. Es handelt sich um die 23. Partie seines Weltmeisterschaftskampfes gegen Bronstein im Jahre 1951. Zu diesem Zeitpunkt war Botwinnik nach Bronsteins Siegen in der 21. und 22. Partie zurückgefallen. Bis Matchende mußten nur noch zwei Partien gespielt werden, aus denen er eineinhalb Punkte benötigte, um seinen Titel erfolgreich zu verteidigen. Um die psychologischen Schwierigkeiten zu verstehen, vor denen Botwinnik stand, ist in Betracht zu ziehen, daß er sich zu dieser Zeit in einem halb schockartigen Zustand befand. Schließlich war seine Situation noch zwei Runden zuvor ziemlich beruhigend. Und plötzlich zwei (dabei zerschmet-

ternde!) Niederlagen hintereinander. Botwinnik setzte seine ganze Hoffnung gerade auf die 23. Partie, in der er die weißen Steine führte. Viel hing davon ab, wie er sie strategisch gestaltete. Botwinnik beschritt den gewohnten Weg (wenn es hier überhaupt gewohnte Wege gibt!). Er strebte einen langwierigen Kampf an, der eine geringe, aber anhaltende Spannung versprach. Dabei vermied er taktische Wendungen, worin damals die Hauptstärke seines Kontrahenten lag.
Diese Partie zählt nicht zu den besten Leistungen Botwinniks. Außerdem befand er sich längst nicht in bester Form, und im Spielverlauf beging er einige Fehler. Aber er hielt dennoch „eisern" seine strategische Linie ein, und das trug schließlich Früchte. Natürlich muß man auch den nervlichen Zustand Bronsteins in Betracht ziehen, der einen Schritt vor dem Sieg stand. Und doch ist der letzte Schritt nicht selten der schwierigste. Wohlan!

Grünfeld–Indisch
Botwinnik–Bronstein

**1.d4 ♘f6 2.c4 g6 3.g3 c6**

Bronstein demonstriert seine friedliche Absichten, indem er einen symmetrischen Aufbau anstrebt. An und für sich ist eine solche Taktik völlig natürlich und logisch. Wenn man aber bedenkt, daß Bronsteins Stil jener Jahre strategisch riskant und dynamisch war, gelangt man unwillkürlich zu dem Schluß, daß er hier in einer für ihn ungewohnten Manier spielt. Weressow, einer der Kommentatoren dieser Partie, meinte, zwischen Bronsteins Ziel und seiner Verhaltensweise bestand keine einheitliche Auffassung.

**4.♗g2 d5 5.cd cd 6.♘c3 ♗g7 7.♘h3 ♗:h3**

Weiß wollte den Springer auf f4, die Dame auf b3 postieren und den Zug e7–e6 erzwingen, was zu einem komplizierten und etwas aktiveren Spiel für Weiß führen würde. Deshalb vereinfacht Schwarz das Spiel, nicht ohne Grund annehmend, daß in einer Stellung geschlossenen Typs dem weißen Läuferpaar nicht der notwendige Raum zur Verfügung steht.

**8.♗:h3 ♘c6 9.♗g2 e6 10.e3 0–0 11.♗d2 ♖c8 12.0–0 ♘d7**

Vielleicht war es zweckmäßiger, 12. ... ♘e8 nebst ♘d6 zu spielen, um die Punkte c4 und e4 zu kontrollieren.

**13.♘e2 ♕b6 14.♗c3 ♖fd8 15.♘f4 ♘f6 16.♕b3(!) ♘e4 17.♕:b6 ab 18.♗e1**

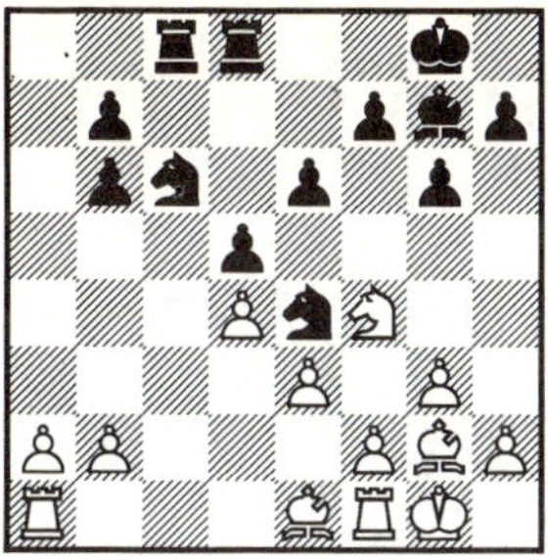

Es fällt auf, daß allen in diesem Kapitel angeführten Partien ein Wesenszug gemeinsam ist, nämlich der frühzeitige Damentausch. Und ihn fordert jeweils die Seite heraus, die einen Sieg benötigte. Obwohl es jedesmal dafür besondere Gründe gab, das Hauptmotiv war das gleiche: weil es objektiv das beste Verfahren zur Aufrechterhaltung langwährender Spannungen bei minimalem Übergewicht ist!
Im vorliegenden Fall ließ sich Botwinnik auch von psychologischen Motiven leiten: Das Führen „langweiliger" Endspiele war Bronsteins Achillesferse. Junge Schachspieler, für die ich ja dieses Werk schreibe, seien besonders darauf hingewiesen, wie wichtig die Beherrschung komplizierter Endspiele ist. Gerade dieses Genre veranschaulichen die in diesem Abschnitt gebrachten Partiebeispiele.

**18. ... ♘a5 19.♘d3 ♗f8**

Aktiver ist 19. ... ♗h6, was den Zug f2–f3 erschwert, auf den Weiß kaum verzichten kann.

**20.f3 ♘d6 21.♗f2 ♗h6 22.♖ac1 ♘ac4 23.♖fe1 ♘a5 24.♔f1 ♗g7 25.g4 ♘c6 26.b3**

Wahrscheinlich war es besser, vorerst die Streitkräfte mittels ♖c2, ♖ec1 und ♔e2 zu konzentrieren. Jetzt verfügt Schwarz über gutes Gegenspiel.

**26. ... ♘b5 27.♔e2**

Eine weitere Ungenauigkeit. Notwendig erschien 27.a4. Jetzt konnte Schwarz 27. ... ♘a3 nebst b6–b5–b4 spielen, und es ist schwer zu sagen, wer über die besseren Chancen verfügt. Jedoch besteht Bronsteins Unglück darin, daß er auf eine passive Verteidigung programmiert war.

**27. ... ♗f8 28.a4 ♘c7 29.♗g3 ♘a6 30.♗f1 f6**

Auch hier erwies sich 30. ... ♘ab4 31.♘:b4 ♗:b4 32.♖ed1 ♘a5 als weitaus aktiver.

**31.♖ed1 ♘a5 32.♖:c8 ♖:c8 33.♖c1!**

Ein gerechtfertigtes Bauernopfer, das dem Anziehenden eine solide Initiative verschafft.

**33. ... ♖:c1**

Bronstein nimmt die Herausforderung an, aber genauer war 33. ... ♖c6 34.♖:c6 bc 35.♘c1 ♘b7 36.♔d1 ♘b4 nebst ♗d6, und das Gleichgewicht bleibt erhalten.

**34.♘:c1 ♗a3 35.♔d1 ♗:c1**

Das hatte noch Zeit, besser war 35. ... ♔f7 mit Remischancen.

**36.♔:c1 ♘:b3+ 37.♔c2 ♘a5 38.♔c3 ♔f7 39.e4 f5?**

Vorzuziehen war 39. … de 40.fe, obwohl auch dann die Chancen von Weiß klar besser wären.

**40.gf gf 41.♗d3 ♔g6 42.♗d6**

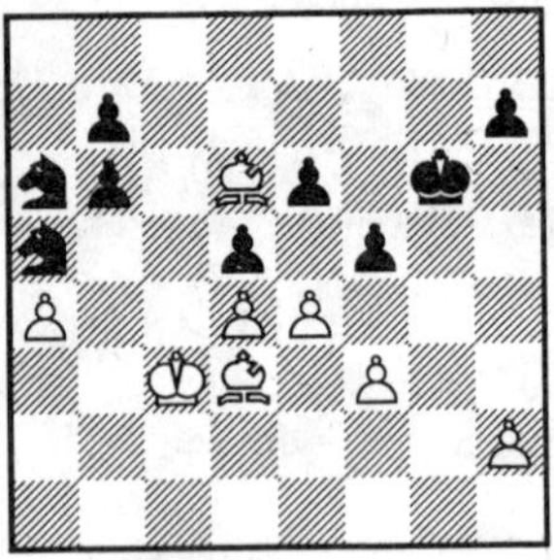

Der Abgabezug, der sich nicht als der beste erweist. Richtig war 42.♗b1! mit der Drohung 43.ed ed 44.♗a2, und vor Schwarz stehen schwer zu überwindende Schwierigkeiten.

**42. … ♘c6 43.♗b1 ♔f6**

Zäher war 43. … ♘a7 44.ed ed 45.♗a2 b5 46.a5 ♘c6 47.♗:d5 ♘:a5 mit Wahrung von Remischancen.

**44.♗g3 fe 45.fe h6 46.♗f4 h5 47.ed ed 48.h4 ♘ab8 49.♗g5+ ♔f7 50.♗f5 ♘a7 51.♗f4 ♘bc6 52.♗d3 ♘c8 53.♗e2 ♔g6 54.♗d3+** (zeitnotbedingte Zugwiederholungen) **54. … ♔f6 55.♗e2 ♔g6 56.♗f3 ♘6e7?**

Und das ist bereits ein entscheidendes Versehen. Gewisse Rettungschancen bot 56. … ♘8e7 nebst ♘f5.

**57.♗g5.** Schwarz gab auf.

Natürlich ist die Stellung von Schwarz schon sehr schwierig, denn er unterliegt einem originellen positionellen Zugzwang. Jeder beliebige Zug führt zu Materialverlust. Trotzdem erscheint Bronsteins Entscheidung verfrüht in vielerlei Hinsicht, zumal der Einsatz in dieser Partie sehr hoch war. Vielleicht spürte er, daß die bevorstehende erschöpfende Verteidigung seine Kräfte überfordern würde. In Partien dieser Art ist das recht häufig der Fall.

Welches Vorgehen ist nun angebracht, wenn das sportliche Ziel ein Remis verlangt, der Gegner jedoch einen Sieg benötigt? Auch hier gilt es vor allem die nötige Kaltblütigkeit zu bewahren. Auf keinen Fall ist das Remis als einziges Ziel ins Visier zu nehmen, ohne natürlich die eigenen Möglichkeiten zu überschätzen (in dieser Hinsicht stellt die bereits angeführte Partie Kasparow–Beljawski ein gutes Beispiel dar). Denken Sie immer daran, daß von drei möglichen Resultaten Ihnen zwei dienlich sind: sowohl ein Remis wie auch ein Sieg. In der Praxis werden hier jedoch selbst die größten Optimisten recht bescheiden und „planen“ nur das gewünschte Remis ein.
In diesem Zusammenhang möchte ich das folgende lehrreiche Beispiel eines „von Fesseln

befreiten" Spiels bringen, wo enge sportliche Barrieren überwunden wurden und der Glaube an die eigenen Kräfte triumphierte.
Es handelt sich um die letzte Partie des Viertelfinalkampfes der Kandidaten 1964 zwischen Keres und Spasski. Damals galt Keres als einer der Hauptfavoriten im Kampf um die Weltmeisterschaft. Es genügt, daran zu erinnern, daß er in allen vorausgegangenen Zyklen – nämlich 1953, 1956, 1959 und 1962 – in den Kandidatenturnieren stets Zweiter geworden war. Spasski dagegen erlitt verdrießliche Rückschläge und konnte im Verlaufe einiger Jahre nicht einmal die Hürde des Interzonenturniers nehmen. In den Jahren 1963/64 machte sich im Spiel des künftigen Weltmeisters ein beträchtlicher Aufschwung bemerkbar. Spasski gewann das UdSSR-Zonenturnier, trat hervorragend im Interzonenturnier auf und gelangte schließlich in die Kandidatenmatche.
Das Los brachte im ersten Match zwei damalige Favoriten zusammen. Der Wettkampf endete zugunsten Spasskis, der vor der letzten Partie mit 5:4 in Führung lag. Also brauchte Keres unbedingt den Sieg, während für Spasski ein Remis reichte. Sehen wir uns an, wie sich diese Partie entwickelte.

Königsindisch
Keres–Spasski

**1.d4 ♘f6 2.c4 g6**

Eine unerwartete Eröffnungswahl. Wohl gehörte die Königsindische Verteidigung zum Eröffnungsrepertoire Spasskis, doch ihre Anwendung in einem so entscheidenden Kampfmoment mutete extravagant an.
Aus dieser Entscheidung wurde offenbar, daß Spasski die Partie nicht friedfertig gestalten wollte, sondern zu einem kompromißlosen Kampf bereit war.
Bondarewski, Spasskis Trainer, äußerte sich dazu: „Der Verzicht auf ein in solchen Wettkampfsituationen häufig anzutreffendes Spielen auf Remis ist psychologisch gerechtfertigt.
Natürlich ist, wenn man einen Punkt mehr besitzt, die Versuchung groß, sich einfach auf Verteidigung einzustellen.
Meine langjährige Erfahrung beweist, daß ein solcher Weg nur zu leicht zu einer Niederlage führt. Wenn ein Spieler den Kampf mit großem Elan führt, all seine Kräfte hineinlegend, doch der andere sich ‚in ein Mauseloch verkriecht', so treten, abgesehen von Mängeln in der Stellungsbehandlung, negative psychologische Momente auf, die sich in einem spannenden und entscheidenden Kampf als äußerst gefährlich erweisen. Erneut zeigte sich Spasski in dieser Partie als ein echter Kämpfer."

**3.♘c3 ♗g7 4.e4 d6 5.f4!? c5 6.d5 0–0 7.♘f3 e6 8.♗e2 ed 9.cd b5!? 10.e5 de 11.fe ♘g4 12.♗f4 ♘d7 13.e6!? fe 14.de ♖:f4 15.♕d5! ♔h8 16.♕:a8 ♘b6 17.♕:a7**

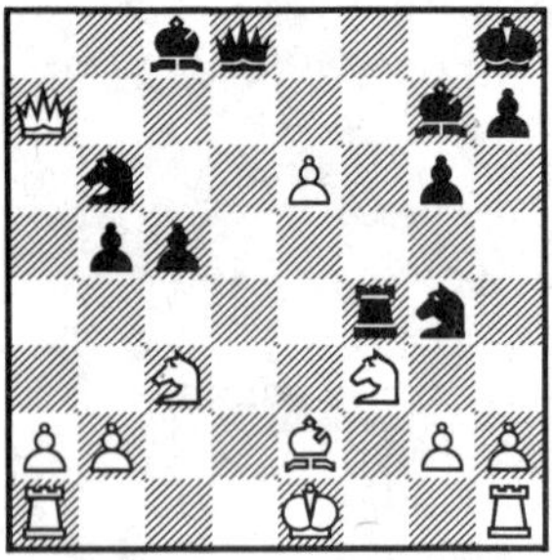

Auf dem Brett ist eine völlig kompromißlose Situation entstanden. Der letzte weiße Zug ruft berechtigte Zweifel hervor. Im Geiste der Variante wären hier schärfere Fortsetzungen 17.♕b8 oder 17.♕c6, worauf 17. ... ♘e3 geschähe.
Keres zog es vor, nicht alle Brücken abzubrechen, und hob, auf die Rochade bedacht, den Teil der Spannung auf, der sehr wichtig war. Es scheint, daß Spasski mit der Wahl der Eröffnung „ins Schwarze" getroffen hat. Jetzt ergreift er folgerichtig die Initiative.

**17. ... ♗:e6 18.0–0 ♘e3 19.♖f2**

Objektiv besser war 19.♖ad1 oder 19.♗:b5 mit Rückgabe der Qualität und Ausgleich. Das ist jedoch bereits kein praktisches Spiel voller Leidenschaft und Wünsche mehr, sondern kalte, abstrakte Analyse. Keres ist auf ein solches Spiel „programmiert" und kann dessen Verlauf nicht ändern.

**19. ... ba! 20.♘b5 ♖f7 21.♕a5 ♕b8 22.♖ae1 ♗d5 23.♗f1**

Etwas beser ist 23.♗d3.

**23. ... ♘:f1 24.♖f:f1 ♘c4 25.♕a6 ♖f6 26.♕a4 ♘:b2 27.♕c2?**

Führt zu schnellem Zusammenbruch. Als zäher erwiese sich 27.♕a5, obwohl auch dann nach 27. ... ♘d3! die Initiative auf seiten von Schwarz wäre. Keres hatte allerdings bereits begriffen, daß die Schlacht verloren und er zermürbt war. Zudem befand er sich in äußerster Zeitnot.

**27. ... ♕:b5 28.♖e7**

28.♕:b2 ♖:f3! bedeutet das Ende.

**28. ... ♘d3 29.♕e2 c4 30.♖e8+ ♖f8 31.♖:f8+ ♗:f8 32.♘g5 ♗c5+ 33.♔h1 ♕d7 34.♕d2 ♕e7 35.♘f3 ♕e3.**
Weiß überschritt die Zeit.

Natürlich ist eine solche Kampfmethode in der Praxis seltener anzutreffen als ein Spiel auf Neutralisierung der Initiative (besonders als Schwarzspieler). Allerdings sprechen nicht wenig Gründe für ein derartiges Vorgehen.
Zum Abschluß dieses Abschnitts sei noch ein schwer zu fassendes

Problem berührt. Nicht selten fehlt zur Erreichung des Sieges trotz aller vorbereitenden Maßnahmen eine winzige, aber leider wesentliche Kleinigkeit. Dann heißt es, sich mit der Notwendigkeit – sprich: dem Remis – abfinden zu können. Die Praxis sieht allerdings zumeist völlig anders aus. In einem gewissen Moment geht das Gefühl für das Vertretbare verloren, und in der Hitze des Gefechts verfällt man der Verblendung. Bekanntlich rühmt man bei Polugajewski neben einer Reihe anderer Qualitäten seine vorsichtige und umsichtige Spielweise. Das Sprichwort sagt jedoch „Alter schützt vor Torheit nicht". So hätte ihm ein Remis in der letzten Runde der 50. Meisterschaft der UdSSR, 1983, die Silbermedaille garantiert, während er bei einem Sieg den 1. und 2. Platz mit Weltmeister Karpow teilen würde. Eine Niederlage bedeutete jedoch ein Zurückfallen auf den 3. und 4. Platz. Polugajewski spielte mit Weiß gegen den jungen Meister Malanjuk und beschloß, was völlig vernünftig war, auf Gewinn zu spielen. Anfänglich schien es auch, daß sich der weiße Druck sehr spürbar auswirkte: **1.d4 d6 2.c4 f5 3.♘c3 ♘f6 4.♗g5 ♘bd7 5.e3 g6 6.♘f3 ♗g7 7.♕c2 0–0 8.♗e2 c6 9.0–0–0 ♕a5 10.h4 h6 11.♗:f6 ♘:f6 12.h5 g5!**

Nicht gut ist 12. … ♘:h5 wegen 13.♘h4!

**13.♘d2 ♘g4 14.♖hf1 e5 15.d5 ♘f6 16.♘b3 ♕c7 17.c5 dc 18.♗c4**

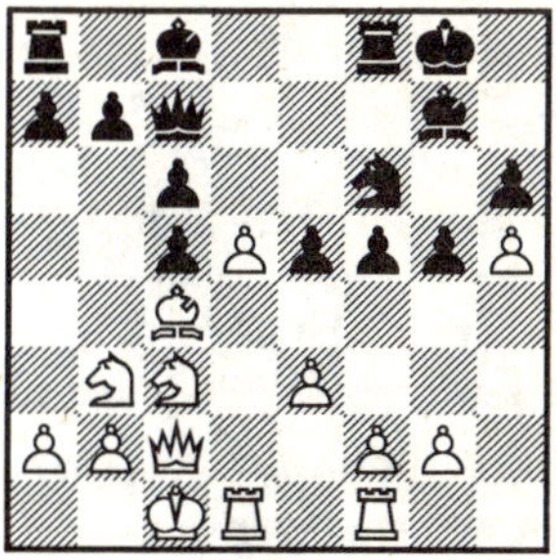

Aufmerksamkeit verdiente 18.d6!? Jetzt hebt Schwarz die Spannungen auf und erlangt Ausgleich.

**18. … cd 19.♘:d5 ♘:d5 20.♗:d5+ ♔h8 21.♕:c5 ♕:c5 22.♘:c5 f4 23.♘e6**

Der Anziehende verliert allmählich das Gespür für eine reale Bewertung des Geschehens. Objektiv am einfachsten war 23.e4 mit wahrscheinlichem Remis.

**23. … ♗:e6 24.♗:e6 e4! 25.♗d5 ♖ae8 26.ef?**

Und das ist bereits ein wesentlicher Fehler in der Hitze des Gefechts! Zum Remis führte 26.♖de1.

**26.… ♖:f4 27.♖de1 g4! 28.g3 ♖f5 29.♗b3**

Nicht gut wäre 29.♗:e4 wegen 29. … ♖fe5. Aber auch jetzt ist die weiße Stellung nicht beneidenswert. Polugajewski bemerkte ebenfalls nicht, daß er einen

Bauern verliert und seine Stellung kritisch wird.

**29. ... ♖:h5 30.♖e2 ♖he5 31.♖fe1 ♗f6 32.♔b1 ♗g5! 33.♗c2 e3 34.fe ♗:e3 35.a3 ♔g7 36.♖f1 ♗g4 37.♖:e5 ♗:e5 38.♖e1 ♖e7 39.♖e3 ♔f6 40.♔a2 ♖d7 41.♗d3 ♖d6 42.♔b1 h5 43.♔c2 ♖c6+ 44.♔b1 ♖b6 45.b4 ♖c6 46.♗e4 ♖c3**, und Weiß gab auf.

Ich bin nur auf einige wichtige Faktoren des praktischen Spiels und die mit ihnen zusammenhängenden Probleme des Denkens eingegangen. Natürlich tragen sie längst nicht immer so deutlich ausgeprägte psychologische Färbung wie die hier betrachteten. Größtenteils entstehen rein schachliche Probleme, deren Lösung die Beherrschung der Taktik und Strategie erfordert und zudem die Fähigkeiten, Varianten weit voraus und genau zu berechnen und die entstehenden Positionen richtig zu bewerten. Hinzu kommen die Kenntnis eines großen Komplexes typischer, in allen Partiestadien vorkommender Stellungsbilder, Fragen der Technik, Eröffnungswissen u. a. Kurzum, all das, was die zahlreichen traditionellen Lehrbücher über Eröffnungstheorie, Mittel- und Endspiel darlegen.

Was schließlich den bestimmenden methodischen Aufbau dieses Werkes anbelangt, so wurde auf die hierbei auftretenden Besonderheiten des Denkens eingegangen, die man sich in erster Linie im Prozeß des praktischen Spiels selbst vervollkommnen muß. Keine häusliche Analyse kann Ihnen die spielpraktische Erfahrung ersetzen, vor allem trifft das für die Anerziehung der Aufmerksamkeit, Ausdauer, Geduld, des Denkstereotyps, für das Finden improvisierter Entscheidungen, die Ausbildung des elastischen Denkens usw. zu.

# ZWEITER TEIL

# Das häusliche Laboratorium des Schachspielers

## 5. Kapitel

### Die Entwicklung der analytischen Fähigkeiten

### Einführung

Es ist bekannt, daß den von der Natur Beschenkten die ersten Erfolge im Schach in der Regel leicht zufallen. Jeder einigermaßen erfahrene Trainer kann ohne besondere Mühe rasch begabte Kinder herausfinden.
Ein Kriterium dafür sind in erster Linie die Schärfe des kombinatorischen Sehens und die Schnelligkeit der Variantenberechnung. Die Fähigkeit, die innere Harmonie der Wechselwirkung zwischen den Figuren zu sehen, stellt eine sehr wichtige, einfach notwendige Eigenschaft eines Schachspielers dar.
Zuerst muß man lernen, direkte Angriffe zu erkennen und keine Figur „stehenzulassen". Danach bemerkt man Doppeldrohungen, und dann tritt man allmählich durch die Pforte in den Tempel der Schachkunst – in die Sphäre des kombinatorischen Schaffens.
Dieser Prozeß vollzieht sich durchaus nicht bei allen schnell und leicht. Die Befähigten eignen sich das alles sehr rasch an, zuweilen in einigen Monaten. Bei anderen reicht selbst bei aller Mühe ein vielfach längerer Zeitraum nicht aus.
Ein schwieriger Faktor ist die Beherrschung der Kunst der richtigen Stellungsbewertung, obwohl auch sie vielfach von der natürlichen Veranlagung abhängt. Später wird davon noch die Rede sein. Einstweilen konzentrieren wir unsere Aufmerksamkeit auf die Probleme der Vervollkommnung der Eigenschaften taktischen Charakters, denn die Schachpraxis ist hauptsächlich mit der Lösung taktischer Aufgaben verbunden.
Ohne diese Fähigkeit ist es einfach unmöglich, gut Schach spielen zu lernen.
Charakteristisch ist das folgende aufschlußreiche Bekenntnis Petrosjans während unserer gemeinsamen Arbeit in Vorbereitung auf den Weltmeisterschaftskampf gegen Spasski im Jahre 1966: „All diese hohe ‚Materie' – die Strategie und die Eröffnungsfeinheiten, mit denen

wir uns beschäftigt haben – ist nicht die Hauptsache. Den Ausgang des Matches werden ausschließlich unsere Rechenreflexe während des Spiels entscheiden nach dem Motto ‚wenn du hierher, dann ich dorthin'. Und niemand weiß vorauszusagen, wie sich das ‚Rechenzentrum' verhalten wird."

Und hier kommt vor allem der Praxis große Bedeutung zu. Wie richtig ist doch das Vermächtnis des hervorragenden Schachmethodikers Réti: „Bevor man positionell zu spielen versucht, muß man kombinieren lernen. Vielleicht werden Sie einige Partien verlieren, aber dafür lernen Sie, Schach zu spielen."

Sogleich möchte ich jene warnen, die Schach nur nach Büchern zu erlernen gedenken und sich vor Niederlagen fürchten. Glauben Sie an sich! Fürchten Sie sich auf keinen Fall davor, einmal eine Partie zu verlieren! Scheuen Sie sich nicht vor Kombinationen und Opfern!

Längst nicht alle begabten Schachspieler erreichen Meisterstärke. Die ersten, leicht errungenen Erfolge erweisen sich sehr häufig als äußerst trügerisch, wenn man nicht schon im frühen Alter gelernt hat, ernsthaft und kritisch an sich selber zu arbeiten und seinen Charakter zu stählen.

Gerade diese Eigenschaften muß ein erfahrener Pädagoge von Anfang an seinen Schachjüngern anerziehen. Beim Vermitteln der notwendigen theoretischen Kenntnisse und der Durchführung konkreter praktischer Aufgaben darf der Trainer keine Minute versäumen, um die grundlegende Gesamtentwicklung zu beeinflussen: die selbständige Arbeit der jungen Spieler unter Berücksichtigung der individuellen Besonderheiten zu lenken.

Die Grundlage für die selbständige Arbeit der Schachspieler, die die Leistungsklasse 1 oder den Titel eines Meisteranwärters erworben haben, soll die Analyse bilden. Dazu eine Äußerung Botwinniks aus dem Jahre 1939: „Worin liegt die Kunst eines Schachmeisters? Hauptsächlich in der Fähigkeit, eine Schachstellung zu analysieren." Und weiter heißt es: „Wer ein hervorragender Schachspieler zu werden gedenkt, der muß sich auf dem Gebiet der Analyse vervollkommnen." (Einleitender Beitrag zum Sammelband „11. Allunionsmeisterschaft", Moskau – Leningrad, 1939)

Es wäre falsch, sich die analytische Arbeit als eine Art Parade vorzustellen. Natürlich ist im wesentlichen diese Arbeit immer anziehend, aber sie bedarf der Vorbereitung und erfordert ein bestimmtes Leistungsniveau. Mit anderen Worten, sie setzt ein entwickeltes Schachdenken voraus. Wer nicht darauf vorbereitet wurde, der ist ihr nicht gewachsen. Und diese Vorbereitung läßt sich nicht forcieren, der Lernende kann nicht einige Stufen überspringen. Wer dieser Aufgabe lösen will, muß seine Möglichkeiten kennen und sich selbst perspektivische Aufgaben stellen. Wollen wir versuchen, die Etappen einer solchen Arbeit zu verfolgen.

### Das Lösen konkreter Stellungen

Vorrangig ist ständig die Fähigkeit des konkreten Denkens zu vervollkommnen. Das einfachste Verfahren im häuslichen Training besteht in der Lösung von Kombinationen, Studien und Problemen. Auf einer höheren Qualifikationsstufe ist es angebracht, diese Aufgaben vom Diagramm zu lösen.
Das positive Moment dieser Methode liegt in ihrer Einfachheit. Es bedarf lediglich der Selbstvertiefung (eine für einen Schachspieler notwendige Eigenschaft!). Diagramme lassen sich ohne Aufwand bei fast jeder Gelegenheit als Trainingsmittel verwenden.
Nicht nur für junge Schachspieler ist eine solche Arbeitsweise nützlich, auch die weltbesten Spieler greifen auf sie zurück. So löste Petrosjan regelmäßig Aufgaben, die in vielen periodischen Veröffentlichungen unter der Rubrik „Finden Sie den besten Zug" erscheinen. Keres begann eine Zeitschrift nicht von der ersten, sondern von der letzten Seite an zu lesen, wo sich die Probleme und Studien befinden. In der Regel sind das durchaus nicht einfach zu knakkende Nüsse. Wie schwierig sie auch waren, Keres warf sie niemals „auf halber Strecke" beiseite. Leicht kann man sich überzeugen, daß eine derartige, allgemein einfache Arbeitsweise nicht wenig Selbstdisziplin erfordert. Sie stellt einen kleinen, aber wesentlichen Teil des praktischen Trainings eines Schachspielers dar. Man lernt, rasch eine Stellung auf einem Diagramm oder Brett zu erfassen. Es ließe sich einwenden, daß Studien und besonders Probleme künstliche Gebilde darstellen, die in der Regel wenig Gemeinsames mit praktischen Partiesituationen aufweisen. Ja, das trifft schon zu, ist jedoch erstens, wie ich betonte, nur eine Komponente des eigentlichen Trainings, und zweitens enthält jedes dieser konstruierten Gebilde, wie künstlich sie auch sein mögen, sehr originelle kombinatorische Ideen, die Ihr taktisches Arsenal bereichern. Schließlich befähigt das ständige Lösen dieser Probleme dazu, daß Ihr schachliches Denken zu einer Art Muttersprache wird, in der Sie sich immer leichter unterhalten können.

## Über das Fernschachspiel

Das Fernschachspiel ist ebenfalls ein wertvolles Mittel zur Vervollkommnung der Kunst der Analyse. Es erweist sich aber nur dann als sehr nützlich, wenn der Spielende seine Entscheidungen selbständig trifft. Natürlich ist es durchaus zulässig, Schachliteratur zu Hilfe zu nehmen, speziell in der Eröffnungsphase und im Endspiel. Allerdings dient ein Spiel mit „Vorsagen" durch erfahrenere und stärkere Spieler keineswegs der schachlichen Vervollkommnung. Die selbständig getroffene und ausgeführte Entscheidung durch einen an Stärke überlegenen Fernschachspieler beurteilen zu lassen, ist im Prinzip von Nutzen, indem es das Spielverständnis verbessert und das Wissen bereichert. Natürlich kann das Fernschach keinesfalls das Nahschach ersetzen. Es dient jedoch der Schulung der Strategie und Taktik und hilft, Eröffnungs- und Endspielwissen zu erwerben.

Wenden wir uns nun den der Praxis näherstehenden Formen der analytischen Arbeit zu. Hierzu gehört die Arbeit an den eigenen Partien, die Analyse von Abbruchstellungen, die Untersuchung von Meisterpartien und die Aneignung der Kunst der Kommentierung, die Beschäftigung mit eröffnungstheoretischen Fragen, die Erforschung typischer Positionen u. a.

All das soll in den folgenden Kapiteln behandelt werden. Zuvor wollen wir noch auf einige allgemeine Beweggründe einer solchen Arbeit eingehen.

## Die Kunst der Analyse

In der Analyse schwieriger Stellungen sind die Elemente der Strategie und Taktik harmonisch miteinander verflochten. Von größter Wichtigkeit ist hier die Fähigkeit, in das innere Wesen der Entwicklung des Kampfes einzudringen, das zu suchen, was Aljechin die „Schönheit der Wahrheit" nannte. Selbst unerfahrene Schachspieler erkennen instinktiv die künstlerischen Elemente in ihrem geliebten Spiel. Jeder große Schachspieler ist zugleich auch Künstler. Das äußert sich nicht nur im Partieablauf, sondern auch deutlich in seiner analytischen Arbeit. Versäumen Sie deshalb nicht, Schachmeister bei der Analyse zu beobachten. Solche Stunden können nützlicher sein als theoretische Lektionen und erweiteren zweifellos Ihre analytischen Fähigkeiten. Jeder, der schon einmal beobachten konnte, wie Schachmeister eine eben erste beendete Partie „betrachten", sit beeindruckt von der Schnelligkeit und Genauigkeit der Analyse.
In jungen Jahren entzückte mich stets in einer solchen Analyse die selbst bei großen Meistern seltene Eigenschaft, hinter

den zuweilen metaphysisch erstarrten Schemata echt pulsierendes Leben wahrzunehmen. Darin offenbart sich das nicht verlöschende Feuer des schöpferischen Wirkens, das das Wesen des einen oder anderen Aufbaus enthüllt.
Das schöpferische Moment stimmt durchaus nicht immer mit den sportlichen Erfolgen überein. Schachspieler mit äußerst wechselhaften Wettkampfleistungen waren zum Beispiel Ragosin und Tolusch. In der Analyse jedoch erwiesen sich beide als wahre Künstler, wovon ich mich des öfteren überzeugen konnte. Ihr Denken stimmte bei weitem nicht immer mit strenger Logik überein. In der Regel überflutete sie buchstäblich die Phantasie. In welch ungewöhnlichen und wunderbaren Modulationen enthüllten sich in ihrer Analyse die geheimnisvollen Zusammenhänge der Harmonie der Schachfiguren!
Ich habe stellvertretend die Namen von zwei echten Schachkünstlern ausgewählt. Alternierend ließen sich solche Koryphäen der konkreten Analyse wie Keres, Boleslawski, Petrosjan, Tal, Spasski und viele andere anführen, mit denen ich Gelegenheit hatte, viele Stunden nicht nur am Brett, sondern auch bei gemeinsamer Analyse zu verbringen.

## Selbständigkeit und Begeisterungsfähigkeit

Aufgrund meiner langjährigen schachpädagogischen Erfahrungen bin ich zu der Erkenntnis gekommen, daß in der Regel die jungen Schachspieler Perspektiven haben, bei denen sich schon während der ersten schachlichen „Gehversuche" eine analytische Ader regt. Im Jahre 1947 lernte ich als Meisteranwärter den damals noch wenig bekannten Jefim Geller kennen, der dieselbe Qualifikation besaß. Heute einer der besten Kenner der Königsindischen Verteidigung, unternahm er gerade die ersten Schritte, um tiefer in die Theorie dieser Eröffnung einzudringen. Natürlich befand sich in jener Periode die Eröffnungstheorie auf einem viel niedrigeren Stand als heute. Für die Königsindische Verteidigung war es charakteristisch, daß ihre Theorie an kategorischen Etiketten auf der Grundlage von ein oder zwei aufsehenerregenden Partien „klebte".Als eine von ihnen galt die Partie Alatorzew–Kaschljajew, Moskau 1945, in der die seinerzeit aktuelle Sämisch-Variante vorkam: **1.d4 ♘f6 2.c4 g6 3.♘c3 ♗g7 4.e4 0–0 5.f3 d6 6.♗e3 e5 7.♘ge2 ed 8.♘:d4 c6.** Es folgte **9.♘c2 ♖e8 10.♕d2 d5!? 11.0–0–0 ♕a5 12.cd cd 13.ed b5!?**

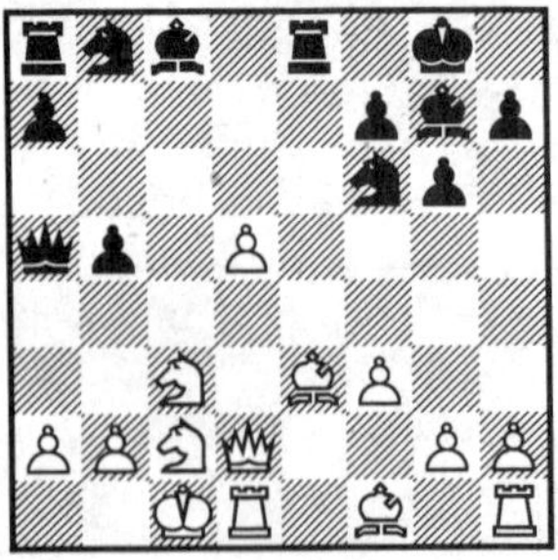

**14.L:b5 Ld7 15.Lc4 Tc8 16.Lb3 Sa6 17.Se4 Sb4(?) 18.Sc5 Sf:d5 19.a3! Tab8 20.ab S:b4 21.D:d7,** und Weiß, der großes Materialübergewicht erlangt hatte, gewann bald.
Der junge und noch nicht so erfahrene Meisteranwärter ging kritisch an die Untersuchung dieser Partie heran. Er erklärte mir, daß sie ihn regelrecht „krank" mache auf der Suche nach einem Gegenspiel für Schwarz. Häufig setzte er nachts die am Tage begonnene analytische Arbeit fort. Geller, der den komplizierten Variantenknäuel entwirrte, fand, wie er bemerkte, nicht nur eine Reihe von Verstärkungen für Schwarz, sondern erwarb, was wohl noch wichtiger war, dabei ein feines Gespür für das Wesen vieler Ideen der Königsindischen Verteidigung.
Nach unserem Gespräch gewann ich Interesse an dieser Partie und betrachtete daraufhin aufmerksam die Situation nach dem 17. Zug von Weiß. Anstelle des fehlerhaften Springerausfalls 17. ... Sb4 bot sich das Qualitätsopfer 17. ... T:c2+ an mit der Mustervariante 18.K:c2 Sb4+ 19.Kb1 Lf5!, und die schwarze Offensive erscheint sehr gefährlich. Ich hielt es für angebracht, auch über andere Momente dieser scharfen Partie nachzudenken.
Alles in allem öffnete sich durch diese „Bewährungsprobe" vor Geller die sehr reichhaltige analytische Welt der Ideen. Und sie wurde, was noch mehr von Bedeutung ist, zur Triebfeder und Methode seiner Arbeit.
Bezeichnend ist eine Episode während der 18. Meisterschaft der UdSSR, 1950. Wir wohnten im Hotel in einem Zimmer, waren jung und bemühten uns, mit vollem Kräfteeinsatz zu spielen. An einem der wenigen spielfreien Tage planten wir einen Besuch im Bolschoitheater. Drei Stunden vor Beginn der Vorstellung setzte sich Geller dennoch ans Schachbrett, um sich auf die nächste Partie vorzubereiten. Sein Partner war Sokolski, der als Antwort auf 1.e4 fast ständig die Französische Verteidigung wählte. Je näher die Vorstellung heranrückte, um so mehr vertiefte sich Jefim in die Analyse. Schließlich legte er alle Eröffnungswerke beiseite und versuchte auf eigene Faust, etwas Neues zu finden. Er konnte sich nicht losreißen …
Als ich aus dem Theater zurückkehrte, traf ich Geller zwar sehr erschöpft, doch recht zufrieden an. „Weißt du, ich habe die ganze Theorie ‚umgewendet',

doch dann habe ich einen neuen, sehr scharfen und aussichtsreichen Weg entdeckt.“ Am nächsten Tag verlief alles nach seiner Analyse. Der „Fund“ erwies sich als sehr giftig.

Französisch
Geller–Sokolski

**1.e4 e6 2.d4 d5 3.♘c3 ♗b4 4.e5 c5 5.a3 ♗:c3+ 6.bc ♘e7 7.♕g4 cd 8.♗d3!?**

Das war der von Geller vorbereitete Zug. Allerdings beginnen sich die Ereignisse erst zu entwickeln.

**8. ... ♕c7**

Wahrscheinlich ist stärker 8. ... ♕a5 9.♘e2 ♘g6 10.0–0 dc 11.h4 ♘c6 12.f4 h5 13.♕g3 ♘ce7 mit zweischneidigem Spiel (Analyse von Keres).

**9.♘e2 dc 10.♕:g7 ♖g8 11.♕:h7 ♕:e5 12.♗f4 ♕f6**

**13.h4!**

Triumph der Eröffnungsidee des Anziehenden. Obwohl Schwarz das weiße Zentrum sprengte, ist er machtlos gegen den weißen Angriff am Königsflügel. All das hatte Geller am Abend zuvor ausgearbeitet.

**13. ... ♘bc6 14.♗g5 ♕e5 15.♕h6! ♗d7 16.♕f6 ♖c8 17.f4! ♕e3 18.h5 e5 19.h6 e4 20.♗b5 ♖:g5 21.h7!**

Stärker als 21.♕:g5 ♘d4 22.h7 ♗:b5 23.h8♕+ ♔d7 24.♕h3+ ♕:h3 25.♖:h3 ♘c2+ mit Konterchancen für Schwarz.

**21. ... ♗g4 22.♕:g5 ♕d2+ 23.♔f1! ♗:e2+ 24.♗:e2 ♘d4 25.h8♕+.** Schwarz gab auf.

Es ist nicht verwunderlich, daß sich die große natürliche Begabung Gellers entfaltete, die sich gewissermaßen mit seiner gewaltigen Arbeitsfähigkeit multiplizierte, so daß es ihm gelang, bereits in jungen Jahren die höchste Stufe in der Kunst der Analyse zu erreichen.
Was das Eröffnungsstadium der vorgeführten Partie anbelangt, so sei bemerkt, daß später Wege zur Verstärkung des schwarzen Spiels gefunden wurden und sich die „Sprengladung“ fast als einmalig erwies. Das ist aber nicht so wichtig. Entscheidend war, daß die Mühe Gellers in jeglicher Hinsicht belohnt wurde.
An Boleslawski, der mir Freund und Vorbild war, bewunderte ich nicht nur die hervorragende Kunst der Analyse, sondern auch seine ungewöhnliche

Strenge sowohl gegen sich selbst wie auch gegenüber anderen. Im alltäglichen Leben ein verträglicher und gutmütiger Mensch, zeigte er sich, ging es um schachliche Belange, weitaus härter. Seine Äußerungen bestachen nicht nur durch Sachlichkeit, sondern zeichneten sich zudem durch hohe Kritikfähigkeit und bisweilen auch durch Ironie aus. Über einen Großmeister, der in seinen besten Jahren nicht wenige schachliche Erfolge erreichte, jedoch ziemlich rasch die schachliche Arena verließ und frühzeitig seine Spielstärke verlor, äußerte sich Boleslawski mir gegenüber: „Wissen Sie, X. durchlebte nicht jene Periode, die jeder große Schachspieler durchleben muß. Er lebte nicht so enthusiastisch für das Schach, wie in der Jugend Sie, ich oder, sagen wir, Bronstein gelebt haben. Reichten für die analytischen Untersuchungen die Tage nicht aus, so betrieben wir sie auch nachts."

Die Worte Gogols abwandelnd, läßt sich sagen: „Wappnen Sie sich bereits in der Jugend mit den besten Eigenschaften des ‚Schachgeistes'. Bereichern Sie Ihr Hirn möglichst mit einer großen Fülle von Ideen. Das macht aus Ihnen nicht nur einen echten Schachmeister, sondern verleiht Ihnen eine sportliche Langlebigkeit."

Das Rüstzeug dazu stellt eine tiefschürfende Analyse der verschiedensten Spielsituationen dar, wobei es sehr wichtig ist, bereits von den ersten Schritten an selbständige Entscheidungen zu treffen (selbstverständlich auf der Grundlage eines ernsthaften, realistischen Herangehens an die Theorie und Praxis des Schachspiels). Und das geht nicht ohne Begeisterung für und Hingabe an das alte und ewig junge Spiel. Neben Talent bedarf es jedenfalls einer nie versiegenden Liebe für das sich im Schach verbergende Rätsel. Nicht zufällig wurde der schachliche Fanatismus sprichwörtlich. Natürlich handelt es sich hierbei jeweils um einen extremen und umstrittenen Fall. Die Schachgeschichte beweist, daß Fanatiker, die zu sehr von den 64 Feldern gefangen sind und ihre weiteren Lebensinteressen äußerst einengen, selten harmonisch entwickelte und glückliche Menschen sind. Ich möchte betonen, daß auf dem Wege zur Erreichung der Meisterschaft selbst die Begabtesten dem Schach „Liebe entgegenbringen müssen" und keine kühle, oberflächliche Beziehung zu ihm haben dürfen. In den alltäglichen Übungsstunden wird nicht nur großer Eifer und Ernsthaftigkeit gefordert, sondern auch ständige intensive Aufnahmebereitschaft, Anspannung des Denkens und des Nervensystems – und das gilt besonders für die analytische Arbeit.

## Das häusliche Training und die Praxis

Festgefahrene Analytiker erzielen, wie die Praxis zeigt, keineswegs Höchstleistungen im Schach; vielmehr sind es weitaus häufiger die urwüchsigen Talente, die sich ihre Sporen in den Turniersälen erkämpft haben. Aufschlußreich ist auch, daß bis in die unmittelbare Gegenwart hinein „Schachsterne" oft an Orten aufgehen, die überhaupt keine Schachtradition aufweisen. Nehmen wir zum Beispiel Dänemark, wo im wesentlichen das Schachspiel „vegetierte". Nichtsdestoweniger trat im Jahre 1956 ein so urwüchsiger Großmeister, wie es Bent Larsen ist und der damals erst 20 Jahre alt war, seine ruhmreiche Schachlaufbahn an.
Die sportlichen Traditionen Brasiliens drehten sich seit je um Fußball und durchaus nicht um Schach. Dennoch verhinderte dieser Umstand nicht das rasche Aufblühen des Talents des jungen Mecking. Nicht zu vergessen den genialen Capablanca, der in einem sehr frühen Alter in einer abgelegenen Provinz auf Kuba von sich reden machte.
Und wieviel Schachtalente haben sich in den entlegensten Winkeln des Sowjetlandes entwickelt! Anatoli Karpow unternahm seine ersten Schritte auf der Stufenleiter zum Weltmeister in dem Uralstädtchen Slatoust. Juri Balaschow fand die Liebe zum Schach in dem sibirischen Schadrinsk. Ich möchte nicht noch darauf eingehen, unter welchen Bedingungen ihre schachliche Laufbahn begann. Sie waren sich vorwiegend selbst überlassen, als sie sich mit ihrem noch ungeschärften Verstand die schachlichen Grundkenntnisse aneigneten. Ihr Weg wurde zu einem Höhenflug!
Der entscheidende Hebel war natürlich die „flammende Leidenschaft" für das Schach, zumeist entfacht vom Vater, nahen Verwandten oder von ihrem ersten, vielleicht nicht sehr spielstarken, aber dafür von Enthusiasmus durchdrungenen Lehrer. Sicherlich darf man die natürliche Veranlagung nicht vergessen.
Rudolf Spielmann riet in seinem Büchlein „Rundflug durch die Schachwelt" allen Schachjüngern, den Grad ihrer schachlichen Fähigkeit einzuschätzen und, falls die entsprechenden Bedingungen nicht vorhanden sind, „das Schachspiel nur als gelegentlichen Zeitvertreib zu betrachten und dem Ehrgeiz lohnendere Ideale zu verschaffen". Wie die Praxis jedoch immer wieder bestätigt, bahnen sich schachliche Naturtalente selbst unter äußerst ungünstigen Bedingungen den Weg zu meisterlichen Höhen, wobei sehr viel von den richtigen Arbeitsmethoden abhängt.
Zwischen Praxis einerseits sowie abstrakter Analyse und Fern-

schachspiel andererseits liegt eben eine „Distanz von gewaltigem Ausmaß“. Es kommt vor allem darauf an, ständig *praxisnah zu üben,* also Entscheidungen unter Einbeziehung der Bedenkzeit zu treffen. Wird beispielsweise die Variantenberechnung im häuslichen Training geübt, sind alle wesentlichen konkreten Möglichkeiten in kürzester Zeit zu finden. Ich möchte hier an die Verhaltensweise des großartigen Schachpraktikers Fischer erinnern. Wie schwierig die vor ihm stehenden Probleme bei der Zugwahl auch immer waren, er dachte nie länger als eine Viertelstunde darüber nach. Am Ende dieses Zeitlimits traf er eine praktische Entscheidung. Das heutige Schach ist sehr von Dynamik geprägt, denn im Verlaufe einer Partie treten nicht wenige, zuweilen sehr unerwartete und kardinale Wendungen auf. So verläßt man sich selten nur auf eine passive Verteidigung und zieht ein positionelles Bauern- oder Qualitätsopfer vor, um Initiative zu erlangen und um dem Kampfgeschehen den eigenen Stempel aufzudrücken. In sehr vielen Fällen bewirkt dies einen bedeutenden psychologischen Effekt, der selbst im Kampf auf hohem, großmeisterlichem Niveau auftritt. Aufschlußreich dafür ist das folgende Beispiel. Bei der 50. Meisterschaft der UdSSR, 1983, hatte Polugajewski eine wichtige Partie gegen Petrosjan zu spielen. Polugajewski strebte mit Weiß die Durchsetzung seines bevorzugten Kampfmittels an – eines langen Positionskampfes mit allmählich sich verstärkendem Druckspiel: **1.♘f3 g6 2.d4 ♗g7 3.c4 d6 4.♘c3 e5 5.e4 ♘c6 6.de ♘:e5 7.♘d4 a6 8.♗e2 c5 9.♘c2 ♗e6 10.♘d5 ♗:d5 11.ed?!** (besser war 11.cd) **11. ... ♘e7 12.0–0 0–0 13.♖b1 ♘f5 14.b4 cb 15.♖:b4 ♕c7 16.♗b2 ♖fe8 17.♘d4 ♘:d4 18.♗:d4 ♘d7 19.♗e3**

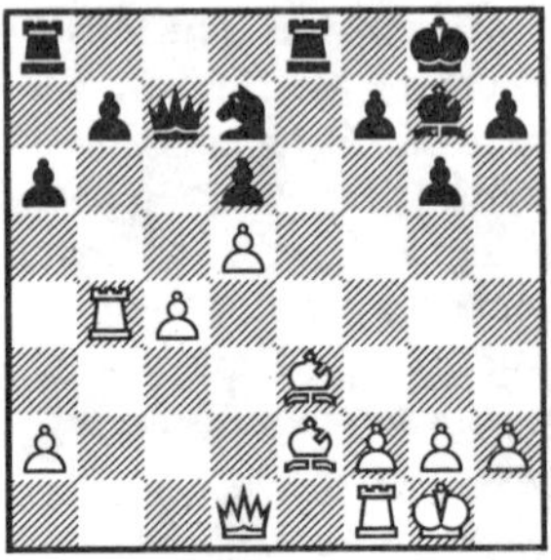

Es scheint, daß Weiß das angestrebte Ziel erreicht hat. Er besitzt deutlichen Raumvorteil, der ihm offenbar keine schlechten Perspektiven verspricht. Die nun folgende Entscheidung Petrosjans verändert jedoch jäh nicht nur den äußeren Kampfverlauf, sondern auch die psychologische Sicherheit Polugajewskis.

**19. ... ♖:e3!?**

Schwarz opfert die Qualität, was objektiv ein durchaus zulässiges Mittel einer aktiven Verteidigung darstellt, denn Petrosjan erhält eine völlig annehmbare

Kompensation durch Einwirkung auf den Komplex der schwarzen Felder. Allerdings traf er in kämpferisch-moralischer Hinsicht genau ins Schwarze: Polugajewski erlag offenbar dem Überraschungseffekt. Plötzlich mußte er sich verteidigen; schließlich war er vor der Partie und in ihrem ersten Stadium in erster Linie auf eine lange anhaltende Initiative eingestellt.

**20.fe ♘c5 21.♕c2 ♖e8 22.♖f3 ♗h6 23.♕c3 ♕e7**

Hier nun verlor der aus dem Fahrwasser gebrachte Polugajewski alle Aufmerksamkeit, die Grundvoraussetzung praktischen Denkens, und beging einen groben Fehler, als er **24.♖b6??** spielte. Nach **24. ... ♘a4** war Weiß zur sofortigen Aufgabe gezwungen.

Jeder Schachspieler, der auf einen Turniererfolg Anspruch erhebt, muß auf Wendungen dieser Art vorbereitet sein. All das erfordert nicht nur ein spezielles schachliches Training, sondern ebenfalls eine moralische Vorbereitung. Das Voraussehen unvermeidlicher und großer psychischer Belastungen und die Einstellung darauf gehören auch für den Schachpraktiker zum häuslichen Training.
Wir vermochten hier nur einen kurzen Überblick über die Probleme zu geben, die ein Schachpraktiker fortwährend in selbständiger Weise zu lösen hat. In welchem Verhältnis soll nun der Analyse eigenen und der fremden Schaffens Aufmerksamkeit zugewandt werden? Auf welche Weise ergibt sich hier eine sinnvolle Wechselwirkung? Wie ist im Training zwischen der unmittelbaren Vorbereitung auf ein Turnier und der weiteren perspektivischen Entwicklung zu unterscheiden? Diese und andere Fragen stehen vor jedem Schachspieler, unabhängig von seiner Qualifikation. Eines ist jedoch klar – das häusliche Training muß sich der Praxis maximal annähern.

Im Zusammenhang mit den in den folgenden Kapiteln zu behandelnden Fragen der Partieanalyse möchten wir noch auf das Problem der Stellungsbewertung zu sprechen kommen. Es geht dabei vorwiegend um jene Fälle, in denen das Spiel keinen konkreten, sondern strategischen Charakter trägt. Natürlich wird hier die Entwicklung rein logischer Vorstellungen gefordert, was für jeden, der sich ernsthaft mit dem Schach beschäftigt, erreichbar ist. Jedoch entstehen auf Schritt und Tritt Positionen, deren Bewertung weit über die Grenzen der formalen Logik hinausgeht. Hier rückt nun der schwierig zu erklärende Begriff „Positionsgefühl" in unser Blickfeld. Neben dem kombinatorischen Sehen ist das ebenfalls eine rein künstlerische Eigenschaft, die durchaus nicht jedem

in gleichem Maße zugänglich ist. Geradezu sprichwörtlich war das wunderbare Positionsgefühl Capablancas.
Recht aufschlußreich ist in dieser Beziehung ein Vorfall, der sich anläßlich des 2. Internationalen Turniers in Moskau im Jahre 1935 zugetragen hat. Einer der jungen sowjetischen Teilnehmer hatte eine für ihn wichtige Hängepartie mit besserer, aber sehr komplizierter Stellung. Es war eine Position geschlossenen Typs, und die Mehrzahl der Figuren und Bauern befanden sich noch auf dem Brett. Ein möglicher Gewinnplan bestand in der Organisierung eines Bauerndurchbruchs am Königsflügel. Es stellte sich jedoch heraus, daß bei seiner direkten Verwirklichung sich dem Gegner die Möglichkeit zu einem Gegenangriff auf den König bot (beide Könige befanden sich am Königsflügel). Die Analyse wurde in der Frühe ergebnislos abgebrochen.
Beim Frühstück traf der bekümmerte Meister mit Capablanca zusammen. Er „riskierte", ihm die abgebrochene Partie zu zeigen. Capablanca untersuchte auf dem Taschenschach 15–20 Minuten die Stellung. Danach bemerkte er überzeugt: „Eine gewonnene Stellung. Man muß zuerst den König vom Feld h1 nach a1 führen (daran hatte der Meister gar nicht gedacht) und sodann den beabsichtigten Sturm verwirklichen." So geschah es dann auch in der Partie.
Am beredtesten berichten über Capablancas Positionsgefühl seine unvergeßlichen Partien. Der geniale Kubaner bereicherte bedeutend die Strategie des Schachspiels, indem er eine Reihe neuartiger, jetzt klassischer Verfahren schuf, wie zum Beispiel das Abschneiden eines Teiles der Streitkräfte u. a. All das war die Frucht seines einzigartigen Positionsgefühls.
Das kombinatorische Sehen und das Positionsgefühl sind gerade die Eigenschaften der schachlichen Begabung, die es ermöglichen, rasch die Stufen der Qualifikation emporzusteigen. Sie ziehen eine ganze Reihe anderer, nicht so umfassender, aber wichtiger Eigenschaften nach sich, an denen ein Schachspieler regelmäßig arbeiten muß.

## 6. Kapitel

## Die Arbeit an den eigenen Partien

Die gründliche Analyse der eigenen Partien stellt eine der wichtigsten Methoden der schachlichen Vervollkommnung dar. Aufgrund reicher Erfahrung kann man davon ausgehen, daß jede Partie nicht nur gespielt, sondern auch „durchlebt" wird. Gerade dadurch prägt sich der Wesensgehalt selbstgespielter

Partien besonders tief und verständlich ein. Der sowjetische Meister Blumenfeld, Kandidat der psychologischen Wissenschaften, stellte schon in den dreißiger Jahren interessante Vergleiche an, indem er Schachspielern die Frage vorlegte: „Was prägt sich besser ein – Ihre eigenen Partien oder sorgfältig kommentierte berühmter Großmeister?“ Das Resultat war eindeutig: Die eigenen, durchaus nicht so vollkommenen Partien haften länger im Gedächtnis. Hier zeigt sich der Unterschied in der Konzentrationsfähigkeit des Intellekts. Gerade die psychische Belastung fördert das Einprägen eigener Partien für eine sehr lange Zeit.

Deshalb ist die Analyse der eigenen Partien eine der wichtigsten Formen der Vervollkommnung. Übrigens besteht in der Regel ein wesentlicher Unterschied zwischen den eigenen und „fremden“ Kommentaren gleicher Partien (trotz annähernd gleicher Qualifikation der Kommentatoren).

Einige Beispiele seien angeführt. In der Partie Gligorić–Botwinnik (Tschigorin-Gedenkturnier, Moskau 1947) kam es nach dem 31. Zug von Weiß zu der folgenden Stellung:

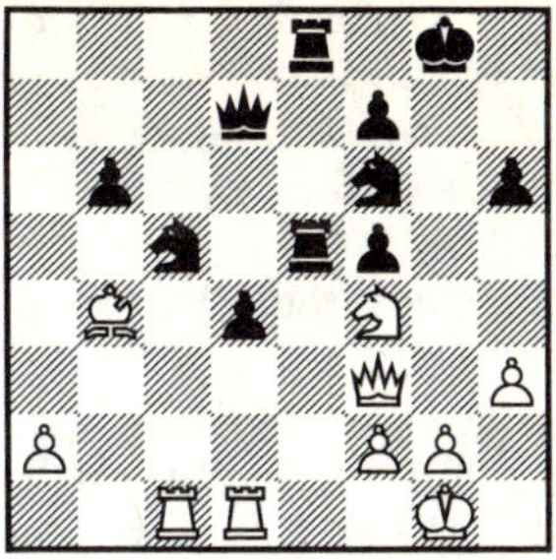

Hier folgte eine Forcierung der Geschehnisse, die rasch zum Ausgleich führte: **31. ... ♖c8 32.♕g3+ ♔h7 33.♘h5! ♘:h5 34.♕:e5 ♘d3! 35.♖:d3 ♖:c1+ 36.♔h2 ♖c4 37.♗d6 ♕e6 38.♖:d4 ♖:d4 39.♕:d4 ♕:a2 40.♕:b6 ♕e6 41.♕d4 ♘f6,** und die Partner einigten sich auf Remis.

Die Mehrzahl der „voreilig urteilenden“ Kommentatoren bezeichneten dieses Finale als völlig gesetzmäßig. Botwinnik war allerdings anderer Ansicht. Nach der Partie sagte er, daß sein Zug 31. ... ♖c8? ein Fehler war und ihn nur ein Wunder (der listige Zug 34. ... ♘d3!) rettete. Nicht uninteressant ist die folgende Äußerung Botwinniks: „Ich hätte die Partie nur aus dem Grund verlieren können, weil ich meiner Devise ‚In Zeitnot müssen sich die Figuren untereinander decken‘ (ein recht nützlicher Rat!) untreu geworden war.“ In diesem Falle ließ Botwinnik in der Hitze des Gefechts den Turm e5 ungedeckt, was dem Anziehenden eine Reihe kombinatorischer Motive verschaffte.

Objektiv betrachtet war die Stellung vorteilhaft für Schwarz, was die folgende Variante beweist: 31. … ♔h7! 32.♗c3 ♖e4 33.♖d2 ♕d6.
Das ist eine das wahre Wesen erfassende Darstellung des Kampfverlaufs dieser Partie, die nur von Botwinnik richtig wiedergegeben wurde.
Ich erinnere mich der folgenden Episoden während des Matches Petrosjan–Spasski im Jahre 1966, bei dem ich Petrosjan zur Seite stand.
Ein charakteristisches Moment trat in der 19. Wettkampfpartie auf, als der mit Weiß spielende Spasski seinen 21. Zug ausgeführt hatte.

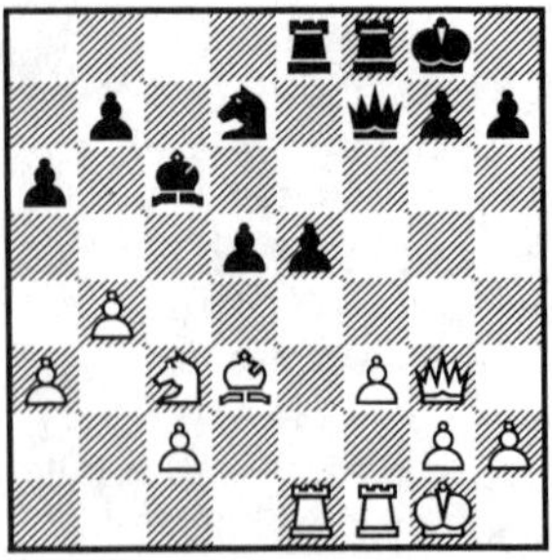

In dieser Stellung setzte Schwarz mit **21. … ♕f4** fort, was auf Kritik stieß und als die Hauptursache der weiteren Schwierigkeiten von Schwarz angesehen wurde. Stimmte diese Einschätzung? Es scheint, daß dem nicht so ist. Erstens entstehen nur für Schwarz Schwierigkeiten, wenn die Damen auf dem Brett verbleiben. Wie Petrosjans Sekundant Boleslawski ganz richtig bemerkte, steht die Dame auf dem Feld g3 recht „bequem“, da sie von dort starken Druck auf e5 ausübt. Zum Beispiel muß sich Schwarz im Falle von 21. … ♕f6 22.♘d1 wegen des drohenden Manövers 23.♘e3 nebst ♘g4 sowieso mittels 23. … ♕f4 zum Damentausch entschließen. Zweitens schätzte Petrosjan richtig ein, daß nach dem Übergang in ein kompliziertes Endspiel die schwarze Stellung vollauf verteidigungsfähig ist.
Die Ursachen für die Schwierigkeiten von Schwarz sind an späterer Stelle zu suchen. Es folgte: **22.♕:f4 ♖:f4 23.♖f2 g6 24.♖d2 ♘b6 25.♖de2 ♘d7 26.♘d1 b5 27.c3 ♖f7 28.♗c2 ♔g7 29.♗b3 h5 30.♘e3 ♘b6 31.♘c2 ♘d7?**

Hier liegt die Wurzel allen Übels! Richtig war 31. … ♖fe7, und falls 32.f4 e4 33.♘d4 ♗d7, so errichtet Schwarz eine sichere Festung. Weiter geschah **32.♖e3 h4?! 33.h3 ♖f6 34.♘d4 ♗b7 35.a4 ♖d8 36.♘e2 ba(?) 37.♗:a4 ♘b6 38.♗b3 e4 39.♘d4 ♔h6 40.♖d1 ♖c8?**

Gerade diesen Zug tadelte selbst Petrosjan. Notwendig war 40. … ♖d7!, was Schwarz, ungeachtet der vorangegangenen Ungenauigkeiten noch eine völlig verteidigungsfähige Position garantierte.

**41.fe! de 42.♘e6 ♘c4**

Im Falle von 42. … a5 geschähe

43.♖d6! (schlechter wäre 43.ba ♘c4 44.♗:c4 ♖:c4 45.♘d4 ♖a4 oder 43.♘c5 ♗a8 44.♘:e4 ♗:e4 45.♖:e4 ♖:c3 46.♖:h4+ ♔g7, und Schwarz besäße in beiden Fällen gute Remischancen) 43. ... ♘c4 44.♗:c4 ♖:c4 45.♘d8! ♖:d6 46.♘f7+ ♔h5 47.♘:d6 ♖c7 48.b5, und Weiß hat eine Gewinnstellung. Ebenfalls eine schwierige Stellung bekäme Schwarz nach 43. ... ♘a4 44.♖d7! ♗a6 45.♖c7 ♖b8 46.g4!

**43.♗:c4 ♖:c4 44.♘c5 ♖f7 45.♖a1 ♔g5 46.♖a5! ♔f4 47.♔f2 ♗d5 48.♘b3!,** und Schwarz gehen die Züge aus.

Mitunter übersehen oberflächliche Kommentatoren selbst die einfachsten Möglichkeiten. Aufschlußreich ist zum Beispiel ein Fall aus der 1. Partie des gleichen Matches (Spasski mit Weiß).

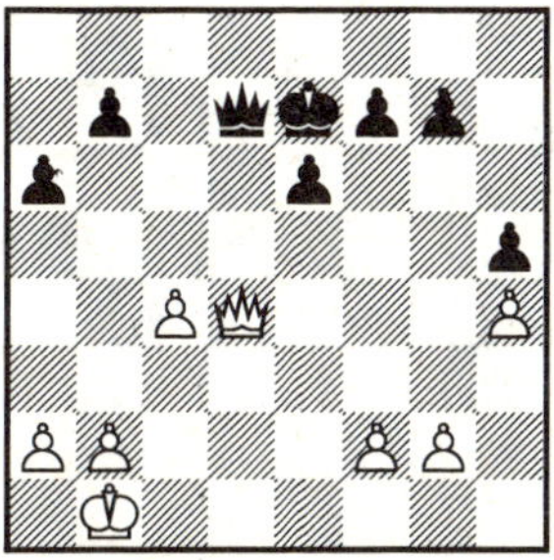

Die Stellung trägt nach 27 Zügen Remischarakter, was unverzüglich mittels 28.♕:d7+ ♔:d7 unterstrichen würde. Spasski wählt eine andere Fortsetzung:

**28.♕c5+ ♕d6 29.♕g5+? ♔e8 30.♕e3.**

Hier spielte Petrosjan, der wahrscheinlich auf ein Remis „programmiert" war, 30. ... ♕c6? Wie er, übersahen auch viele der anwesenden „Koryphäen" den einfachen Bauerngewinn 30. ... ♕d1+ 31.♕c1 ♕d4.

Nach **30. ... ♕c6?** war für Weiß die Gefahr bereinigt:

**31.♕g3! g6 32.b3 ♕e4+ 33.♔b2 e5 34.♕e3 ♕:g2 35.♕:e5+ ♔f8 36.♕b8+,** und man einigte sich auf Remis.

Es sei bemerkt, daß die angeführten Beispiele durchaus nicht den Beweis liefern sollen, außenstehende Beobachter könnten nicht in das wahre Wesen des Kampfes „fremder" Partien eindringen. Jeder ernsthaft arbeitende und die notwendigen Kenntnisse besitzende Schachspieler kann im Prinzip beim Kommentieren einer Partie zu den Triebkräften ihrer Entwicklung vordringen, auch wenn er eine geringere Qualifikation als die Spieler der Partie hat. Allerdings muß er dafür nicht weniger Energie und Zeit investieren, als die „Schöpfer" dieser Partie es taten. Mit schneller Hand hingeworfene Anmerkungen sind nicht überzeugend.

Respektieren Sie folglich die Kommentare der Schachspieler zu eigenen Partien! Das Genre „Ausgewählte Partien" von Großmeistern und Meistern stellt einen sehr wertvollen Bestandteil der Schachliteratur dar. Gründliches Studium solcher Werke kann jedem – unabhängig von seiner Spielstärke – viel für seine Vervollkommnung geben. Nicht zufällig waren für Generationen von Schachspielern „Meine Schachkarriere“ von Capablanca oder „Meine besten Partien“ von Aljechin unentbehrliche Bücher, so wie sich auch jetzt die „Ausgewählten Partien“ von Karpow großer Popularität erfreuen.

Arbeit an den eigenen Partien – das heißt selbstkritische Analyse vor allem der Niederlagen, denn sie entstehen in der Regel infolge persönlicher Mängel im Denken und Charakter. Und zu ihrer Beseitigung bedarf es der richtigen Diagnose. Auch eine rein analytische, teilnahmslose Untersuchung ist ungenügend. Es muß Aufgabe sein, gleichzeitig die zur Niederlage führenden psychologischen Ursachen aufzuspüren. In einer solchen Analyse ist es unzureichend, einseitig zu urteilen, sondern man muß gleichermaßen die gegnerischen Pläne ergründen. Nur dieses Vorgehen hilft, aus jeder durchweg kämpferischen Partie wertvolle Lehren zu gewinnen. Zur Demonstration ein recht „bitteres“ Beispiel aus meiner eigenen Praxis.

Sizilianisch
Tal–Suetin
Tschigorin-Gedenkturnier,
Sotschi 1973

**1.e4 c5 2.♘f3 e6 3.d4 cd 4.♘:d4 ♘c6 5.♘c3 a6 6.♗e2 ♕c7 7.0–0 ♘f6 8.♗e3 ♗b4 9.♘a4 0–0 10.♘:c6 dc 11.c4!?**

Das war eine neue Fortsetzung. In den Eröffnungsmonographien wurde hauptsächlich die folgende Variante angeführt: 11.♘b6 ♖b8 12.♗d3 ♗d6 13.g3 ♘d7 14.♘:c8 ♖f:c8 mit unbedeutendem weißem Übergewicht.

**11. … ♗d6 12.f4! ♘:e4 13.♕c2 f5 14.c5 ♗e7 15.♘b6 ♖b8**

Es ist nicht einfach, die entstandene Mittelspielstellung zu beurteilen, aber offensichtlich besitzt Weiß mehr als ausreichende Kompensation für den geopferten Bauern. Jetzt verdiente Aufmerksamkeit 16.♗d3 (auf 16.♖ad1 ist 16. … e5! nicht schlecht) 16. … ♘f6 17.♗d4 mit starkem Druck, obwohl die schwarze Stellung durchaus noch nicht zu knacken ist.

**16.g4!? ♗d7 17.♗d3 ♗e8! 18.♗:e4 fe 19.♕:e4 ♖d8 20.♗d4 e5**

Jetzt opfert Schwarz einen Bauern und erhält durch das starke Läuferpaar ausgezeichnete Kompensation und Gegenspiel auf den geschwächten Feldern des weißen Königsflügels. Natürlich verliert 21.♕:e5? wegen 21. ... ♕:e5 22.♗:e5 ♗:c5+ oder 21.♗:e5? ♗:c5+.

**21.fe ♗g6 22.♕e3 h6 23.♖:f8+ ♖:f8 24.♖f1 ♖d8**

Zum Ausgleich genügte 24. ... ♖:f1+ 25.♔:f1 ♗g5 26.♕f3 ♕d8, aber in diesem Moment rechnete ich auf mehr.

**25.♕c3 ♗g5 26.♗e3 ♕e7 27.♗:g5 ♕:g5 28.♕c4+ ♔h7 29.♕f4 ♕e7 30.b4 ♕e6!**

Der Springer auf b6 – vor kurzem noch der Stolz des Anziehenden – ist momentan aus dem Spiel, ein Umstand, der Schwarz zumindest vollwertiges Gegenspiel garantiert. Nicht empfehlenswert wäre nun 31.♘c4 ♗d3 32.♖c1 ♖f8! mit starker Attacke.

**31.♖f2**

Vorsichtiger ist 31.a3, wonach Schwarz die Suche nach Initiative mit dem Zug 31. ... ♖d3 fortsetzen oder unverzüglich Remis mittels 31. ... ♖f8 32.♕:f8 ♕:g4+ forcieren könnte.

**31. ... ♖d1+ 32.♖f1**

Erzwungen. Auf 32.♔g2 folgt 32. ... ♖e1, und Weiß hat keine Verteidigung gegen 33. ... ♖e4! Ich dachte in diesem Augenblick nur an einen Gewinn, stand jedoch unter außergewöhnlichem Streß, der bereits den Verstand „trübte“. Gerade dieser Umstand spielte schon in allernächster Zeit eine entscheidende Rolle.

**32. ... ♖d3?**

Ein impulsiver Zug. In der Hitze des Gefechts überschätzt Schwarz seine Möglichkeiten und unterläßt eine konkrete Berechnung. Das einfache 32. ... ♖:f1+ 33.♔:f1 ♕:a2 hätte mir mindestens gleiche Chancen eingeräumt, z. B. 34.♘d7 ♕b1+ 35.♔f2 ♕c2+ 36.♔e1 ♗d3 (mittels 36. ... ♕b1+ war bereits Zugwiederholung möglich) 37.♕d2 ♕b1+ 38.♔f2 ♕f1+ 39.♔e3 ♗b1 oder 39. ... ♗c4, und Weiß hat es keineswegs einfach, die verschiedenen Drohungen abzuwehren.

**33.h4! ♖a3 34.h5 ♗d3 35.♖f2 ♖:a2 36.♕d4 ♗b1**

Ich habe bereits die „Treffsicherheit“ verloren. Weitaus einfacher war 36. ... ♕b3. Jetzt kann nur noch ein Wunder den Nachziehenden retten. Weiß verfügt über zwei wahrhaft angsteinflößende Züge – 37.♕d1 und 37.♕c4. Jedoch sowohl in dem einen wie auch in dem anderen Fall bietet sich mir die interessante Widerlegung 37. ... ♖a1!! an, z. B. 37.♕d1 ♖a1 38.♘d7 ♕:d7 39.♕:d7 ♗f5+ oder 37.♕c4 ♖a1 38.♕:e6 ♗f5+ 39.♔g2 ♗:e6, und Schwarz hat das bessere Endspiel. Angemerkt sei, daß auf 37.♕c4 auch 37. ... ♕:e5 38.♖:a2 ♕e1+ usw. gut ist. Alle diese Varianten „erfaßte" ich – wahrscheinlich unter dem Einfluß der drohenden Gefahr – fast augenblicklich.

**37.♘c4 ♖:f2 38.♔:f2 ♕f7+ 39.♔e2** (besser 39.♔g2) **39. ... ♗a2 40.♘d6 ♕e7 41.♘f5 ♕e6 42.♘e3 ♕f7**

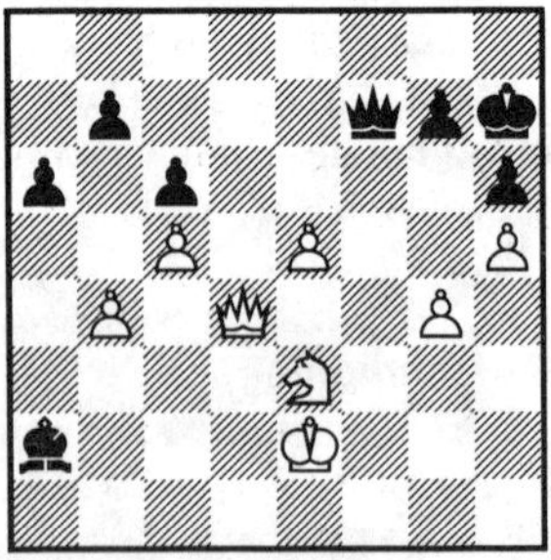

Das war mein Abgabezug. Obwohl Weiß in der Abbruchstellung ein gewisses positionelles Übergewicht besitzt, ist kein Weg zu dessen Realisierung sichtbar, da Schwarz über völlig ausreichendes Gegenspiel verfügt. Wenn es jedoch dem Anziehenden gelingen sollte, seinen König nach g3 und den Springer f4 zu überführen oder mit dem König nach den Feldern a5 und b6 durchzubrechen, könnte sein Vorteil von entscheidender Bedeutung sein. Allerdings ist das bei richtigem Spiel von Schwarz wahrscheinlich nicht zu erreichen. So würde auf 43.♘g2 folgen 43. ... ♗c4+ 44.♔e3 ♕f1! und falls 43.♕e4+ ♔h8 44.♕g6 ♗c4+ 45.♔e1 ♕f4!, forciert Schwarz unverzüglich das Remis, denn das Damenendspiel nach 46.♘:c4 ♕:c4 läßt keine Zweifel aufkommen. Die größten Schwierigkeiten bereitete in der Analyse die Variante 43.♘f5 ♗b1 44.♕f4 ♔g8 45.♔f2, aber auch hier besäße Schwarz, wenn er 45. ... ♗:f5! spielt, ausreichende Ressourcen. Das alles wurde in häuslicher Analyse gefunden, bei der ich weder Kraft noch die Nachtzeit schonte. Es gab eigentlich keinen Grund, um den Ausgang der Partie zu bangen. Leider sind praktisches Spiel und Analyse nicht ein und dasselbe.

**43.♕d6?!**

Dieser Zug wurde von Weiß sofort nach Wiederaufnahme der Partie ausgeführt. Obwohl ich ihn durchaus nicht für gefährlich hielt, entschied er unerwartet den Partieausgang. Bei der Analyse ermittelte ich, daß die weiße Dame nicht die 4. Reihe verlassen darf, da dies die Aktivierung meiner Dame begünstigen würde. Tatsächlich genügt es, 43. ... Df4! zu spielen (es ginge auch 43. ... Kh8), und schnell wäre klar, daß Weiß nichts Besseres zur Verfügung hat, als durch ewiges Schach ein Remis zu forcieren. Als nicht gut erwiese sich zum Beispeil 44.e6 D:d6 45.cd L:e6 46.Kf3 Kg8, und nur Schwarz hätte Chancen. Nichts brächte 44.Dg6+ Kg8 45.Df5 Lc4+! Ich glaubte, daß es noch einen einfacheren Weg zum Remis gab, vergaß dabei, daß ja mein König auf dem ominösen Feld h7 stand, und spielte ungeduldig (o die Nerven, die Nerven!) ...

**43. ... Lc4+??**

Jedes „Versehen" hat seine psychologischen Ursachen, die sich natürlich nicht immer so einfach herausfinden lassen. Wie sonderbar es auch erscheinen mag, aber bei Wiederaufnahme einer Partie muß man sich gedanklich von endlosen in der Analyse betrachteten Varianten befreien und sich vom Kompaß des gesunden Menschenverstandes leiten lassen. Ich vermochte nicht meine innere Aufregung – hervorgerufen durch die Bedeutung dieser Partie – zu unterdrücken, und ich befand mich in den Fesseln der häuslichen Analysen. Die Katastrophe blieb nicht aus!

**44.S:c4 D:c4+ 45.Dd3+!** Schwarz gab auf.

Ich bin überzeugt, daß eine solche „Bearbeitung" der Partien notwendig ist. Eine andere Frage ist es, ob sie zur Beseitigung der Fehler ausreicht, besonders der nervlich bedingten. In diesem Zusammenhang führe ich noch eine weitere Verlustpartie von mir an, die ebenfalls hinsichtlich des Erfolgs im Turnier wichtig war (sie entschied über den 1. Platz). Ihrem Wesen nach ähnelte diese Partie in vielerlei Hinsicht der vorangegangenen.

Russisch
Zeschkowski–Suetin
Dubna 1976

**1.e4 e5 2.Sf3 Sf6 3.S:e5 d6 4.Sf3 S:e4 5.d4 d5 6.Ld3 Le7 7.0–0 0–0 8.Te1 Lf5!? 9.Sbd2**

Als Wegweiser dient seit 90 Jahren die Partie Tarrasch–Walbrodt (Nürnberg 1894): 9.c4 c6 10.Db3 dc 11.L:c4 mit minimalem weißem Übergewicht. Mein Gegner beschreitet wenig erforschte Wege.

**9. ... Sd6**

Diesen Zug machte ich nicht ohne Bedenken und bin bis jetzt von ihm nicht überzeugt – man sollte sich vielleicht auf die Vereinfachung 9. ... S:d2 10.L:f5 S:f3+ 11.D:f3 einlassen. Obwohl Weiß den „Vorteil des Läuferpaares" besäße, hätte Schwarz keine Entwicklungsschwierigkeiten, und nach 11. ... Sc6 12.c3 Lf6 nebst Se7 müßte das Spiel ausgeglichen stehen.

**10.♘f1 ♘d7 11.♘g3 ♗:d3 12.♕:d3 ♖e8 13.♗f4 c6 14.a4**

Ungeachtet der fast völligen Symmetrie erhält Schwarz gewisse Schwierigkeiten, deren Hauptursachen im Fehlen eines Planes für aktives Gegenspiel und in der beengten Stellung liegen.
Trotzdem hat die schwarze Stellung keine sichtbaren Schwächen, und das ist ein Beweis für den gesunden Aufbau. Mit dem Textzug strebt Weiß eine Lockerung der Stützpfeiler am schwarzen Damenflügel an. Natürlicher sah 14.♖e2 aus mit der Absicht, die Türme auf der e-Linie zu verdoppeln. Darauf wollte ich mit 14. ... ♗f8 15.♖:e8 ♕:e8 16.♖e1 ♕d8 fortsetzen, was eine sichere Verteidigung gewährleistet.

**14. ... ♗f8 15.♖:e8 ♘:e8 16.a5 ♘c7 17.♘g5!?**

Weiß ändert jäh seinen Plan und beginnt einen Figurenangriff am Königsflügel. Objektiv besser war 17.♖e1 ♘e6 18.♗d2 mit Druckspiel.

**17. ... g6 18.h4 ♗g7**

Ich griff schon nach dem h-Bauern – bemerkte aber gerade noch die Falle: 18. ... h6 19.♘:f7! ♔:f7 20.h5!, und Schwarz steht schlecht.

**19.♘h5?!**

Setzt die Springerattacke fort. Es scheint, daß nun 19. ... h6 geht, doch nach 20.♘:g7 hg 21.♗:c7 ♕:c7 22.♘e6 fe 23.♕:g6+ erweist sich die schwarze Stellung als kritisch. Schwarz findet eine Möglichkeit, dem gegnerischen Angriff entschlossen entgegenzuwirken.

**19. ... ♗h8! 20.♕f3**

Vorsichtiger war 20.♘g3 mit Wahrung des Gleichgewichts. Auf 20.♖e1 wäre 20. ... h6! gefolgt.

**20. ... f6! 21.♗:c7 ♕:c7 22.♘e6 ♕d6 23.♘hf4 ♖e8**

Plötzlich wird es offenbar, daß Weiß Materialverlust nicht vermeiden kann, denn 23.♖e1 scheitert an 23. ... ♘f8 mit tödlicher Fesselung auf der e-Linie.

**24.♕b3 b5(?)**

24. ... g5!? stellte Weiß vor größere Probleme, z. B. 25.♕g3 ♖:e6 26.♘:e6 ♕:e6. Jedoch bewahrte sich Weiß auch hier nach 27.♕c7 ausgezeichnete Remischancen. Jetzt ergreift mein erfindungsreicher Partner erneut die Initiative, die den Materialverlust kompensiert.

**25.ab ab 26.c4 ♖:e6 27.♘:e6 ♕:e6 28.cd cd 29.♖a8+ ♘f8 30.♖d8**

**30. … ♕e1+?**

Diese Partie wurde in der vorletzten Runde gespielt, und wir führten beide die Turniertabelle an. Obwohl mir noch eine halbe Stunde Bedenkzeit verblieb, konnte ich wiederum – wie auch drei Jahre zuvor in der Partie gegen Tal – die Nerven nicht im Zaume halten. Das Damenschach verdirbt zwar noch nichts, aber einfacher war 30. … f5 31.♕:d5 ♕:d5 32.♖:d5 ♔f7 33.♖d6 ♔e7 34.♖:b6 ♗:d4 35.♖b7+ ♘d7, und Schwarz, der zwei Leichtfiguren für Turm und Bauer erhält, bewahrt sich das „bessere" Remis im Endspiel.

**31.♔h2 ♕:f2 32.♕:d5+ ♔g7 33.♕e4 g5?**

Zum Remis führte 33. … f5 34.♕e7+ ♔h6 35.♕:f8+ ♗g7 36.♕e7 ♕f4+, und Weiß kann dem Dauerschach nicht entrinnen.

**34.♕e7+ ♔g6 35.h5+ ♔:h5 36.♖:f8 ♕h4+ 37.♔g1 ♕:d4+ 38.♔f1 ♕f4+**

Hier war 38. … ♗g7 weitaus besser. Auf 39.♖f7 könnte 39. … ♕d1+ folgen mit unvermeidlichem Remis. Auch im Falle von 39.♖d8 ♕f4+ ist der Ausgang des Kampfes durchaus nicht klar.
Aber ich war schon aus dem seelischen Gleichgewicht geraten.

**39.♔e2 ♗g7 40.♖f7 ♕c4+ 41.♔d2 ♕d4+ 42.♔c2 ♕c4+ 43.♔b1 ♕d3+ 44.♔a2 ♕c4+ 45.♔a3!**

Nach 45.b3 ♕c3! ist das Remis unvermeidlich.

**45. … b5 46.g4+!**

Nur dieser Zug führt zum Sieg. Dagegen wäre nach 46.b3 ♕c3 ein Remis unumgänglich. Jetzt wird nicht nur das drohende ewige Schach unterbunden, sondern auch der Läufer forciert gewonnen.

**46. … ♔:g4**

Auch nach 46. … ♔h4 47.♕e1+ ♔h3 48.♕c3+! stünde Schwarz schlecht. Natürlich verbietet sich 46. … ♔h6 wegen 47.♖:f6+ nebst Matt.

**47.b3! ♕c1+ 48.♔b4 ♕d2+ 49.♔c5!**

Umgeht noch eine Klippe. Auf 49.♔:b5 rettet 49. … ♕d3+, und der weiße König kann den Schachgeboten nicht entgehen.

**49. … ♕c3+ 50.♔b6 ♕d4+ 51.♔a6 ♗h8 52.♖:h7 ♕a1+ 53.♔b7?**

Eine Nachlässigkeit, die das

Spiel kompliziert. Einfacher war 53.♔:b5.

**53. ... ♕e5! 54.♕d7+**

Ein interessantes Moment. Zeschkowski wollte zuerst die schwarze Dame schlagen, bemerkte aber noch rechtzeitig, daß sich nach 54.♕:e5 fe 55.♖:h8 e4 56.♖e8 ♔f3 ein Remis nicht umgehen läßt.

**54. ... f5 55.♕d1+ ♔f4 56.♕f1+ ♔g4 57.♕h3+ ♔f4 58.♕h2+ ♔g4 59.♕h5+ ♔f4 60.♖:h8 ♕d5+ 61.♔c7 ♕e5+ 62.♔d7**, und die weiße Majestät kann sich allmählich den Schachgeboten entziehen. Nach wenigen Zügen gab Schwarz auf.

Die Analyse solcher „unglücklichen" Partien deckt sehr lehrreich die Mängel im Denken auf. Ich gestehe, daß ich mich mit ihnen niemals so konsequent und genau beschäftigt habe, wie ich es hier nachdrücklich zu tun empfehle.
In meiner Schachjugend haperte es dafür an Geduld. Später ließen sich die Fehler gewissermaßen auf nervliches Versagen, Übereifer, besonders in den Höhepunkten des Kampfes, zurückführen. Leider beweisen die soeben angeführten Partiebeispiele, daß es mir auch im reiferen Alter nicht gelungen ist, mich von ihnen in gebührendem Maße zu befreien.
Tatsache ist, daß ich mich jedesmal bei der konkreten Analyse meiner Fehlleistungen im wesentlichen nur auf die Feststellung der Fakten beschränkt habe.
Doch ein Schachspieler ist verpflichtet, sich die notwendige Beherrschung durch umfassende Maßnahmen anzuerziehen. Er darf sich dabei nicht nur auf die Praxis verlassen, sondern muß das im häuslichen Training berücksichtigen, sein eigener Psychotherapeut sein.
Das Dargelegte zusammenfassend, sind bei einer Analyse hauptsächlich folgende Aufgaben zu lösen:
1. Notieren Sie die konkreten Varianten, die Sie während des Spiels gesehen und durchgerechnet haben. Ebenso wichtig ist das, was Ihnen in den Berechnungen entgangen war und was Ihnen Ihr Partner bei der gemeinsamen Analyse zeigte (Probleme des taktischen Denkens).
2. Von welchen Überlegungen haben Sie sich bei der Wahl des Planes leiten lassen? Ist es Ihnen gelungen, Ihre Absichten zu verwirklichen, oder haben Sie die Folgerichtigkeit, den Faden verloren?
3. Stellen Sie nicht nur die rein schachlichen Ursachen Ihrer positionellen und kombinatorischen Fehler fest (Probleme der Psychologie des Schaffens). Jedem Schachspieler sei dringend geraten, aus seinen relativ gehaltvollen Partien rein konkrete und verallgemeinernde Lehren zu ziehen.
Den Vorteil dokumentieren die

folgenden zwei Partien aus meiner Jugend.
Die erste wurde im Halbfinale der 18. Meisterschaft der UdSSR, 1950, gespielt, in dem mir ein Doppelerfolg gelang: die Qualifizierung für die Endrunde und die Erringung des Meistertitels. In der ersten Runde dieses Turniers traf ich auf Lilienthal, der eben erst vom Kandidatenturnier aus Budapest zurückgekehrt war und gegen den ich, was mich selbst überraschte, gewann. Dadurch erhielt ich einen mächtigen Impuls für das ganze Turnier. Nachdem ich eine Reihe von Favoriten hinter mir gelassen hatte, ging ich daran, meine maximale Zielstellung zu erreichen.
Hier nun die Partie mit meinen Kommentaren, die mir ebenso gefielen wie das Ergebnis dieser Begegnung.

Spanisch
Suetin–Lilienthal

**1.e4 e5 2.♘f3 ♘c6 3.♗b5 a6 4.♗a4 ♘f6 5.0–0 ♗e7 6.♖e1 b5 7.♗b3 d6 8.c3 ♘a5**

Die alte Spielweise des Tschigorin-Systems. Jetzt spielt man vorher 8. … 0–0 und erst dann 9.h3 ♘a5, was natürlich eine elastischere Fortsetzung darstellt.

**9.♗c2 c5 10.d4 ♕c7 11.♘bd2 ♘c6 12.dc**

Klärt die Zentrumsstruktur. Nach 12.♘f1 cd 13.cd setzt Schwarz 13. … ♗g4 fort und erlangt dadurch aktives Gegenspiel.

**12. … dc 13.a4 ♖b8 14.ab ab 15.♘f1 ♗e6 16.♘e3 ♖d8 17.♕e2 c4 18.♘f5**

Eine andere Fortsetzung ist 18.♘g5. Im Falle von 18. … ♗c8 19.b3 h6 20.♘f3 ♘a5 21.bc ♘:c4 22.♘:c4 bc erhält der Nachziehende einen schwachen Bauern auf c4, und nach 23.♗e3 droht der Turmeinbruch auf a7. Wahrscheinlich muß Schwarz 18. … 0–0 spielen, und falls 19.b3, so 19. … ♗c5 20.bc b4! mit gutem Gegenspiel.

**18. … 0–0 19.h3 ♘d7 20.♘g5 ♗:g5**

Phantastische Verwicklungen entstehen nach 20. … ♘c5 21.♕g4 ♗:f5 22.ef ♘d3, z. B. 23.♘e4?! (wahrscheinlich ist einfacher 23.♖e2 mit nachfolgendem b3 oder ♘e4 und Initiative am Königsflügel) 23. … ♘:e1 24.f6 g6 (nicht gut wäre 24. … ♗:f6 25.♘:f6+ ♔h8 26.♕h4!) 25.♕g5 ♖fe8 26.fe ♘:c2 (schlecht ist 26. … ♕:e7 wegen 27.♘f6+ ♔h8 28.♕h4 h5 29.♕g5! ♕f8! 30.♗:g6! fg 31.♕:g6 ♖e7 32.♕:h5+ ♔g7 33.♗h6+ mit siegreichem Angriff für Weiß) 27.♘f6+, und der Anziehende gibt Dauerschach. Ein forcierter Gewinnweg ist nicht sichtbar, z. B. wehrt Schwarz nach 27. … ♔g7 28.♘h5+ ♔g8 29.♕f6 ♖d1+ 30.♔h2 gh 31.♗h6 e4+! 32.g3 ♕e5 den Angriff ab.

**21.♗:g5 f6 22.♗e3 ♖fe8 23.h4**

Weiß beabsichtigt, am Königsflügel verstärkt vorzugehen. Für Schwarz ist es nicht leicht, ein aktives Gegenspiel zu finden. Es ist zum Beispiel nicht zu sehen, wie ein Springer nach d3 gelangen soll, und auf 23. … ♖a8 könnte folgen 24.♖ad1 mit der Drohung des Springereinfalls auf d6. Schließlich ist die folgende Kombination von Schwarz in keiner Weise gutzuheißen.

**23. … ♗:f5 24.ef ♘d4? 25.♗:d4!**

Natürlich nicht 25.cd ed, und Schwarz hat prächtiges Spiel.

**25. … ed 26.♕:e8+ ♖:e8 27.♖:e8+ ♔f7**

Auf den ersten Blick scheint es durchaus nicht schlecht um Schwarz zu stehen, da er einen gedeckten Freibauern auf d3 erhält. Jedoch beweist der nächste Zug von Weiß, daß er über einen sehr starken Angriff auf den schwarzen König verfügt.

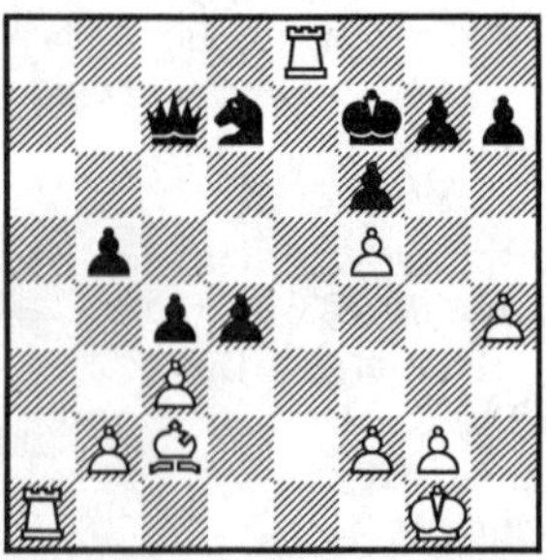

**28.♖h8! d3 29.♗d1 ♕f4 30.♗h5+**

Der schwarze König ist gezwungen, sich auf eine gefährliche Reise zu begeben. Gerade das bewirkte der Zug 28.♖h8, denn 30. … g6 scheitert an 31.♖:h7+.

**30. … ♔e7 31.♖e8+ ♔d6 32.♖a6+ ♔c7**

Es ist schwierig zu sagen, welche der beiden Möglichkeiten das kleinere Übel darstellt. Im Falle von 32. … ♔c5 33.♗f3! b4 34.♖a5+ ♔b6 35.cb ist für den Nachziehenden keine Verteidigung gegen 36.♖e6+ zu erkennen. Nichts hilft auch 33. … ♕c1+ 34.♔h2 ♕f4+ 35.♔h3 ♕:f5+ 36.♗g4! ♕:f2 37.♗:d7 mit Figurengewinn und Angriffsfortsetzung. Auch jetzt erleidet Schwarz entscheidenden Materialverlust.

**33.♖a7+ ♔b6 34.♖:d7 ♕:f5 35.♖b8+ ♔a6 36.♗e8 ♕e5 37.♖a8+ ♔b6 38.♖d4!**

Pariert die Drohung eines ewigen Schachs nach 38. … ♕e1+ und ♕:f2.

**38. … b4?**

Das Zeitnotversehen beschleunigt die Niederlage. Allerdings reichte das weiße Materialübergewicht bereits für einen Sieg aus.

**39.♖:c4 d2 40.♖:b4+ ♔c7 41.♖a7+ ♔d8 42.♗a4.**
Schwarz gab auf.

Später ging ich gründlicher an die Analyse dieser Partie heran, und zwar unter dem Gesichtspunkt, was ich während des Spielverlaufs selbst „sah und fühlte“. So waren mir die sich nach 20. … ♘c5 ergebenden Varianten überhaupt nicht in den Kopf gekommen. Ich bemerkte sie erst später in der häuslichen Analyse. Eigentlich hatte ich bis zum Zug 24. … ♘d4? hauptsächlich nach allgemeinen Überlegungen gespielt, und so war auch dieser Springerausfall gar nicht in Betracht gezogen worden. Bei der Ausführung des Zuges 28.♖h8! hatte ich praktisch alles richtig vorausgesehen und genau bis zum Partieende berechnet.

Mit der Zeit verblaßte in meinen Augen auffallend der Wert der Partie selbst, denn ihr Ausgang wurde infolge eines deutlichen Fehlgriffs von Schwarz im 24. Zug entschieden. Mir oblag nur noch, Nutzen daraus zu ziehen, was ich auch tat.

Auf die folgende Partie bin ich bis heute stolz. Sie verlief sowohl im subjektiven als auch im objektiven Sinne auf hohem Niveau.

Angenommenes Damengambit
Suetin–Alatorzew
Leningrad 1951

**1.d4 d5 2.c4 dc 3.♘f3 ♘f6 4.e3 e6 5.♗:c4 c5 6.0–0 a6 7.♕e2 b5 8.♗b3 ♗b7 9.a4 ♘bd7 10.ab ab 11.♖:a8 ♕:a8 12.♘c3 b4 13.♘b5 ♕b8 14.e4!**

Dieses Bauernopfer hatte ich mir bereits ausgedacht, als ich mich in der 18. Meisterschaft der UdSSR, 1950, auf denselben Partner vorbereitete, da ich von seiner Vorliebe für diesen Aufbau wußte. Alatorzew wählte jedoch damals aus unbestimmten Gründen eine andere Eröffnung, und ich kam nicht dazu, diese Neuerung anzuwenden. Nun, ein halbes Jahr später, hatte ich im Halbfinale der 19. Meisterschaft dazu Gelegenheit. Jetzt wäre 14. … ♘:e4 wegen 15.♘g5 ♘:g5 16.♗:g5 nebst der Drohung ♗:e6! sehr unangenehm; auch nach 14. … ♗:e4 15.♘g5 ♗g6 16.d5! erhält Weiß Angriff.

**14. … ♗c6?**

Ein verlockender, jedoch fehlerhafter Zug, wonach Schwarz in große Schwierigkeiten gerät, die dem Spiel bis zum Partieende forcierten Charakter verleihen. Das bessere Verteidigungsverfahren ist wahrscheinlich 14. … cd 15.♘f:d4 ♘c5 (aber nicht 15. … ♗e7 wegen 16.♗:e6!) nebst ♗e7 mit dem Bestreben, schleunigst die Entwicklung abzuschließen.

**15.♗a4!**

Gerade dieser Zug zieht den vorangegangenen Angriff von Schwarz in Zweifel. Die Fesselung auf der Diagonale a4–e8 ist sehr unangenehm.

**15. …♘:e4**

Es drohte 16.d5, und auf 15. … ♘b6 würde 16.♘e5! folgen!

**16.♘e5! ♘:e5**

Etwas Besseres ist nicht zu sehen. Auf 16. ... ♕b7 folgt 17.♘:c6 ♕:c6 18.d5 ed 19.f3 mit Figurengewinn.

**17.de ♕b6**

Wenig verlockend wäre 17. ... ♗e7? 18.♘d6+, und auf 17. ... ♕:e5 könnte geschehen 18.♖d1! ♗e7 19.♘d6+ ♗:d6 20.♗:c6+ ♔e7 21.♕:e4, und Weiß behält eine Figur mehr. Es fällt auf, daß der Nachziehende ununterbrochen erzwungene Züge machen muß.

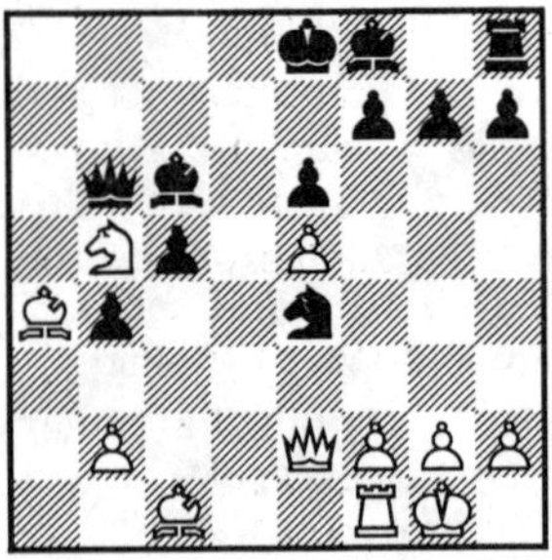

**18.♖d1!**

Es droht 19.♕:e4! ♗:e4 20.♘c7+ ♔e7 21.♖d7 matt! Dagegen ergäbe nichts 18.♗e3 ♗e7 19.f3 0–0 20.fe ♖b8 21.♕f2 ♖f8! oder 18.♘c7+ ♕:c7 19.♕:e4 ♗:a4 20.♕a8+ ♕d8 21.♕:a4+ ♕d7, und für Weiß ist nicht mehr als ein Remis zu sehen. All diese und die sich anschließenden Varianten brachte ich während der Analyse nach der Partie zu Papier.

**18. ... ♗e7 19.♘c7+ ♔f8**

Schlecht wäre 19. ... ♕:c7 20.♕:e4 ♗:a4 21.♕a8+ ♗d8 22.♕:a4+ ♔e7 23.♗e3, und Weiß hat entscheidenden Angriff.

**20.♗:c6 ♕:c6 21.♘b5 f5 22.♕c4 ♔f7 23.f3 ♖b8**

Auf 23. ... ♘g5 ist 24.♘d6+! sehr unangenehm.

**24.♘d4 ♕d7**

24. ... ♕d5 25.♕:d5 ed 26.♘c6! gäbe dem Anziehenden entscheidende Materialüberlegenheit.

**25.fe cd 26.ef ♕c8**

Im Falle von 26 .... ♖c8 entschiede 27.fe+ ♕:e6 28.♖f1+ mit Figurengewinn.

**27.fe+ ♔g8 28.♖:d4 ♕c5**

Nach 28. ... ♗c5 29.e7+ ♔h8 30.e8♕+ ♕:e8 31.♕:c5 ♖c8 32.♕:b4 ♖:c1+ 33.♔f2 behält Weiß zwei Mehrbauern.

**29.♔h1 ♖f8 30.h3 ♕:e5 31.♗f4 ♕e1+ 32.♔h2 g5 33.♗:g5! ♗d6+**

Effektvoll brächte Weiß die Partie zum Abschluß im Falle von 33. ... ♖f1 34.♕:f1! ♕:f1 35.♗:e7 ♕f5 36.♖g4+ ♔h8 37.♗:b4 h5 38.♗c3+ ♔h7 39.♖g7+ ♔h6 40.♖f7 ♕e4 41.♖f1! Schwarz besitzt gegen die Drohung ♖e1 mit anschließendem e6–e7 keine Verteidigung.

**34.♖:d6 ♕e5+ 35.♗f4 ♖:f4 36.♕d5**

Über 20 Züge lang währte ein fast forcierter kombinatorischer Kampf, den ich bewußt in einem Improvisationsprozeß am Brett lenkte. Das Ende der Partie läßt sich absehen. Schwarz muß in ein aussichtsloses Turmendspiel einlenken.

**36. ... ♕:d5 37.♖:d5 ♖e4 38.♖b5 ♔g7 39.♖b7+ ♔f6 40.♖:h7 ♔:e6 41.♖g7 ♖e2 42.b3**. Schwarz gab auf.

Solche Partien bereiten nicht nur Befriedigung. Sie stärken jeden Spieler in der Überzeugung, für einen Kampf mit Schwierigkeiten jeder Art gewappnet zu sein. Dabei möchte ich betonen, daß sich der Wunsch, eine gute und zudem bewußt kombinatorische Partie zu spielen, in mir weitaus früher regte als das Bestreben, Meister zu werden. Es war in jedem Turnier das wichtigste, eine „abdruckwürdige" Partie zu spielen.
Ich denke, daß diese Eigenschaft jeder ambitionierte Schachspieler besitzt. Und diese Eigenschaft, das sei bekräftigt, verpflichtet, denn im Schach trägt das sportliche Moment vorwiegend äußerlichen Charakter. Ohne Erlernen seiner Feinheiten kann man nicht mit hohen Resultaten rechnen. Der Weg dahin führt nur über die ständige Verbesserung des schöpferischen Gehalts.

Später wurde für mich das Schaffen von Partien aus einem Guß, unabhängig von ihrem Genre, ersehntes Ziel. Zuweilen ging dies bis zum Dogmatismus und lief darauf hinaus, daß ich sogar den kleinsten Fehler des Gegners bestrafen wollte, was manchmal den Gesichtskreis einengte. In reiferen Jahren begann ich dann die Dinge umfassender zu sehen, verstand, daß der Begriff des Fehlers im Schach längst nicht eindeutig ist. Dennoch möchte ich diese Periode nicht missen, weil gerade damals Ziele und Aufgaben äußerst klar waren, Praktizismus usw. kein Platz fand. Wenn die objektiven Voraussetzungen gegeben waren, kamen tatsächlich ideale Partien zustande. Hier ist eine der ersten Musterpartien dieser Art.
Jeder hinreichend erfahrene Schachspieler weiß, wie schwierig es ist, die schwarzen Grundfesten in der Caro-Kann-Verteidigung zu erschüttern. Ich war noch Meisteranwärter, als ich die folgende Partie gegen einen sehr erfahrenen Meister spielte.

Caro-Kann
Suetin–Batujew
Meisterschaft der Sportvereinigung „Trud", 1949

**1.e4 c6 2.♘c3 d5 3.♘f3 de 4.♘:e4 ♘f6 5.♘:f6+ ef 6.♗c4 ♗d6 7.♕e2+ ♕e7 8.♕:e7+ ♔:e7 9.0–0 ♖e8(?) 10.♖e1+ ♔f8 11.♖:e8+ ♔:e8 12.d4 ♗g4**

**13.♘d2 ♘d7 14.♘e4 ♗c7 15.♗d2**

Weiß ist aus der Eröffnung mit einem deutlichen Positionsübergewicht hervorgegangen, was es ihm ermöglicht, trotz der Begrenztheit des auf dem Brett verbliebenen Materials eine lange Initiative zu entfalten.

**15. ... ♗e6 16.♗d3 f5 17.♘g5 h6 18.♘f3!**

Fehlerhaft wäre 18.♘:e6 fe, was Schwarz Gelegenheit gäbe, seine Bauernstellung zu „reparieren“ und eine stabile Verteidigung zu errichten.

**18. ... ♗d8 19.♖e1 ♔f8 20.♗b4+ ♔g8**

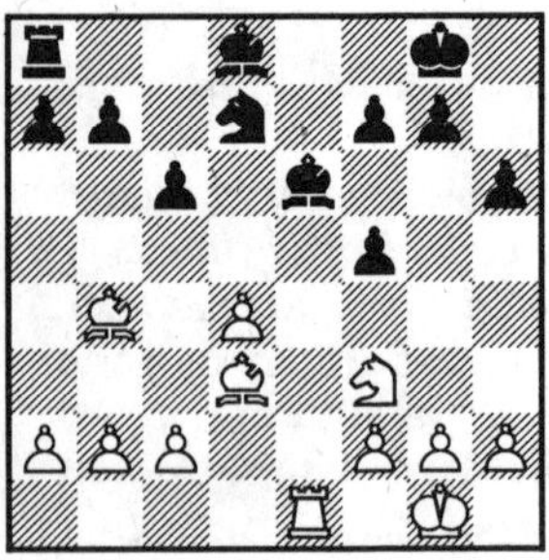

**21.d5! cd 22.♘d4 ♗f6 23.♘:e6 fe 24.♖:e6 ♘e5 25.♗:f5 ♘c6 26.♗c3**

Die Partie geht in ein Endspiel über, in dem sich Turm und Läufer von Weiß als deutlich stärker erweisen als Turm und Springer des Gegners.

**26. ... ♗:c3 27.bc ♖d8 28.f4 ♔f7 29.♖e1 ♖d6 30.g3 ♘e7 31.♗d3 ♖c6 32.♖b1 ♖:c3 33.♖:b7 ♖a3 34.♖b2 ♘c8 35.♔f2 ♘b6 36.g4 ♔e6 37.h4 ♔d6 38.h5 ♔e6 39.g5 ♔e7 40.♔f3 ♘d7 41.♔g4 ♘c5 42.♔f5 ♖a4 43.♔e5 hg 44.fg ♖g4 45.♔f5 ♖g2 46.♖b4 ♘e6 47.♖g4 g6+**

Die letzte Chance. Schwarz hofft, am Königsflügel eine Festung aufzubauen.

**48.hg ♘g7+ 49.♔f4 ♖:g4+ 50.♔:g4 ♔e6 51.♔f4 ♘h5+ 52.♔e3 ♔e5 53.♗e2 ♘g7 54.♗g4! ♔d6 55.♔d4 ♘e8 56.♗f3 ♘c7 57.♔c3 ♘e6 58.♔b4 d4 59.♔b5 ♔e7 60.♗d5 ♘g7 61.♔a6 ♔d6 62.♗f7**. Schwarz gab auf.

Ich denke, daß mir hier fast kristallklar gelungen ist, eine von Schwarz im 9. Zug begangene Ungenauigkeit auszunutzen.

Bei der Arbeit an den eigenen Partien ist man durchaus nicht verpflichtet, jedesmal eine ausführliche Analyse anzufertigen, zumal nicht alle Partien kompliziert und vielplanig sind. Sehr nützlich ist es, Ihre Aufmerksamkeit auf die kritischen Punkte des Spiels und die für Ihr Denken wichtigen Momente zu konzentrieren.

In den folgenden Partien spielte ich beidemal mit Weiß und erzielte in der Eröffnung, wie es schien, einen fühlbaren Vorteil. Das Spiel endete allerdings immer mit Remis.

Damengambit
Suetin–Barle
Ljubljana 1973

**1.c4 ♘f6 2.♘c3 e6 3.♘f3 d5 4.d4 ♗e7 5.♗g5 0–0 6.e3 ♘bd7 7.♖c1 c6 8.♗d3 dc 9.♗:c4 ♘d5 10.♗:e7 ♕:e7 11.0–0 ♘:c3 12.♖:c3 e5 13.♕b1 ed 14.ed ♘b6 15.♖e1 ♕d8 16.♗d3 h6 17.♘e5 ♗e6 18.♗h7+ ♔h8 19.♗f5 ♗:f5 20.♕:f5 ♕:d4 21.♘:f7+ ♔g8 22.♖f3 ♕d2**

**23.♕e6 ♔h7 24.♕e4+ ♔g8 25.♕e6 ♔h7 26.h4 ♕d5 27.♕e7 ♘d7 28.h5 ♖ae8 29.♕:e8 ♖:e8 30.♖:e8 ♕:h5 31.♖e7 ♕d5 32.♖g3 ♘f6 33.♘e5 ♕d1+ 34.♔h2 ♕h5+ 35.♔g1 ♕d1+ 36.♔h2 ♕h5+.** Remis.

Königsfianchetto
Suetin–Timman
Tschigorin-Gedenkturnier,
Sotschi 1973

**1.e4 d6 2.d4 g6 3.♘c3 c6 4.f4 d5 5.e5 h5 6.♘f3 ♗g4 7.♗e3 e6 8.♗e2 ♘e7 9.♕d2 ♘f5 10.♗f2 ♘d7 11.0–0 c5 12.dc ♘:c5 13.♗b5+ ♘d7 14.♘g5 ♘e7 15.h3 ♗f5 16.♖ad1 a6 17.♗:d7+ ♕:d7 18.♘ce4 ♗:e4 19.♘:e4 ♗g7**

**20.♗h4 ♘f5 21.♘f6+ ♗:f6 22.♗:f6 ♖h7 23.g4 hg 24.hg ♘g3 25.♖fe1 ♕c7 26.♕d3 ♖h1+ 27.♔g2 ♖:e1 28.♖:e1 ♘e4 29.g5 ♕b6 30.♖e2 ♕:b2 31.♖:e4 de 32.♕d6 ♕:c2+ 33.♔g1 ♕b1+.** Remis.

In beiden angeführten Partien gab es sehr wichtige Kampfpunkte, und zwar in der ersten nach 22. ... ♕d2!, in der zweiten nach 19. ... ♗g7.
Beide unterzog ich einer besonders eingehenden Analyse. In der Partie gegen Barle gelang es mir nicht, eine Verstärkung des weißen Spiels zu finden.
Schwarz befand sich mit seiner Verteidigung auf der Höhe des Geschehens, und das Remis war gesetzmäßig.
Dagegen konnte ich wahrscheinlich in der Partie gegen Timman bedeutenden Vorteil erreichen, hätte ich anstelle 20.♗h4 mit 20.c4! fortgesetzt und die

schwarze Stellung im Zentrum unterminiert. Auf 20. ... 0–0 böte sich 21.♘f6+ an, und Schwarz fiele es schwer, die Stützpfeiler im Zentrum zu halten, nicht zu reden von dem bereits eingeleiteten weißen Angriff am Königsflügel.
Eine konkrete Analyse solcher Spielsituationen vermittelt wertvolle Aufschlüsse, die sich summieren und so helfen, Schlußfolgerungen über die einen oder anderen Besonderheiten und die Mängel im Denken zu ziehen. Besonders aufgrund der Analyse meiner Partie gegen Timman kam ich zu dem Schluß, daß man sich noch mehr zwingen muß, in dem Moment in die Stellung einzudringen, wenn sich dynamische Partiewendungen ergeben. Übrigens ist das Buch „200 offene Partien" von Bronstein nach solchen grundsätzlichen Überlegungen aufgebaut. Er gab allerdings seinem Werk literarische Gestalt. Der Verfasser unternimmt alle möglichen Exkurse, die zuweilen durchaus nicht mit den angeführten kurzen Fragmenten der Analyse der wichtigsten Partiemomente in Verbindung stehen. Uns sollte in erster Linie die Analyse interessieren. Nehmen wir zum Beispiel die Partie Boleslawski–Bronstein, Wettkampf 1950, in der der Marshall-Angriff in der Spanischen Partie gespielt wurde: **1.e4 e5 2.♘f3 ♘c6 3.♗b5 a6 4.♗a4 ♘f6 5.0–0 ♗e7 6.♖e1 b5 7.♗b3 0–0 8.c3 d5 9.ed ♘:d5 10.♘:e5 ♘:e5 11.♖:e5 c6 12.d4 ♗d6 13.♖e1 ♕h4 14.g3 ♕h3 15.♕d3 ♗f5 16.♕f1 ♕h5 17.♗e3 ♗h3 18.♗d1 ♕f5 19.♕e2 ♖ae8 20.♘d2 c5**

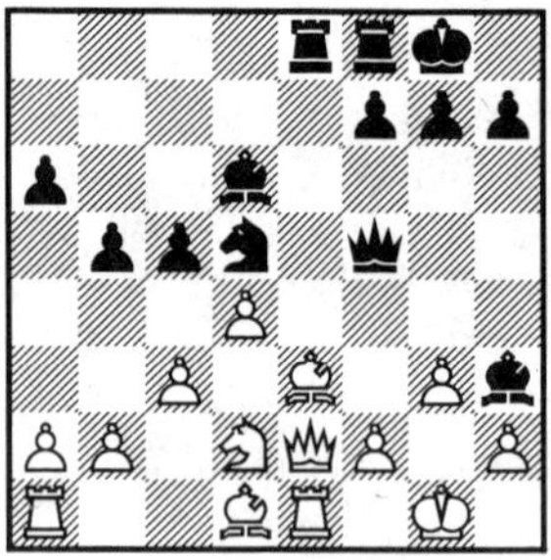

Bronstein verweilt auführlich nur bei diesem Kampfmoment. Boleslawski spielte **21.a3**, und nach **21. ... cd 22.cd ♗f4 23.♕f3 ♗:e3 24.fe ♕:f3 25.♗:f3 ♘:e3** einigten sich die Partner auf Remis.
Bronstein stellt hier die Frage, ob 21.♘f3 nicht besser war, und antwortet zur Verdeutlichung mit den folgenden Varianten:

I. 21. ... ♘f4? 22.♕c2 ♘d3 23.♘h4 ♕e4 24.♗f3 ♘:e1 25.♕:e4;
II. 21. ... ♗f4! 22.♘h4 ♕g5 23.♘f3 ♕f5 24.♘h4 ♕g5;
III. 21. ... ♗f4 22.♘h4 ♕f6 23.♕f3 cd 24.cd ♘:e3 25.♕:f4 ♕:f4 26.gf ♘f5 oder 25.fe? ♗:e3+!
IV. 21. ... ♗f4 22.♕d2 ♘:e3 23.fe ♗h6 24.♘e5 f6 25.♗c2 ♕g5 26.♘f3 ♕:e3+!, beweist, daß auch in diesem Falle Schwarz

durchaus nicht schlecht steht.

Interessante taktische Verwicklungen enthielt die Partie Tscherepkow–Bronstein, 28. Meisterschaft der UdSSR, 1961: **1.e4 e5 2.♘f3 ♘c6 3.♗b5 a6 4.♗a4 ♘f6 5.0–0 ♘:e4 6.d4 b5 7.♗b3 d5 8.♘:e5 ♘:e5 9.de ♗b7 10.c3 ♗c5 11.♕g4 ♕e7 12.♘d2 ♕:e5 13.♘:e4 de 14.♗f4 ♕f6 15.♖ad1 0–0 16.♗:c7 ♖ae8 17.♗f4 ♗e7 18.♗e3 ♖d8 19.♖d4 ♖:d4 20.♗:d4 ♕g5 21.♕d7 ♗a8 22.♗e3 ♕f6 23.♖d1 h5 24.♕c7 ♖e8 25.♖d7 ♗c6 26.♗d4 ♕h6 27.♗e3 ♕f6 28.♗g5 ♕:g5 29.♕:c6 e3! 30.♖d5 e2 31.♕:e8+ ♔h7 32.♗c2+ g6 33.♕:f7+ ♔h6 34.g3 ♕c1+ 35.♔g2 ♕f1+ 36.♔f3 e1♘+ 37.♔e3 ♘:c2+ 38.♔d2 ♘b4 39.♖:h5+ ♔:h5 40.♕h7+ ♔g4 41.cb ♗:b4+**. Weiß gab auf.

Bronstein legt den Akzent auf den abschließenden kombinatorischen Teil des Kampfes! Er führt eine interessante Falle an: 34. ... e1♕+? 35.♔g2 ♕f6 36.♖:h5+ gh 37.♕h7+ ♔g5 38.h4+ ♔g4 39.♕g8+!

Zu einem Moment, das nach 35. ... ♕g4(!) entstehen konnte. Es scheint, daß die schwarze Dame nach 36.h3 verlorengeht, doch dann folgt wie ein Blitz aus heiterem himmel 36. ... ♕:h3+!! 37.♔:h3 ♕h1+, und Weiß wird matt gesetzt. Diese Kombination konnte übrigens auch auf 36.♖d8 folgen.

Das Spiel ging unter beiderseitiger Zeitnot zu Ende, wo in der Regel Halluzinationen viel Raum erhalten und den Blick trüben. Als eine solche erwies sich die Variante, auf die Weiß gesetzt hatte: 39.♖:h5+ ♔:h5 40.♕h7+ ♔g4 41.♕:g6+ ♔f3 42.♕f5 matt (??). Tscherepkow hatte „vergessen", daß sich der schwarze König auf g2 verbergen kann.

Aufschlußreich ist auch die folgende Äußerung Bronsteins zu dieser Partie: „Wie entsetzlich ist doch für einen Schachspieler die Zeitnot! Nicht die schlechten Züge sind es, die er notgedrungen macht, sondern die guten, die er zu finden nicht die Zeit hat."

Nach dem Umfang der gesammelten Erfahrungen erweist es sich meiner Meinung nach auch als nützlich, parallel zur gesamten Analysetätigkeit eine frei gestaltete Kartei anzulegen, in der das entsprechende Material, nach einzelnen Partiestadien geordnet (Eröffnung, charakteristische Momente der Strategie und Taktik, Endspiel), gesammelt wird. Eine solche Aufgliederung erleichtert Ihnen einmal die Aneignung rein schachlicher Probleme, und zum anderen kann sie helfen, Klarheit in die Probleme Ihres Denkens zu bringen. Die Grundidee einer derartigen Arbeit besteht im Suchen von Methoden zur aktiven Aneignung schachlicher Musterstellungen und -verfahren.

## 7. Kapitel

## Über die Analyse abgebrochener Partien

Die Beschäftigung mit Abbruchstellungen, eine Arbeit, die unmittelbar mit der Praxis verbunden ist, trägt sehr viel zur Entwicklung der analytischen Fertigkeiten bei. Eine gewissenhaft analysierte Stellung lohnt sich nicht nur hinsichtlich des sportlichen Erfolgs, sondern stellt auch einen Komplex von Lehrstunden im Analysieren dar.
Da eine große Anzahl von Abbruchstellungen Endspielcharakter trägt, erhöht diese Tätigkeit die Meisterschaft in der Führung von Endspielen.
Die folgende Stellung entstand in der Partie Suetin–Taimanow, 31. Meisterschaft der UdSSR, 1963, als diese nach dem 44. Zug von Weiß abgebrochen wurde.

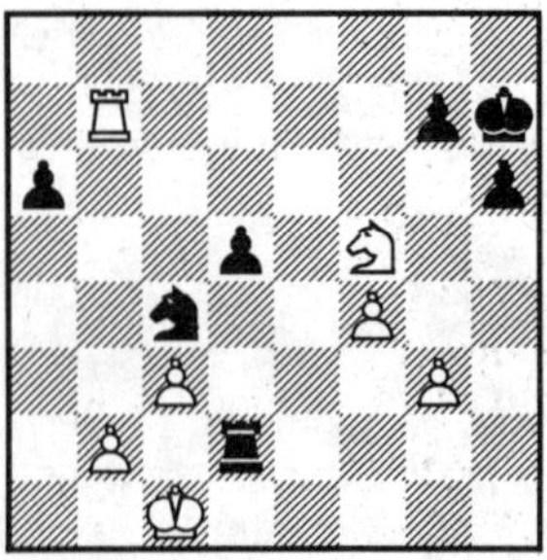

Das positionelle Übergewicht ist auf seiten von Weiß, für seine Realisierung wird jedoch von ihm außergewöhnliche Genauigkeit gefordert (angemerkt sei, daß das Endspiel taktischen Charakter trägt).

**44. ... ♔g6 45.♘e7+ ♔h5**

Nach 45. ... ♔f6 46.b3 ♘a5 47.♔:d2 ♘:b7 48.♘:d5+ gewinnt Weiß das Springerendspiel.

**46.♘g8!!**

Ein schwieriger Zug. Erst dieser originelle Springerausfall führt zum Ziel. Nichts erreicht Weiß z. B. im Falle von 46.b3 ♘a5 47.♔:d2 ♘:b7 48.♔e3 (48.♘:d5 ♔g4!) 48. ... ♔g4 49.♔f2 ♘c5. Jetzt knüpft Weiß in Verbindung mit der Drohung 47.♖:g7 ein Mattnetz.

**46. ... ♖:b2 47.♖:g7!**

Natürlich nicht 47.♖:b2 ♘:b2 48.♔:b2 ♔g4, und Schwarz entkommt der Niederlage.

**47. ... ♖b6**

Eine andere Verteidigung gegen 48.♘f6 matt gibt es nicht.

**48.f5!**

Die Stärke des weißen Freibauern entscheidet den Kampf.

**48. ... ♘e5 49.f6 a5 50.f7 ♘d7 51.♘e7 ♘f8 52.♘:d5**. Schwarz gab angesichts der Drohung 53.♘f4+ auf.

In einer Reihe von Fällen besteht die Aufgabe darin, sich aus einem schwierigen Endspiel zu retten. Die Kunst der Analyse

hat hier gewiß keine geringere Bedeutung. Hinzu kommt, daß die Analyse derartiger Stellungen zur Zähigkeit erzieht – einer der hauptsächlichen moralischen Eigenschaften eines Schachmeisters.
Die nachstehend angeführten zwei Endspiele erhielt ich beim Internationalen Tschigorin-Gedenkturnier, Sotschi 1973. Ihnen ist der deutlich ausgeprägte studienartige Charakter der Verteidigung gemeinsam.

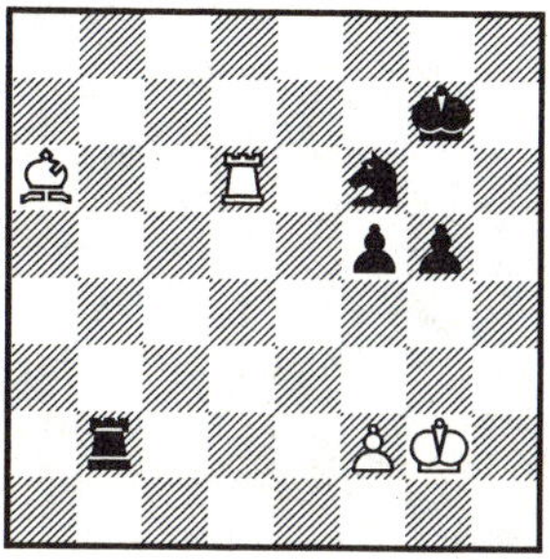

Zu dieser Stellung kam es nach 57 Zügen in der Partie Suetin–Smejkal. Die schwarzen Drohungen ♖:f2+ (auf 58.♗c8), ♘e4 oder ♘g4 sehen sehr überzeugend aus, und dennoch findet sich eine Rettung.

**58.♗d3! ♖d2 59.♔g1!!**

Die Pointe der Idee von Weiß. Unbefriedigend wäre 59.♔f3? ♘g4 60.♖d7+ ♔f6 61.♗:f5 ♘e5+. Es schien, als führe die Variante 59.♔f1 ♘g4! 60.♔e1 ♖:f2 61.♖d4! zum Remis, aber nach 61. ... ♖f3! 62.♗:f5 ♖:f5 63.♖:g4 ♔g6 stellt sich heraus, daß Weiß den g-Bauern nicht blockieren kann.

**59. ... g4**

Keinen Erfolg hat 59. ... ♘e4 60.♖d5 (für ausgesprochene Liebhaber der Endspieltheorie läßt sich noch eine andere Remismöglichkeit vorstellen: 60.♗:e4 ♖:d6 61.♗:f5, und es ist nicht zu sehen, wie Schwarz gewinnen kann) 60. ... ♘:f2 61.♖d7+! ♔f6 62.♗:f5!

**60.♔f1**

Jetzt, da das Feld g4 mit einem schwarzen Bauern besetzt ist, läßt sich das Königsmanöver durchführen. Auf 60. ... ♘e4 folgt 61.♗:e4 ♖:d6 62.♗:f5 ♖d4 63.♔g2 ♔f6 64.♗c8 ♔g5 65.f3 mit Remis.

**60. ... f4 61.♔e1 ♖a2**

Im Falle von 61. ... g3 62.fg fg genügt 63.♔f1! zum Remis.

**62.♖d4! g3 63.fg fg 64.♔f1 ♖d2 65.♖d6!**

Am einfachsten. Indem Weiß den schwarzen König abschneidet, forciert er die Ereignisse.

**65. ... ♘e4 66.♗:e4! ♖:d6 67.♔g2 ♖e6 68.♗f5 ♖e3 69.♗g4 ♔f6 70.♗f3 ♔g5 71.♔:g3**

Nunmehr ist eine theoretische Remisstellung entstanden. Es folgte noch **71. ... ♖b3 72.♔f2 ♔f4 73.♗a8 ♖b2+ 74.♔f1.** Remis.

Zwei verschiedenartige Studienmotive begegneten mir in dem folgenden Endspiel.

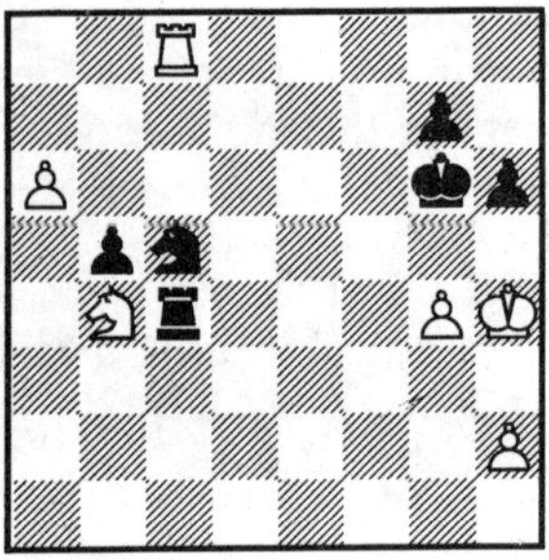

Diese Stellung ergab sich in der Partie Korenski–Suetin nach dem 42. Zug von Weiß. Es scheint, daß der a-Bauer ein Qualitätsopfer fordert (42. ... ♖:b4 43.a7 ♖a4 44.a8♕ ♖:a8 45.♖:a8, wonach Schwarz ein verlorenes Endspiel erhält. Jedoch rettet die folgende studienartige Abwicklung diese heikle Situation.

**42. ... ♘:a6! 43.♖:c4 bc 44.♘:a6 ♔f6 45.♔g3**

In der Analyse fand ich keinen Gewinn für Weiß, auch nicht nach 45.♘b4 ♔e5 46.♔g3 ♔e4 mit folgender Kontrolle ♔e4–e3–e4!
Schwarz darf dann seine Bauern am Königsflügel nicht ziehen, denn das würde dem Anziehenden die Möglichkeit bieten, gegebenenfalls mit dem König in das schwarze Hinterland einzudringen.

**45. ... h5!**

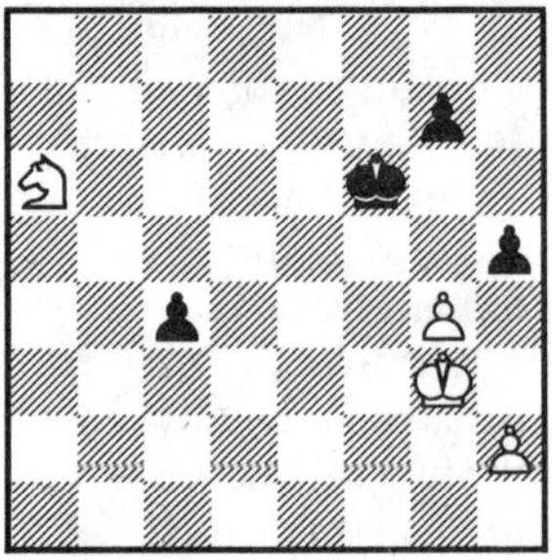

Schwarz will einen der Bauern abtauschen.

**46.h3**

Nach 46.gh ♔g5 47.♘c5! ♔:h5 48.♘e4 ♔g6 49.♔f3 ♔h5 50.♘f2 c3 51.♔e3 ♔h4 52.♔d3 g5! ist das Remis unvermeidlich. Auch in anderen Varianten gelingt es Weiß nicht, am Königsflügel eine Festung zu errichten, um so den schwarzen c-Bauern zu ergreifen. Angemerkt sei, daß Schwarz auf keinen Fall h5–h6 zulassen darf, denn dann drängt Weiß den schwarzen König in die Ecke, gewinnt den h-Bauern und findet Gelegenheit, ein Mattnetz zu knüpfen.

**46. ... hg 47.hg c3! 48.♘b4 ♔e5 49.♘c2 ♔f6 50.♔f4 ♔g6 51.♘e3 ♔h6 52.♔f5 ♔h7**

In diesem interessanten Endspiel kann Weiß sein scheinbar entscheidendes Materialübergewicht nicht realisieren! Der Versuch, den schwarzen König auf die 8. Reihe zu drängen und den Bauern nach g6 zu führen, scheitert nach 53.g5 ♔g8 54.g6 ♔f8 55.♔e6 ♔g8 56.♔e7 (nichts ergibt 56.♔d5 ♔f8 57.♔c4 ♔e7) 56. … ♔h8 57.♔f8 c2!, und Schwarz forciert das Patt, da dem weißen Springer zum Mattsetzen auf f7 ein Tempo fehlen würde. Nun zeigt sich, welche Bedeutung der Bauer auf g7 besitzt. Nur er ermöglicht die Pattmotive. Allerdings gewährleistet die Stellung des Bauern auf g7 auch eine andere Remisidee!

**53.♔g5 ♔g8 54.♔g6 ♔h8 55.♔g5 ♔g8 56.♔f4 ♔h7 57.♔f5 ♔h6 58.♘c2 ♔h7 59.♔g5 ♔h8 60.♔g6 ♔g8 61.♘e3 ♔h8 62.♔f5 ♔h7 63.♔e4 ♔g6 64.♔d3 ♔g5 65.♔:c3 ♔f4!**

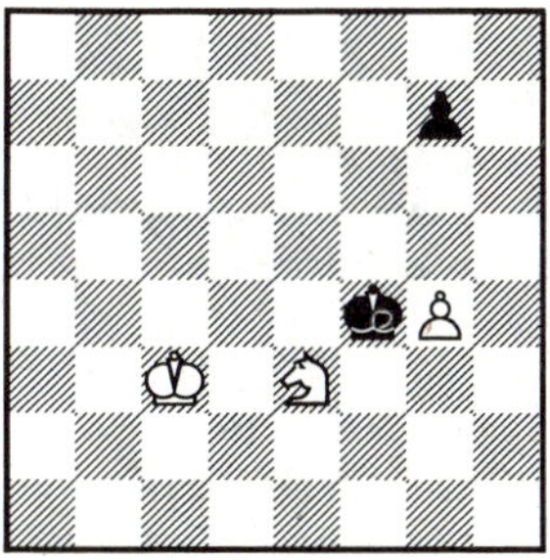

Jetzt ist eine zweite studienartige Stellung entstanden. Der weiße Springer ist an die Verteidigung des Bauern g4 gebunden, und der weißen Majestät gelingt es auf keinerlei Weise, seinen „Kollegen“ zu verdrängen.

**66.♔d4 ♔f3 67.♔e5**

Weiß leitet das Geschehen in ein Bauernendspiel über, in dem sich erneut die remisbewirkende Stellung des Bauern g7 offenbart. Im Falle 67.♔d3 ♔f4 68.♔e2 ♔g3! ist ein Remis unvermeidlich.

**67. … ♔:e3 68.♔f5 ♔f3 69.g5 ♔g3.** Remis.

In den angeführten Beispielen wurde nur die rein schachliche Seite der Analyse aufgezeigt. Jedoch verstehen selbst wenig erfahrene Schachspieler gut, welch eine gewaltige Mühe sich hinter dem Suchen nach besten Fortsetzungen verbirgt. Und längst nicht immer erweist sich eine solche Mühe, duch objektive Ursachen bedingt, als erfolgreich. In vielen Fällen wird die Arbeit an der Analyse erschwert, weil klare Bewertungsmaßstäbe fehlen. (Eine Analyse wäre natürlich weitaus einfacher, könnte man ohne besondere Bemühungen, gewissermaßen „a priori“, bestimmen, ob die Stellung ihrem Charakter nach gewonnen oder remis ist.) Wenn man allerdings von der Kunst der Analyse abgebrochener Partien spricht, meint man hauptsächlich gerade die „rätselhaften“ Fälle. Vertieft in die Arbeit an diesen „Fällen“, wird die Nacht zum Tag, vergißt man nicht nur die Erholung, sondern auch Essen und Trinken. Leider gelingt es einem Schachspieler, selbst wenn er eine noch so hohe Qualifikation besitzt, nicht, ohne diese lebensnotwendigen Bedürfnisse längere Zeit auszukommen.

Der Jugend bringt zweifellos ein solcher schachlicher „Appetit“ direkten Nutzen, denn nicht zufällig verfügt man in jungen Jahren über eine erhöhte Aufnahmefähigkeit, die sich auch auf das Schach ausdehnt.
Das folgende, bereits viele Jahre zurückliegende Endspiel trägt zum Unterschied von den bereits untersuchten Beispielen, die eine Reihe taktischer „Rosinen“ enthielten, ausgesprochen technischen Charakter.

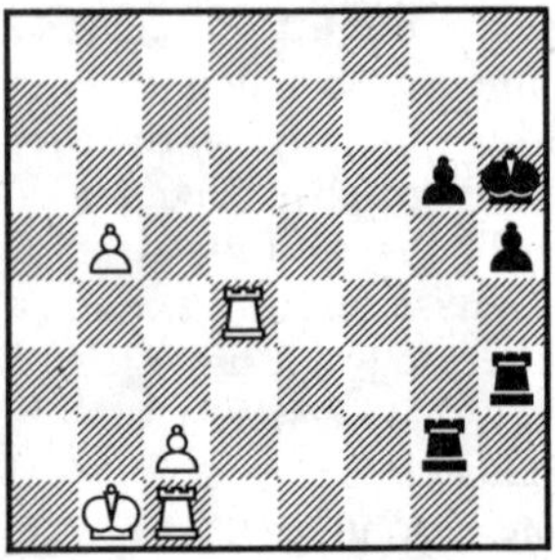

Die Stellung ergab sich in der Partie Suetin–Aronin, Tscheboksary 1950, nach 41 Zügen. Mein Partner war damals einer der stärksten sowjetischen Meister. Diesen Titel zu erringen war auch mein Ziel.
Es handelt sich hier um ein gewiß sehr ungewöhnliches Endspiel, und ich möchte behaupten, daß man eine derartige Stellung, in der beide Seiten zwei verbundene Freibauern an den entgegengesetzten Flügeln besitzen, wohl kaum in einem Lehrbuch finden wird. Deshalb konnte hier nur die konkrete Analyse als Kriterium dienen. Die Stellung von Weiß ist etwas aussichtsreicher, weil der b-Bauer bereits auf die 5. Reihe vorgedrungen ist, während die schwarzen Türme vorerst etwas den Vormarsch der eigenen Bauern bremsen. Reicht jedoch das Übergewicht von Weiß zu einem Gewinn aus?
Vom Abbruch dieser Partie an war es um meine Ruhe und meinen Schlaf geschehen. Die Analyse beschäftigte mich ununterbrochen. Nach dem „Durchpflügen“ einer Unmenge von Varianten faßte ich meine Erkenntnisse zu folgenden Merkmalen zusammen:
1. Objektiv genügt das weiße Übergewicht nicht zum Sieg;
2. Schwarz kann sich nur auf studienartige Weise retten.
Würde aber die praktische Erprobung diese Kriterien bestätigen? Ich hatte all meine Kräfte in die Analyse gelegt, aber hatte das auch mein Partner getan? Diese Frage bewegte mich bei Wiederaufnahme der Partie.
Aronins Abgabezug war richtig, aber der allein garantierte ihm noch kein Remis.

**41. ... Tc3 42.Tb4 Te2?**

Nach dieser Antwort wurde es mir leichter ums Herz. Da ich so ziemlich alle Feinheiten der Stellung kannte, wurde mir klar, daß Schwarz bereits einen nicht wiedergutzumachenden Fehler begangen hatte. Also muß Aronins Analyse recht ungenügend

gewesen sein. Die Rettung von Schwarz bestand darin, schleunigst den Vormarsch der weißen Bauern zu bremsen und natürlich das Vordringen seiner eigenen Bauern zu organisieren. Es drohte 43.b6 ♖c8 44.c4, und die weißen Bauern sind schon nicht mehr aufzuhalten. Deshalb mußte unverzüglich der Turm g2 in die Verteidigung einbezogen werden und die Aufstellung der Türme so geschehen, daß sie dem Vormarsch der weißen Bauern Einhalt gebieten. Das vermochte nur der Zug 42. … ♖g5!, der das Feld c5 blockiert und so den anderen Turm entlastet, um mit diesem den b-Bauern bremsen zu können. Dies sparte zwar nur ein Tempo ein, aber ein entscheidendes. Interessant sind die folgenden Varianten: 42. … ♖g5 43.♔b2 (43.b6 ♖c8 44.c4 ♖gc5 45.♔b2 ♖b8! bringt dem Anziehenden nichts ein) 43. … ♖c8 44.c4 h4! 45.b6 ♖gc5 46.♔c3 ♖5c6! (jedoch nicht 46. … h3? 47.♔d4!, und Weiß gewinnt) 47.♔d4 ♖d8+ 48.♔e5 ♖c5+ 49.♔e4 (nach 49.♔e6 ♖c6+ 50.♔e7 ♖b8 51.c5 ♖b7+! 52.♔d8 g5! besäße Weiß keinerlei Hoffnungen auf Gewinn – eine paradoxe Stellung!) 49. … g5!
(Schlecht wäre 49. … h3 50.♖b3! ♖h5 51.b7 ♖b8 52.c5 h2 53.c6 h1♕+ 54.♖:h1 ♖:h1 55.c7 ♖:b7 – nach 55. … ♖e1+ 56.♖e3! ♖:b7 57.c8♕ ♖e7+ 58.♔f4 ♖1:e3 59.♕h8+ ergeben sich Varianten, die der Hauptvariante analog sind – 56.c8♕ ♖:b3 57.♕h8+ ♔g5 58.♕:h1, und jetzt gelingt es Schwarz nicht, mit dem Turm nach f5 zu gehen, z. B. 58. … ♖b5 59.♕c1+ ♔h5 60.♕d1+, und der Nachziehende muß den g-Bauern ziehen, um nicht den Turm zu verlieren.)
50.♖cb1 (im Falle von 50.b7 ♖b8 51.♔d4 ♖c7 52.♖cb1 h3 53.c5 g4 54.♔d5 ♖d8+! würde Schwarz leicht Remis erreichen) 50. … h3! 51.♔f3 ♔g6 52.♔g3 ♔f5 53.♔:h3 ♔e4 mit wahrscheinlichem Remis.

In der Partie geschah **43.b6 ♖e8 44.♔b2 ♖c5 45.c4 ♖b8**

Jetzt wird klar, warum der Turm auf c8 besser stünde als auf e8. Auf 45. … h4 würde jetzt 46.♔c3 folgen, und wenn 46. … ♖c6, so 47.♖b5! nebst c4–c5. Diese Variante ging nicht mit dem Turm auf c8 wegen des Schlages 47. … ♖:c4+!

**46.♔c3 ♖c6 47.♖cb1 ♔g7 48.♔d4 ♖d8+ 49.♔c3**

Natürlich nicht 49.♔e5 ♔f7! mit Einengung des weißen Königs und Remis.

**49. … ♔f7 50.♖b5 ♔e7 51.c5 ♖cc8 52.♔c4 ♖d2 53.♖5b2!**

Bewirkt den Turmtausch und räumt das Feld b5 für den König zum entscheidenden Einfall.

**53. … ♖:b2 54.♖:b2 ♔d7 55.♔b5 ♖f8 56.c6+ ♔c8 57.♖e2 ♔b8 58.♖e7 h4**

**59.♖b7+ ♔c8 60.♖a7.**
Schwarz gab auf.

Diese Analyse erwies sich nicht nur wegen des unmittelbaren Erfolgs als wertvoll für mich. Vielmehr war ich damit, was Genauigkeit der Analyse anbelangt, in die Sphäre der Meisterschaft eingedrungen und hatte zugleich eine Menge Erfahrung im Endspiel gewonnen. Wenn man einmal in vollem Maße einer derartigen Anspannung standgehalten und die Früchte geerntet hat, ist unwillkürlich die Basis geschaffen, um weitere Prüfungen zu bestehen. Ich stimme völlig mit der Ansicht Nimzowitschs überein, der nachdrücklich empfahl, nicht an der Oberfläche „herumzuspazieren", sondern den Akzent auf tiefgründige Untersuchungen und auf die Analyse zu legen, und eine solche Methode „radioaktiv" nannte. Mit anderen Worten, es ist notwendig, sein Denken zu entwickeln.
Bisher ist übrigens in der Schachpresse das Thema der Analyse von Hängepartien ausgesprochen begrenzt, episodenhaft auf den einen oder anderen Fall angewandt, behandelt worden. Nichtsdestoweniger hat sich hier umfangreiches und wertvolles Material angesammelt, das nicht nur sehr interessante und tiefschürfende Ausarbeitungen enthält, sondern wahrscheinlich eine ganze Methodik, deren Erschließung noch bevorsteht.
Heutzutage ist das Abfassen von Büchern mit solch ungewöhnlichen Themen wie z. B. die besten Endspiele der Weltmeister, ungewöhnliche Wege zum Remis u. a. Mode geworden. Ich denke, daß auch das Thema der gelungensten Analyse von Hängepartien seine Bedeutung hat.
Einstweilen möchte ich einige lehrreiche Beispiele aus der Praxis hervorragender Schachspieler anführen.

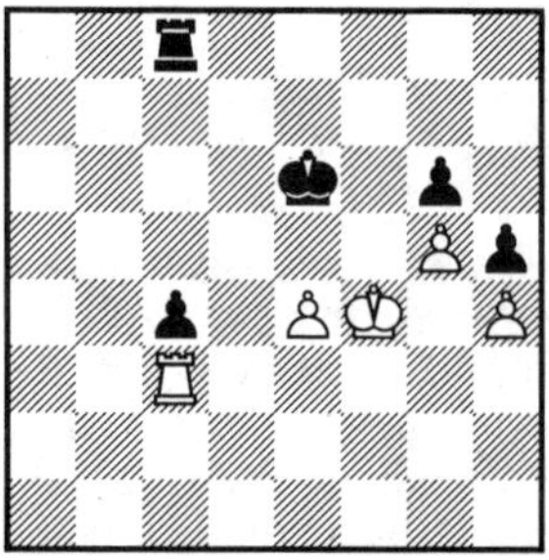

Zu dieser Stellung kam es in der Partie Botwinnik–Euwe, Groningen 1946.
Die Stellung von Weiß sieht sehr schwierig aus. Selbst Botwinnik, der den Abgabezug aufschreiben mußte, nahm an, daß seine Partie hoffnungslos ist, weil er wußte, daß Rubinstein eine ähnliche Stellung gegen Lasker (St. Petersburg 1909) verloren hatte. Er fand jedoch bei der Analyse eine sehr listige Remismöglichkeit.

**41.♔e3 ♔e5 42.♖c2! c3 43.♔d3**

Im Unterschied zu der vorliegenden waren in der Partie Lasker–

Rubinstein die h-Bauern nicht vorhanden (ansonsten war die Stellung identisch, jedoch mit vertauschten Farben), und Lasker gewann mittels 43. ... ♖c7 44.♔e3 ♖h7 nebst ♖h7–h3+–g3. Rubinstein konnte dieser Fortsetzung nicht ausweichen, weil das Bauernendspiel verloren war.
Hier könnte nach 43. ... ♖c7 folgen 44.♖:c3 ♖:c3+ 45.♔:c3 ♔:e4 46.♔c4 ♔f4 47.♔d4 ♔g4 48.♔e5 ♔:h4 49.♔f6 ♔g4 50.♔:g6 h4 51.♔f6 h3 52.g6 h2 53.g7 h1♕ 54.g8♕+ mit Remis.

**43. ... ♖d8+ 44.♔e3! ♖d4 45.♖:c3 ♖:e4+ 46.♔f3 ♖:h4 47.♖c6! ♖f4+ 48.♔e3 ♖e4+ 49.♔f3 ♔f5 50.♖f6+ ♔:g5 51.♖:g6+**. Remis.

In vielerlei Beziehung ist das Endspiel der Partie Botwinnik–Fischer (Olympiade 1962) instruktiv.

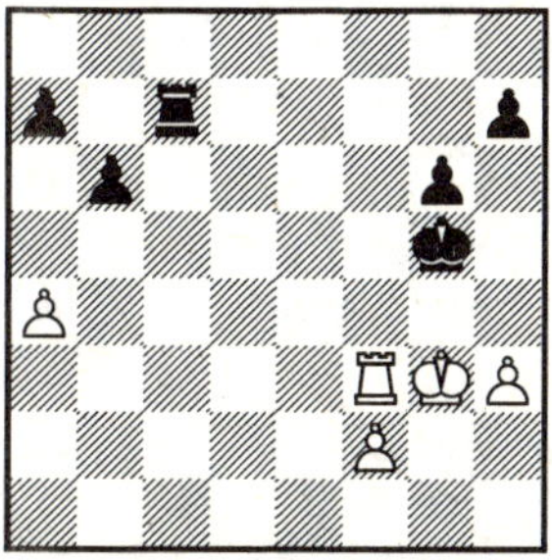

In dieser Stellung schrieb Schwarz den Abgabezug auf. Weiß droht a4–a5. Wir lassen im folgenden beide Gegner zu Wort kommen.

**45. ... ♖c5**

„Am listigsten war 45. ... ♔h6, aber auch hier würde Schwarz nach 46.♖d3! ♖c5 47.h4 ♖a5 48.♖d4 nichts erreichen. Der Textzug führte wahrscheinlich ebenfalls zum Remis." (Botwinnik)
„Daß die Partie mit Remis enden wird, wurde während des Frühstücks bekannt. Die Tische der sowjetischen und amerikanischen Mannschaft standen nebeneinander. Irgend jemand fragte Botwinnik, wie er über die Hängepartie denke. Der Weltmeister zuckte mit den Schultern: ‚Remis.' Das Wort verbreitete sich in Windeseile, und ich hörte, wie jemand am Tisch der englischen Mannschaft sagte: ‚Die Russen sagen, daß Fischer die Partie vor Abbruch gewinnen konnte.'" (Fischer)

**46.♖f7 ♖a5 47.♖:h7!**

„Eine bedeutende Idee, die Geller in nächtlicher Analyse gefunden hatte. Wegen ungünstiger Stellung des schwarzen Königs sind seine Freibauern wenig beweglich." (Botwinnik)
„Diese Verteidigung hatte ich übersehen. Passives Spiel wäre aussichtslos, z. B. 47.♖f4 ♖f5 48.♖c4 ♖f7 mit anschließendem Übergang des schwarzen Königs zum Damenflügel." (Fischer)

**47. ... ♖:a4 48.h4+**

„Ich analysierte 48.f4+, aber der

von Botwinnik gemachte Zug ist besser und birgt eine listige Falle."

**48. ... ♔f5**

„Oder 48. ... ♔f6 49.♖b7! ♖a5 50.♔g4 b5 51.f4 a6 52.♖b6+ ♔f7 53.♖b7+, und Weiß befindet sich in Sicherheit." (Botwinnik)

**49.♖f7+ ♔e5 50.♖g7 ♖a1 51.♔f3**

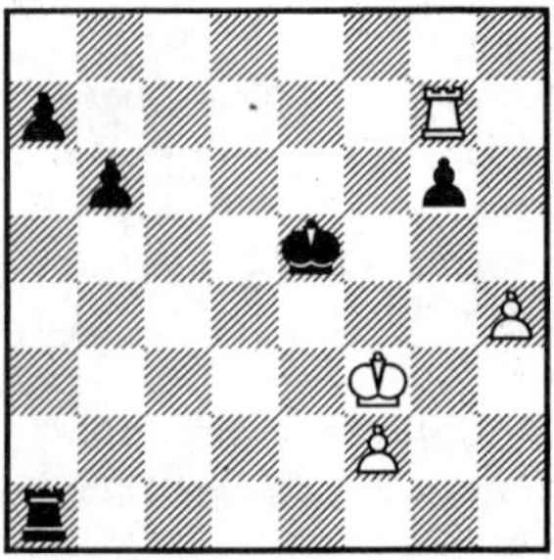

**51. ... b5?**

Dieses Moment rief scharfe Polemik hervor. Die Gegner stimmten in der Meinung überein, daß nach dem Textzug das Remis unvermeidlich ist. Eine andere Bewertung erfuhr der Zug 51. ... ♔d4. Im 3. Band „Das Schachschaffen Botwinniks" führte der Verfasser folgende Analyse an: 51. ... ♔d4 52.♖:g6 b5 53.h5 b4 54.h6 ♖h1 55.♔g2 ♖h5 56.♖a6 b3 57.♖:a7 ♖:h6 58.♖b7 ♔c4 59.♔f3 mit Remis. In seinem Buch „Meine 60 denkwürdigen Partien" stimmt Fischer dem zu, behauptet jedoch, daß Schwarz im Falle von 54. ... b3! (anstelle von 54. ... ♖h1) 55.♖g4+ ♔c5! 56.♖g5+ ♔c6! 57.♖g6+ ♔b7! 58.♖g7+ ♔a6! 59.♖g6+ ♔a5! 60.♖g5+ ♔a4 61.♖g4+ ♔a3 62.♖h4 b2 63.h7 b1♕ 64.h8♕ (es sei erwähnt, daß Botwinnik in einer späteren Analyse auch diese Stellung erreichte und den Schluß zog, daß sie remis wäre) 64. ... ♕b3+! 65.♔e2 ♕d1+ 66.♔e3 ♖b1!! 67.♕f8+ ♔a2 gewinnbringenden Angriff hat.

**52.h5!**

„Jetzt behält Schwarz den a- und den b-Bauern, und die Stellung führt zu einem theoretischen Remis." (Botwinnik) „Diesen Zug hatte ich übersehen. 52.♖:g6 ♔d4 würde in die eben betrachteten Varianten überleiten." (Fischer)

**52. ... ♖a3+ 53.♔g2 gh 54.♖g5+ ♔d6 55.♖:b5 h4 56.f4 ♔c6 57.♖b8 h3+ 58.♔h2 a5 59.f5 ♔c7 60.♖b5 ♔d6**

„Übrigens trägt das Endspiel auch ohne den weißen f-Bauern Remischarakter – das steht in jedem Endspiellehrbuch." (Botwinnik)

**61.f6 ♔e6 62.♖b6+ ♔f7 63.♖a6 ♔g6 64.♖c6 a4 65.♖a6 ♔f7 66.♖c6 ♖d3 67.♖a6 a3 68.♔g1**. Remis.

Ein solches Vergleichen der gegenseitigen Gesichtspunkte zu ein und derselben Hängepartie ist sehr nützlich und lehrreich.

Ein hervorragender Analytiker war und ist Exweltmeister Smyslow. Die folgende Äußerung in seinem Buch „Auf der Suche nach Harmonie“ stellt in vielerlei Hinsicht sein schachliches Credo dar: „Nach wie vor begeistert mich im Schach die wunderbare Welt der Ideen und Schönheit. Die Ästhetik des Schachschaffens bedeutet für mich vor allem die Richtigkeit einer Idee, ihre Wahrheit, die sich in der klaren Logik eines Gedankens offenbart. Die Schönheit zeigt sich nicht nur im Kombinationsspiel mit effektvollen Opfern, sondern auch in einer scheinbar einfachen Stellung, wenn sich plötzlich der Reichtum ihres Gehalts darbietet.“
Als Beispiel führt er das Endspiel der Partie Donner–Smyslow (Havanna 1964) an.

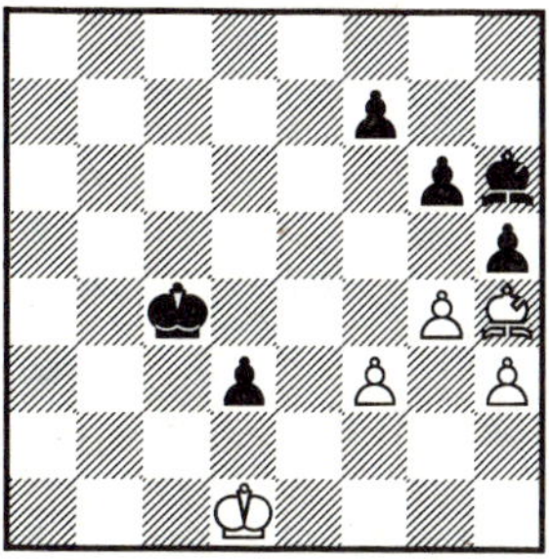

In dem Läuferendspiel der Abbruchstellung besitzt Schwarz einen Freibauern, den auszunutzen, ungeachtet der äußeren Einfachheit der Stellung, sehr schwierig ist. Smyslow findet einen vortrefflichen Gewinnweg: **61. ... ♔d4!** (jedoch nicht 61. ... ♔c3 wegen 62.♗f6+!) **62.♗f2+ ♔c3 63.♗b6 d2 64.♗f2 ♔d3 65.♗b6**

Die Aufgabe von Schwarz besteht darin, mit dem König zu den weißen Bauern vorzudringen. Aber wie soll das geschehen?

**65. ... ♗f4 66.♗f2 ♗e5 67.♗g1!**

„Weiß manövriert mit dem Läufer in der Absicht, 67. ... ♗d4 mit 68.♗h2 zu beantworten (es verliert 68.♗:d4 ♔:d4 69.gh gh 70.♔:d2 h4 71.♔e2 f5 72.♔d2 f4 73.♔e2 ♔c3). Jetzt führt 68. ... ♔e3 69.♗g1+ ♔:f3 70.♗:d4 nur zum Remis. Um zu gewinnen, muß man mit dem Bauern h5 nach h4 vordringen.“ (Smyslow)

**67. ... h4! 68.♗f2 ♗c3 69.♗g1 ♗d4 70.♗:d4**

Oder 70.♗h2 ♔e3 71.♗g1+ ♔:f3 72.♗:d4 ♔g3 73.♔:d2 ♔:h3 74.♗f2 g5 75.♗e3 ♔g2 76.♗:g5 h3, und Schwarz gewinnt.

**70. ... ♔:d4 71.♔:d2 ♔e5 72.♔e3 g5.** Weiß gab auf.

Aufschlußreich ist das Nachwort Smyslows zu der eben angeführten Analyse: „Die Schachkunst erfordert die Entwicklung analytischer Fähigkeiten. Die Fähigkeit zu analysieren ist eine sehr wichtige Eigenschaft für die Ver-

vollkommnung eines Schachspielers, die ihm hilft, sich seiner Irrtümer und Fehler nicht nur im Kampf am Schachbrett, sondern wahrscheinlich auch im Leben bewußt zu werden."
Äußerst lehrreich ist auch Smyslows Analyse in der folgenden, übrigens auch in sportlicher Hinsicht sehr wichtigen Partie. Es handelt sich um die 17. Partie des Weltmeisterschaftskampfes im Jahre 1958 gegen Botwinnik (Weiß).

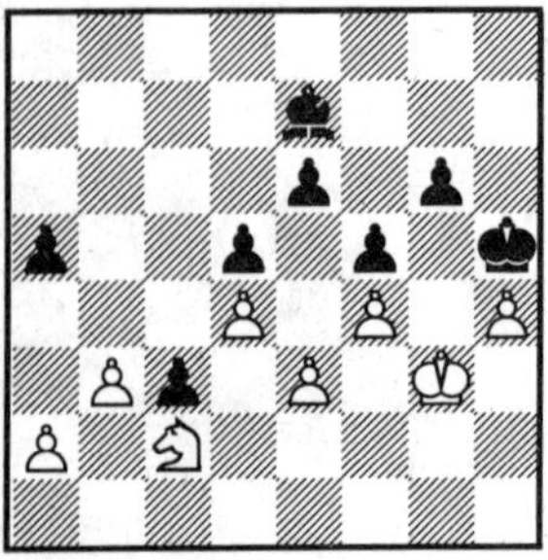

Die Perspektiven von Schwarz, der einen starken Freibauern auf c3 besitzt, sind deutlich besser. Wie soll man jedoch den weißen Festungswall zerstören? Ein sehr feiner Kampf beginnt:

**44.♔f3 ♔:h4 45.♘e1 g5 46.fg ♔:g5 47.♘c2 ♗d6 48.♘e1(?)**

Ein unmerklicher, aber wesentlicher Fehler. Smyslow weist auf die folgende Variante hin: 48.a3! ♔h4 49.b4 a4 50.b5 ♗c7 51.♘e1 ♔g5 52.♘c2 ♔f6 53.♔e2 ♗d6 54.♔d3 ♔e7 55.♔:c3 ♔d7 56.♘e1 ♗:a3 57.♘d3! ♔c7 58.♘f4 ♔b6 59.♘:e6 ♔:b5 60.♘c7+ ♔c6 61.♘e6 ♗d6 62.♘g7 ♔b5 63.♘:f5 ♗b4+ 64.♔c2 ♔c4 65.♘h6, und laut Smyslow vermag Weiß einen zähen Kampf um ein Remis zu führen.

**48. ... ♔h4 49.♘c2 ♔h3 50.♘a1**

Nach 50.a3 ♔h2 51.♔f2 ♗e7 52.b4 ab 53.ab ♗h4+ 54.♔f3 ♔g1 55.♔e2 ♔g2 ist die weiße Stellung sehr schwierig.

**50. ... ♔h2 51.♔f2 ♗g3+ 52.♔f3 ♗h4!**

Jetzt ist für den schwarzen König der Weg frei zum Feld g1. Der Ring schließt sich.

**53.♘c2 ♔g1 54.♔e2 ♔g2 55.♘a1 ♗e7 56.♘c2 ♔g3 57.♘e1 ♗d8 58.♘c2 ♗f6 59.a3**

Schwarz hat die Hauptsache erreicht, denn sein Gegner ist in eine Zugzwangstellung geraten. Bei einem Wegzug des Springers droht f5–f4, und falls 59.♔d3, so 59. ... ♔f2 60.♘a1 ♔e1 61.♘c2+ ♔d1 62.♘a1 ♗e7 63.♘c2 ♗d6 64.♘a1 ♔c1 65.♔:c3 ♗b4+ 66.♔d3 ♔b2 67.♘c2 ♔:a2, und Schwarz gewinnt.

**59. ... ♗e7 60.b4**

Oder 60.a4 ♗d6 61.♘e1 e5 62.de ♗:d5 63.♔d3 d4 64.ed ♗d6 65.♘c2 f4 66.♔:c3 f3 67.♘e3 f2 68.♔d3 ♔f3 69.♘f1 ♗f4 70.d5 ♔g2 71.♔e2 ♔g1, und Schwarz erreicht den Sieg.

**60. … a4! 61.♘e1 ♗g5 62.♘c2 ♗f6**

Und wieder befindet sich Weiß im Zugzwang, was auch den Ausgang des Kampfes entscheidet.

**63.♔d3**

Auch nach 63.b5 (bei einem Springerzug entscheidet f5–f4) 63. … ♗d8 64.♘e1 ♗a5 65.♘c2 ♔g4! 66.♘e1 ♗c7 67.♘c2 ♗b6! 68.♘b4 f4 69.ef ♗:d4 70.♔d3 ♗b6 71.♔:c3 ♔:f4 72.♘c6 ♔e3 73.♔b4 d4 74.♔e5 d3 75.♔:a4 d2 76.♘c4+ ♔e2 77.♘:d2 ♔:d2 78.♔b4 e5 79.a4 e4 80.a5 ♗d8 81.b6 e3 gewinnt Schwarz.

**63. … ♔f2 64.♘a1 ♗d8 65.♘c2 ♗g5 66.b5 ♗d8 67.♘b4 ♗b6 68.♘c2 ♗a5 69.♘b4 ♔e1!** Weiß gab auf.

Ein ähnlicher Zugzwangmechanismus kam auch im Endspiel der Partie Petrosjan–Fischer (Wettkampf 1971, Buenos Aires) zur Wirkung.

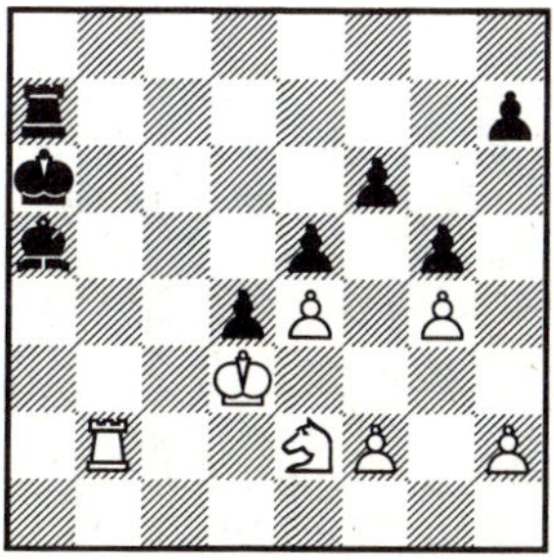

In dieser Stellung wurde die Partie abgebrochen. Als Sekundant Petrosjans nahm ich unmittelbar an ihrer Analyse teil. Anfänglich schien es, als besäße Weiß eine völlig sichere Festung, aber dann kam die Einsicht: Weiß hatte offensichtlich gewaltige Schwierigkeiten in der Verteidigung. Das Unglück bestand hauptsächlich darin, daß wegen eines unerbittlichen Zugzwangs die zu verteidigende Feste aufgegeben werden muß. Je näher die Zeit der Spielwiederaufnahme heranrückte, um so mehr vergrößerten sich die Probleme. Unsere Kräfte waren einfach erschöpft, weil wir auch nicht den geringsten Plan zur Rettung Petrosjans finden konnten. Alles Zureden, daß er sich auch erholen müsse, verfehlten bei Petrosjan seine Wirkung. Am Tag der Spielwiederaufnahme vergaß er sogar zu essen.

Bei der Fortsetzung des Kampfes nutzte er vielleicht nicht alle Chancen. Die schlaflose Nacht und die durch die Überbeanspruchung verursachte Übermüdung trugen dazu bei … Als er auf der Bühne saß, sah man ihm die Erschöpfung an. Die Reaktion des Organismus war eingetreten. Der Gerechtigkeit halber muß man bemerken, daß aller Wahrscheinlichkeit nach seine Stellung objektiv verloren war. Und dennoch hatte er früher kapituliert, als es sein mußte. Fischer war in vortrefflicher Verfassung:

**44.♖b1 ♖c7 45.♖b2 ♗e1 46.f3(?)**

Beschleunigt die Entscheidung. Richtig war 46. ... ♖b1, und nun wäre 46. ... ♗:f2? nicht gut wegen 47.♖f1 ♗e3 48.♖:f6+ ♔a5 49.♖e6 ♖c5 50.♖e7 ♖b5 51.♔c4 ♖b4+ 52.♔d3 ♖b3+ 53.♔c4 d3 54.♘c3!, und Weiß hat gute Remischancen.

**46. ... ♔a5 47.♖c2 ♖b7 48.♖a2+ ♔b5 49.♖b2+ ♗b4 50.♖a2 ♖c7 51.♖a1 ♖c8 52.♖a7?**

Etwas zäher war 52.♖a2.

**52. ... ♗a5 53.♖d7 ♗b6 54.♖d5+ ♗c5 55.♘c1 ♔a4 56.♖d7 ♗b4 57.♘e2 ♔b3 58.♖b7 ♖a8 59.♖:h7 ♖a1 60.♘:d4 ed 61.♔:d4 ♖d1+ 62.♔e3 ♗c5+ 63.♔e2 ♖h1 64.h4 ♔c4 65.h5 ♖h2+ 66.♔e1 ♔d3**. Weiß gab auf.

In bin speziell bei der Analyse dieser Partie nicht nur auf die schachlichen Aspekte eingegangen. Schließlich hatte ich ja Zutritt zu den „verborgenen Winkeln" von Petrosjans innerem Laboratorium gehabt, konnte nicht nur den riesigen Variantenkomplex, sondern auch die gewaltigen Anstrengungen ermessen, die die „Grenzen der Ratio" erreichten.
Bevor ich weitere Analysen anführe, seien einige Ergebnisse zusammengefaßt. In den meisten der dargebotenen Beispiele (die ich ausschließlich aus dem Gebiet des Endspiels auswählte) trug das Spiel vorwiegend technischen Charakter. Der Kampf erforderte hier in erster Linie eine ausgesprochen genaue und weitsichtige Berechnung, wobei die Kenntnis der Literatur und der Theorie keine geringe Rolle spielte. Als Musterbeispiel kann die Partie Botwinnik–Euwe dienen. Die Bekanntschaft Botwinniks mit der alten Partie Lasker–Rubinstein erleichterte ihm zweifellos das Auffinden des Remisweges. An anderer Stelle habe ich bereits betont, wie wichtig es ist, die Theorie des Endspiels zu beherrschen. Sie stellt die notwendige Basis dar, die dem Schachspieler in seinen weiteren Berechnungen und seinem Suchen in der Analyse als Führer dient. Nehmen wir nur einmal den einfachsten Fall der eben erst erwähnten Partie, in der Weiß sich dadurch rettete, weil er das theoretisch bekannte Remis im Bauernendspiel erfaßt hatte.
In Endspielen, die taktischen Charakter aufweisen, kommen der Phantasie und der Fähigkeit, vorteilhaft den Kampf zu verschärfen, wesentliche Bedeutung zu. Unabhängig vom Charakter des Endspiels sollte man immer daran denken, daß die Erreichung des Ziels (sei es Gewinn oder Remis) oftmals mit der Herbeiführung studienhafter Wendungen verbunden ist.
Als interessantes Beispiel der Erschließung verborgener Ressour-

cen einer Stellung kann das Endspiel der 9. Partie des Weltmeisterschaftskampfes 1985 Kasparow–Karpow dienen.

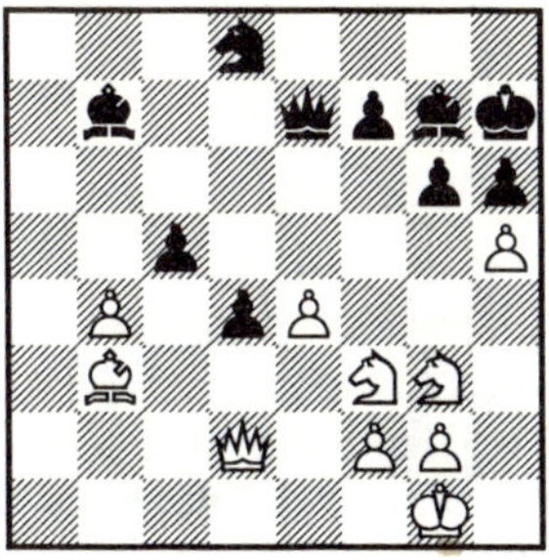

Die Zeitkontrolle war vorbei. Kasparow hatte jetzt genügend Zeit zum Nachdenken, führte aber schon nach wenigen Sekunden einen äußerst wichtigen Zug aus: **42.♕c2!?**
Anscheinend war das eine impulsive Entscheidung. Weiß opfert einen Bauern, aber erhält er dafür ausreichende Kompensation?
Die Hängepartie begann. Natürlich lautete Karpows Abgabezug **42. ... cb**. Und hier folgte die nächste Überraschung: **43.hg+!?** Hob damit Weiß nicht zu früh die Bauernspannungen auf dem Königsflügel auf? „Neutrale" Experten, die nicht tief in das Analysendickicht eingedrungen waren, erwogen hier hauptsächlich 43.♕c4 gh 44.♘:d4 h4 45.♘df5 ♕g5 mit unklarem Spiel, wo dennoch die Perspektiven für Schwarz günstiger aussahen. Was hatte nun Kasparow gefunden?

**43. ... fg 44.♕c4 h5**

Bereits am Vortage entstand der Eindruck, daß diese einfache Antwort den schwarzen König aller Gefahr enthob. Mit einem Mehrbauern und dem Läuferpaar schien Schwarz einen beträchtlichen Vorteil zu erlangen. Aber hier meldete die genaue und scharfsinnige Analyse Kasparows ihre Rechte an.

**45.e5! ♗:f3**

Offenbar widmete Karpow in seiner häuslichen Analyse dem letzten Zug von Weiß wenig Aufmerksamkeit. Nun dachte er eine halbe Stunde nach, denn wie es sich herausstellte, stünde es nach 45. ... h4 46.♘h5! gh 47.♕g8+ ♔h6 48.♗c2 oder 46. ... ♗:f3 47.♕g8+ ♔h6 48.♘:g7 ♕:g7 49.♕:d8 schlecht um Schwarz.

**46.gf ♗:e5 47.f4! ♗:f4!** (der einzige Zug, der Schwarz die Aufrechterhaltung des Gleichgewichts ermöglicht; nach 47. ... ♗f6 oder 47. ... ♗g7 ist 48.f5! sehr stark) **48.♕g8+ ♔h6 49.♗c2 ♕g7** (49. ... ♕f6? 50.♘e4!) **50.♕:d8 ♗:g3 51.fg ♕e5 52.♕f8+ ♔g5 53.♔g2**, remis (53. ... ♕e2+ 54.♔h3 ♕g4+ 55.♔g2 ♕e2+ usw.).

Natürlich ist in der Praxis die Analyse von Hängepartien längst nicht immer so konkret. Das trifft vor allem für komplizierte Endspiele zu, in denen strategische und taktische Momente miteinander verflochten werden.

Schauen wir uns ein Beispiel dieser Art an. Die Stellung entstand in der 18. Partie des Wettkampfes Botwinnik–Petrosjan im Jahre 1963.

Im Verlaufe der ersten 5 Spielstunden befand sich Schwarz unter Druck. Bei der Analyse der Abbruchstellung suchte Petrosjan unter dem Eindruck seiner Schwierigkeiten in erster Linie nach Wegen zum Ausgleich und Remis, indem er eine passive Taktik vorzog und gegebenenfalls das „kleine" Gegenspiel b6–b5 in Betracht zog. In diesem Match betreute ich den künftigen Weltmeister. Während der gemeinsamen Analyse kam mir plötzlich der Gedanke, ein strategisches Risiko einzugehen und nicht um den Ausgleich, sondern um Gegenspiel auf den schwarzen Feldern im Zentrum zu kämpfen. Petrosjan ließ sich überzeugen und beschritt den „maximalen" Weg. Als Antwort auf den Abgabezug 41.♗c2 setzte er mit **41. ... ♗f7! 42.♘fe3 c5!?** fort. Weiter geschah **43.d5 ♘e5 44.♖f1?**

Weiß merkte nicht, daß sich der Wind gedreht hatte, und spielte zu selbstzufrieden. Er mußte 44.♘c4 ♘:c4 45.bc ♗g6 46.e5 oder 45. ... ♘c8 46.e5! fortsetzen. In diesem Falle behielte Weiß die Initiative, obwohl dann die Partie aller Wahrscheinlichkeit nach remis enden müßte.

**44. ... ♗g6 45.♔e1 ♘c8 46.♖df2 ♖f7 47.♔d2 ♘d6 48.♘f5 ♗:f5 49.ef** (Aufmerksamkeit verdiente das Qualitätsopfer 49.♖:f5, obwohl das Übergewicht von Schwarz, der die Punkte e5 und d6 beherrscht, unbestreitbar ist) **49. ... c4!**

Der Beginn des entscheidenden Gegenangriffs.

**50.♖b1 b5 51.b4 c3+! 52.♔:c3 ♖c7+ 53.♔d2 ♘ec4+ 54.♔d1 ♘a3 55.♖b2 ♘dc4**

Die schwarzen Springer reiten plötzlich eine heftige Konterattacke.

**56.♖a2 ab 57.ab ♘:b5 58.♖a6 ♘c3+ 59.♔c1 ♘:d5 60.♗a4 ♖ec8 61.♘e1 ♘f4.** Weiß gab auf.

Die Analyse komplizierter Spielsituationen (mitunter tragen sie auch Mittelspielcharakter) stellt ein gewaltiges Thema dar. Im Rahmen dieser Arbeit ist eine umfassende Behandlung unmöglich. Es können nur Ratschläge allgemeinen Charakters gegeben werden. Die Erfahrung lehrt, daß in solchen Fällen das Berechnen zahlloser Varianten nichts fruchtet. Dagegen ist es sehr wichtig, eine allgemeine Einschätzung der Perspektiven des Kampfes vorzunehmen und diese durch eine optimale Auswahl konkreter taktischer Ideen zu stützen. Lehrreich ist in dieser Hinsicht der bereits erwähnte Fall mit Capablanca (S. 66). Natürlich muß man auch die ersten zwei bis drei Züge nach Beginn der Spielwiederaufnahme genau vorbereitet haben.

Mit anderen Worten, es kommt darauf an, sich einen gesunden Spielverstand zu bewahren und schöpferische Kräfte zu mobilisieren. Das Bestreben, „Unermeßliches zu erfassen", führt dagegen Schritt für Schritt zur Verwirrung. Nicht selten geschieht es, daß nach dem Durchackern von Hunderten von Varianten die elementarsten Möglichkeiten des Gegners vergessen werden, und bereits sein erster Zug stellt eine Überraschung dar. Eine solche Analyse ist keinen Pfifferling wert.

Und noch einen Hinweis: In einer Gewinnstellung sollte man stets daran denken, daß selbst in einer scheinbar sehr klaren Situation der Gegner immer verborgene Verteidigungsressourcen finden könnte. Bei der Analyse objektiv verlorener Stellungen ist es demzufolge ratsam, diese Verteidigungsressourcen aufzuspüren und maskierte Fallen zu stellen. Auf jeden Fall sind die Wege sorgfältig zu analysieren, die bei einer nachlässigen Spielweise des Gegners reale Rettungschancen bieten. Natürlich läßt sich für den Erfolg dieser Arbeit keine Garantie übernehmen. Aber manchmal geht es mit dem Teufel zu! Zuweilen leistet bei einem derartigen Vorgehen auch der Überraschungseffekt gute Dienste.

Einen charakteristischen Fall lieferte die letzte Runde der 19. Meisterschaft der UdSSR im Jahre 1951. Der Ausgang der Partie Aronin–Smyslow war von Bedeutung. Siegte Aronin, erhielt er die Berechtigung, am Interzonenturnier teilzunehmen, während Smyslow bei einem Sieg Turniersieger werden konnte. Die Partie stand für Aronin günstig. Zum Zeitpunkt der Wiederaufnahme des Spiels rief sein Sieg keine Zweifel hervor.

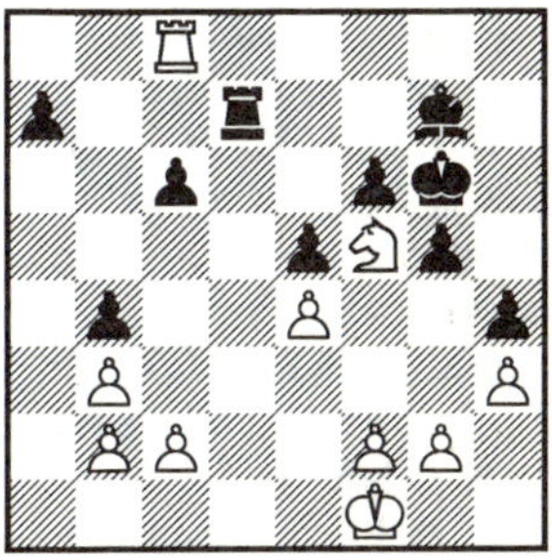

Aronin gab seinen Zug ab. Rasch zum Sieg würde 41.T:c6 führen, aber er hatte sich für **41.Tg8** entschieden, was scheinbar auch leicht gewinnt.

Die Idee von Weiß bestand darin, daß nach dem erzwunge-

nen **41. ... Kh7** ein auf den ersten Blick leicht gewonnenes Bauernendspiel entsteht. Statt 42.Tc8! folgen zu lassen, was nichts verdorben hätte, setzte er mit **42.T:g7+ T:g7 43.S:g7 K:g7** fort. Die von ihm berechnete Hauptvariante sah folgendermaßen aus: 44.g4! Kf7 45.Ke2 Ke6 46.Kd3 Kd6 47.Kc4 a5 48.f3 Kd7 49.Kc5 Kc7 50.c3 bc 5.bc Kb7 52.Kd6 Kb6 53.c4 Kb7 54.c5, und Weiß gewinnt. Smyslow spielte jedoch als Antwort auf **44.g4** überraschend **44. ... hg 45.fg g4!** Es scheint, daß Weiß nun dank seinem entfernten Freibauern leicht gewinnen müßte: **46.h4 c5 47.Ke2 Kh7 48.Kd3 Kh6.** Erst hier trat die sehr feine Idee von Schwarz klar hervor. Falls 49.Kc4, könnte folgen 49. ... f5! 50.ef e4!!, und der weiße König sitzt in der Falle. Wenn er sich nach vorn bewegt, zieht der schwarze e-Bauer zur Dame ein. Im Falle von 50.Kd3 f4! 51.gf ef 52.Ke2 Kh5 53.e5 Kg6 nebst 54. ... Kf5 und 55. ... K:e5 gewinnt Schwarz ebenfalls.
Weiß war gezwungen, nach **49.c3 a5 50.cb ab** in das Remis einzuwilligen. Die Schlußstellung ist sehr schön. Aufschlußreich ist, daß Smyslow das alles erst bei Wiederaufnahme der Partie sah und sich entschloß, seine letzte Chance zu nutzen.
Häufig stellt man sich die Frage, ob es bei der Analyse von Abbruchstellungen angebracht ist, sich einer Hilfe zu bedienen, inwieweit sich diese effektiv auswirkt. Darauf möchte ich erwidern, daß eine Analyse, an der eine große Anzahl von „Köpfen“ beteiligt ist, häufig in eine Analyse „gestikulierender Hände“ ausartet, was einfach schädlich ist und nur die erforderliche Anspannung schwächt. Die sachkundige Hilfe eines Sekundanten oder eines Freundes erhöht dagegen den Effekt der Analyse.
Mitunter hat sich ein Spieler mit mehreren Hängepartien zu beschäftigen. Häufig wird diese Situation noch erschwert, wenn sowohl die eine wie auch die andere Abbruchstellung eine sehr komplizierte Analyse erfordert. In einer derartigen Lage ist es sehr wichtig, sich nicht in den unendlichen Details der häuslichen Analyse zu „verlieren“, sondern optimale Entscheidungen zu treffen. Zudem sollte man sich mit schwierigen Abbruchstellungen nur an freien Abenden und hauptsächlich an den Tagen befassen, an denen die Hängepartien gespielt werden. Es kann auch vorkommen, daß ein Spieler einer langwierigen Partie „nachjagt“, z. B. einem Damenendspiel, daß drei bis vier Spielwiederaufnahmen erfordert. Wenn solche Partien in sportlicher Hinsicht nicht gerade wichtig sind, sollte man an sie mit philosophischer Gelassenheit herangehen und nicht zu viele Kräfte hineinlegen. Selbst wenn Sie bei dieser Sisyphusar-

beit Erfolg erzielen, so verlieren Sie weitaus mehr andere Partien.

## 8. Kapitel

### Die Arbeit mit der Schachliteratur

Das Studium der Schachliteratur spielt bei der Vervollkommnung eines Schachspielers eine erstrangige Rolle.
Die Schachliteratur umfaßt genügend viel Genres, und jedes davon ist auf seine Art für die selbständige Arbeit nützlich, seien es nun theoretische Lehrbücher der Eröffnung und des Endspiels, verschiedenartige Untersuchungen zur Strategie und Taktik des Mittelspiels, Turnierbücher, schachgeschichtliche Forschungsarbeiten oder Monographien. Weiter gehört dazu der gewaltige Zustrom aktueller Informationsmittel (unbearbeiteter oder kurzfristig bearbeiteter), der zu sichten ist, und das Studium der Periodika, das in einer Reihe von Fällen die künftige Entwicklung des Schachs weist.

### Aktuelle Periodika und Informationen

Das Studium der Periodika, der „Halbfabrikate" des Schachschaffens, vermittelt jedem Schachspieler, unabhängig von seiner Qualifikation, sehr viel Nützliches aus allen Partiestadien. So betonte Petrosjan, mit dem der Verfasser viele Jahre lang schöpferisch in Verbindung stand, des öfteren, daß er im Zuge der Vorbereitung auf ein Turnier eine Vielzahl von Partien (sowohl mit kurzen wie auch ohne Anmerkungen) aus „Schachmatny bjulleten" oder dem in Jugoslawien erscheinenden „Informator" durchsieht. Dabei vollzieht sich seiner Meinung nach ein „Vollpumpen" mit Ideen aus allen Partiestadien.
In der Arbeit als Trainer stellt man dagegen auf Schritt und Tritt fest, daß Meisteranwärter und sogar Meister durchaus nicht immer die Partien der großen aktuellen Wettkämpfe kennen (nicht zu reden vom Studium des Erbes der Vergangenheit). Das einfache, aktive Lesen einer Zeitschrift, das mit einer eigenen allgemeinen Analyse einhergeht, trägt nicht wenig zur Aneignung von Schachwissen bei. Junge Schachspieler sind in der Regel mehr darauf bedacht, Neuerungen in den Eröffnungen ausfindig zu machen. Als wertvoller erweist sich allerdings das Aufspüren und Studium von Ideen im Mittelspiel und in den verschiedenartigen Endspielsituationen. Gerade hier vollzieht sich eine Speicherung nützlicher, spielbereichernder technischer und taktischer Verfahren. Dabei sollte man sich nicht auf die Partien aus der höheren

Sphäre beschränken, sondern auch die Partien unbedeutender Turniere in die Sichtung einbeziehen. Das trifft besonders für die Turniere zu, an denen die jungen Schachspieler selber teilnehmen oder wo ihre Altersgenossen und Konkurrenten spielen.

Die Erfahrung der führenden Schachmeister der Gegenwart zeigt, daß es nicht überflüssig ist, sich dem Studium der Schachklassiker zu widmen. In dieser Beziehung sollte man Fischers Methoden zu seiner schachlichen Vervollkommnung Beachtung schenken. Er verband geschickt die Arbeit zur Aneigung moderner Eröffnungssysteme mit der Auswertung des reichen Erbes von solchen Schachkoryphäen der Vergangenheit, wie es Anderssen, Morphy und Steinitz waren.

## Die Arbeit mit kommentierten Partien und über die Kunst der Kommentierung

Das wichtige Thema der Arbeit an den eigenen Partien wollen wir jetzt unter einem etwas anderen Aspekt betrachten. Jede gut kommentierte Partie stellt auf ihre Art ein „Minilehrbuch" dar. Generationen von Schachspielern haben aus Tarraschs „Dreihundert Schachpartien", den Partiesammlungen Capablancas und Aljechins, den Turnierbüchern über die Weltmeisterschaften 1927, 1929, 1935 und 1937 gelernt. Aljechins Werke „Meine besten Partien", seine Turnierbücher über die Internationalen Turniere 1924 und 1927 in New York stehen bis heute in der ersten Reihe der klassischen Schachlehrbücher. Später spielten und spielen die Partiesammlungen Botwinniks, Keres', Smyslows, Karpows und anderer diese Rolle sowie hervorragende Werke wie „Matchturnier 1948" von Keres, „Turnier der Großmeister in Zürich" von Bronstein, Sammelbände über die modernen Weltmeisterschaftkämpfe. Das Studium der Partien großer Schachwettkämpfe, die tiefgründig kommentiert wurden und in denen das Wissen der besten Großmeister und Analytiker seinen Niederschlag fand, nimmt deshalb einen besonderen Platz ein. Aus diesem unerschöpflichen Quell kann man das für die höhere Meisterschaft notwendige Wissen schöpfen, wie Stellungsbewertung und die Kunst der konkreten Analyse nach Kommentaren bekannter Schachspieler. Dabei ist es nicht nur wichtig, die Ideen beider Kontrahenten zu verstehen, sondern es kommt auch darauf an, die Qualität der Kommentare zu den Partien zu bewerten.

Eine solche Arbeitsweise trägt zur Erhöhung Ihrer gesamten Schachkultur bei und schafft zugleich die feste und richtige Basis für eine ähnliche Arbeit an

Ihren eigenen Partien. Das ergibt eine schwierige „umkehrbare“ Verbindung, gewissermaßen eine „radioaktive“ Methode, die es einem Schachspieler ermöglicht, unter Berücksichtigung der eben erwähnten Verfahren die richtigen Schritte auf dem Wege der Vervollkommnung zu tun.
Natürlich ist das Studium der modernen Schachliteratur nicht weniger wichtig, sind doch sowohl die Theorie als auch die gesamten Methoden des Schachkampfes selbst im Vergleich zu den vierziger und fünfziger Jahren gewaltig vorangeschritten. Nicht zufällig wurde der in Jugoslawien erscheinende „Informator“, der jährlich etwa 1 500 der bekanntesten und wichtigsten Partien enthält, zum hauptsächlichen Lehrbuch im häuslichen Laboratorium jedes qualifizierten Schachspielers.
Die oft mühselige Auswertung der modernen Schachperiodika läßt sich nicht umgehen! Die Rolle des Wissens hat im letzten Jahrzehnt beträchtlich an Bedeutung zugenommen. Die Aufgabe einer derart mühevollen Arbeit besteht in der bewußten Aneignung des Materials. Man muß bei den zahlreichen konkreten Varianten den Zusammenhang sehen und lernen, sich neue Methoden und Verfahren des Kampfes anzueignen.
Unter einem solchen Aspekt erscheint es besonders wichtig, die Partien der bedeutendsten Wettkämpfe zu untersuchen. Dabei darf man nicht warten, bis sie gründlich kommentiert worden sind, sondern muß sie gewissermaßen im Rohzustand erforschen.
Wollen wir uns nun mit einigen Partien und Partiefragmenten der Weltmeisterschaftskämpfe 1984/86 beschäftigen. Sie sind unserer Ansicht nach nicht nur von aktuellem Interesse, sondern schaffen eine Ausgangsstellung zur Untersuchung der modernen Verfahren der Theorie, Strategie und Taktik. Jede der 96 Partien fand einen ausführlichen und klaren Niederschlag in der Schachpresse, ja in der gesamten Weltpresse. Bisher sind bereits nicht wenige Bücher erschienen, in denen ausführlich die konkreten Kriterien dieser Zweikämpfe untersucht werden. Dennoch, so scheint es, harren die hauptsächlichen und umfangreichen methodischen Bereicherungen ihrer Untersuchung und Erschließung. Immerhin ist längst bekannt, daß gerade die Weltmeisterschaftsmatche neue schöpferische und methodische Wege für die Weiterentwicklung des Schachs bahnen.
Wenden wir uns zuerst einigen Beispielen klassischer positioneller Kampfesführung zu.

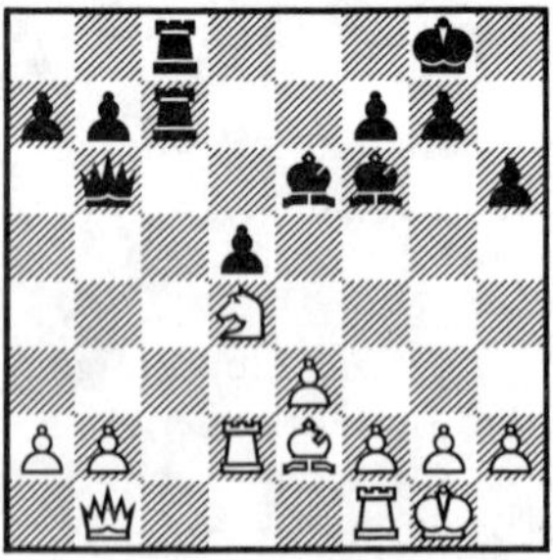

Diese Stellung entstand in der 4. Partie des Matches 1985 Karpow–Kasparow nach 20 Zügen. Es folgte **21.♘:e6! fe**
Das Spiel hat sich vereinfacht. Auf dem Brett befinden sich ungleichfarbige Läufer – Vorboten eines Remis. Nichtsdestoweniger nimmt der Kampf wegen des Vorhandenseins des gesamten Schwerfigurenkomplexes, vor allem der Damen, äußerst spannenden Charakter an. Im schwarzen Lager sind die weißen Felder auf dem Königsflügel ziemlich schwach. Die „Bauerninsel" im Zentrum kann ungeachtet der äußeren Festigkeit gegebenenfalls zum Objekt weißer Aktionen werden. Einstweilen stehen die schwarzen Schwerfiguren sehr aktiv, und dennoch erweisen sich, wie das weitere Spiel zeigt, Karpows Trümpfe als wirkungsvoller.

**22.♗g4 ♖c4 23.h3 ♕c6 24.♕d3 ♔h8** (besser war 24. … a5 und auf 25.f4 ♖c5!) **25.♖fd1 a5** (hier wäre es besser, mit 25. … ♖c1 das Spiel zu vereinfachen) **26.b3 ♖c3 27.♕e2 ♖f8 28.♗h5!** (Weiß beabsichtigt den Übergang seines Läufers auf die wichtige Diagonale b1–h7, wo er am Angriff gegen den Königsflügel teilnimmt) **28. … b5** (nach der Partie empfahl Kasparow 28. … ♗d8 29.♗g6 ♗c7 30.♗d3 ♕d6 31.g3 ♕e5 32.♕g4 ♕f6 mit aktiver Verteidigung für Schwarz) **29.♗g6 ♗d8 30.♗d3 b4 31.♕g4 ♕e8 32.e4!**

Nachdem Weiß seine Streitkräfte gegen den Königsflügel gerichtet hat, geht er zu Zentrumsaktionen über und greift die Bauerninsel an. Die Öffnung des Spiels bringt den Anziehenden in Vorteil.

**32. … ♗g5 33.♖c2 ♖:c2**

Später verurteilte Kasparow diesen Zug und schlug folgende Varianten vor: 33. … ♕c6 34.ed ♕:d5 oder 33. … ♕c8 34.ed ed 35.♕:c8 ♖f:c8 36.♖e2 ♖c1 37.♖:c1 ♖:c1+ 38.♔h2 ♖c8 39.♗g6 ♗f6 mit verteidigungsfähiger Stellung.

**34.♗:c2 ♕c6 35.♕e2 ♕c5 36.♖f1** (eine notwendige Prophylaxe; es drohte 36. … ♖:f2 37.♕:f2 ♗e3) **36. … ♕c3 37.ed ed 38.♗b1! ♕d2 39.♕e5!**

Mit 39.♕:d2 ♗:d2 40.♖d1 ♗g5 41.♖:d5 konnte Weiß einen Bauern gewinnen, wäre aber nach 41. … ♖d8 zum Turmtausch gezwungen, und die ungleichfarbigen Läufer würden sich als Remisgaranten erweisen.

Weiß zog es natürlich vor, auf Angriff zu spielen, dies um so mehr, da sich Kasparow in Zeitnot befand.

**39. … ♖d8** (der entscheidende Fehler; nach 39. … ♗f6! vermochte sich Schwarz noch hartnäckig zu verteidigen) **40.♕f5 ♔g8 41.♕e6+ ♔h8 42.♕g6 ♔g8 43.♕e6+ ♔h8 44.♗f5! ♕c3 45.♕g6 ♔g8 46.♗e6+ ♔h8 47.♗f5 ♔g8 48.g3**

Der Plan Karpows in dieser Stellung läßt sich als ausgezeichnetes Lehrbeispiel bezeichnen. Weiß hat erkannt, daß Schwarz über kein Gegenspiel verfügt, und verstärkt systematisch seine Figurenaufstellung (beeilt sich also nicht, das Spiel zu forcieren!). Vor allem bringt er erst einmal seinen König nach g2 und überführt dann den Turm auf der Marschroute f1–d1–d3 nach e3 oder f3.

**48. … ♔f8 49.♔g2 ♕f6 50.♕h7 ♕f7 51.h4 ♗d2 52.♖d1 ♗c3 53.♖d3 ♖d6 54.♖f3!** (jedoch nicht 54.♖e3? wegen 54. … g5!, und Schwarz sollte sich retten) **54. … ♔e7** (falls 54. … ♖f6 oder 54. … ♗f6, so entscheidet 55.♖e3!) **55.♕h8! d4 56.♕c8 ♖f6 57.♕c5+ ♔e8 58.♖f4 ♕b7+ 59.♖e4+ ♔f7** (nach 59. … ♖e6 60.♕c4! ♖:e4 61.♕g8+ ♔e7 62.♕:g7+ gewänne Weiß die Dame) **60.♕c4+ ♔f8 61.♗h7! ♖f7 62.♕e6 ♕d7 63.♕e5!** Schwarz gab auf.

Die filigrane positionelle Meisterschaft Karpows veranschaulichen auch die folgenden Beispiele aus dem Revanchematch 1986 (Weiß: jeweils Karpow).

Die vorliegende Stellung entstand in der 5. Partie nach dem 15. Zug von Weiß. Sie kam bereits in der Begegnung Schmidt–Gross, Naleczów 1984, vor, wo es weiterging mit 15. … ♖ac8 16.c6 bc 17.d6 ed 18.ed ♖f6 und etwa gleichem Spiel. Kasparow sucht jedoch neue Wege, Hoffnungen auf einen gewissen Entwicklungsvorsprung setzend.

**15. … e6?! 16.c4 ♖fc8 17.c6! bc 18.d6 c5**

Danach erreicht Weiß durch einige genaue Züge eine Gewinnstellung. Notwendig war, den Aktionsbereich des schwarzfeldrigen Läufers mit 18. … g5 zu erweitern. Natürlich war hier nach 19.♗:g5 ♗:e5 20.c5 ♗g7 21.f4 h6 22.♗h4 ♖cb8 23.♘f3 die schwarze Stellung auch schlechter.

**19.h4! h6 20.♘h3!**

Dieser nicht standardgemäße Zug ist wohl Kasparows Aufmerksamkeit entgangen. Auf der Zugstraße h3–f2–d3 gelangt der weiße Springer in eine Schlüsselstellung, von wo aus er alle wichtigen Punkte unter Kontrolle hält, und zudem steht der Läufer auf g7 abseits vom Spielgeschehen.

**20. … a5 21.f3 a4 22.♖he1!** (bevor Weiß das Springermanöver einleitet, muß er zuverlässig den kritischen Punkt e5 absichern; auf 22.♘f2 könnte Schwarz vorteilhaft 22. … g5! erwidern) **22. … a3 23.♘f2 a2** (23. … ♗a4 24.♖c3!) **24.♘d3 ♖a3 25.♖a1 g5 26.hg hg 27.♗:g5 ♔f7** (Weiß gewänne auch im Falle von 27. … ♖b8 28.♗f4 ♖bb3 29.♘:c5 ♖b2+ 30.♔c1 ♖:g2 31.♗d2 ♗h6 32.♔b2 ♖:f3 33.♖g1 usw.) **28.♗f4 ♖b8 29.♖ec1 ♗c6 30.♖c3 ♖a5 31.♖c2 ♖ba8 32.♘c1.** Schwarz gab auf.

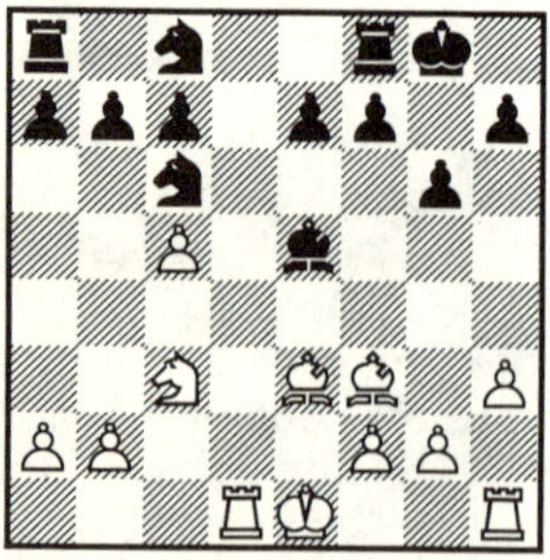

Diese Stellung ergab sich in der 17. Matchpartie nach 15 Zügen. Karpow hatte in der Eröffnung einen Bauern geopfert. Obwohl auf dem Brett bereits die Damen fehlen, hat Schwarz, wie die nächsten Züge beweisen, ernsthafte Schwierigkeiten mit der Koordination seiner Figuren.

**16.♗:c6 bc 17.♗d4 ♗f4?** (mehr Rettungschancen bot 17. … ♗:d4 18.♖:d4 ♖e8) **18.0–0 a5 19.♖fe1 a4 20.♖e4 ♗h6 21.♗e5! a3 22.b3 ♘a7 23.♖d7 ♗c1!?** (ein scharfsinniger Versuch, aus der Klemme zu geraten; Schwarz überführt seinen Läufer auf die Diagonale a1–h8, aber Karpow findet eine genaue Widerlegung) **24.♖:c7 ♗b2 25.♘a4! ♘b5 26.♖:c6 ♖fd8 27.♖b6 ♖d5 28.♗g3!** (am einfachsten; Weiß bereitet den entscheidenden Vorstoß des c-Bauern vor) **28. … ♘c3 29.♘:c3 ♗:c3 30.c6 ♗d4 31.♖b7.** Schwarz gab auf.

Mit bemerkenswerter Genauigkeit führte Karpow die 19. Partie. So entwickelte sich das entscheidende Kampfstadium, das nach dem 24. Zug von Schwarz seinen Kulminationspunkt erreicht hatte:

Scheinbar nur konnte sich Schwarz aus der schwierigen Stellung befreien. Er droht unmittelbar, den ♗d2 zu schlagen. Bei einem Abzug, beispielsweise nach h6, folgt ♗b5, und Schwarz gewinnt die Qualität unter Beibehaltung des Mehrbauern zurück. Doch Karpow fand in seinen Berechnungen einen Weg, den weißen Vorteil auszubauen. Es folgte **25.♗f4! ♗b5 26.f3 g5?!** (es stellt sich heraus, daß Schwarz nach 26. … ♗:f1 27.♔:f1 ♘f6 28.♖:e8+ ♘:e8 29.♗e5 Figurenverlust nicht vermeiden kann: 29. … ♘g7 – 29. … f6 30.d6! – 30.d6 ♘e6 31.d7 ♔f8 32.♗f6, aber auch jetzt steht Schwarz nicht besonders) **27.♗:g5! ♗:f1 28.♔:f1 ♘d6 29.♗e7! ♘c8 30.♗:c5 ♖d8** (falls 30. … ♖:e1+ 31.♔:e1, so ist der Nachziehende schutzlos gegen die Drohung d5–d6) **31.♖e5! f6** (es drohte 32.♖g5+ ♔h8 33.♗d4+ mit Matt im nächsten Zug) **32.♖f5 b6 33.♗d4 ♘e7 34.♗:f6 ♖:d5 35.♖g5+ ♖:g5 36.♗:g5 ♘c6 37.♔e2,** und Weiß realisierte leicht sein Materialübergewicht.

Im Kampf um die Schachkrone hatte Kasparow viel von seinem Vorgänger gelernt. Sein ultradynamischer Stil erfuhr in sehr kurzer Zeit eine Bereicherung durch die sehr feine positionelle Meisterschaft, und das Spiel des 13. Schachweltmeisters wurde wahrhaft universell. Die nächsten Beispiele zeigen instruktiv, wie er sogar sehr winzige positionelle Vorteile „erspähen“ konnte.

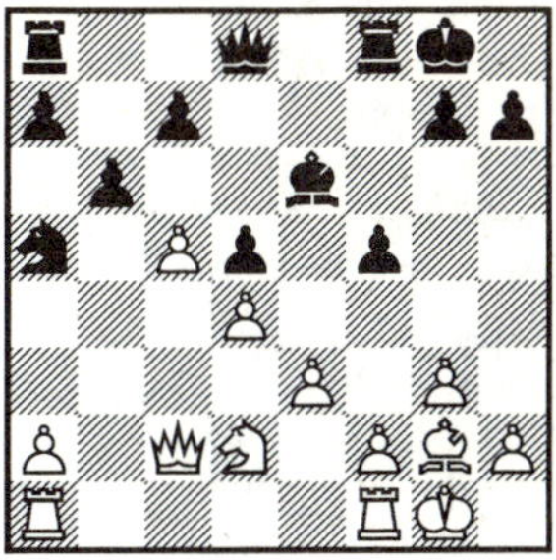

Zu dieser Stellung kam es nach 15 Zügen in der 19. Partie des Matches 1985 (Weiß: Kasparow). Karpow hatte die Eröffnung etwas unglücklich behandelt. Ungeachtet der symmetrischen Formation der Bauernketten und des Fehlens klar verwundbarer Punkte ist die schwarze Stellung äußerst schwierig. Der Springer steht am Rand, von den Hauptstreitkräften abgeschnitten. Der Komplex der schwarzen Felder erscheint merklich geschwächt (Punkt e5!), und Weiß übt massiven Druck am Damenflügel aus.

Es geschah **16.♕c3 ♖f7 17.♖fc1 ♖b8 18.♖ab1 ♖e7 19.a4 ♗f7 20.♗f1 h6 21.♗d3 ♕d7 22.♕c2 ♗e6 23.♗b5 ♕d8 24.♖d1 g5**

Die Qualen einer hoffnungslosen Verteidigung ahnend, entscheidet sich Karpow für ein Vorgehen am Königsflügel; doch das bringt keine Erleichterung. Im

Gegenteil, dadurch entscheidet sich letztlich die Partie auf dem Königsflügel.

**25.♘f3 ♖g7** (25. ... ♘c4 26.♗:c4 dc 27.d5 ist vorteilhaft für Weiß) **26.♘e5 f4 27.♗f1! ♕f6 28.♗g2 ♖d8 29.e4!** (ein für solche Situationen typischer Gegenstoß im Zentrum) **29. ... de 30.♗:e4 ♖e7 31.♕c3 ♗d5 32.♖e1 ♔g7 33.♘g4! ♕f7 34.♗:d5 ♖:d5 35.♖:e7 ♕:e7 36.♖e1 ♕d8 37.♘e5 ♕f6 38.cb ♕:b6** (auch 38. ... cb 39.♕c7+ ♔g8 40.♘d7 ♕f7 41.♘f6+! verliert) **39.gf ♖:d4 40.♘f3 ♘b3 41.♖b1 ♕f6 42.♕:c7+.** Schwarz gab auf.

In den nun angeführten Beispielen war bis zum Partieende der Damenflügel Hauptkampfplatz.

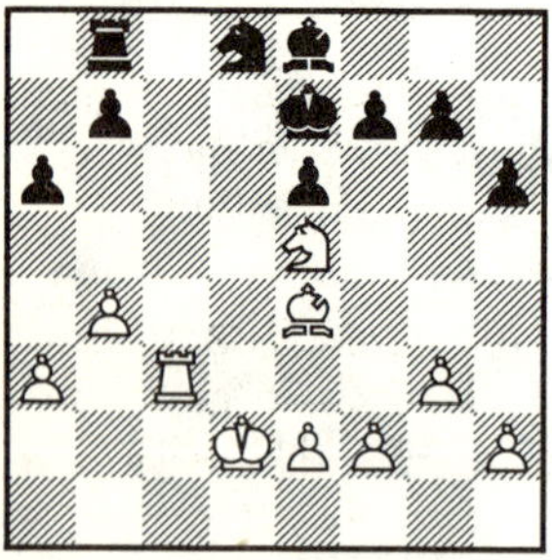

Diese äußerlich symmetrische Stellung entstand nach dem 24. Zug von Weiß (Kasparow) in der 2. Partie des Revanchematches 1986.

Weiß besitzt nur einen minimalen Vorteil. Allem Anschein nach kann Schwarz auf eine erfolgreiche Verteidigung hoffen. Allerdings muß er außergewöhnlich genau spielen, was bei einer passiven Verteidigung gar nicht so einfach ist.

**24. ... f6** (Aufmerksamkeit verdiente 24. ... a5! 25.ba ♖a8 26.♖c5 ♔d6 27.♘d3 ♗c6 mit Chancen auf Ausgleich) **25.♘d3 ♗c6** (der Läufertausch schien sich anzubieten, aber wahrscheinlich war 25. ... ♔d6 stärker) **26.♗:c6 ♘:c6 27.♘c5 ♘e5** (Schwarz hat bereits nicht geringe Schwierigkeiten; es drohte 28.♘:a6, und falls 27. ... ♘d8, so 28.♖d3!) **28.f4 ♘d7 29.♘b3 ♔d6** (Aufmerksamkeit verdiente 29. ... f5 mit der Absicht, den Springer nach d6 zu überführen) **30.e4 g5 31.♔e3 e5 32.fg! fg** (im Falle von 32. ... hg 33.♔f3 drohte Weiß mit dem Manöver ♔f3–g4–h5 und erhielte die Möglichkeit, sich einen entfernten Freibauern auf der h-Linie zu schaffen) **33.♘a5! g4 34.♖c2 h5 35.♖c1** (ein feines Manöver; Weiß überläßt dem Gegner den Zug, doch Schwarz verfügt nicht über viele nützliche Züge) **35. ... b6?!** (in Zeitnot trifft Schwarz eine schwerwiegende Entscheidung, schwächt die Damenflügelbauern, um den Turm zu aktivieren) **36.♖c6+ ♔e7 37.♘c4 ♖f8 38.♔e2! ♖f3?** (ein impulsiver Zeitnotzug; hartnäkkiger war 38. ... ♖f6, obwohl er auch hier nach 39.♖c8! in nicht geringe Schwierigkeiten gerät) **39.♘e3?** (nach 39.♖c7! hätte Kasparow die Partie zu seinen Gunsten entschieden, aber er befand sich auch in Zeitnot) **39. … ♘f6 40.♖:b6 ♘:e4 41.♖:a6** (mehr Probleme stellte 41.♘d5+! ♔f7 42.♖:a6, obwohl Schwarz nach 42. … ♘c3+! 43.♘:c3 ♖:c3 Remis erreichen sollte) **41. … ♖f2+ 42.♔d3 ♘d6 43.♖a7+ ♔e6 44.♖h7 e4+! 45.♔c3 ♘b5+ 46.♔c4 ♘:a3+ 47.♔d4 ♖:h2 48.♖h6+ ♔d7 49.♘d5 h4! 50.♖:h4 ♖:h4 51.gh g3 52.♘f4 ♘c2+**, remis. Obwohl es Kasparow nicht gelang, die Partie zu gewinnen, war seine Technik beeindrukkend und instruktiv. In der folgenden Partie führte er die weißen Steine mit außergewöhnlicher Genauigkeit.

Diese Stellung entstand in der 4. Partie des Revanchematches 1986 nach 14 Zügen. Es scheint, daß Schwarz die Eröffnungsprobleme zufriedenstellend gelöst hat. Die Entwicklung ist abgeschlossen, und er nimmt den Punkt c4 aufs Korn. Die folgende Antwort von Weiß zeigt allerdings, daß seine Probleme längst nicht behoben sind. **15.♘b3! ♘:c4 16.♗:b7 ♖c7 17.♗a6!** (nur so, denn im Falle des trivialen 17.♗g2 gliche Schwarz das Spiel mit dem Zug 17. … ♗c6 leicht aus; jetzt entfaltet das weiße Läuferpaar seine volle Kraft) **17. … ♘e5 18.♕e3 ♘c4 19.♕e4!** (aber nicht 19.♗:c4 ♖:c4 20.♕:a7 ♘d5, und Schwarz hat für den Bauern ausgezeichnetes Spiel) **19. … ♘d6** (Beachtung verdiente 19. … ♕a8) **20.♕d3 ♖c6** (hier war 20. … ♗c6 vorzuziehen) **21.♗a3 ♗c8** (Schwarz steht bereits vor ernsten Schwierigkeiten; auf 21. … ♕b6 würde 22.♘d4!, doch auf 21. … ♘d5 nun 22.♖ac1! folgen)

**22.♗:c8 ♘d:c8 23.♖fd1 ♕:d3 24.♖:d3 ♖e8 25.♖ad1 f6 26.♘d4 ♖b6 27.♗c5 ♖a6 28.♘b5 ♖c6 29.♗:e7 ♘:e7 30.♖d7 ♘g6 31.♖:a7**

Der Ausgang der Partie ist nun klar. Weiß hat einen Bauern gewonnen und alle Positionsvorteile bewahrt.

**31. … ♘f8 32.a4 ♖b8 33.e3 h5 34.♔g2 e5 35.♖d3!** (am einfachsten; durch Abtausch eines Turmpaares erleichtert Weiß den Vorstoß seines a-Bauern) **35. … ♔h7 36.♖c3 ♖bc8 37.♖:c6 ♖:c6 38.♘c7 ♘e6 39.♘d5 ♔h6 40.a5 e4 41.a6.** Schwarz gab auf.

Ein wenig Aufmerksamkeit sei nun den in der modernen Spielpraxis auftretenden komplizierten Situationen gewidmet, die in sich eine Fülle scharfer dynamischer Ideen bergen (sie dominierten in allen drei Matchen). Bevor wir zu ihrer konkreten Analyse übergehen, wollen wir uns mit einem methodischen Moment befassen. Das Denken eines Schachpraktikers unterscheidet sich auffällig von der mühevollen analytischen Untersuchung der einen oder anderen Stellung, wo es ja keine Zeitbegrenzung gibt. Wie stark und erfahren ein Schachpraktiker auch sein mag, in schwierigen Situationen muß er sich häufig auf seine Intuition verlassen, rasch und mutig schwerwiegende Entscheidungen treffen. Dabei darf er auch nicht die psychologischen Faktoren unbeachtet lassen (sowohl die eigenen als auch die gegnerischen), wie vorhandene Bedenkzeit und andere bisweilen äußerlich unbedeutende Umstände. Deshalb sind Kühnheit und Originalität der Pläne (wie beispielsweise Kasparows Entscheidung im 22. Zug in der übernächsten Partie) unter den Bedingungen eines hitzigen Kampfes am Brett wahrhaft unschätzbar, obwohl sie, vom Gesichtspunkt einer reinen Analyse betrachtet, Kritik hervorrufen können.

Anders gesehen, geben solche Partien durch ihren Reichtum und ihre Mannigfaltigkeit an taktischen und strategischen Ideen ausgezeichnetes Material für spätere Untersuchungen ab. Gerade sie schärfen die analytische Meisterschaft der jungen Schachspieler, der künftigen Großmeister und Meister.

Zwei Partiefragmente aus der 7. und 8. Partie des Revanchematches seien nun angeführt. In sportlicher Hinsicht erwies sich dieser Kampfabschnitt als sehr wichtig, vollzog sich doch hier der Umschwung zugunsten Kasparows. Es erscheint lehrreich, die dramatisch zugespitzten Wendepunkte zu verfolgen, die den Kampfverlauf charakterisieren.

Die obige Stellung entstand in der siebenten Begegnung nach dem 24. Zug von Schwarz. Hier spielte Karpow, für viele Experten, die sich im Pressebüro in London aufhielten, unerwartet,

**25.b4!?**

Der Zug rief nicht nur Erstaunen hervor, sondern auch eine gewisse, durchaus gerechtfertigte Kritik. Der an der ganzen Front begonnene Angriff zieht gewissermaßen den Kampfplatz in die Breite, während dem Stellungscharakter zufolge sich ein auf den Königsflügel begrenzter Angriff anbietet. So stellt 25.f4 die

Drohung 26.f5 auf, wobei mit der Antwort 25. … f5! gerechnet werden mußte (25. … ♘g4 26.f5 gf 27.♗:f5 ♘:e3+ 28.♕:e3 ♗g5 29.♕f3 oder 25. … ♘f5 26.♗:f5 gf 27.♕d3 ♔g6 28.h3! ♘g7 29.g4 nebst 30.♘g3, und Schwarz hat Verteidigungsprobleme). Weiter könnte folgen 26.ef+ ♗:f6 27.f5 ♘:f5 28.♗:f5 gf 29.♖hf1, und die weißen Chancen sind vorzuziehen, jedoch trägt das Spiel zweischneidigen Charakter.
Deshalb wurde der Zug 25.♖hf1! empfohlen. Falls jetzt 25. … f5, so 26.ef+ ♗:f6 27.♖ae1 und danach 28.♘f4, was dem Anziehenden entgegenkommt. Es scheint, daß in diesem Falle Schwarz ernsthafte Schwierigkeiten bevorstünden. Kasparow litt jedoch bereits an Zeitmangel, und Karpow entschloß sich, wie er später in einem Gespräch zugab, auf die Zeit des Gegners zu spielen, das Spiel komplizierend und konkretisierend.
**25. … ♕b6!** (nach kurzem Überlegen fand Kasparow die beste Erwiderung; ihm blieben noch 10 Minuten Zeit) **26.b5!?** (für diesen Zug verbrauchte Karpow 10 Minuten Bedenkzeit, und sein Zeitvorrat wurde auch äußerst knapp) **26. … c5!** (nach 26. … cb 27.♘c3 ♘c7 28.♘:b5! ♘:b5 29.♖hb1! stünde es schlecht um Schwarz) **27.♘c3** (Aufmerksamkeit verdiente 27.dc ♗:c5 28.♗:c5 ♘:c5 29.♘d4, und das positionelle Gleichgewicht bleibt erhalten) **27. … cd 28.♗:h6+ ♖:h6 29.♘:d5 ♕d8 30.♗e4 h4** (30. … ♘c5 würde paralysiert durch 31.♖ab1 ♘:e4 32.fe ♗:a3 33.♕:d4, und die weißen Drohungen sind eindeutig) **31.♖hf1** (auf 31.♖hc1 geschähe 31. … ♘c5) **31. … hg** (besser war 31. … ♖c8, ohne sich mit der Öffnung der h-Linie zu beeilen) **32.hg ♖c8 33.♖h1!** (die Rückkehr des Turmes erfolgt rechtzeitig; schlechter wäre 33.♘:e7 ♕:e7 34.♖h1 ♖ch8 35.♖:h6 ♖:h6 36.♕:a5 ♕g5!, und Schwarz würde die Initiative ergreifen) **33. … ♖:h1 34.♖:h1 ♗g5 35.f4 ♖c5** (nicht anders; auf 35. … ♗h6 folgte 36.♘f6, und gegen 37.♘g4 ist keine Verteidigung zu sehen; falls 35. … ♗e7, so 36.♘:e7 ♕:e7 37.f5 ♕g5 38.f6+ mit Gewinn für Weiß) **36.fg**
Ehe Karpow diese Entscheidung traf, hatte er etwa sechs Minuten überlegt und keinen besseren Plan gefunden. Viel effektiver war 36.♔g1 (aber nicht 36.♕a2 d3! 37.♘e3 ♕d4 38.♔f3 ♖:e5 oder 36.♔f3 ♖:d5 37.♕h2 ♖:b5 38.♕h7+ ♔f8 39.♗:g6 ♕d5+ 40.♕g4 ♘:f4 41.♕h8+ ♔e7 42.♗:f7 ♕:f7 43.♖h7 ♘e6, was zu gutem Spiel für Schwarz führt) 36. … f5! 37.fg fe 38.♘f6 ♘f8 39.♕f4, und die weißen Drohungen sind äußerst gefährlich, besonders wenn man die Zeitnot des Gegners in Betracht zieht. Jetzt hat Schwarz das Schlimmste hinter sich.

**36. … ♖:d5 37.♗:d5 ♕:d5+ 38.♔h2 ♕:e5 39.♖f1! ♕:b5** (Aufmerksamkeit verdiente 39. … ♘:g5 40.♕f4 f6!? 41.♕:e5 fe) **40.♕f2 ♘:g5** (im Gewinnsinne 40. … ♕d7 zu spielen wäre verfehlt, denn nach 41.♕f6+ ♔g8 42.♖h1! wäre der weiße Angriff unangenehm) **41.♕:d4+ ♔f8** und die Kontrahenten einigten sich auf Remis.

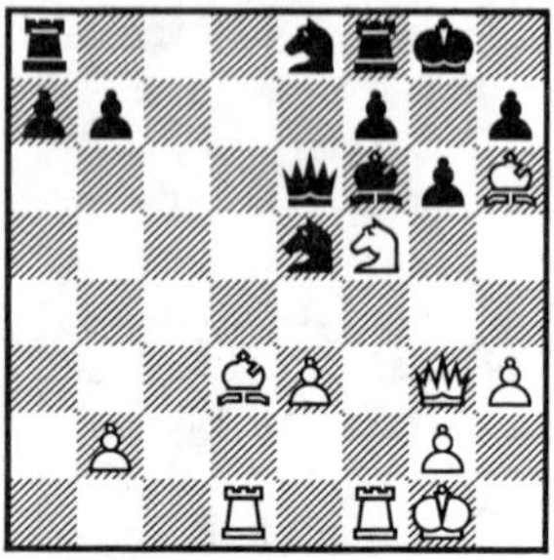

Viel theoretischen Streit rief der dramatische Verlauf des achten Duells, besonders nach dem 22. Zug von Kasparow, hervor. Der Weltmeister ließ sich bewußt, die Zeitnot des Gegners ins Kalkül ziehend, auf eine zweischneidige Fortsetzung ein. Kasparow hatte erfaßt, daß es im Falle von 22.♗:f8 ♔:f8 23.♘d4 ♕b6 oder 22.♗e4 ♘g7 23.♗d5 ♕e8 Karpow gelänge, die unmittelbaren Drohungen abzuwehren und die weiße Initiative einzudämmen. Trotz allem war die Entscheidung des Weltmeisters außergewöhnlich.

**22.♗b5!?**

Dorfman, einer der Trainer Kasparows, machte nach diesem Zug aus seiner Sorge um den Weltmeister kein Hehl. Ja, welcher andere Schachspieler hätte denn auch, anstatt die Qualität zu gewinnen, sich für vage Angriffschancen mit einem Minusbauern entschieden?

**22. … ♘g7 23.♗:g7** (im Falle von 23.♘d4 ♕b6 24.♖:f6 ♕:f6 25.♖f1 ♘h5 26.♖:f6 ♘:g3 27.♗f4 ♘h5 28.♗:e5 ♘:f6 29.♗:f6 ♖ac8 wäre für Schwarz alles in Ordnung) **23. … ♗:g7 24.♖d6 ♕b3 25.♘:g7 ♕:b5 26.♘f5** (all das geschah forciert; in diesem Moment blieben Kasparow vierzehn, Karpow nur acht Minuten, und die folgende Antwort des Exweltmeisters, für die er wertvolle vier Minuten verwandte, erwies sich als ungenau) **26. … ♖ad8?!** (richtig war 26. … f6!, z. B. 27.♘e7+ ♔g7 28.♘d5 ♕c5 oder 27.♘d4 ♕:b2 28.♖d:f6 ♖:f6 29.♖:f6 ♖e8 30.♘e6 ♘g4!) **27.♖f6 ♖d2(?)** (nach der Partie verurteilte Karpow diesen Zug; richtig war 27. … ♕:b2) **28.♕g5 ♕:b2 29.♔h1 ♔h8? 30.♘d4! ♖:d4 31.♕:e5 ♖d2.**

Mit diesem Zug überschritt Schwarz in bereits aussichtsloser Stellung die Zeit.

Eine derartige Arbeit ist in vielerlei Hinsicht identisch mit den bereits betrachteten Methoden der Analyse der eigenen Partien. Der Unterschied besteht darin, daß Sie sich hier an Hand der besten Vorbilder vervollkommnen können, um nach und nach grobe Fehler in den eigenen

Analysen zu korrigieren. Im Prinzip bleibt das Wesen der Arbeit etwa das gleiche.

Nun sei noch auf Aspekte „allgemeinbildenden Charakters" eingegangen.

Die Methoden der Kommentierung haben seit langem Eingang in die Schachliteratur gefunden, werden sich jedoch zweifellos weiterentwickeln. Zwei Hauptrichtungen haben sich herausgebildet, mit denen sich der Verfasser bereits in früheren Werken ausführlich befaßte.

Die erste Richtung gibt Bewertungen allgemeiner Art den Vorzug. Konkrete Varianten verdeutlichen und bestätigen nur die angestellten strategischen Überlegungen. (Sie fand ihren Niederschlag in Gestalt der Vertreter der Steinitzschen Schule; der einflußreichste dieser Richtung war Großmeister Tarrasch.) Die entgegengesetzte Richtung begründete Tschigorin. Er ging von den konkreten Varianten aus und erst dann zur allgemeinen Beurteilung des Kampfes über, vermied einzelne Verallgemeinerungen und räumte der Untersuchung verborgener kombinatorischer Möglichkeiten den Vorrang ein.

Beide Methoden der Kommentierung sind vollauf berechtigt. Die moderne Methode der Kommentierung von Partien strebt im Prinzip gewissermaßen eine Synthese der beiden Verfahren an. Einer der Wegweiser dieser Richtung war Aljechin.

Leider stößt man bis heute sowohl in den Periodika wie auch in Turniersammelbänden auf Schritt und Tritt auf bedenklichen „Ausschuß" in der Analysearbeit. Hier trifft man offensichtliche Widersprüche in der Beurteilung der wendepunktartigen Partiemomente und sogar direkte Fehler in der konkreten Analyse an. Häufig werden die Kommentare dem Partieausgang „angepaßt". Beim Studieren der Kommentare gilt es vor allem zu lernen, kritisch das zu untersuchende Partiematerial einzuschätzen, d. h. selbständig zu denken und auch den Kommentatoren nicht blind zu vertrauen, die Autorität genießen. Was die Arbeitsweise des Kommentators angeht, so hat dieser die folgenden Bedingungen zu erfüllen:

1) Mittels konkreter Analyse so tief wie möglich in den Inhalt des Kampfes einzudringen;
2) Der strategische Kern der Partieentwicklung ist zu verfolgen, die wendepunktartigen Kampfmomente und grundsätzlichen Fehler sind herauszufinden;
3) Auf dem Gebiet der Eröffnung und des Endspiels sind Kenntnisse und Wissen zu demonstrieren;
4) Eindringen in die psychologischen Nuancen des Kampfes.

Wie ersichtlich, sind es die gleichen Forderungen, die auch für die Kommentare zu eigenen Partien gelten, lediglich auf weit höherem Niveau.

Hier ist es durchaus angebracht, an eine von Nimzowitsch vorgeschlagene Methode zu erinnern, die bis heute ihre Aktualität nicht eingebüßt hat. Um das Kommentieren und die Kunst der Analyse zu erlernen, bedeckte er den kommentierenden Text eines bekannten Turnierbuches mit weißem Papier. Auf dieses Papier schrieb er seine eigenen Kommentare und verglich sie dann mit denen der Autoritäten.
Die kritische Analyse ist ein wichtiges Element beim Studium aller Genres der Schachkultur. Nur auf ihrer Grundlage können der strategische Gesichtskreis erweitert und die Kenntnisse auf dem Gebiet der Eröffnung und des Endspiels erhöht werden.

## Über die Fähigkeit zu verallgemeinern und die Kenntnis typischer Stellungen

Noch einmal sei betont, daß das Schach an und für sich vom Lernenden eine aktive Aneignung fordert. Beim Lesen der Schachliteratur ist es sehr wichtig, Verallgemeinerungen zu treffen. Natürlich trägt der Kampf in jeder Partie in vielem individuelles Gepräge. Mit einem erfahrenen, „geschärften" Blick läßt sich aber in den meisten Fällen eine Reihe allgemeiner Wesenszüge erkennen, die dem einen oder anderen Aufbau und Verfahren eigen sind. Die Fähigkeit zu verallgemeinern benötigt ein Schachspieler hauptsächlich bei der Entwicklung des strategischen Denkens.
Wie geht das vor sich? Zur Verdeutlichung dieses Denkprozesses führen wir zwei Partien an, die sich vom Eröffnungsinhalt her deutlich voneinander unterscheiden. Jedoch fällt selbst bei flüchtiger Betrachtung auf, daß Weiß bereits in einem frühen Partiestadium in beiden Fällen die Initiative an sich reißt. Natürlich ist das nur die rein äußerliche Seite.

Sizilianisch
Karpow–Ljubojević
Turin 1982

**1.e4 c5 2.♘f3 d6 3.d4 cd 4.♘:d4 ♘f6 5.♘c3 a6 6.♗e2 e6 7.f4 ♕c7 8.0–0 b5 9.♗f3 ♗b7 10.e5! de 11.fe ♘fd7 12.♗f4 b4?! 13.♘e4 ♘:e5 14.♔h1!**

Ein stiller, aber weit vorausberechnender und starker Zug, mit dem der König auf ein sicheres Feld gebracht wird.
Jetzt beginnt ein lebhaftes Figurenspiel.

**14. ... ♗e7 15.♘g5! ♗:g5 16.♗:b7 ♕:b7 17.♗:e5 0–0 18.♕g4!**

Stärker als 18.♗:g7 ♔:g7 19.♕g4 ♕e7 20.h4 h6, und Schwarz kann sich verteidigen.

**18. ... ♕e7 19.♕g3 ♖c8**

**20.♗d6 ♕d7 21.♖ad1 f6 22.♗:b8! ♖a:b8 23.h4!**

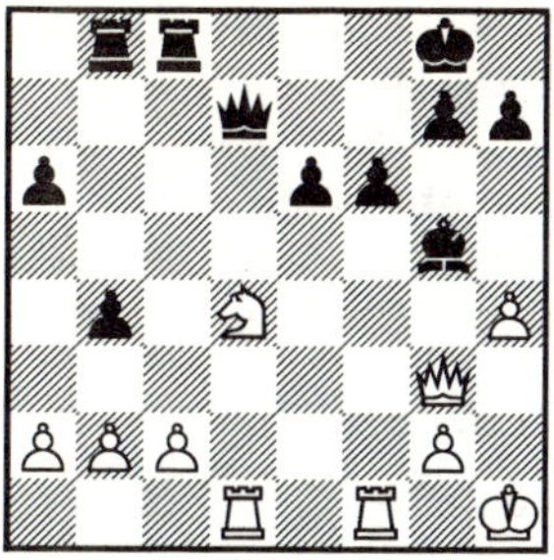

Der entscheidende Zug. Weiß erlangt spürbares Materialübergewicht, was zur schnellen Beendigung des Kampfes führt.

**23. … ♗:h4 24.♕:h4 ♖c4 25.♕g3 ♖bc8 26.♘f5 ♕a7 27.♘d6 ♖4c5 28.♕h3 ♖d8,** und Schwarz gab gleichzeitig auf. Nach 29.♕:e6+ ♔h8 entscheidet 30.♘f7+ und auf 29. … ♔f8 30.♘f5!

Damenindisch
Kasparow–Najdorf
Bugojno 1982

**1.d4 ♘f6 2.c4 e6 3.♘f3 b6 4.a3 ♗b7 5.♘c3 d5 6.cd ♘:d5 7.e3 ♗e7 8.♗b5+ c6 9.♗d3 ♘:c3 10.bc c5 11.0–0 ♘c6 12.e4 0–0 13.♗e3 cd 14.cd ♖c8 15.♕e2 ♘a5 16.♖fe1 ♕d6**

Weiß erhielt ein ideales Bauernzentrum. Wie läßt sich jedoch dieser Vorteil ausnutzen? Das folgende positionelle Bauernopfer stellt Schwarz vor allergrößte Probleme.

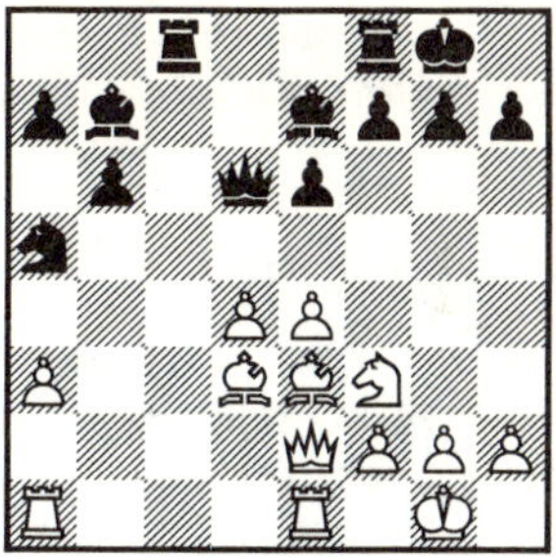

**17.d5!? ed 18.e5 ♕e6 19.♘d4 ♕:e5 20.♘f5 ♗f6**

Natürlich verbietet sich 20. … g6? wegen 21.♗d4 ♕:e2 22.♘h6 matt!

**21.♕g4 ♖ce8?**

Der entscheidende Fehler. Notwendig war 21. … ♕c3!, was Schwarz die Möglichkeit zur erfolgreichen Verteidigung bot, z. B. 22.♖ac1 ♕:d3 23.♘h6+ ♔h8 24.♘:f7+ ♔g8 25.♘h6+ mit Remis durch Dauerschach. Das alles zeigt, wie problematisch derartige Durchbrüche in komplizierten Stellungen sind. Allerdings stellen derart überraschende, mit einem positionellen Opfer verbundene Durchbrüche die verteidigende Seite vor keine leichten psychologischen Aufgaben. Die unerwartete Wendung der Ereignisse bringt, wie aus diesem Beispiel gut ersichtlich, den Verteidiger aus dem Gleichgewicht.

**22.♗d2! ♕:a1?**

Beschleunigt die Niederlage. Besser war 22. … ♕c7, obwohl

auch hier der weiße Angriff nach 23.♘h6+ ♔h8 24.♕f5 sehr gefährlich ist.

**23.♖:a1 ♗:a1 24.♘:g7! ♗:g7 25.♗h6**. Schwarz gab auf.

Natürlich erfordert jede der zwei angeführten Partien eine einfühlsame und sehr schwierige konkrete Analyse, die beidemal recht verschiedenartig sein wird. Wir werden uns aber bemühen, von einer anderen Seite an sie heranzugehen. Eigentlich war beiden Partien gemeinsam der überraschende Bauerndurchbruch im Zentrum, der mit einem Bauernopfer verbunden war (nämlich 10.e5! und 17.d5!?). Ungeachtet ihrer objektiven Stärke, wir haben eines der charakteristischen Verfahren im Kampf um Initiative in der Eröffnung und im Mittelspiel vor uns. Die moderne Spielpraxis bestätigt in immer größerem Maße, daß das Suchen effektiver Wege mit derartigen dynamischen Entscheidungen verbunden sein kann.
Die bewußte Aneignung und jederzeit abrufbare Speicherung analoger Verfahren bringt nicht zu bezweifelnden Nutzen. Beherrscht man sie einmal, fällt die Orientierung in ähnlichen Spielsituationen weitaus leichter. Die Anzahl der ähnlichen Verfahren vergrößert sich schnell im Bewußtsein. Schließlich wird das Verfahren eingeschliffen und sitzt fest im Gedächtnis. Daraus resultiert eine deutliche Ausweitung des schachlichen Horizonts. Mitunter stößt man bei der aufmerksamen Untersuchung irgendeiner gehaltvollen Partie auf eine Spielgestaltung, die eine bestimmte Verallgemeinerung zuläßt.

Damenbauernspiel
Kasparow–Miles
Match 1986

**1.d4 ♘f6 2.♘f3 c5 3.d5 b5?! 4.♗g5 ♘e4 5.♗h4 ♕a5+ 6.♘bd2 ♗b7 7.a4 ♗:d5 8.ab ♕c7 9.♖a4! ♕b7 10.c4 ♘:d2 11.cd ♘:f1 12.♕d3!**

In dieser völlig ungewöhnlichen Eröffnungsvariante hat Weiß ein gewisses Übergewicht in der Entwicklung erlangt, dank dem er die Initiative ergreift.

**12. … d6 13.e4 ♘d7 14.♕:f1 h6** (wahrscheinlich mußte 14. … ♘b6 15.♖a3 e5 16.de fe vorgezogen werden) **15.♕e2 g5 16.♗g3 ♗g7**

**17.e5!**

Und wiederum das dynamische Verfahren zur Öffnung des

Spiels im Zentrum. In kurzer Zeit wird sich das Gewicht seines strategischen Schlages auf den Königsflügel verlagern.

**17. … 0–0 18.h4! ♕:d5 19.hg ♘:e5(?)** (hartnäckiger war 19. … hg) **20.♗:e5 de 21.gh ♗f6 22.♖h5 ♔h8 23.♘:e5 ♕b3 24.♖a3 ♕b4+ 25.♔f1 ♖ad8 26.♘c6 ♕:b2 27.♕:b2 ♗:b2**

Der Damentausch brachte der schwarzen Stellung keine Erleichterung. Jetzt erobert der weiße Turm mit Materialgewinn die siebente Reihe.

**28.♖:a7 ♖c8 29.♖:e7 c4 30.♔e2 c3 31.♔d3**. Schwarz gab auf.

Bei der Betrachtung solcher Beispiele ist es nicht so wichtig, sich den einen oder anderen taktischen Schlag einzuprägen, als vielmehr den Gesamtcharakter des dynamischen Denkens zu erfassen.
Für den Lernenden erweist es sich als nützlich, selbständig die folgende Partie zu studieren, die von dem noch jungen Kasparow gespielt wurde.

Spanisch
Kasparow–Roisman
Minsk 1978

**1.e4 e5 2.♘f3 ♘c6 3.♗b5 ♘d4 4.♘:d4 ed 5.0–0 ♗c5 6.d3 c6 7.♗c4 d6 8.f4!? ♘f6 9.e5! de 10.♗:f7+! ♔:f7 11.fe ♕d5 12.ef gf 13.♘d2 ♖g8 14.♘e4 ♗e7 15.♗f4 ♖g6 16.♕e2 ♗g4 17.♕f2 ♖ag8 18.♖ae1 h5 19.♗g5! ♕d8** (nach 19. … ♖:g5 20.♘:f6! ♗f3 21.♘:g8 gewinnt Weiß) **20.♕f4 ♗e6 21.h4 ♗d5 22.g4!!**

**22. … ♔g7 23.gh fg 24.♕e5+ ♔h6 25.hg gh 26.♖f5 ♔:g6 27.♔h2**. Schwarz gab auf.

Ein Schachspieler, der Verallgemeinerungen zu treffen versteht, muß zwangsläufig zu dem Schluß gelangen, daß in einer Reihe von Fällen der Plan gewissermaßen zu einer strategischen Norm wird – in der Schachterminologie „Spiel in typischen Stellungen“ genannt.
Als äußerliches Hauptmerkmal solcher Stellungen dient vielfach die Bauernstruktur im Zentrum, die auf bestimmte Weise die weitere Entwicklung des Kampfes bestimmt (z. B. Bauernpaar e4 und d4; oder isolierter Zentrumsbauer d4 usw.).
Obwohl natürlich jeder Aufbau mit einer typischen Struktur seine spezifischen Besonderhei-

ten aufweist, lassen sich jedoch gleichzeitig charakteristische Wesenszüge erkennen, die von einer äußeren Stellungsstruktur geprägt sind, wodurch die Bewertung erleichtert wird. Deshalb ermöglicht die Kenntnis des allgemeinen Kampfcharakters bei der einen oder anderen Bauernstruktur im Zentrum, sich leichter zu orientieren und einen Plan für ein Spiel in ähnlichen Situationen zu finden.

In unserer Zeit der gewaltigen Entfaltung der Dynamik im Schach entstanden ganze Gruppen typischer Verfahren, die nicht unmittelbar mit dem äußeren Stellungsbild im Zusammenhang stehen.

Typische Stellungen und Verfahren treten in allen Stadien einer Schachpartie auf – von der Eröffnung bis weit hinein ins Endspiel. Die Entwicklung des Schachs zeigt, daß ihre Zahl wächst und ihre Entstehung nicht allein vom Spielstadium abhängt, sondern auch von der Anzahl der auf dem Brett vorhandenen Kampfeinheiten. Immer mehr wird auch die Tatsache offensichtlich, daß die Untersuchung typischer Systeme eine wichtige methodische Bedeutung gewinnt. Ohne die Aneignung typischer Stellungen und strategischer Verfahren führt im heutigen modernen Schach kein Weg mehr zur Meisterschaft.

Der Verfasser hat in einer Reihe seiner Bücher (z. B. „Lehrbuch der Schachtheorie“, „Lehrbuch für Fortgeschrittene“ u. a.) den typischen Stellungen in allen Partiestadien, besonders in der Eröffnung, viel Aufmerksamkeit gewidmet. Wenn man die weitere Entwicklung beobachtet, läßt sich feststellen, daß ihre Anzahl entsprechend der Erweiterung der Eröffnungstheorie unentwegt zunimmt. So führte zum Beispiel das rasche Wachstumstempo der Theorie der Pirc-Ufimzew-Verteidigung von selbst zur Entstehung neuer Bauernstrukturen im Zentrum. Typisch wurde die Zentrumsstruktur, die nach den folgenden Zügen entsteht: 1.e4 d6 2.d4 ♘f6 3.♘c3 g6 4.♘f3 ♗g7 5.♗e2 0–0 6.0–0 ♗g4 7.♗e3 ♘c6 8.♕d2 e5 9.d5 ♘e7 10.♖ad1, die fast einem königsindischen Aufbau gleicht. Der wesentliche Unterschied besteht nur darin, daß der weiße Bauer nicht auf c4, sondern auf c2 steht und in seiner Bewegungsfreiheit von dem eigenen Springer eingeengt ist. Dadurch ist dem königsindischen weißen Gegenspiel, das ein Vorgehen am Damenflügel beinhaltet, die Grundlage entzogen. Mehr noch, diese Aufstellungsformation bietet Schwarz die Möglichkeit, mittels 10. … b5!? einen Bauerngegenstoß am Damenflügel zu unternehmen. Die folgende Partie soll das veranschaulichen.

Karpow–Asmaiparaschwili
50. Meisterschaft der UdSSR, 1983

**1.e4 d6 2.d4 g6 3.♘f3 ♘f6 4.♘c3 ♗g7 5.♗e2 0–0 6.0–0 ♗g4 7.♗e3 ♘c6 8.♕d2 e5 9.d5 ♘e7 10.♖ad1 b5!?**

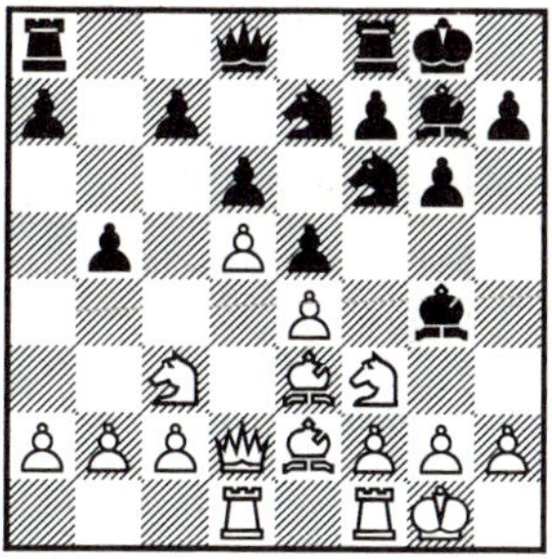

Schwarz bietet ein Bauernopfer an, um aktives Gegenspiel am Damenflügel zu erhalten. Auf 11.♗:b5 könnte 11. ... ♗:f3 12.gf ♘h5 nebst f7–f5 folgen.

**11.a3 a5 12.b4 ab 13.ab ♖a3 14.♗g5 ♖:c3! 15.♗:f6**

Im Falle von 15.♕:c3 könnte geschehen 15. ... ♘:e4 16.♕e3 ♘:g5 17.♘:g5 ♗d7, und Schwarz hat genügend Kompensation für die Qualität.

**15. ... ♗:f3 16.♗:f3 ♖a3 17.♗:g7 ♔:g7 18.♖a1 ♕a8 19.♖:a3 ♕:a3 20.♗e2 ♕b2 21.♖d1 f5 22.ef ♘:f5 23.c3 ♕:d2 24.♖:d2 ♖a8**

Die Chancen sind etwa ausgeglichen. Jedoch begeht der Weltmeister im nächsten Zug einen Fehler, wonach die Initiative völlig an seinen Gegner übergeht.

**25.♗:b5?!**

Gespielt werden muß 25.g3, und falls 25. ... ♘e7, so 26.♗f3 mit ungefährem Ausgleich.

**25. ... ♖a3 26.♖c2 ♘e7! 27.f4**

Es gibt nichts Besseres. Nach 27.♗c4 würde Weiß mittels 27. ... ♘:d5 nebst ♖:c3 einen Bauern verlieren.

**27. ... ef 28.♗c6 ♘f5 29.♔f2 ♘e3 30.♖c1 ♔f6 31.g3 ♔e5 32.♔f3 g5 33.gf+ gf 34.h4 ♘:d5**

Schwarz leitet die Partie in ein gewonnenes Turmendspiel über.

**35.♗:d5 ♔:d5 36.♔:f4 ♔c4 37.♖e1 ♖:c3 38.♖e7 ♔:b4 39.♖:h7 d5 40.♔e5 c6 41.♔d4 ♖c4+.** Weiß gab auf.

Neben der Schließung des Zentrums mittels 9.d5 verfügt der Anziehende über die Möglichkeit 9.de, was eine Art harmlose Symmetrie entstehen läßt. Die moderne Untersuchung beschränkt sich jedoch nicht auf diese „abtastende“ Analyse. Gehen wir wieder zur Praxis über und betrachten das folgende Beispiel.

Petrosjan–Sax
Tallinn 1979

**1.♘f3 g6 2.e4 ♗g7 3.d4 d6 4.♘c3 ♘f6 5.♗e2 0–0 6.0–0 ♗g4 7.♗e3 ♘c6 8.♕d2 e5**

**9.de!? de 10.♖ad1 ♕c8 11.♕c1 ♖d8 12.♖:d8+ ♕:d8 13.♖d1 ♕f8 14.h3 ♗:f3 15.♗:f3 a6?!**

Äußerlich gesehen, hat Weiß die Eröffnung harmlos gespielt. Die Stellung im Zentrum wurde rasch vereinfacht und erhielt symmetrische Konturen. Nichtsdestoweniger zeigt die folgende Entwicklung der Ereignisse, daß es für Schwarz durchaus nicht einfach ist, das Spiel auszugleichen. Die weißen Figuren stehen zwar gering, aber merklich besser als die gegnerischen. Ein weiterer Umstand darf nicht außer acht gelassen werden, der dem Anziehenden zum Vorteil gereicht – er besitzt ein potentiell starkes Läuferpaar. Der schwarze Damenflügel kann zum Objekt weißer Aktivitäten werden.
Schwarz hätte wahrscheinlich versuchen sollen, die schwarzfeldrigen Läufer mittels 15. … h5 nebst ♔g8–h7 und ♗g7–h6 abzutauschen, was ihm Chancen einräumt, allmählich das Spiel auszugleichen. Aufmerksamkeit verdiente auch 15. … ♖d8, um 16. … ♘d4 folgen zu lassen.

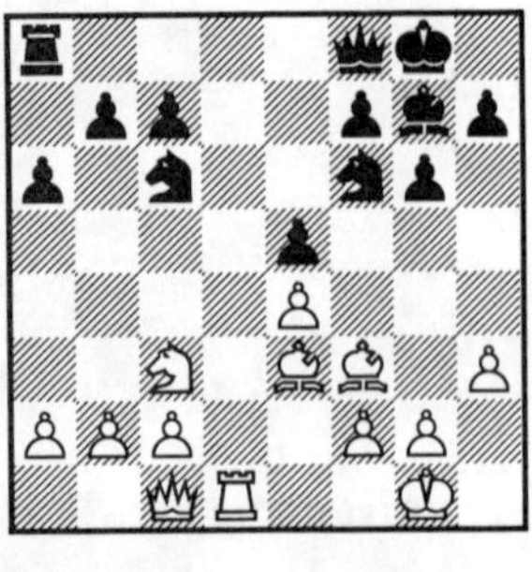

**16.♘b1!**

Ein feines Manöver. Der Springer strebt nach c4, um wichtige Felder am Damenflügel unter Kontrolle zu nehmen.

**16. … ♖d8 17.♖:d8 ♕:d8 18.c3**

Ein wesentliches Moment. Weiß nimmt dem schwarzen Springer das Feld d4 und engt somit ein mögliches Gegenspiel ein.

**18. … ♕d3 19.♘d2 ♗f8 20.♕b1 ♕b5**

Das Leichtfigurenendspiel nach 20. … ♕:b1+ 21.♘:b1 wäre günstig für Weiß. Der Nachziehende hätte Mühe, den Damenflügel zu verteidigen.

**21.♕c2 ♘d8**

Oder 21. … ♗c5 22.♗g5! nebst b2–b4, a2–a4 und ♘c4 mit weißer Kräftekonzentration am Damenflügel.

**22.♕b3 ♕d3?!** (etwas besser wäre 22. … ♕:b3 23.♘:b3 b6) **23.♕c4 ♕d6 24.♕e2 ♕e6 25.♕d3 ♘c6 26.a3 ♕e7 27.b4 ♘d8 28.♘c4 ♘d7 29.♗g4 ♘e6 30.♘a5! b5 31.♘c6 ♕e8 32.c4!**

Leicht kann man sich überzeugen, daß der Anziehende bereits eine strategisch gewonnene Stellung besitzt. Den Schlußteil des Kampfes führt Weiß sehr genau.

**32. … ♘f6 33.cb ab 34.♕:b5 ♘:e4 35.♕c4 ♘d6 36.♕d5 h6 37.♗:e6 fe 38.♕c5 ♘f5 39.♕c2 ♗g7 40.b5 ♘d4 41.♕c4 ♕d7**

**42.a4 ♘f5 43.♕e2**. Schwarz gab auf.

Diese Partie verdeutlicht die Gefahren für Schwarz, die sich aus diesem äußerlich völlig harmlos wirkenden Aufbau ergeben können.
Eine sichere Beherrschung der charakteristischen Verfahren schafft zugleich die Voraussetzungen für die Ausweitung des Situationsbereiches, in dem sie eine wirkungsvolle Anwendung finden können. Folglich könnte ein Tausch im Zentrum (de de) dem Nachziehenden durchaus nicht nur in der soeben angeführten Spielsituation Schwierigkeiten bereiten.
Bestätigt dies nicht das folgende Partiebeispiel?

Geller–Lerner
47. Meisterschaft der UdSSR, 1979

**1.e4 d6 2.d4 ♘f6 3.♘c3 g6 4.g3 ♗g7 5.♗g2 e5?!**

Ein Suchen nach neuen Wegen, das jedoch zu einem für Weiß vorteilhaften Endspiel führt. Vorzuziehen war das triviale 5. ... 0–0.

**6.de! de 7.♕:d8+ ♔:d8 8.♘f3 ♘bd7 9.b3!**

Unterstreicht das Eröffnungsübergewicht von Weiß, der seine Figuren harmonisch aufstellt und Druck auf die Zentrumsfelder ausübt. Die etwas unbeholfene Stellung des schwarzen Königs in der Mitte erschwert die Verteidigung des Nachziehenden.

**9. ... ♘e8 10.♗b2 f6 11.0–0–0 c6** (besser ist 11. ... ♘d6) **12.♘e1! ♔c7 13.♘d3 ♘d6 14.f4 ♘f7 15.♖hf1 ef**

Oder 15. ... ♖e8 16.f5 g5 17.♗f3 mit offensichtlichem Übergewicht für Weiß.

**16.gf ♖e8 17.♖de1 ♘f8 18.♘d1 ♗d7 19.♔b1 ♖ad8 20.♘e3 ♘d6?!**

Zäher war 20. ... ♗c8, obwohl auch hier der Nachziehende in eine schwierige Stellung gerät.

**21.e5! fe 22.fe ♘f5 23.♘c4 ♘e6 24.♗h3! ♖g8**

Oder 24. ... ♘ed4 25.♗:d4 ♘:d4 26.♖f7, und Weiß gewinnt.

**25.♘d6 ♘ed4 26.♗:d4 ♘:d4 27.♖f7 ♗f8 28.♘c5 ♖g7 29.♘:d7 ♖:f7 30.♘:f7 ♖:d7 31.♗:d7 ♔:d7 32.♖d1 ♔e6 33.♖:d4**. Schwarz gab auf.

Die Erkenntnis beruht im Schach oft auf Kontrasten. Das heißt, es sind auch jene Beispiele sorgfältig zu untersuchen, in denen sich die gleiche Struktur als günstig für Schwarz erweist.

Trifunović–Botwinnik
Nordwijk 1965

**1.d4 g6 2.e4 ♗g7 3.♘f3 d6 4.c3**

Ein zu vorsichtiges Spiel, das dem Anziehenden wenig verspricht. Botwinnik bedient sich im weiteren einer Aufstellung, die für die Spanische Partie oder die Philidor-Verteidigung charakteristisch ist und in diesem Falle eine gelungene strategische Lösung darstellt.

**4. ... ♘f6 5.♘bd2 0–0 6.♗c4 ♘c6 7.0–0 e5! 8.de(?) de 9.♖e1** (aktiver ist 9.♗b5) **9. ... a6 10.a4 ♘h5! 11.♘f1 ♕:d1 12.♖:d1 ♗g4 13.h3 ♗:f3 14.gf ♘f4 15.♗:f4?**

Ein typischer positioneller Fehler, wodurch Schwarz einen vorteilhaften Figurenvorposten erhält. Weiß mußte sich mittels 15.♔h2 auf Verteidigung einstellen.

**15. ... ef 16.♘d2 ♖ab8 17.♗e2 b5 18.ab ab 19.♖a6 ♘e5 20.♘b3 b4 21.c4 ♖fd8 22.♖d5 c6 23.♖:d8+ ♖:d8 24.♖b6 ♗f8 25.c5 ♖a8 26.♖:b4 ♖a2 27.♘d2 ♗:c5 28.♖b8+ ♔g7 29.♘c4 ♗d4 30.♖b7**

Stärker war 30.♘:e5 ♗:e5 31.♖b7, und falls 31. ... ♖:b2, so 32.♖:b2 ♗:b2 mit Remischancen. Da Weiß diese Möglichkeit ausläßt, gerät er in eine schwierige Stellung.

**30. ... ♖a1+ 31.♔g2 ♖e1 32.♘:e5 ♖:e2 33.♘:c6 ♖:f2+ 34.♔h1 ♗:b2 35.♘d8 ♔h6 36.♖b5 ♔g7 37.♖b7 ♔h6 38.♖b5 f6 39.♘f7+ ♔g7 40.♖b7 ♔f8 41.♘d8 ♗e5 42.♘e6+ ♔e8 43.♘g7+ ♔d8 44.♘e6+ ♔c8 45.♖:h7 ♖:f3 46.♔g2 ♖g3+ 47.♔f2 g5 48.h4 ♖h3 49.h5 g4 50.♖g7 ♖h2+ 51.♔g1 g3 52.h6 f3.** Weiß gab auf.

Auf das Thema typischer Positionen werden wir noch einmal zurückkommen. Der nun folgende Teil des Buches wird sich speziell mit Problemen der Untersuchung der Eröffnungstheorie befassen.

# DRITTER TEIL

# Die Beschäftigung mit der Eröffnungstheorie

## 9. Kapitel

### Die Eröffnungsanalyse und das Eröffnungsrepertoire

In der täglichen Trainingsarbeit eines Schachspielers spielt, unabhängig von der Qualifikation, die Aneignung der Eröffnungstheorie eine erstrangige Rolle. Gerade diese Tätigkeit macht bei sehr vielen den Löwenanteil in der häuslichen Vorbereitung aus. Das Eröffnungsrepertoire – das ist gewissermaßen das Steuerruder, ohne dessen ausreichende Beherrschung man einfach vom Kurs abkommt.
Ein Schachspieler, der am Eröffnungsrepertoire und an der Eröffnungsanalyse arbeitet, hat zuerst eine sehr wichtige Aufgabe zu lösen – die richtige Organisation seiner Arbeit.

### Organisatorische Maßnahmen

Bei der Ausarbeitung eines Eröffnungsrepertoires kommt es in erster Linie auf die zweckmäßige Auswahl des Informationsmaterials an. In der Auswahl des Materials muß zudem ein vernünftiges Maß eingehalten werden.
Sehr wichtig ist es, sich eine sinnvolle Systematisierung anzugewöhnen, eine äußere Ordnung im Komplex des konkreten schachlichen Wissens. In jüngerer Zeit hat die Arbeit mit Mini-Karteien an Beliebtheit gewonnen. Bei dieser Arbeit sind nach meiner Ansicht folgende Gesichtspunkte qualitativen und arbeitstechnischen Charakters zu berücksichtigen:
1. Entsprechend der Zunahme der allgemeinen Schachstärke, die sich in Wertungsziffern ausdrückt, erhöht sich der Umfang des Eröffnungswissens.
2. Auf dem Gebiet der Schachtechnik vollzieht sich ein ähnlicher Vorgang:
a) Zuverlässige und optimale Auswahl des theoretischen Informationsflusses. Dazu ein vernünftiger Rat: Bei der Untersuchung der periodischen Literatur ist erbarmungslos sämtliche „Makulatur" wegzuwerfen. Wertvolle Eröffnungsideen sind jedoch sorgfältig zu sammeln und fortlaufend zu ergänzen. Dazu ist es ratsam, eine Sammlung

von Partien zu führen, die in theoretischer Hinsicht wichtig sind. (Hier erweist sich mitunter die Hilfe eines Trainers oder eines stärkeren und erfahreneren Schachspielers als nützlich.) Für den in dieser Arbeit weniger erfahrenen Schachspieler ist es zweckmäßig, diese Partien vollständig mit den wichtigsten Anmerkungen zur Eröffnung und zum Mittelspiel abzuschreiben. Eine derartige Materialsammlung ist eine mühselige Arbeit, erleichtert jedoch die anschließende Analyse, macht sie produktiver.

b) Eine genaue Systematisierung und Ordnung des von Ihnen gesammelten Materials von Eröffnungssystemen und Varianten ist unerläßlich.

## Die Analyse und die Untersuchung der Eröffnungsstrategie

Das Wesentliche einer solchen Arbeit bleibt natürlich die Analyse, die sich der Untersuchung des Mittelspiels zuwendet, das sich aus den einen oder anderen Eröffnungssystemen ergibt. Bei der Arbeit am Eröffnungsrepertoire gilt es zu beachten, daß zwischen dem technischen Teil in Form der Informationssammlung und der Analyse ein bestimmtes Verhältnis gewahrt werden muß. Zeitlich gesehen, sollte hier das Verhältnis mindestens 1:3 zugunsten der Analyse, die ja die Hauptsache ist, betragen. In der Praxis endet bislang bei vielen unerfahrenen Schachspielern der größte Teil der Arbeit, ehe sie eigentlich beginnt – mit dem Sammeln von Material, dem nur eine sehr oberflächliche Analyse folgt.

In der modernen Eröffnungstheorie haben taktisch-scharfe Eröffnungssysteme, die ein kombinatorisches Spiel beinhalten, ein üppiges Aufblühen erlebt. So kam es in den fünfziger Jahren zu scharfen, mit allgemeiner Begeisterung geführten theoretischen Auseinandersetzungen im Najdorf-System der Sizilianischen Verteidigung, z. B. 1.e4 c5 2.♘f3 d6 3.d4 cd 4.♘:d4 ♘f6 5.♘c3 a6 6.♗g5 e6 7.f4 ♕b6 8.♕d2 ♕:b2 9.♖b1 ♕a3 10.e5 de 11.fe ♘fd7 12.♗c4 usw. Etwas später untersuchte und prüfte man mit der gleichen Begeisterung die Velimirović-Variante derselben Eröffnung: 1.e4 c5 2.♘f3 ♘c6 3.d4 cd 4.♘:d4 ♘f6 5.♘c3 d6 6.♗c4 e6 7.♗e3 ♗e7 8.♕e2 a6 9.0–0–0!? ♕c7 10.♗b3 ♘a5 11.g4 b5 usw.

Die Zahl der scharfen Eröffnungssysteme ist unentwegt im Steigen begriffen. Jedes System bietet reichhaltiges Material für eine Analyse (und zur Entwicklung analytischer Fähigkeiten!). Hier läßt sich das Notwendige mit dem Nützlichen verbinden! So ist es einerseits einfach unmöglich, sich einen modernen Schachmeister vorzustellen, der keine Kenntnisse von solchen Systemen besitzt und in ihr Wesen eingedrungen ist. Andererseits fördert gerade die Untersuchung dieser problemhaften Spielweisen wirkungsvoll die analytische Meisterschaft. Sie dient gewissermaßen einem doppelten Zweck: dem Wissen um die tiefen „Geheimnisse" des einen oder anderen scharf-konkreten Systems und, was nicht weniger wichtig ist, der Entwicklung Ihrer analytischen Fertigkeiten. Allerdings wird in dem Maße, wie man in das Variantendickicht dieser Stellungen eindringt, ihre Beurteilung immer unklarer, und unsere Vorstellungen nehmen darüber hinaus ein immer verworreneres Bild an. Aber was verwirrt denn nun den Analytiker?

Die Kenntnis komplizierter, praktisch unerschöpflicher Stellungen bietet einen gewaltigen Raum zur Entfaltung des konkreten Denkens. Schließlich bildet sich ein echtes Verständnis des schachlichen Schaffens heraus, das sich nicht in irgendeinen formalen Rahmen zwängen läßt. Glauben Sie, um in diese echte Welt des Schachs zu schauen, muß man selbst derartige Untersuchungen durchgeführt haben. Wenn man sich im Rahmen einer Eröffnung an eine solche Analyse gewöhnt, hilft es, rein praktisch gesehen, echtes Wissen über ihre Theorie zu erwerben. Je tiefgründiger die Analyse der Stellungen hinsichtlich des Übergangs von der Eröffnung zum Mittelspiel war, einen desto größeren Vorteil werden Sie gegenüber Ihrem zukünftigen Gegner besitzen. In der Eröffnungsvorbereitung gibt es wohl für einen Schachpraktiker kaum Wichtigeres, als in seinen „Produktionsgeheimnissen" ein gutes Stück voraus zu sein. Natürlich sind längst nicht alle Stellungen, die beim Übergang von der Eröffnung zum Mittelspiel entstehen, voller taktischer Verwicklungen. Nach Abschluß der Entwicklung der Streitkräfte entsteht allerdings immer ein bestimmter Komplex strategischer und taktischer Probleme (grobe Fehler während der Eröffnung ausgeschlossen).

Deshalb heißt es beim Untersuchen von Eröffnungsvarianten sich bemühen, die aus ihnen abzuleitenden Pläne, also die strategische Perspektive, zu erkennen. Rufen wir uns einfach einmal das orthodoxe System des klassischen Damengambits ins Gedächtnis: 1.d4 d5 2.c4 e6 3.♘c3 ♘f6 4.♗g5 ♗e7 5.e3 0–0 6.♘f3 ♘bd7 7.♖c1 c6 8.♗d3. Einstweilen verläuft alles rein nach Eröffnungsprinzipien: Beide Seiten haben sich Zug für Zug entwickelt, und die Mobilisierung der Streitkräfte ist bald beendet. Jedoch dann beginnt das Spiel erst richtig, und es erhebt sich die Frage, wie es weitergehen soll. Die Aufgabe für Schwarz besteht vor allem darin, freies Spiel zu erlangen (obwohl

genügend gut entwickelt, ist sein Handlungsraum eingeengt).
Zwei Hauptwege führen zur Befreiung seines Spiels. Der erste ist die „Entlastungsvariante": 8. ... dc 9.L:c4 Sd5 10.L:e7 D:e7, und falls 11.0–0, so 11. ... S:c3 12.T:c3 e5. Der andere Weg besteht in der Organisierung eines Gegenangriffs am Damenflügel: 8. ... h6 9.Lh4 dc 10.L:c4 b5 11.Ld3 a6 nebst c6–c5. Vom Standpunkt eines erfahrenen Schachspielers stellt das nur „oberflächliches" Wissen dar. Hinter den Hauptrichtungen der Pläne verbergen sich sowohl hier als auch dort verschiedenartige und immer konkretere strategische Wege. So kann Weiß in der „Entlastungsvariante" unverzüglich das Spiel im Zentrum forcieren: 13.de S:e5 14.S:e5 D:e5, um hier einen Bauernangriff mittels 15.f4 zu beginnen und gleichzeitig den gegnerischen Königsflügel ins Visier zu nehmen. Auch diese Stellung gehört noch nicht zur Zahl derer, die sich geklärt haben. Schwarz verfügt über verschiedenartige Antworten: 15. ... Df6, 15. ... De4, 15. ... De7, von denen jede nicht nur einen besonderen Plan enthält, sondern bis heute einige Rätsel.
Weiß kann die Spannungen ebenso aufrechterhalten und mit 13.Tc2 (oder sogar 13.Db1!? mit der Absciht b2–b4) 13. ... ed 14.ed Sf6 15.Te1 Dd6 fortsetzen. Scheinbar trägt die Stellung ausgesprochen strategischen Charakter, und Schwarz baut, indem er die Entwicklung nach 16.Sg5 Lg4 nebst Lh5 und Lg6 abschließt, eine zuverlässige Verteidigung auf. Jedoch finden sich auch hier taktische „Rosinen". 17.Tg3 Lh5 18.Th3, und nun zeigt sich, daß 18. ... Lg6? nicht gut ist wegen 19.D:g6!! hg 20.L:f7+ T:f7 21.Th8+ K:h8 22.S:f7+ nebst 23.S:d6, und Weiß behält einen gesunden Mehrbauern. Eine schöne Variante! Aber Schwarz verfügt über eine unkomplizierte, doch wesentliche taktische Widerlegung, die man wissen muß: Auf 18.Th3 folgt der Zwischenzug 18. ... Db4, mit dem die Dame den Turm e1 angreift und der Gabel im 22. Zug ausweicht; nun geht 19. ... Lg6. Vielleicht tritt das Spiel auf dem zweiten Hauptweg in eine noch kompliziertere Welt der strategischen und taktischen Ideen ein – durch den Gegenangriff am Damenflügel. Weiß kann hier seine Hoffnungen nicht auf aktive Zentrumsunternehmungen setzen, denn als Antwort auf 12.e4 folgt die taktische Widerlegung 12. ... S:e4! Deshalb muß Weiß vorerst 12.0–0 spielen oder mittels 12.a4 Schwarz am Damenflügel beunruhigen. Jedesmal entsteht ein ganzes Netz von Fortsetzungen, wo strategische und taktische Motive miteinander verflochten sind.
Folglich bilden die Analyse und die Untersuchung der strategischen Motive ein untrennbares

Gespann. Entsprechend dem Charakter des Eröffnungsverlaufs ändert sich stetig die zwischen ihnen bestehende Wechselwirkung. Zuweilen wird die Strategie undurchsichtig – Berechnung und kombinatorische Phantasie bestimmen alles. In einer Reihe anderer Fälle rücken die strategischen Momente in den Vordergrund, die Taktik kommt nicht zu Wort. Allerdings gilt es immer, beide Faktoren im Auge zu behalten.

### Das bewußte Herangehen und die Rolle des Gedächtnisses

Im Meer der Eröffnungsvarianten läßt sich nur dann der richtige Kurs finden, wenn man bewußt an die praktische Lösung der verschiedenartigen theoretischen Fragen herangeht. Die Arbeit an der Untersuchung eines winzigen Teiles der Eröffnungstheorie setzt natürlich die Entwicklung des Gedächtnisses voraus.
Würde man sich aber zur Ausbildung des Gedächtnisses entschließen, Varianten zu büffeln und mechanisch so viele wie möglich zu lernen, käme dies dem Versuch gleich, eine vielbändige Enzyklopädie auswendig lernen zu wollen.
Unerfahrene Schachspieler bemühen sich häufig, nur die theoretischen Hauptfortsetzungen einzuüben. Sie wundern sich dann, wenn dadurch in der Praxis das Eröffnungsspiel kaum leichter wird. Das erklärt sich dadurch, daß es in ein und demselben Eröffnungssystem sehr viele verwandte Varianten gibt, und jede besitzt ihre Besonderheiten.
Helfen kann hier nur ein entwickeltes Gedächtnis. Das theoretische Gepäck schafft lediglich die Voraussetzungen für eine produktive Ausnutzung des erworbenen Wissens. Um sich sowohl im praktischen Spiel wie auch in der Analyse sicher zu fühlen, bedarf es noch der besonderen Fähigkeit, die strategischen und taktischen Prinzipien und Feinheiten zu beherrschen, die die Grundlage jeder Eröffnung bilden.
Des öfteren habe ich betont, daß man die Untersuchungen der Eröffnung, unabhängig von der schachlichen Qualifikation, nicht losgelöst von der Untersuchung des Mittel- und Endspiels sowie der praktischen Erprobung durchführen soll. Nur wenn ein Schachspieler gleichzeitig sein gesamtes Niveau erhöht, kann er sich erfolgreich neues Eröffnungswissen aneignen, Wesentliches von Unwesentlichem unterscheiden. Zu beachten gilt auch, daß sich der Eröffnungsgeschmack eines Schachspielers bereits von den ersten Schritten an mit Hilfe persönlicher Erfahrungen herausbilden soll, also Neigung und Erfahrung Hand in Hand gehen. Als nützlich er-

weist sich zum Beispiel in dieser Beziehung, durch die Analyse der eigenen Partien eine Eröffnung zu lernen und dies gleichzeitig mit dem Studium von Meisterpartien und der Arbeit mit der Theorie entsprechend zu verbinden.

## Über die Wege zum Aufbau eines Eröffnungsrepertoires

Die Wege oder Methoden zur Arbeit an der Eröffnungstheorie zu kennen reicht noch nicht aus zur Herausbildung eines konkreten Eröffnungsrepertoires. Jedem Lernenden obliegt die Aufgabe, die erwähnten Methoden in konkrete Formen umzuwandeln. An und für sich schafft das theoretische Gepäck nur die Voraussetzungen zur produktiven Ausnutzung des Wissens. Um sich aber im praktischen Spiel sicher zu fühlen, bedarf es noch einer besonderen Fertigkeit.
Viele sogenannte Theoretiker pendeln von einer Eröffnung zur anderen, verrennen sich in Sackgassen und erreichen keine zufriedenstellenden Ergebnisse. Es gibt aber auch Praktiker (jedenfalls bezeichnen sie sich als solche), die die Eröffnung zwar nicht schlecht spielen, deren theoretischer Gesichtskreis jedoch ziemlich beengt ist. Sie kennen sich in dem für die praktische Verwendung in Frage kommenden Variantenkreis genau aus, in dessen Grenzen sie sich äußerst sicher und stark wähnen, wissen und fühlen, was sie zu spielen haben.
Die folgenden, ziemlich einfachen Schlußfolgerungen liegen nahe:
Erstens ist ziemlich genau der Komplex der Eröffnungsvarianten und -systeme zu bestimmen, den man in sein Arsenal aufnehmen will. Zweitens muß man zur Festigung des Wissens bewußt ein durchforschtes System spielen (das vergessen zuweilen sogenannte Theoretiker).
Das alles bildet die Grundlage zum Aufbau eines Eröffnungsrepertoires. Zu den nicht so umfangreichen Bestandteilen dieses Prozesses gehören eine vernünftige Informationsauswahl, das Umreißen des interessierenden Variantenkreises, die erwähnten Methoden der Untersuchung, ihre Hauptziele.
Verbleiben wir noch bei einigen anderen wesentlichen Momenten. Vor allem wollen wir uns bemühen, die Frage zu beantworten, welch ein Verhältnis zwischen der Qualifikation eines Schachspielers und dem Charakter seines Eröffnungsrepertoires besteht.
Natürlich kann bei einem Anfänger von einem derartigen Repertoire kaum die Rede sein. Auf den unteren Leistungsstufen (bis etwa Leistungsklasse 3) hat es überhaupt keinen Sinn, den Kreis der Eröffnungen beschränken zu wollen. Hier kann man alles spielen, doch die offenen

Spiele und die Gambits sind zu bevorzugen.
Eine weitere Frage lautet: Soll man sich sogleich dazu erziehen, die Untersuchung der Eröffnungsvarianten äußerst ernsthaft zu betreiben und nach dem Prinzip „Lieber weniger und dafür besser“ zu verfahren? Für Spieler des mittleren Leistungsniveaus hat die Frage des Eröffnungsrepertoires durchaus ihre Berechtigung, denn Schachspieler, die die Leistungsklasse 2 erreicht haben (um so mehr die der Leistungsklasse 1), verfügen bereits über große praktische Erfahrungen.
In der ersten Zeit bedienen sie sich gewöhnlich jener Systeme, die ihnen den größten Erfolg bringen. Der Umfang des Repertoires hängt dabei von den individuellen Eigenschaften des Spielers ab, z. B. von seiner Empfänglichkeit für neue Eindrücke, von seinem Gedächtnis u. a.
Der Begriff Eröffnungsrepertoire ist im wesentlichen sehr bedingt. Im Grunde handelt es sich um nichts anderes als die praktische Notwendigkeit, eine begrenzte Anzahl von Varianten auszuwählen, die dem eigenen Geschmack und der Veranlagung zu einem bestimmten Stil entsprechen. Das Eröffnungsrepertoire muß ständig erweitert und dem sich wandelnden Stil und der sich ändernden Spielstärke angepaßt werden. Eine derartige Arbeit stellt einen der sichtbaren Beweise des schöpferischen Wachstums eines Schachspielers dar.
Bei der Arbeit am Repertoire sollten die ersten Schritte gut bedacht werden, sind sie doch meistens die schwersten. Später stellt sich eine bestimmte Routine ein, die den Prozeß der „Auffrischung“ des Repertoires bedeutend erleichtert. Natürlich dürfen einmal erarbeitete Systeme, deren man jedoch zeitweilig überdrüssig wurde, nicht in Vergessenheit geraten. Nach einem gewissen Zeitraum sollte man sich ihnen erneut zuwenden, weil die Spielstärke eines Schachspielers nur dann zunimmt, wenn er seine Lieblingseröffnungen variiert.
Die Ausarbeitung des Eröffnungsrepertoires bringt unvermeidlich eine Reihe von Fragen mit sich. Beispielsweise: Soll man ein und dieselbe Variante mit Weiß und Schwarz spielen? Die Meinungen der führenden Meister sind darüber geteilt. Die einen vermeiden in der Regel diese wechselseitigen Wiederholungen, während andere nichts dagegen einzuwenden haben und ein und dasselbe System mit beiden Farben spielen. Offensichtlich kann es dem Spiel eines unerfahrenen Schachspielers nur förderlich sein, wenn er lernt, jedes System sowohl von der weißen als auch von der schwarzen Seite aus zu begutachten. Das Hauptziel muß dabei sein, eine bestimmte Stel-

lung zu ergründen und all ihre Besonderheiten kennenzulernen, die bei einseitiger Betrachtung leicht übersehen werden.
Die Farbverteilung bringt in der Vorbereitung des Eröffnungsrepertoires zugleich keine geringen Probleme mit sich. Immerhin besteht zum Beispiel ein wesentlicher Unterschied zwischen dem Eröffnungsrepertoire mit Weiß und mit Schwarz. Einerseits spielt es sich mit Weiß leichter, aber andererseits muß man als Weißspieler weitaus mehr Wissen und Überlegungen in die Vorbereitung einbeziehen, denn Schwarz kann jedes beliebige sich aus dieser Eröffnung ergebende System wählen. Folglich braucht sich Schwarz bei der Vorbereitung auf die gleiche Eröffnung nur auf einen ziemlich engen Kreis von Systemen zu beschränken. Daraus ergeben sich jedoch erhöhte Verpflichtungen, weil hier der Genauigkeit des Wissens wachsende Bedeutung zukommt.
Durch diese Begrenzung des Handlungsraumes ist es weitaus leichter, den Partner mit einer häuslichen Vorbereitung zu Fall zu bringen. Zudem muß das Spiel mit Schwarz natürlich exakter sein, denn eine, sogar nur eine geringe Ungenauigkeit, die der Nachziehende im Spiel begeht, kann für ihn sehr schwerwiegende Folgen zeitigen. Dagegen endet eine Ungenauigkeit gleichen Grades seitens Weiß gewöhnlich mit Verlust des Eröffnungsvorteils und führt zu etwa gleichem Spiel.
Eine weitere wesentliche Frage ist: Soll man sein Eröffnungsrepertoire nur aus erprobten Modevarianten aufbauen? Die meisten jungen Spieler neigen zweifellos dazu. Dagegen ist natürlich nichts einzuwenden.
Schließlich sind die modernen Eröffnungen außerordentlich gehaltvoll, und es ist aufschlußreich, ihre Entwicklungstendenzen zu beobachten. Außerdem läßt sich bei ihnen das nötige Material leicht sammeln und ergänzen. Indessen bieten auch andere, seltener angewandte Systeme genügend Raum für selbständige Untersuchungen. Obendrein genießen die vernachlässigten Eröffnungen noch einen besonderen Vorzug. Da sie weniger erforscht sind, vermag ein mit ihnen vertrauter Spieler in der Praxis gute Erfolge zu erzielen.
Es genügt jedoch nicht, sich nur Modevarianten anzueignen; man muß sich in die historische Entwicklung jeder Eröffnung vertiefen. Das weitet nicht nur den Blick, sondern ist auch eine Art Führer auf der Suche nach Neuem. Als nachahmenswertes Vorbild mag hier das Vorgehen Fischers dienen, der aufgrund tiefgründiger Untersuchungen alter Spielweisen eine Reihe vergessener Varianten beleben konnte, indem er sie mit neuen Ideen erfüllte.

Im folgenden Teil biete ich eine Art „Szenarium“ für die Erarbeitung einer Eröffnung an. Hier finden sich für einen Schachpraktiker keine „unwichtigen“ oder „zweitrangigen“ Stellen. Er soll nicht nur die Hauptwege untersuchen, sondern auch die Nebenwege und sogar die schmalen Pfade. In der Praxis muß man dann auf alle Halbheiten Rede und Antwort stehen.
Folglich werde ich bei der Darlegung des konkreten Programms einer Eröffnungsuntersuchung auf wichtige Faktoren hinweisen, die jeder Schachspieler beachten sollte.
Wir haben eine der fundiertesten Eröffnungen ausgewählt – die Spanische Partie. Mag das auch nur eine Art Modellversuch einer solchen Arbeit sein, der Leser ist eingeladen, sich mit mir auf die ziemlich lange Exkursion zu begeben. Ihr Ziel ist es hauptsächlich, mit den Ideen, sowohl den strategischen als auch den taktischen, vertraut zu werden, auf denen die zahlreichen Systeme dieser umfangreichen Eröffnung beruhen.
Schon aus räumlichen Gründen kann dabei nicht auf alle Details eingegangen werden, jedoch soll es mein Bestreben sein, das Wesentlichste zu veranschaulichen, ohne die notwendigen Hinweise auf die historische Entwicklung zu vergessen.
Außer den rein belehrenden Zwecken möchte ich an Hand dieses Materials zeigen, was ein Schachpraktiker für den Aufbau eines konkreten Eröffnungsrepertoires wissen sollte. Wie ich bereits betont habe, muß man auch aus der Sicht von Weiß die gleiche Sorgfalt walten lassen und alle Systeme, sowohl moderne als auch alte, seien es verzweigteste oder wenig erforschte, genau untersuchen. Auf jeden Fall sollte man auch von zweit- und drittrangigen Varianten eine genaue Vorstellung haben. Aus der Sicht von Schwarz ist es zweckmäßig, eine Gegenüberstellung vorzunehmen und ein oder zwei Systeme auszuwählen, die dann einer eingehenden Untersuchung unterzogen werden.
Das Material ist etwa für Schachspieler der Leistungsklasse 2 und höher berechnet. Auf diesem Niveau wird hauptsächlich die Bekanntschaft, das Vertrautsein mit den Eröffnungsprinzipien als Ausdruck der praktischen Spielstärke vorausgesetzt.

## Programm zum Studium der Spanischen Partie

(1.e4 e5 2.♘f3 ♘c6 3.♗b5)

Die Spanische Partie bildet einen der Eckpfeiler in der Eröffnungstheorie. Sowohl hinsichtlich des Umfangs des praktischen Materials als auch in bezug auf das angesammelte theoretische Wissen nimmt diese Eröffnung einen Ehrenplatz in den

Enzyklopädien und Lehrbüchern ein. Bekanntlich gehört die Spanische Partie zu den Offenen Spielen, und ihre Blütezeit – die Zeit der Schachromantik – gehört schon längst der Vergangenheit an. Kommt der Spanischen Partie heute auch nicht mehr die einstige Bedeutung zu, führt sie den Kampf gegen die mächtige Konkurrenz des umfangreichen Komplexes der Geschlossenen Eröffnungen durchaus nicht erfolglos.

Immerhin hat die Spanische Partie die Entwicklung einer ganzen Reihe von Halboffenen Spielen begünstigt. Allein Sizilianisch ist schon Beweis dafür! Sie ist ja gegenwärtig die am häufigsten anzutreffende Verteidigung. Nicht zu reden von der Französischen Verteidigung, Caro-Kann-, Pirc-Ufimzew-, Aljechin-Verteidigung u. a. Insgesamt gesehen, stehen die Halboffenen Spiele in ihrem Umfang wahrscheinlich den Geschlossenen Spielen nicht nach. Hieraus läßt sich noch etwas zur Spanischen Partie bemerken.

Die Spanische Partie steht in direkter Verbindung zu den Halboffenen Spielen. Da sie unter den Offenen Eröffnungen dominiert und Schwarz oft bereits mit dem ersten Zug in andere Spielanfänge ausweicht, stellt sie folglich Schwarz vor ernsthafte Probleme. Denn wenn das nicht so wäre, hätte der Nachziehende keinen Grund, sie zu vermeiden. Man braucht nur an die auffällige Wiederbelebung der Russischen Partie zu denken. Auch das ist ein Ausweichen vor der Spanischen Partie!

Bevor wir uns der konkreten Untersuchung zuwenden, noch etwas zur Geschichte.

**Kleiner Exkurs in die Geschichte**

Nach den Zügen 1.e4 e5 2.♘f3 ♘c6 ist der Ausfall 3.♗c4, der auf den Punkt f7 zielt und einen Angriff gegen den Königsflügel ankündigt, am natürlichsten und auf jeden Fall äußerlich am aktivsten. Noch zu Beginn des 15. Jahrhunderts, in der Epoche der italienischen Romantik, stand dieser Zug im Mittelpunkt der Aufmerksamkeit. Etwas später jedoch, an der Wende vom 15. zum 16. Jahrhundert, findet in den Werken der zwei spanischen Theoretiker Lucena und Lopez der für diese Periode neue Zug 3.♗b5!? erstmalig Erwähnung.

Offensichtlich verfolgte dieser Läuferausfall ein elementares Ziel – die Bedrohung des Bauern e5. Zunächst indirekt, denn das unmittelbare 4.♗:c6 droht nicht, da Schwarz nach 4. … dc 5.♘:e5 ♕d4 das Material vorteilhaft zurückgewinnt (anders verhält es sich bei dem später erarbeiteten System 3. … a6!).

Aber z. B. schon nach dem Zug 4.0–0 muß sich Schwarz ernsthaft mit der Verteidigung des Bauern e5 beschäftigen.

Nach der heutigen Spielauffassung geht es hier natürlich nicht um so eine einfache Taktik, sondern die Reihenfolge der Züge beinhaltet eine tiefsinnige Strategie. Die einfache taktische Drohung, die Weiß aufstellt, ist nur der Auftakt für einen lang anhaltenden Kampf um die Initiative im Zentrum.

Weiß strebt nach einem lang anhaltenden Druckspiel und kompliziertem Positionskampf und vermeidet in der Regel eine frühe Aufhebung der Spannungen und rasche Vereinfachungen. Die Aufgabe von Weiß ist es, den Gegner zu zwingen, im Zentrum eine Defensivhaltung einzunehmen und d7–d6 zu spielen. Danach setzt der Anziehende den Punkt e5 unter massiven Druck und realisiert den Vorstoß d2–d4. Schwarz seinerseits, der über eine große Mannigfaltigkeit nicht nur von Verteidigungsplänen, sondern auch von aktivem Gegenspiel verfügt, ist bemüht, eine Gegenstrategie durchzusetzen. Es ist schwierig, in kurzen Worten auch nur die Grundrichtungen in dieser Beziehung zu umreißen, denn sie sind umfangreich und verschiedenartig. Klar ist nur eines, es steht ein inhaltsreiches und dynamisches Spiel bevor – genau das, was einer modernen Eröffnung ein aussichtsreiches Gepräge verleiht.

Allerdings fand die Spanische Partie nicht sogleich Anerkennung. So spielte man Spanisch noch in der ersten Hälfte des 19. Jahrhunderts weitaus seltener als einige andere Offene Eröffnungen, besonders Gambits (z. B. Königsgambit oder Evans-Gambit).

In früherer Zeit hatten sich für Schwarz Verteidigungssysteme ohne den Zug 3. ... a6 herausgebildet. Das war völlig gesetzmäßig, denn in jenen Jahren herrschte das Bestreben vor, Verteidigungsprobleme mittels schnellster Entwicklung zu lösen. Im weiteren Verlauf galt jedoch das Hauptaugenmerk der Verteidigung mit 3. ... a6. Dies um so mehr, weil viele ältere Systeme, wie z. B. die Jänisch-Verteidigung 3. ... f5, 3. ... ♗c5, 3. ... d6, lange Zeit aus der Spielpraxis verschwanden und in den Theoriewerken als nicht ganz korrekt galten. Heute, wo das „Instrument“ Analyse immer mehr vervollkommnet wurde, vollzog sich unter der Devise Tschigorins, daß in der Eröffnung jeder Zug mit einem zweckmäßigen Entwicklungsplan verbunden sein kann, eine bemerkenswerte Umbewertung.

Entsprechend der historischen Entwicklung betrachten wir zuerst den Ideengehalt der Fortsetzungen ohne 3. ... a6.

## Die Verteidigung ohne den Zug 3. ... a6

Die frühesten Fortsetzungen waren hier 3. ... ♗c5 und 3. ... ♘ge7. Ihre Wurzeln reichen bis zum Ende des 15. Jahrhunderts.

Auch andere Fortsetzungen blikken auf ein sehr ehrwürdiges Alter zurück. Die Blütezeit dieser Systeme lag in der zweiten Hälfte des 19. Jahrhunderts. Danach erlosch das Hauptinteresse an diesen Fortsetzungen. Eine Ausnahme bildeten lediglich die Steinitz-Verteidigung 3. ... d6 und die Berliner Verteidigung 3. ... ♘f6. Ihr Ruf war ziemlich bescheiden, aber man hielt sie für geeignet, durch verhaltene Spielweise allmählichen Ausgleich zu erreichen. Lasker und Capablanca wandten diese Fortsetzungen zuweilen erfolgreich an, festigten als Autoritäten deren Daseinsberechtigung. Fast alle Fortsetzungen von Schwarz im dritten Zug haben ihre zweite Jugend erlebt. Das geschah in den fünfziger Jahren, also vor nicht allzulanger Zeit, als sich die Eröffnungsbehandlung durch die Dynamik im Schach und die gründlichere Analyse jäh veränderte.
So konnte man in den fünfziger Jahren auch eine Wiedergeburt des Jänisch-Gambits und der Spielweise mit 3. ... ♗c5 beobachten. Sogar etwas früher erwachte ein erneutes Interesse an der Bird-Verteidigung (3. ... ♘d4).
Nun wollen wir aber der Reihe nach verfahren – beginnen wir mit den „stabilen“ Systemen.

### *Die Steinitz-Verteidigung 3. ... d6*

Schwarz reagiert auf die Bedrohung des Bauern e5 unmittelbar und in gewisser Weise demütig. Dieser Zug war lange Zeit vor Steinitz angewandt worden. Bereits im Jahre 1561 zog ihn Ruy Lopez in seine Betrachtungen ein. Dieser Umstand mindert durchaus nicht die Verdienste Steinitz' um diesen Zug. Eine äußerlich bescheiden anmutende Verteidigung entsprach seinen eröffnungstheoretischen Auffassungen. Bereits im Wettkampf Capablanca–Lasker wurde diese Verteidigung einer der Hauptgegenstände des theoretischen Streits.
In den folgenden Jahrzehnten, etwa mit Beginn der dreißiger Jahre, ließ das Interesse am System mit 3. ... d6 merklich nach, obwohl keine direkte Widerlegung gefunden worden war. Der Grund für die veränderte Einstellung gegenüber dieser Verteidigung lag im veränderten Herangehen der Eröffnungsbehandlung seitens Schwarz.
Heute strebt man gewöhnlich nicht so sehr Ausgleich durch einen symmetrischen Aufbau an, vielmehr aktives Gegenspiel durch Herbeiführung asymmetrischer Stellungen.
Eine wichtige strategische Besonderheit der Steinitz-Verteidigung besteht darin, daß Schwarz früher oder später das Zentrum aufgeben muß (e5:d4), wonach die typische Struktur weißer

Bauer e4 gegen den schwarzen Bauern d6 entsteht. Diese Struktur verleiht dem anschließenden Mittelspiel das Gepräge, wo Weiß über einen gewissen Raumvorteil verfügt.
Charakteristisch ist die folgende Entwicklung des Geschehens: 4.d4 ♗d7 5.♘c3 ed 6.♘:d4 ♘f6 7.♗:c6 ♗:c6 8.♕d3 g6 9.♗g5 ♗g7 10.0–0–0!? Diese Zugfolge gilt als besonders aktiv und wurde von Aljechin in die Praxis eingeführt. In der Partie Aljechin–Brinckmann (Kecskemét 1927) folgte 10. ... ♕d7 11.h3 0–0 12.♖he1 ♖ae8 13.♕f3 ♘h5 14.g4! mit besseren Perspektiven für Weiß.
Anstelle von 6. ... ♘f6 wurde vor verhältnismäßig kurzer Zeit der Plan mit 6. ... g6?! versucht in dem Bestreben, rascher Druck auf den Punkt d4 auszuüben. Aber nach 7.♗e3 ♗g7 8.♕d2 ♘f6 9.♗:c6 bc 10.♗h6 ♗:h6 11.♕:h6 nebst 0–0 hat Schwarz nicht geringe Schwierigkeiten.
Diese Varianten sind für Schwarz nicht gerade verlokkend. Dennoch wird die Steinitz-Verteidigung weiter angewendet und gilt als zuverlässig. Heute ist sie in der Praxis eng mit der Berliner Verteidigung (3. ... ♘f6) verbunden, z. B. nach 3. ... ♘f6 4.0–0 d6. (Auf diese Weise werden die weißen Pläne mit der langen Rochade unterbunden.) So entsteht die eingehend untersuchte Hauptvariante 3. ... ♘f6 4.0–0 d6 5.d4 ♗d7 6.♘c3 ♗e7.

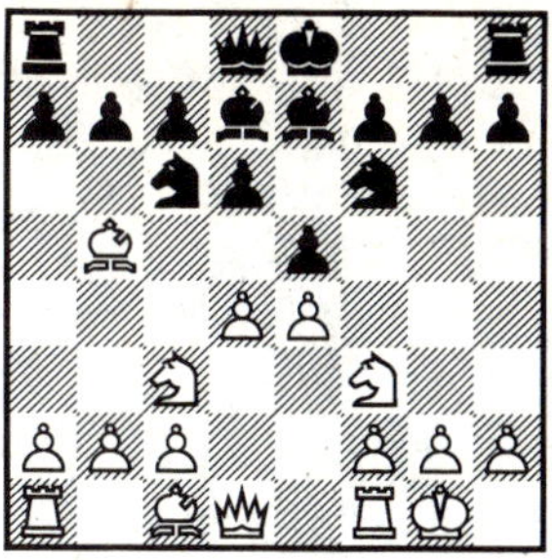

Hier verfügt Weiß über einige Abspiele, z. B.:
1) 7.♗:c6 ♗:c6 8.♖e1 (gut ist auch 8.♕d3) 8. ... ed 9.♘:d4 ♗d7 10.b3 (häufig spielt man auch 10.♗f4) 10. ... 0–0 11.♗b2. Zu dieser Stellung kam es bereits in der Partie Pillsbury–Steinitz (Wien 1898). Schwarz muß noch um den Ausgleich kämpfen.
2) 7.♖e1 ed
(Ein lehrreiches Moment. Schwarz kann den Punkt e5 nicht mehr halten. Im Falle von 7. ... 0–0? könnte folgen 8.♗:c6 ♗:c6 9.de de 10.♕:d8 ♖a:d8 – oder 10. ... ♖f:d8 11.♘:e5 ♗:e4 12.♘:e4 ♘:e4 13.♘d3 f5 14.f3 ♗c5+ 15.♔f1! – 11.♘:e5 ♗:e4 12.♘:e4 ♘:e4 13.♘d3 f5 14.f3 ♗c5+ 15.♘:c5 ♘:c5 16.♗g5 ♖d5 17.♗e7 nebst c2–c4, und Weiß gewinnt, Tarrasch–Marco, 1892. Diese Variante verdeutlicht anschaulich, daß das Entstehen der Zentrumsstruktur Bauer e4 gegen d6 nicht zu umgehen ist.)
8.♘:d4 0–0 9.♗:c6 bc 10.♗g5 h6 11.♗h4 ♖e8 12.♕d3 (Aufmerksamkeit verdient 12.e5!?)

12. ... ♘h7 13.♗:e7 ♖:e7 14.♖e3 ♕b8 15.b3 ♕b6, und Schwarz hat eine genügend sichere Stellung (Capablanca–Lasker, Wettkampf 1921).

*Die Berliner Verteidigung 3. ... ♘f6*

Eine der widerstandsfähigsten Verteidigungen. Die klassische Einfachheit vereinigt sich hier mit einer etwas größeren Aktivität und Mannigfaltigkeit der Pläne von Schwarz im Vergleich zur Steinitz-Verteidigung (wie wir schon sahen, ermöglicht der Zug 3. ... ♘f6 einen günstigeren Übergang zur letzteren). Die Berliner Verteidigung gehörte zum Lieblingsrepertoire Laskers, zu dessen Ehre sie auch nach seinem Wohnsitz benannt wurde. Heute ist sie nicht mehr beliebt, so daß man sie aus ähnlichen Gründen, wie sie für die Steinitz-Verteidigung gelten, relativ selten antrifft. Die Ressourcen aktiven Gegenspiels für Schwarz sind ziemlich begrenzt. Die kritische Position in dieser Eröffnung entsteht nach 4.0–0 ♘:e4 5.d4. Schwarz verfügt nun über die zwei Hauptvarianten 5. ... ♗e7 und 5. ... ♘d6, wonach gewöhnlich ein kompliziertes Endspiel entsteht. Verfolgen wir einmal den weiteren Verlauf:

1) 5. ... ♗e7 6.♕e2 ♘d6 (Bessere Perspektiven hat Weiß in der Walbrodt-Variante: 6. ... f5?! 7.de 0–0 8.♘c3 ♘:c3 9.♕c4+ ♔h8 10.♕:c3, und es ist für Schwarz schwierig, die Entwicklung des Damenflügels abzuschließen. Auch eine Idee von Trifunović sei erwähnt: 6. ... d5!? 7.♘:e5 ♗d7 8.♗:c6 – taktische Möglichkeiten bieten sich für Schwarz in der Variante 8.♘:d7 ♘:d4! 9.♘e5+ c6 10.♗:c6+ ♘:c6 11.♘f3 0–0, und der Nachziehende verfügt über ausgezeichnetes Spiel, Nemet–Trifunović, Jugoslawien 1963 – 8. ... ♗:c6 9.♖e1 ♗d7 10.♗f4 – Beachtung verdient 10.♘d2 ♘d6 11.b3 nebst ♗a3 – 10. ... c6 11.♘:d7 ♕:d7 12.♘d2 f5, und Schwarz hat befriedigendes Spiel.)

7.♗:c6 bc 8.de ♘b7 9.♘c3.

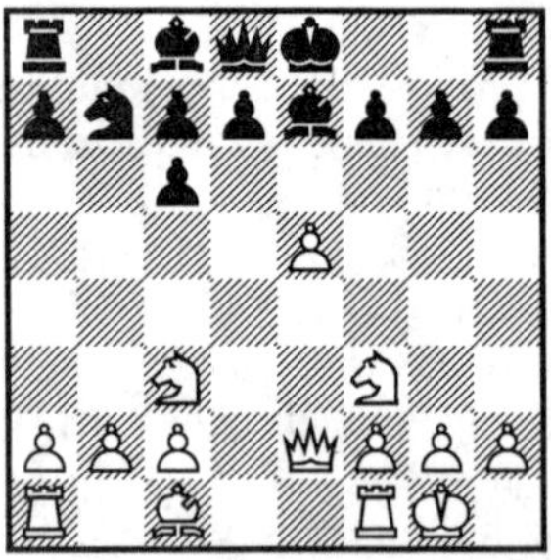

(Lange Zeit wurde in der Theorie nur dieser Zug analysiert. Heute hat man durch Untersuchungen weitere Möglichkeiten entdeckt, die zu beachten sind: 9.c4, 9.b3 und schließlich 9.♕c4!?)

9. ... 0–0 10.♘d4

(Nach 10.♖e1 – Pillsbury – kann Schwarz nicht nur 10. ... ♘c5 spielen, was von der Theorie ziemlich detailliert untersucht wurde, sondern auch Smyslows Empfehlung 10. … d5!? Schwarz erhält beidemal gute Chancen auf Ausgleich.) 10. … ♗c5 11.♖d1. Schwarz hat nun die Wahl zwischen den Fortsetzungen 11. … ♕e8 und 11. … ♖e8, deren Einschätzung einstweilen nicht völlig geklärt ist, jedoch bieten sich ihm in beiden Fällen gute Ausgleichschancen.

2) 5. … ♘d6. Diese Fortsetzung erfreut sich in letzter Zeit ziemlicher Beliebtheit. Das Spiel geht fast forciert in ein kompliziertes Endspiel über, wobei Weiß seinem Gegner die Möglichkeit der Rochade nimmt und Bauernübergewicht am Königsflügel erlangt. Ob sich diese Errungenschaften für Weiß auszahlen, ist längst nicht klar. Sicher hat Schwarz einige Schwierigkeiten zu überwinden. Allerdings fällt es nicht leicht, Schwachstellen in der schwarzen Verteidigung zu finden. Nach dem Damentausch läßt sich der Rochadeverlust von Schwarz sehr schwer ausnutzen. Nach 6.♗:c6 dc 7.de ♘f5 8.♕:d8+ ♔:d8 9.♘c3 ♔e8 10.♘e2 (10.♘e4 h6!) 10. … ♗e6 11.♘f4 ♗d5 12.♘:d5 cd 13.g4 ♘e7 14.♗f4 hat Weiß geringen, aber dauerhaften Vorteil.

Wenden wir uns nun extravaganten Verteidigungsverfahren von Schwarz zu.

Schon im Jahre 1490 wurde dieses System in dem Buch „The Classical Defence“ aufgeführt. Somit gehört diese Spielweise zu einer der ältesten Verteidigungen. Später findet man Analysen in den Werken Ponzianis (18. Jahrhundert) und Jänischs (im 19. Jahrhundert). Danach, wie schon erwähnt, brach eine lange Zeit der Krise an. Erst in den fünfziger Jahren, also nach fast 100 Jahren, lebte das Klassische System wieder auf, wobei sich Tolusch und Spasski keine geringen Verdienste erwarben. In leuchtenden Farben funkelten die von taktischem Kampf erfüllten Varianten nach 4.c3 ♘f6, z. B.:

1) 5.0–0 0–0 6.d4 ♗b6 7.de ♘:e4 8.♕d5 ♘c5 9.♗g5 ♘e7 10.♕d1

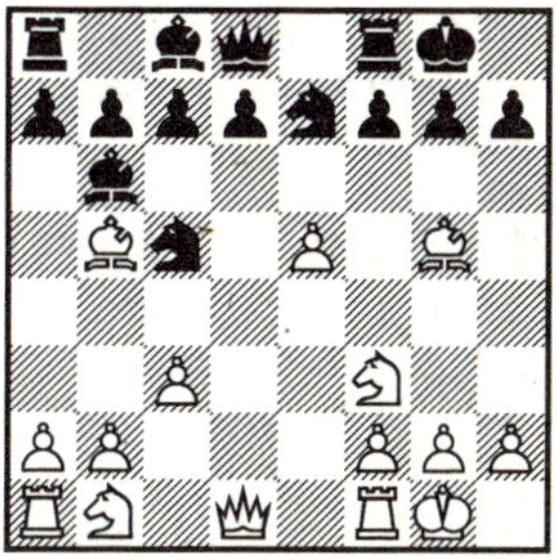

(Eine gewisse Zeit galt für am schärfsten das Manöver 10.♕c4, um auf 10. … h6? nun 11.♕h4 ♖e8 12.♗:h6! mit sehr starkem Angriff zu spielen. Jedoch nach 10. … a6 11.♕h4 ♘g6 12.♗:d8

♘:h4 13.♗:h4 ab besitzt Schwarz mindestens gleiche Chancen, Gipslis–Suetin, 31. Meisterschaft der UdSSR, 1963.)
10. ... ♘e4 11.♗h4 d5 12.♘bd2 c6 13.♗d3 ♗f5 14.♕c2 ♘:d2 15.♗:f5! ♘:f3+! 16.gf ♔h8 17.♖ae1 ♕c7 18.♗h3 ♖ae8 19.f4 f5! mit gleichem Spiel (Geller–Spasski, Moskau 1962).
2) 5.d4 ed! 6.e5 ♘e4 7.0–0 d5 8.ed 0–0 9.dc ♕f6 10.♗:c6 bc 11.cd ♗b6 12.♖e1 ♗f5 13.♘c3 ♖fe8 14.♘:e4 ♗:e4 15.♗g5 ♕d6 16.♗d8 ♗:c7 17.♗:c7 ♕:c7. Der weiße Mehrbauer läßt sich sehr schwer realisieren (Analyse von Euwe).
Später wurden in diesen Varianten Verstärkungen für Weiß gefunden. Im ersten Falle verzichtet Weiß auf das forcierte Auflösen der Zentrumsspannungen mittels 7.de und zieht die Methode des positionellen Druckspiels mit Hilfe von 7.♖e1 oder 7.♗g5 vor. Lehrreich ist die Variante 7.♗g5 h6 8.♗h4 d6 9.a4 a5 10.♖e1 ♕e7 (10. ... ed 11.♗:c6!) 11.♘a3 ed 12.♗:c6 bc 13.♘:d4 mit lang anhaltendem Druckspiel für Weiß.
Anstelle von 8.ed verspricht im zweiten Falle 8.♘:d4 0–0 9.♗:c6 bc 10.♗e3 nebst f2–f3 mehr. Schwarz bekommt so einige Schwierigkeiten. Deshalb bietet auf 4.c3 der scharfe Gegenstoß im Zentrum 4. ... f5!? die besten Perspektiven, worauf Weiß z. B. mit 5.d4

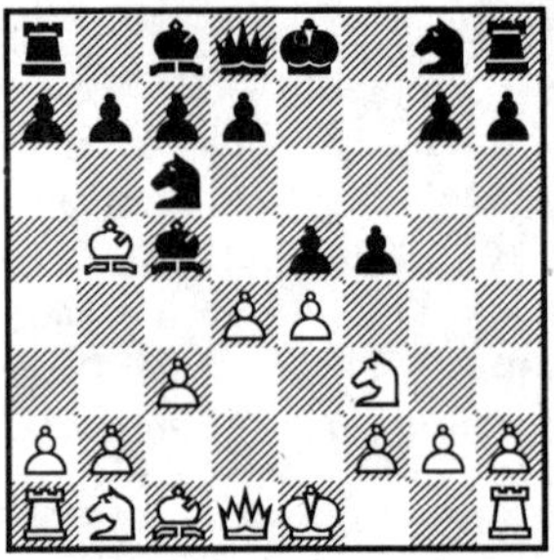

und den Varianten 5. ... fe dc, 6.♘fd2, 6.♗:c6 oder mit 5.ef sehr scharfe Verwicklungen heraufbeschwören kann, über die schwer ein Urteil zu fällen ist. So hat Schwarz nach 5.d4 fe 6.dc ef 7.♕:f3 ♘f6 8.0–0 0–0 9.♗g5 ♕e8 10.♘d2 d6 12.cd cd keine schlechten Aussichten, vollwertiges Spiel zu erhalten.
Eine charakteristische Situation entsteht im Falle von 5.d4 fe 6.♘fd2 ♗b6! 7.d5 ♘f6!? 8.dc bc 9.♗e2 d5 10.♘b3 0–0 11.0–0 c5 12.a4 a5. Schwarz hat eine starke Bauernstreitmacht im Zentrum, was die Figur kompensiert.

Weiß kann die ersten Züge umstellen, auf 3. ... ♗c5 zuerst 4.0–0 spielen und erst dann einen Zentrumsangriff mit c2–c3 nebst d2–d4 einleiten. Jedoch vermag Schwarz auch hier Trümpfe auszuspielen: 4. ... ♘f6 (möglich ist auch 4. ... ♘d4 5.♘:d4 ♗:d4 6.c3 ♗b6) 5.♘:e5 ♘:e4! 6.♕e2 ♘:e5 7.♕:e4 ♕e7 8.d4 ♘c6! (auf 8. ... ♘g6 folgt der von Simagin gefundene originelle taktische

Schlag 9.♗:d7+!) 9.♕g4?! h5! 10.♕d1 ♘:d4 11.b4 ♗b6 12.c4 0–0 13.c5 ♘:b5 14.a4 ♕f6, und der Vorteil geht an Schwarz über (Timoschtschenko–Dontschenko, UdSSR 1976). Natürlich kann Weiß im 9. Zug mit 9.♕:e7+ oder 9.♗:c6 fortsetzen, aber auch dann bleibt keine Spur eines Vorteils.
Folglich ist das Klassische System lebensfähig!
Eine in vielerlei Hinsicht ähnliche Spielweise entsteht in der Jänisch-Verteidigung.

*Die Jänisch-Verteidigung 3. ... f5!?*

Diese scharfe Gambitfortsetzung wurde in der Mitte des vorigen Jahrhunderts von Jänisch eingeführt. Fast ein Jahrhundert durchlebte sie eine Krise, erfuhr aber etwa gleichzeitig mit der Fortsetzung 3. ... ♗c5 in den fünfziger Jahren eine bemerkenswerte Neubewertung. Weiß steht eine große Auswahl von Antworten zu Gebote: 4.♘c3, 4.d3, 4.d4, 4.♕e2 und 4.♗:c6. Die Praxis hat bewiesen, daß 4.♘c3 am aussichtsreichsten ist. Scharfe Varianten entstehen im Falle von 4. ... fe 5.♘:e4 d5 (interessant ist auch 5. ... ♘f6) 6.♘:e5 (das ruhigere 6.♘g3 bereitet Schwarz keine großen Sorgen) 6. ... de 7.♘:c6 ♕d5 (Zu weißem Übergewicht führt 7. ... bc 8.♗:c6+ ♗d7 9.♕h5+ ♔e7 10.♕e5+ ♗e6 11.f4! oder 11.d4! Mit großem Risiko für Schwarz ist der Zug 7. ... ♕g5 verbunden mit der Folge 8.♕e2 ♘f6 9.f4 ♕h4+ 10.g3 ♕h3 11.♘e5+! c6 12.♗c4 ♗c5 13.d3.)
8.c4 ♕d6 9.♘:a7+ ♗d7 10.♗:d7+ ♕:d7 11.♕h5+ g6 12.♕e5+ ♔f7 13.♘b5 c6 14.♕d4!

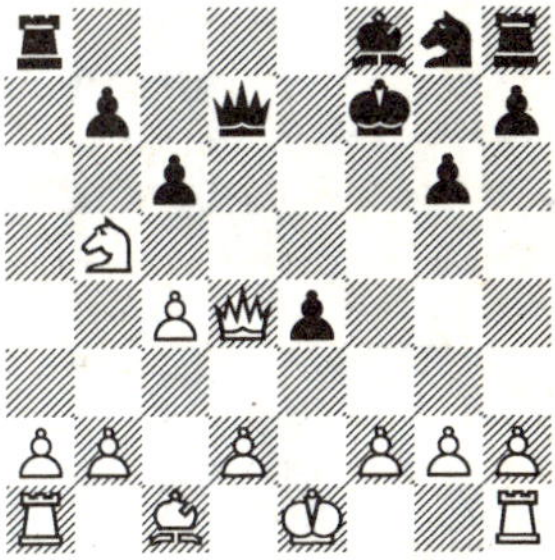

Im Falle von 14.♕:h8 ♘f6 15.♘c3 ♖e8 16.b3 (16.0–0 ♕d3!) 16. ... ♗c5 17.♕:e8+ ♔:e8 18.0–0 ♕d3 hätte Schwarz vollwertiges Gegenspiel. Nach 14.♕d4! hat es Schwarz nicht leicht, das Spiel auszugleichen. Einstweilen ist diese Variante das größte Problem der Anhänger der Jänisch-Verteidigung. Als Antwort auf 4.♘c3 kann Schwarz mit dem Zug 4. ... ♘d4 experimentieren (Empfehlung von Aljechin). Das Aufblühen dieses Systems in den fünfziger Jahren ist hauptsächlich auf den Einfluß der Analysen bulgarischer Schachspieler zurückzuführen. Dennoch haben vorläufig die praktischen Erprobungen gezeigt, daß es hier für Schwarz durchaus nicht einfach ist, vollwertiges Gegenspiel zu

erhalten, z. B. 5.♗a4 ♘f6 6.0–0 ♗c5 7.♘:e5 0–0 8.ef! d5 9.♘e2 ♕e7 10.♘:d4 ♕:e5 11.♘f3 ♕:f5 12.d4, und Weiß bewahrt den Mehrbauern.
Folglich stellt die Dyckhoff-Variante – 4.♘c3 – den Nachziehenden vor nicht geringe Probleme.
Auch auf die romantische Variante möchte ich eingehen, die nach 4.d4!? fe 5.♘:e5 ♘:e5 6.ce d6 7.♘c3!? cb 8.♘:e4 d5 9.ed ♘f6 entsteht.

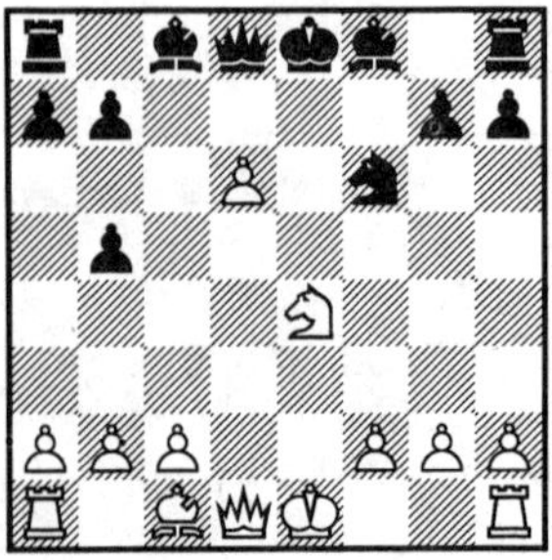

Eine ungewöhnliche, allerdings sehr scharfe Stellung. Einstweilen ist ihre Einschätzung unklar. Sie hängt in vielem ab von der Fortsetzung 10.♕d4 ♘:e4 11.♕:e4+ ♔f7 12.♗f4 oder 10. … ♗e7!? Da 4.♘c3 für Weiß günstige Ergebnisse zeitigt, ist das Suchen in der Variante mit 4.d4 einstweilen „vertagt“.

*Die Bird-Verteidigung 3. … ♘d4*

Diese etwas extravagante Variante kann nicht auf eine so lange Geschichte zurückblicken wie z. B. 3. … ♗c5, aber sie hat auch schon ein Alter von über 100 Jahren. Der englische Schachspieler Bird führte sie in die Praxis ein. Schwarz läßt sich auf eine Verdopplung der Bauern auf der d-Linie ein, und der Hauptkampf in der Eröffnung dreht sich gewöhnlich um den Punkt d4, der gleichzeitig sowohl eine Stärke als auch eine Schwäche im schwarzen Aufbau darstellt. Nach langem Mauerblümchendasein erwachte plötzlich Ende der vierziger Jahre für sie wieder das Interesse.
Keine geringe Rolle spielte in dieser Beziehung die Partie Geller–Cholmow, die in der letzten Runde der 17. Meisterschaft der UdSSR im Jahre 1949 gespielt wurde.
Interessanterweise hatte zu diesem Zeitpunkt der mit großem Schwung spielende Geller Aussicht auf den alleinigen 1. Platz. Es bedurfte nur noch eines Schrittes. Jedoch auf dem Wege dorthin mußte der damals noch junge Meister Cholmow überwunden werden – und die Bird-Verteidigung. Hier nun der Partieverlauf: **4.♘:d4 ed 5.0–0 c6 6.♗c4 ♘f6 7.♕e2 d6 8.e5?!**

Für den im Aufstieg befindlichen Geller gab es nur ein Vorwärts. Jedoch bringt dieser zu ungestüme Vorstoß nur Schwierigkeiten für Weiß. Besser war 8.d3.

**8. … de 9.♕:e5+ ♗e7 10.♖e1 b5!**

Der Urheber dieses Planes war Lissizyn, wie überhaupt die neuen Impulse zur Entwicklung der Theorie der Bird-Verteidigung hauptsächlich von Leningrader Schachspielern, insbesondere Tolusch, ausgingen.

**11.♗b3 a5 12.a4 ♖a7!**

Nur so. Schwarz opfert einen Bauern und erreicht rasch Entwicklungsvorsprung.

**13.ab 0–0! 14.b6** (14.bc ♗d6! 15.♕e2 ♖e8 mit klarem Vorteil für Schwarz) **14. … ♕:b6 15.d3 ♗b4 16.♖f1 ♕d8 17.♗g5 ♖e8 18.♕g3 ♗e6 19.♗:e6 ♖:e6 20.♘d2 h6 21.♗:f6 ♖:f6**

Die Ergebnisse der Eröffnung sind günstiger für Schwarz. Doch Geller schätzt, wie der weitere Verlauf zeigt, die Lage nicht real ein.

**22.♘e4 ♖e6 23.♕h3 ♕d5 24.c3 dc 25.bc ♗e7 26.f4?**

Danach ist die weiße Stellung kaum noch zu retten. Richtig war 26.g4!? mit unklarem Spiel.

**26. … f5 27.c4 ♕d4+ 28.♔h1 g6 29.♖ab1 h5 30.♖b8+ ♔f7 31.♕g3?! fe 32.f5 ♖f6 33.♖h8 ♕:d3! 34.fg+ ♔g7 35.♖h7+ ♔g8 36.♕:d3 ed 37.♖:f6 ♗:f6 38.♖:a7 ♗d4 39.♖f7 d2 40.♖f1 ♗b2 41.♔g1 a4 42.♔f2 a3 43.♔e2 a2.** Weiß gab auf.

In jenen Jahren schlugen die Wogen um dieses System in der Praxis sehr hoch. Allmählich bildeten sich die folgenden theoretischen Richtlinien heraus:
4.♘:d4 ed 5.0–0 c6 und jetzt 6.♗c4 ♘f6.
(Nicht wenig Debatten rief auch die verwegene Öffnung des Zentrums mittels 6. … d5?! hervor: 7.ed cd 8.♖e1+ ♘e7 9.♗b5+ ♗d7 10.♗:d7+ ♕:d7 11.♕h5 ♖c8 12.d3! Nur so. Der Bauer spielt keine Rolle, doch das Tempo ist wichtig für die Entfaltung der Initiative. 12. … ♖c6 – 12. … ♖:c2 13.♘d2 ♖c6 14.♘f3 ♖e6 15.♖:e6 ♕:e6 16.♗g5! wäre für Schwarz sehr gefährlich – 13.♘d2. Der Nachziehende hat Schwierigkeiten mit der Entwicklung seines Königsflügels.)
7.♖e1 d6 8.c3 ♘g4?! (8. … dc 9.♕b3!) 9.♕e2 b5 10.♗d3 ♕f6!? 11.h3 dc 12.hg cb 13.e5!, und Weiß besitzt eine sehr gefährliche Initiative. Offenbar ist anstelle von 8. … ♘g4?! besser 8. … ♕b6 9.♕b3 ♕:b3 10.♗:b3, wonach Schwarz sich aber mit einem schlechteren Endspiel abzufinden hat.
Eine weniger erforschte Fortset-

zung, die mit Erfolg von Smyslow angewandt wurde, ist 6.♗a4. Das Spiel trägt nicht so konkreten Charakter wie in der vorangegangenen Variante, aber das schwarze Spiel verläuft auch hier nicht problemlos, z. B. 6. … ♘f6 7.d3 d5 8.♗g5 (gut ist auch 8.ed ♘:d5 9.♖e1+ ♗e7 10.♗g5 mit Initiative für Weiß) 8. … de 9.de ♗e7 10.e5 ♘d5 11.♗:e7 ♘:e7 12.♗b3 0–0 13.♘d2, und die Chancen von Weiß sind vorzuziehen (Aronin–Tolusch, Leningrad 1951).

*Das System mit 3. … g6*

Obwohl diese Variante niemals weite Verbreitung gefunden hatte, wandten sich doch solche Koryphäen wie Steinitz, Pillsbury und Aljechin ihr zu. Nach einer längeren Unterbrechung wurden ihre eifrigen Verfechter Trifunović und dann Smyslow. Schwarz ist nicht nur bestrebt, den Punkt e5 zu festigen, sondern gegebenfalls Druck auf die Diagonale a1–h8 auszuüben. Lange Zeit wurde hauptsächlich 4.d4 geprüft, um unverzüglich Aktivität im Zentrum zu erlangen. Die Praxis hat jedoch bewiesen, daß in diesem Falle Schwarz genügend für den Kampf gerüstet ist, z. B. 4. … ed 5.♗g5 ♗e7 6.♗:e7 (Aufmerksamkeit gebührt der Empfehlung von Keres 6.♗f4) 6. … ♘g:e7 7.♘:d4 d5 (nicht schlecht ist 7. … 0–0) 8.♘c3 de 9.♘:e4 0–0 10.♗:c6 ♘:c6 11.♘:c6 bc 12.0–0 ♗f5 13.♖e1 ♖e8 mit ruhigem und ausgeglichenem Spiel (Boleslawski–Trifunović, Belgrad 1956).
Deshalb wurde in letzter Zeit die gehaltvollere Fortsetzung 4.c3, die den Vorstoß d2–d4 vorbereitet, Gegenstand der Diskussionen. In der Partie Kupreitschik–Smyslow (44. Meisterschaft der UdSSR, 1976) folgte **4. … d6 5.d4 ♗d7 6.0–0 ♗g7 7.♕b3! ♘a5 8.♕a4 c6 9.♗e2 b5 10.♕c2 ♘e7 11.♗e3 0–0 12.de de 13.a4! ♕c7 14.b4 ♘b7 15.ab cb 16.♖:a7 ♖:a7 17.♗:a7 ♘c6 18.♗e3**, und Weiß behielt einen gesunden Mehrbauern. Vielleicht muß Schwarz anstelle von 4. … d6 besser 4. … a6 5.♗a4 d6 6.d4 ♗d7 spielen mit Übergang zur verbesserten Steinitz-Verteidigung. Außerdem verdient auf 4. … a6 der Zug 5.♗c4!? Aufmerksamkeit.

Kurz zu den weiteren seltenen Fortsetzungen von Schwarz im 3. Zug. Deutlich widersprechen den Eröffnungsprinzipien 3. … ♕e7, 3. … ♕f6 und besonders 3. … f6? oder 3. … g5? Wenig verlockend ist 3. … ♘a5, worauf Weiß am einfachsten 4.0–0 c6 5.♗e2 nebst d2–d4 spielt und deutliches Positionsübergewicht erlangt.
Gekünstelt sieht Alapins Zug 3. … ♗b4?! aus. Nach 4.c3 ♗a5 5.♘a3! d6 6.♘c4 ♗b6 7.d4 übt Weiß unangenehmen Druck auf das Zentrum aus.
Auch die alte Fortsetzung 3. …

♘ge7 findet heute fast keine Anhänger mehr. Immerhin wendet sie manchmal Larsen an. Nach 4.♘c3 (nicht schlecht ist auch 4.c3) 4. … ♘g6 (günstig für Weiß ist ebenfalls 4. … g6 5.d4 ♗g7 6.♗g5 h6 7.♗e3 ed 8.♘:d4 0–0 9.♕d2 nebst 0–0–0) 5.d4 ed 6.♘:d4 ♗c5 7.♗e3 ♗:d4 8.♗:d4 0–0 9.♗e3 d6 10.0–0 ♔h8 11.♕d2 steht Weiß klar besser.
Konstatieren muß man, daß sich die positionellen Spielweisen (3. … d6, 3. … ♘f6, 3. … g6) trotz einer gewissen Passivität bei geschickter Behandlung als genügend zuverlässig erweisen. Unter den schärferen Systemen nimmt sich 3. … ♗c5 am besten aus. Die Wahl ist jedoch hauptsächlich eine Sache des Geschmacks.

**Die Verteidigung mit dem Zug 3. … a6**

Ohne Zweifel wird in der modernen Spielpraxis am meisten auf die Systeme zurückgegriffen, die nach 3. … a6 entstehen. Sie zeichnen sich durch ein weites strategisches Feld aus und führen zu einem sehr gehaltvollen Kampf, was ihre wachsende Popularität entsprechend dem fortschreitenden strategischen Denken bestimmte.
Schwarz zwingt den weißen Läufer zu einer sofortigen Erklärung und bereitet nach und nach einen Angriff am Damenflügel vor.
In Turnieren des vergangenen Jahrhunderts treffen wir auf Partien, die man zu den Vorläufern der modernen geschlossenen Systeme der Spanischen Partie rechnen kann. So geschah zum Beispiel in einem Blindspiel Morphys gegen Catley (London 1859) 3. … a6 4.♗a4 ♘f6 5.0–0 ♗e7 6.♘c3. Etwas später, im Jahre 1864, wurde in der Partie Knorre–Paulsen die Variante 4.♗a4 ♘f6 5.0–0 ♗e7 6.♖e1 d6 7.♗:c6+ bc gespielt.
Großes Verdienst in der Ausarbeitung und Popularisierung der geschlossenen Systeme der Spanischen Partie gebührt Tschigorin.
Auffallend ist, daß diese Systeme in ihrer Entwicklung keine Krise durchmachten. Ununterbrochen floß der theoretische Strom, und dadurch kristallisierten sich so umfangreiche Systeme heraus wie der „offene Spanier“, die verbesserte Steinitz-Verteidigung, der Marshall-Angriff, das Rauser-System und schließlich eine ganze Reihe moderner Spielweisen (das erneuerte Breyer-System, das Keres-, das Smyslow-System u. a.). Zunächst wollen wir uns den selteneren Fortsetzungen zuwenden.

*Die Abtauschvariante 3. … a6 4.♗:c6 dc*

Diese Variante ist eine Art erste Reaktion von Weiß, mit der auch die Urheber der Verteidigung 3. … a6 rechnen mußten.

Weiß erhält eine Bauernüberlegenheit am Königsflügel. Die Praxis hat aber sehr schnell den Beweis erbracht, daß Schwarz seinerseits durch den Vorteil des Läuferpaares keine schlechten Trümpfe besitzt.
Meine erste Bekanntschaft mit der Abtauschvariante machte ich als Jüngling in Aljechins Buch „Meine besten Partien". Dort fand ich seine Partie gegen Werlinski (St. Petersburg 1909), die mich außerordentlich beeindruckte. Aljechin führte die schwarzen Steine:

**1.e4 e5 2.♘f3 ♘c6 3.♗b5 a6 4.♗:c6 dc 5.d4 ed 6.♕:d4 ♕:d4 7.♘:d4 c5 8.♘e2 ♗d7 9.b3(?) c4! 10.bc ♗a4 11.c3 0–0–0 12.♘d2 ♗c2 13.f3 ♗c5 14.a4 ♘f6 15.♗a3 ♗e3! 16.♘f1 ♗a7 17.a5 ♖d3 18.c5 ♖hd8 19.♔f2 ♘d7 20.♘e3 ♘:c5!**

Das ist bereits die entscheidende Kombination. Die folgende Variante muß geradezu gefallen: 21.♘:c2 ♘:e4+ 22.♔e1 ♖d1+! 23.♖:d1 ♗f2+ 24.♔f1 ♖:d1+ 25.♘e1 ♖:e1 matt!

In der Partie geschah **21.♘d4 ♗b3 22.♔e2 ♖:c3 23.♗b2 ♖:e3+! 24.♔:e3 ♘e6 25.♖a3 ♘:d4 26.♔f4 ♗c5 27.♖aa1 ♘e2+ 28.♔g4 ♗e6+**. Weiß gab auf.

Vielleicht wurde diese Partie der Grund dafür, daß ich in meinem Leben noch nie die Variante 4.♗:c6+ gespielt habe ...
Später, als ich die bekannte Partie Lasker–Capablanca (siehe Seite 42) kennengelernt hatte, stieg die Abtauschvariante in meinen Augen etwas im Ansehen. Bis zur Mitte der sechziger Jahre befand sich die Abtauschvariante überhaupt etwas auf dem toten Gleis, nicht nur in meinen Vorstellungen. Ihre Theorie war durchaus nicht kompliziert. Auf dem Wege zum Ausgleich bedurfte es von Schwarz lediglich einer bestimmten Genauigkeit.
Und doch stellte es sich heraus, daß sich hier nicht wenig Raum für Untersuchungen und Diskussionen bietet. Ein neues großes Kapitel wurde mit dem Zug 5.0–0(!) aufgeschlagen, der zwar seit langer Zeit (Anderssen, Lasker und Bernstein wandten ihn an) bekannt war, aber durch Fischer eine Wiedergeburt erfuhr. Die folgende Partie Fischer–Gligorić (Olympiade 1966) erregte allgemeines Aufsehen und stellte eine Art Offenbarung dar:

**1.e4 e5 2.♘f3 ♘c6 3.♗b5 a6 4.♗:c6 dc 5.0–0 f6 6.d4 ♗g4 7.c3!? ed 8.cd ♕d7**

Eine wesentliche Ungenauigkeit. Natürlich wäre es riskant, das Bauernopfer anzunehmen: 8. ... ♗:f3 9.♕:f3 ♕:d4 10.♖d1 ♕c4 11.♗f4 usw., aber nicht schlecht ist 8. ... c5! 9.d5 ♗d6 (ein „Schiffbrüchiger", Gligorić).

**9.h3 ♗e6** (hier war 9. ... ♗h5 besser) **10.♘c3 0–0–0 11.♗f4! ♘e7?** (Fischer empfahl 11. ...

**♗d6) 12.♖c1 ♘g6 13.♗g3 ♗d6 14.♘a4! ♗:g3? 15.fg ♔b8 16.♘c5 ♕d6 17.♕a4! ♔a7? 18.♘:a6! ♗:h3 19.e5! ♘:e5 20.de fe 21.♘c5+ ♔b8 22.gh e4 23.♘:e4 ♕e7 24.♖c3 b5 25.♕c2,** und Schwarz gab endlich auf.

Von nun an setzte eine gewaltige Begeisterung für den Zug 5.0–0 ein. Einige Zeit konnte hinsichtlich der Häufigkeit in der Praxis die Abtauschvariante durch diese Reaktion mit den Hauptfortsetzungen nach 4.♗a4 ernsthaft konkurrieren. So war es nicht erstaunlich, daß schon innerhalb weniger Jahre ihre Theorie sowohl in der Breite als auch in der Tiefe ungeahnte Ausmaße annahm und sich sehr differenzierte. Das Gesamtergebnis, auf einen Nenner gebracht, lautete: Schwarz verfügt objektiv über ausreichende Ressourcen. Neben 5. ... f6 gelten jetzt als Hauptvarianten 5. ... ♗g4, 5. ... ♘e7, 5. ... ♕d6. Jedoch verlangt selbst ihre flüchtige Untersuchung schon gehörige Zeit. Die praktische Anwendung der Abtauschvariante setzt nicht nur großes Wissen voraus, sondern auch die Kenntnis einer Reihe strategischer und taktischer Feinheiten.

Nichtsdestoweniger ist offensichtlich, daß als Antwort auf 3. ... a6 die Hauptfortsetzung von Weiß 4.♗a4 darstellt, was die Spannungen aufrechterhält. Die hauptsächlichen Erwiderungen von Schwarz sind jetzt 4. ... ♘f6 und 4. ... d6, die sich in eine große Menge von Varianten verzweigen. Doch auch Möglichkeiten wie 4. ... f5 oder 4. ... b5 dürfen nicht unbeachtet gelassen werden.

Erstere Variante führt zu einem äußerst taktisch betonten Kampf. Im Unterschied zum Jänisch-Gambit (3. ... f5) gilt hier als beste Fortsetzung nicht 5.♘c3, sondern 5.d4. Am Abspiel 5.♘c3 wirkt sich der Stellungsunterschied dahingehend aus, daß zunächst der Läufer a4 durch 5. ... b5! 6.♗b3 eingeengt wird mit der Fortsetzung 6. ... b4 7.♘d5 fe 8.d4! ef 9.♕:f3 ♗e7 10.♗g5 ♘f6 11.de ♘:d5 12.♗:d5 ♘:e5 13.♕e4 c6 14.♕:e5 cd 15.0–0 ♔f8 16.♗:e7+ ♕:e7 17.♕:d5 ♖b8 18.♖fe1 ♕f6 19.♕c5+ mit ewigem Schach (Moissejews Analyse).

Im Falle von 5.d4 nimmt das Spiel forcierten Charakter an: 5. ... ed 6.e5 ♗c5 7.0–0 ♘ge7 8.♗b3 d5 8.ed ♕:d6 10.♖e1 h6 11.♘bd2 b5 12.a4 ♗b7 13.ab ab 14.♖:a8 ♗:a8.

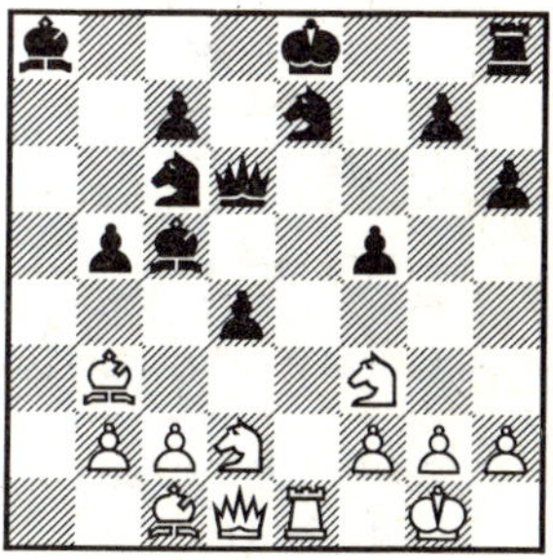

Eine kritische Stellung, deren Einschätzung in vielerlei Hinsicht von den Ergebnissen der praktischen Prüfung des Zuges 15.♕e2 abhängt. Auf die folgende Variante wies Keres hin: 15. ... d3? 16.cd ♔d8 17.d4 ♘:d4 18.♘:d4 ♗:d4 19.♘f3 mit weißem Übergewicht.

Die Variante 4. ... b5 5.♗b3 ♘a5 weist dagegen positionelle Merkmale auf. Ihre Idee besteht darin, recht schnell den aktiven weißfeldrigen Läufer von Weiß abzutauschen. Jedoch geht die Lösung dieser besonderen und natürlich wichtigen Aufgabe zu Lasten von beträchtlichen Zugeständnissen im Zentrum. Die Praxis hat gezeigt, daß Schwarz durchaus nicht einfach vollwertiges Spiel erlangt.
Die elastischste Fortsetzung stellt hier 6.0–0 dar. Nach 6. ... d6 7.d4 folgen die Varianten:
1) 7. ... ♘:b3 8.ab f6 9.c4!

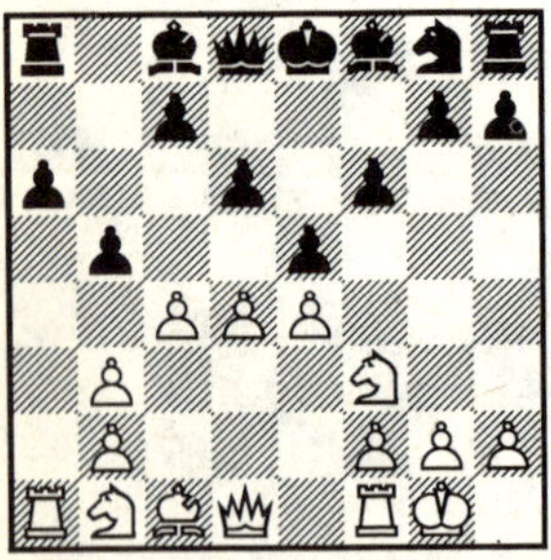

Diese Fortsetzung wurde vom Verfasser in der Partie gegen Goldenow (Minsk 1953) in die Praxis eingeführt. Nach 9. ... b4 10.♗e3 ♘e7 11.♘bd2 ♘g6 12.c5! hatte Schwarz am Damenflügel beträchtliche Schwierigkeiten. Auch später brachte der Zug 9.c4 regelmäßig „Zinsen“. So erreichte in der Partie Fischer–Johannessen (Olympiade 1966) der Anziehende nach 9.c4 ♗b7 10.♘c3 ♘e7 11.♕e2 c6 12.♖d1 ♕c7 13.♗e3 klaren Stellungsvorteil.
2) 7. ... ed 8.♘:d4 ♗b7. Hier bieten sich mehrere günstige Wege für Weiß an: 9.c4!, 9.♗d2! und 9.♕e1! Überall steht Schwarz ein schwieriger Kampf um Ausgleich bevor.

Bemerkt sei, daß solche seltenen Erwiderungen wie 4. ... ♗e7, 4. ... ♗c5, 4. ... ♗b4(?), 4. ... g6, 4. ... ♘ge7 wenig verlockend sind. So steht es z. B. im letzteren Fall nach 4. ... ♘ge7 5.c3! b5 6.♗b3 d5 7.♕e2! ♗e6 8.♘g5 ♘g6 9.d3 ♗e7 10.♘:e6 fe 11.ed schlecht um Schwarz (Suetin–Klaritsch, Sotschi 1977).

*Die verbesserte Steinitz-Verteidigung 3. ... a6 4.♗a4* d6

Neben den modernen geschlossenen Systemen und dem offenen Spanier gehört die verbesserte Steinitz-Verteidigung bereits seit langer Zeit zu einem der aktuellsten Systeme in der Spanischen Partie. Das strategische Leitmotiv ist für Schwarz die Erhaltung und Festigung des Schlüsselpunktes e5. In dieser

Beziehung leisten die Züge 3. ... a6 4.♗a4 Schwarz wertvolle Hilfe, denn sie ermöglichen gegebenenfalls die Einengung des weißen Läufers mittels b7–b5. Sehr lange Zeit widmete man das Hauptaugenmerk dem Zug 5.c3, nach dem sich ein verzweigtes Netz von Systemen und Varianten auftut. Die nach 5. ... ♗d7 6.d4 entstehenden Systeme wurden einer detaillierten analytischen Bearbeitung unterzogen, nämlich das Rubinstein-System mit 6. ... ♘ge7, das Aljechin-System mit 6. ... g6 und das System mit 6. ... ♘f6. Immer hat Schwarz gewisse Schwierigkeiten zu überwinden. Obwohl er eine genügend sichere Verteidigung errichten kann, verfügt Weiß im Zentrum über die Initiative. Warum aber hat Weiß später auf den ziemlich zurückhaltenden Zug 5.c3 verzichtet? Die Ursache kam von der „Flanke", nämlich wegen der Antwort 5. ... f5! Bereits Tarrasch sagte, daß in der Spanischen Partie dieser Gegenstoß an Stärke gewinnt, wenn Weiß c2–c3 spielt. Der Zug 5. ... f5 tauchte nach dem Turnier in Budapest im Jahre 1928, wo ihn Capablanca mit Erfolg anwandte, in der Praxis auf. Allerdings war es auch um diese Spielweise 20 Jahre still!
Sie rückte wieder in den Blickpunkt des Interesses im Matchturnier um die Weltmeisterschaft im Jahre 1948, wo sich Keres ihrer mit Erfolg bediente. Die Partie Euwe–Keres nahm einen glänzenden Verlauf: **5. ... f5 6.ef ♗:f5 7.d4 e4 8.♘g5 d5 9.f3 e3!**

Die Stellung nach 9.f3 schätzte man lange Zeit als günstig für Weiß ein, weil 9. ... ef 10.0–0! ihm starken Angriff gab.

**10.f4 ♗d6 11.♕f3?**

Später wurde festgestellt, daß 11.♕h5+ und erst nach 11. ... g6 12.♕f3 ♕f6 13.♕:e3+ ♘e7 14.0–0 oder 11. ... ♗g6 12.♕f3 ♕f6 13.♕:e3+ ♘e7 14.♕e6 besser ist – in beiden Fällen hat Weiß gutes Spiel. Leider ist bis heute diese Empfehlung nicht in der Praxis geprüft worden.

**11. ... ♕f6 12.♕:e3+ ♘e7 13.♗:c6+ bc 14.0–0 0–0 15.♘d2?** (notwendig war 15.♘f3, obwohl auch hier 15. ... ♗:b1 16.♖:b1 ♕g6! zu klar besserem Spiel für Schwarz führt) **15. ... ♘g6 16.g3 ♖ae8 17.♕f2 ♗d3 18.♖e1 ♖:e1+ 19.♕:e1**

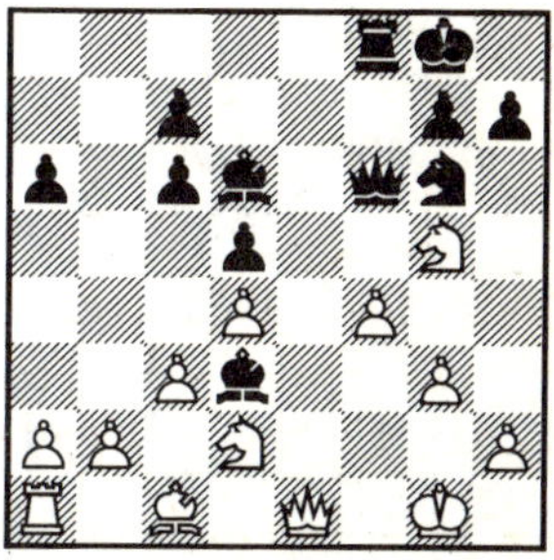

**19. ... ♗:f4! 20.gf ♘:f4 21.♘df3 ♘e2+ 22.♔g2 h6 23.♕d2 ♕f5 24.♕e3 hg 25.♗d2 ♗e4.** Weiß gab auf.

Aus den Anmerkungen zum 11. Zug von Weiß ist ersichtlich, daß der Anziehende sein Spiel durchaus verstärken konnte. Wie man jedoch schon bald nach der Partie herausfand, bot sich Schwarz eine vorbeugende Verbesserung an. Jetzt bedient man sich vorwiegend der Fortsetzung 9. ... h6! (anstelle von 9. ... e3) 10.fe hg 11.ef ♗d6.
Obwohl Schwarz in dieser kritischen Stellung einen Bauern weniger besitzt und der König in einigen Varianten nicht zur Rochade kommt, erweist sich sein Gegenspiel als äußerst gefährlich. Die schwarzen Figuren wirken ausgezeichnet zusammen und stehen zu aktiven Operationen am Königsflügel bereit. Einstweilen sprechen die praktischen Ergebnisse deutlich für Schwarz. Gerade wegen dieser Variante läßt auch das Interesse an dem Zug 5.c3 immer mehr nach.
Heute hat die Variante mit 5.0–0 einen zentralen Platz eingenommen. Die Einstellung zu diesem Zug hatte sich periodisch verändert. Gegen Ende der dreißiger Jahre arbeiteten Ragosin und Rjumin dieses System aus; sie hielten den Zug 5.0–0 für den elastischsten! Eine Zeitlang zog man nur die Verteidigung 5. ... ♗d7 in Betracht. Sowohl die damalige als auch die moderne Spielpraxis hat bewiesen, daß in diesem Falle die Chancen für Weiß günstiger sind. Komplizierter verhält sich die Sachlage bei der aktiveren Methode mit 5. ... ♗g4. Gerade dieser Zug verdrängte für lange die Fortsetzung 5.0–0. Tatsächlich erlangt Schwarz nach 6.c3 ♕f6! 7.d3 ♘e7 8.♗c3 ♗:f3 9.♕:f3 ♕:f3 10.gf g5! ausgezeichnetes Spiel.
Jedoch bewirkte die Partie Fischer–Geller (Bled 1961) eine entscheidende Umbewertung. Dort folgte **6.h3 ♗h5 7.c3 ♕f6 8.g4! ♗g6 9.d4! ♗:e4 10.♘bd2 ♗g6 11.♗:c6+! bc 12.de de 13.♘:e5 ♗d6 14.♘:g6 ♕:g6 15.♖e1+ ♔f8 16.♘c4 h5 17.♘:d6 cd 18.♗f4 d5 19.♕b3**, und die Stellung von Schwarz erwies sich als hoffnungslos. Allerdings hat der theoretische Streit erst begonnen und ist längst nicht beendet. Als Antwort auf 6.h3 fand die Fortsetzung 6. ... h5 Aufmerksamkeit. Hier kann nun Weiß wählen zwischen 7.d4, 7.c4 und 7.♗:c6+. Die logischste Fortsetzung stellt 7.d4 b5 8.♗b3 ♘:d4 9.hg hg 10.♘g5 ♘h6 dar.

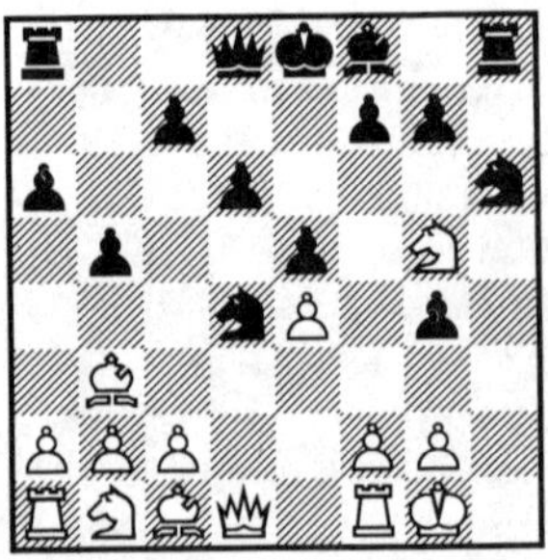

Diese Stellung gilt als kritisch, und ihre Beurteilung ist noch

nicht klar. Die Hauptfortsetzungen für Weiß sind hier: 11.c3, 11.f4, 11.g3!? Jede von ihnen bietet der Analyse ein weites Betätigungsfeld.
Noch eine Möglichkeit bietet sich Weiß an, die immer etwas im Hintergrund stand, jedoch niemals ihre Aktualität eingebüßt hat. Es handelt sich um die Variante 5.♗:c6+ bc 6.d4 f6. Durch den Abtausch des wichtigen weißfeldrigen Läufers rechnet der Anziehende auf Raumübergewicht und will, wenn es geboten erscheint, die Schwächen am schwarzen Damenflügel ausnutzen. Schwarz ist einstweilen mit Verteidigungsmaßnahmen im Zentrum beschäftigt und bereitet nach und nach die Sprengungszüge d6–d5 oder f6–f5 vor.
Weiß verfügt über mehrere Pläne: 7.♗e3, 7.♘c3, 7.c4. Der optimale ist wahrscheinlich 7.♗e3 ♘e7 8.♘c3 ♘g6 9.♕d3 oder 9.♕e2, und Schwarz hat es nicht einfach, das Spiel auszugleichen.
Zum Abschluß dieses Abschnitts sei bemerkt, daß ein alter Plan von Duras, eingeleitet von 5.c4, dem Anziehenden nichts verspricht. Schwarz richtet sein Gegenspiel auf den Punkt d4, z. B. 5. ... ♗g4 6.♘c3 ♘f6 7.h3 ♗:f3 8.♕:f3 ♗e7 9.d3 0–0 10.♗e3 ♘d7! 11.♘d5 ♘c5! 12.♗:c5 dc 13.♗:c6 bc 14.♘:e7+ ♕:e7. Schwarz hat zwar einen Tripelbauern auf der c-Linie, aber dafür beherrscht er die halboffene b- und d-Linie, was die Mängel in seiner Bauernstruktur völlig kompensiert.

Wenden wir uns nun dem Zug 4. ... ♘f6 zu, der einen gewaltigen Strom von Varianten in Fluß bringt.
Wir beginnen mit den kleineren „Nebenflüssen". Es sind dies die Züge 5.d4, 5.♘c3, 5.♕e2, 5.♗:c6, 5.d3. Übrigens tragen sie fast identischen Charakter mit der Spielweise nach vorausgehendem 5.0–0 ♗e7.
Ungeachtet des verschiedenartigen Spielcharakters haben sie eher praktische Bedeutung und bringen keine größeren prinzipiellen Probleme mit sich.
5.d4 zielt auf einen frühen und unmittelbaren Zentrumsangriff und führt zu lebhaftem Figurenspiel. Diese Kampfmethode ist zwar schon seit langem bekannt, aber ihre detaillierte Ausarbeitung begann erst in den fünfziger Jahren. Bei richtiger Verteidigung erreicht Schwarz vollwertiges Spiel, doch auf dem Wege dorthin gilt es, einige taktische Riffe zu umgehen.

Nach 5. ... ed 6.0–0 ♗e7 sind folgende Varianten möglich:

1) 7.e5 ♘e4 8.♘:d4 0–0 9.♘f5 d5 10.♗:c6 bc 11.♘:e7+ ♕:e7 12.♖e1, und Schwarz gelangt auf verschiedenen Wegen (12. ... f6, 12. ... ♗f5, 12. ... ♖e8) zu völlig annehmbarem Spiel.

2) 7.♖e1 (ein späterer Fund, der der Forschung einen zusätz-

lichen Impuls gab) 7. ... 0–0 (häufig spielt man auch 7. ... b5 8.e5 ♘:e5 9.♖:e5 d6 10.♖e1 ba 11.♘:d4 ♗d7 12.♕f3 mit nicht geringer Initiative für Weiß) 8.e5 ♘e8 9.c3!? (eine Alternative stellt 9.♗f4 dar, worauf 9. ... b5 10.♗b3 d5 am besten ist) 9. ... dc 10.♘:c3 d6 11.ed ♘:d6 12.♘d5 ♗e6. Für den Bauern übt Weiß einen gewissen Druck aus, aber bei genauer Verteidigung kann Schwarz vollauf mit Ausgleich rechnen.

Die ältere Fortsetzung 5.♘c3 wurde lange Zeit als beste angesehen. Das Spiel ähnelt hier dem Vierspringerspiel, doch hat Schwarz im Vergleich zu diesem System noch weniger Probleme auf dem Weg zum Ausgleich, z. B. 5. ... b5 6.♗b3 ♗e7 7.0–0 d6 8.♘d5!? ♘a5 (möglich ist auch die Annahme des Bauernopfers 8. ... ♘:e4; es geht auch 8. ... ♗b7) 9.♘:e7 ♕:e7 10.d4 ♗b7 11.♗g5 0–0 12.de de 13.♕e1 ♘:b3 14.ab h6 15.♗:f6 ♕:f6, und das Spiel steht gleich (Keres–Euwe, Wettkampf 1939/40).

Ungefährlich für Schwarz ist auch der Zug 5.♕e2, mit dem vor allem die offene Verteidigung vermieden wird. Nach 5. ... b5 (auch 5. ... d6 ist möglich) 6.♗b3 ♗c5 7.a4 ♖b8 8.ab ab 9.♘a3 0–0 10.d3 d6 hat der Nachziehende keine Schwierigkeiten.

Eine zuverlässige, aber etwas passive Fortsetzung stellt der ältere Zug 5.d3 dar. Nach 5. ... d6 (nicht schlecht wäre 5. ... b5) 6.c3 g6 7.♘bd2 ♗g7 8.♘f1 0–0 9.♘g3 b5 10.♗c2 d5 erlangt Schwarz gutes Spiel (Treybal–Grünfeld, Teplitz-Schönau 1922).

In der Praxis begegnet man häufig der Fortsetzung 5.0–0 ♗e7 6.♗:c6, die ideenmäßig an die Abtauschvariante erinnert. Weiß ist bestrebt, den Punkt e5 unter Druck zu setzen, während zugleich die schwarze Bauernstellung am Damenflügel etwas festgelegt wird. Schwarz seinerseits kann im weiteren Verlauf ein Gegenspiel am Königsflügel organisieren und die potentielle Kraft seines Läuferpaares ausnutzen. Nach 6. ... dc 7.d3 (nichts erreicht Weiß mit 7.♕e1 oder 7.♘c3) 7. ... ♘d7 8.♘bd2 0–0 9.♘c4 f6 10.♘h4 ♘c5 11.♘f5 ♗:f5 12.ef ♕d7 steht Schwarz nicht schlechter.

*Die offene Verteidigung 3. ... a6 4.♗a4 ♘f6 5.0–0 ♘:e4*

Wir schlagen hier eines der interessantesten und lebendigsten Kapitel der Eröffnungstheorie auf. Schwarz nimmt den Bauern e4 in dem Bestreben, für seine Figuren Wirkungsraum zu schaffen. Allerdings muß er dabei mit einer gewissen Schächung seiner Bauernstruktur am Damenflügel rechnen. Dieser Umstand sowie der weiße Vorposten auf e5 können zu einem ernsthaften Mangel des gesamten schwarzen Aufbaus werden. Aber in der Regel

muß Schwarz im Kampf um Initiative ein Risiko eingehen. An der Ausarbeitung der offenen Verteidigung haben viele hervorragende Großmeister der Vergangenheit und Gegenwart teilgenommen, zu ihnen gehörten Tarrasch, Euwe, Keres, Karpow u. a.
Die Grundstellung dieser Eröffnung entsteht nach 6.d4 b5 7.♗b3 d5 8.de ♗e6.

Jetzt ergeben sich für Weiß nicht wenig Probleme. Die älteste und verbreitetste Spielweise ist 9.c3, worauf Schwarz über drei Hauptpläne verfügt: 9. ... ♗e7, 9. ... ♗c5 und 9. ... ♘c5. Theoretisch am umfangreichsten ist der Komplex 9. ... ♗e7, womit Schwarz einen möglichst schnellen Abschluß der Entwicklung anstrebt, um in einem günstigen Augenblick mit einem Gegenangriff an der Damenflanke und im Zentrum zu beginnen. Das Feld c5 bleibt hier für den Bauernvorstoß frei. Weiß verfügt über ein großes „Angebot“: 10.♘bd2, 10.♗e3, 10.♕e2, 10.♖e1, 10.a4, 10.♗f4.
Die logischste und am besten untersuchte Fortsetzung ist 10.♘bd2 0–0 11.♗c2.

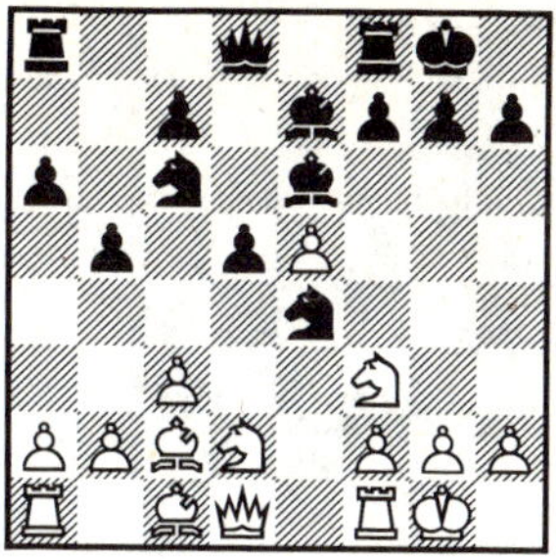

Bis in die letzte Zeit hinein stand im Mittelpunkt der Aufmerksamkeit der Theoretiker die Fortsetzung 11. ... f5 12.♘b3 ♕d7 13.♘fd4 ♘:d4 14.♘:d4 c5 oder 13. ... ♖ad8. Die Chancen von Weiß sind etwas vorzuziehen. Für sicher, aber etwas zaghaft gilt die seltene Fortsetzung 11.♕e2. Der Zug 10.♗e3 bringt anscheinend unvorhergesehene Probleme mit sich. Dieses System ist gegenwärtig ein ziemlich seltener Gast in der Turnierpraxis, und die Theorie beschäftigt sich nicht mehr mit ihm.
Das italienische System mit 9. ... ♗c5 ist dagegen ziemlich oft in Turnieren anzutreffen. Seine vielen Varianten verfolgen vorwiegend taktische Ziele, die zum Beispiel einen Angriff auf den Punkt f2 zum Inhalt haben und überhaupt mit Drohungen am Königsflügel aufwarten. In den vierziger Jahren rief breites Interesse die folgende Fortsetzung hervor: 10.♘bd2 0–0 11.♗c2 f5 12.♘b3 ♗b6 13.♘fd4 (bemerkt sei, daß man auf 13.a4 am einfachsten 13. ... ♕d7 spielt) 13. ... ♘:d4

14.♘:d4 ♗:d4 15.cd f4 16.f3 ♘g3 17.hg fg 18.♕d3 ♗f5 19.♕:f5 ♖:f5 20.♗:f5 ♕h4 21.♗h3 ♕:d4+ 22.♔h1 ♕:e5.

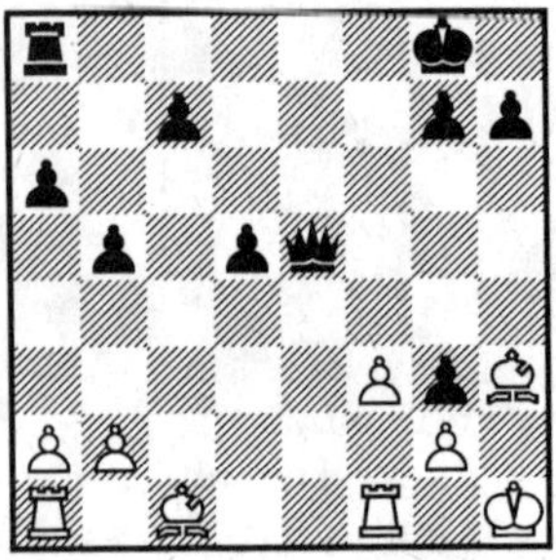

Eine ungewöhnliche Situation mit verschiedenartigem Material ist entstanden. Trotz vieler praktischer Erprobungen und mühsamer Analyse ist die Frage, wie sie zu bewerten ist, einstweilen noch offen.
Am verbreitetsten ist die Fortsetzung 23.♗d2 ♕:b2 24.♗f4 d4!, wonach die Waagschale, wie paradox es auch klingen mag, um das Gleichgewicht schwankt. Vielleicht wendet man sich bald einmal dem Zug 23.♖b1!? zu. Vorerst ist er nicht in Turnierkämpfen geprüft worden.
Eine nicht weniger Kopfzerbrechen bereitende Situation entsteht im Falle von 12.ef (anstelle von 12.♘b3) 12. ... ♘:f6 13.♘b3 ♗b6 14.♘g5 ♗g4 15.♗:h7+ ♔h8 16.♕c2!? Auch hier bietet sich viel Raum für theoretische Untersuchungen. Einstweilen hat man in der Praxis einen theoretischen Streit vermieden.

Ebenfalls in den vierziger Jahren erwachte das Interesse an der Variante mit 11. ... ♘:f2!? (als Antwort auf 11.♗c2). Die Idee dieses Positionsopfers stammt von Dilworth. Viel trug hier Botwinnik zur Entwicklung der Theorie bei. Diese Spielweise ist ein dankbares Betätigungsfeld für Fernschachspieler. Nach 12.♖:f2 f6 13.ef ♗:f2+(!) 14.♔:f2 ♕:f6 15.♔g1 ♖ae8 16.♘f1 ♘e5 17.♗e3 sind die Aussichten für Weiß vielleicht etwas besser.
In letzter Zeit rückte im italienischen System die Variante mit 11. ... ♗f5 (anstelle des traditionellen 11. ... f5) in den Vordergrund. Sie war übrigens eines der wichtigsten Streitobjekte im Weltmeisterschaftskampf 1978 in Baguio. Natürlich vollzog sich dort eine „Tiefenprüfung“, deren Ergebnisse sich als günstiger für Weiß erwiesen, z. B. 12.♘b3 ♗g4 13.h3 ♗h5 14.g4 ♗g6 15.♗:e4! de 16.♘:c5 ef 17.♗f4 ♕:d1 18.♖a:d1 mit vorteilhaftem Endspiel für Weiß.
Anstelle von 12. ... ♗g4 kann man 12. ... ♗g6 spielen, jedoch auch hier ist Schwarz nicht auf Rosen gebettet.

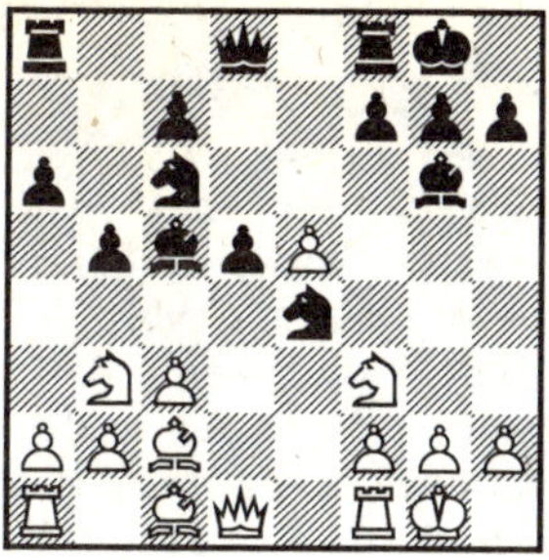

Aufschlußreich ist die Partie Karpow–Jussupow (50. Meisterschaft der UdSSR, 1983), die übrigens als die beste im Turnier eingeschätzt wurde. Dort folgte: **13.♘fd4 ♗:d4 14.cd a5 15.♗e3 a4 16.♘d2 a3 17.♘:e4!?** (nicht schlecht ist auch 17.♕c1) **17. ... ab 18.♖b1 ♗:e4 19.♖:b2 ♕d7 20.♗d3 ♗:d3 21.♕:d3 ♖fb8 22.♖fb1 b4 23.h3 h6 24.♖c1 ♖b6 25.♕b1 ♖ab8 26.♖c5 ♘d8 27.♖cc2 ♘c6 28.♕c1 ♖8b7 29.♖c5**

Der weiße Druck am Damenflügel wird spürbarer. Die Grundpfeiler der schwarzen Stellung werden unerbittlich attackiert.

**29. ... ♘e7 30.♔h2 ♘f5 31.♖bc2 ♖g6 32.♖:c7 ♖:c7 33.♖:c7 ♕b5 34.g4 ♘h4 35.♖c8+ ♔h7 36.♕d1 ♕a6 37.♖c2 f5**

Auf diesen Zug hatte Schwarz wahrscheinlich seine Hoffnungen gesetzt. Jedoch ...

**38.♔g3!**

Ein seltener Fall, wo der König, allen Vorurteilen zum Trotz, im Mittelspiel seine Feste verläßt und sich auf den Weg macht, um den verirrten schwarzen Springer zu ergreifen.

**38. ... fg 39.♔:h4 gh 40.f4! ♕e6 41.♕h5 ♕e7+ 42.♔:h3 ♕f7 43.♖h2! ♕d7+ 44.f5!** Schwarz gab auf.

Ein fein gesponnenes Netz von Varianten weist auch die jetzt selten anzutreffende Berliner Verteidigung 9. ... ♘c5 auf. Schwarz strebt hier in einem frühen Partiestadium nach aktivem Gegenspiel. Vor allem ist der Nachziehende bemüht, den Läufer auf b3 von der wichtigen Diagonale zu verdrängen, um dann mit ♗g4 den Vorstoß d5–d4 vorzubereiten. Das alles erfordert Zeit und hemmt beträchtlich die Entwicklung. Dadurch ergeben sich scharfe und lange Varianten, wie 10.♗c2 ♗g4 11.♖e1 ♗e7 12.♘bd2 d4! 13.♘b3 d3 14.♗b1 ♘:b3 15.ab ♗f5 16.♗e3 0–0. Eine ungewöhnliche Situation, in der es schwierig ist, Bewertungskriterien zu finden. Eines ist klar, Weiß fällt es nicht leicht, einen Vorteil nachzuweisen.

Eine wesentliche Rolle in der Entwicklung der Theorie der offenen Verteidigung spielte das Keres-System mit 9.♕e2. Es wurde mit Erfolg von führenden Großmeistern im Matchturnier um die Weltmeisterschaft 1948 erprobt. Der weiße Plan besteht in der raschen Ausübung eines Drucks auf der d-Linie. Dabei will der Anziehende ohne den „unerläßlichen“ Zug c2–c3 auskommen und beabsichtigt, nach der Plazierung des Turms auf d1 den c-Bauern zwei Felder vorzurücken und den Punkt d5 anzugreifen. Die ersten Versuche brachten Weiß hohe Zinsen. So konnte Euwe als Nachziehender in der Partie gegen Smyslow, die in dem soeben erwähnten Turnier gespielt wurde, den allmählichen Zusammenbruch der schwarzen Stellung nicht aufhalten: **1.e4 e5 2.♘f3 ♘c6 3.♗b5 a6 4.♗a4 ♘f6 5.0–0 ♘:e4 6.d4 b5 7.♗b3 d5 8.de ♗e6 9.♕e2 ♘c5 10.♖d1 ♘:b3 11.ab ♕c8 12.c4! dc 13.bc ♗:c4 14.♕e4 ♘e7?** (zäher war 14. … ♘b4 oder 14. … ♕b7) **15.♘a3 c6 16.♘:c4 bc 17.♕:c4 ♕b7 18.e6 f6 19.♖d7 ♕b5 20.♕:b5 cb 21.♘d4 ♖c8 22.♗e3 ♘g6 23.♖:a6 ♘e5 24.♖b7 ♗c5 25.♘f5 0–0 26.h3**. Schwarz gab auf.

Die Schärfe der modernen Analyse sorgte auch hier dafür, daß die Theorie nicht stehenblieb. Im Laufe der Zeit wurden Verteidigungsressourcen für Schwarz gefunden. Vor allem erhielt die folgende forcierte Variante einen sorgfältigen „Schliff“: 9.♕e2 ♗e7 10.♖d1 ♘c5 11.♗:d5!? ♗:d5 12.♘c3 ♗c4! 13.♖:d8+ ♖:d8 14.♕e3 b4 15.b3 ♗e6 16.♘e4 ♖d1+ 17.♘e1 ♘d4 18.♗b2 ♘:c2 19.♕e2 ♖:a1 20.♗:a1 ♘:a1 21.♘:c5 ♗:c5 22.♘d3 ♗b6 23.♘:b4 0–0 24.♘c6 f6! 25.h4 fe! 26.♕:e5 ♖f6. So entwickelte sich die Partie Suetin–Geller (25. Meisterschaft der UdSSR, 1958), die bald remis endete. Später wurde von Larsen nachgewiesen, daß als Antwort auf 10.♖d1 auch der Zug 10. … 0–0 völlig annehmbar ist, z. B. 11.c4 bc 12.♗:c4 ♗c5 13.♗c3 ♗:e3 14.♕:e3 ♕b8 15.♗b3 ♘a5 mit fester Verteidigungsstellung für Schwarz.

Was den Zug 9.♘bd2 betrifft, gehörte er noch unlängst zu den Stiefkindern der Theorie. Allerdings hat sich jetzt seine Theorie innerhalb kurzer Zeit in einem ungestümen Tempo entwickelt. Weiß beeilt sich auch hier nicht mit dem Zug c2–c3 und läßt den Abtausch des weißfeldrigen Läufers zu, um Druck auf die schwarzen Felder auszuüben. Das Hauptscharmützel entsteht nach 9. … ♘c5 10.c3 d4 (10. … ♘:b3 11.♘:b3 ♗e7 12.♘fd4! mit Vorteil für Weiß).

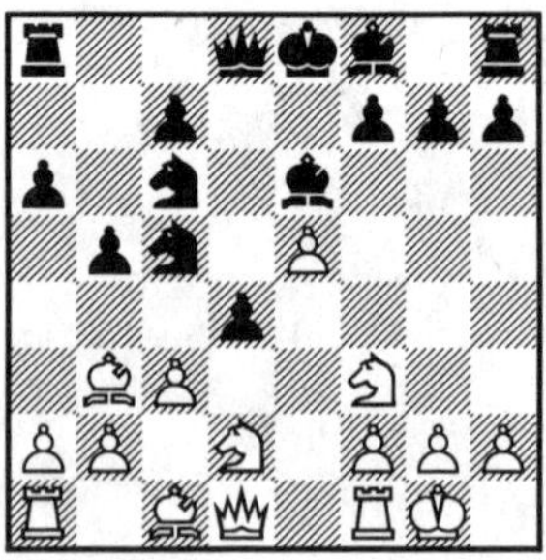

Diese Stellung wurde in den Weltmeisterschaftskämpfen 1978 und 1981 auf Herz und Nieren geprüft. Karpow versetzte seinen Gegner mit überraschenden und gefährlichen theoretischen Verstärkungen wiederholt in Erstaunen. Zuerst war das der taktische Ausfall 11.♘g5!?, und drei Jahre danach präsentierte er die positionellen Methoden: 11.♗:e6 ♘:e6 12.cd ♘c:d4 13.♘e4!? und 13.a4!? Jedesmal erreichte Weiß spürbares Übergewicht. So wurde der Zug 9.♘bd2 in der offenen Verteidigung eine Art „Schlager". Natürlich ist auch in den Varianten mit 9.♗e3 oder 9.a4!? längst nicht das letzte Wort gesprochen. Im Gegenteil, sie stehen vielleicht erst am Anfang ihrer Entwicklung.

*Die geschlossenen Systeme*

Nach den Zügen 3. … a6 4.♗a4 ♘f6 5.0–0 ♗e7 6.♖e1 b5 7.♗b3 entsteht zweifellos eine Schlüsselstellung der Spanischen Partie. Jetzt hat Schwarz die Wahl zwischen 7. … d6 und 7. … 0–0. In vielen Fällen läuft das nur auf eine einfache Zugumstellung hinaus. Nach 7. … d6 8.c3 0–0 oder durch die umgekehrte Zugfolge ergibt sich eine kritische Stellung des geschlossenen Systems. Jedoch kann Schwarz im Falle von 7. … 0–0 8.c3 das schärfere 8. … d5!? spielen und in ein Gambitspiel überleiten, das zu Ehren seines Begründers Marshall-Angriff genannt wird.

*Der Marshall-Angriff*

Das kühne Bauernopfer eröffnet eines der spannendsten Kapitel der Spanischen Partie. Die Ausgangsbasis der Varianten entsteht nach 9.ed ♘:d5 10.♘:e5 ♘:e5 11.♖:e5.
Natürlich sollte jeder Lernende vor allem die Quellen des Marshall-Angriffs kennen. Dieser geht auf die bekannte Partie Capablanca–Marshall (New York 1918) zurück. Als Capablanca am Brett mit der völlig neuen Eröffnungsidee konfrontiert wurde, ließ er sich nicht überspielen, sondern er nutzte sehr genau und sicher seine „Trümpfe". In der Partie folgte:
**11. … ♘f6 12.♖e1 ♗d6 13.h3 ♘g4 14.♕f3 ♕h4 15.d4 ♘:f2 16.♖e2!?**
Natürlich verbietet sich 16.♕:f2? ♗h2+! 17.♔f1 ♗g3 18.♕e2 ♗:h3 19.gh ♖ae8!, und Schwarz gewinnt. Später fand jedoch die Theorie 16.♗d2! als stärkste Fortsetzung für Weiß heraus.
**16. … ♗g4 17.hg ♗h2+ 18.♔f1 ♗g3 19.♖:f2 ♕h1+ 20.♔e2 ♗:f2 21.♗d2 ♗h4 22.♕h3 ♖ae8+ 23.♔d3 ♕f1+ 24.♔c2 ♗f2 25.♕f3 ♕g1 26.♗d5 c5 27.dc ♗:c5 28.b4! ♗d6 29.a4 a5 30.ab ab 31.♖a6 bc 32.♘:c3 ♗b4 33.b6 ♗:c3 34.♗:c3 h6 35.b7 ♖e3 36.♗:f7+!** Schwarz gab auf.

Das Schicksal und die Auswirkungen solcher Partien sind fast immer gleich: Sie verdrängen für lange Zeit das Suchen nach experimentellen Opfern. Eine neue Welle des Interesses am Marshall-Angriff setzte erst 20 Jahre später ein. Mit dem Zug 11. ... c6 tauchte ein neuer Plan auf, der jetzt zum festen Bestandteil dieser Variante gehört. Seine ersten Erprobungen geschahen im Jahre 1938 in den Partien Boethe–Marshall und Alexander–Millner-Barry. Nachdem wieder eine geraume Zeit vergangen war, nämlich in den fünfziger und sechziger Jahren, beschäftigten sich sowjetische Schachspieler mit einer gründlichen Analyse dieser Fortsetzung und wandten sie des öfteren an, u. a. Spasski und Geller.

Die moderne Behandlung des Marshall-Angriffs unterscheidet sich von den Untersuchungen der Vergangenheit vorwiegend dadurch, daß Schwarz auf mannigfaltige Art nach Gegenspiel sucht. Heute erschöpft sich das schwarze Spiel nicht nur in dem Plan, den weißen König anzugreifen, sondern zieht auch die entstehenden Endspielsituationen in Betracht. Die gegenwärtige Spielpraxis beweist, daß der Marshall-Angriff eine wirkungsvolle und lebensfähige Waffe darstellt.

Instruktiv ist z. B. die Variante 12.d4 ♗d6 13.♖e1 ♕h4 14.g3 ♕h3 15.♗e3 ♗g4 16.♕d3 ♖ae8 17.♘d2 ♖e6 18.a4 f5! 19.♕f1 ♕h5 20.f4 ba 21.♖:a4 ♖b8 22.♗:d5 cd 23.♕g2 ♕e8 24.♕:d5 ♔h8 25.♔f2 g5. Eine sehr scharfe Situation ist entstanden, in der Schwarz ausreichende Kompensation für das geopferte Material besitzt. Auch die Fortsetzung 12.♗:d5 cd 13.d4 ♗d6 14.♖e3 ♕h4 15.h3 ♕f4 16.♖e5 ♕f6 17.♖e1 ♕g6 18.♕f3 ♗f5 19.♗e3 ♗e4 20.♕g4 h5 21.♕:g6 ♗:g6 22.♘d2 f6 23.♘b3 ist sehr lehrreich. Die Partie Tal–Spasski (Kandidatenmatch 1965) hat bewiesen, daß trotz beträchtlichen weißen Drucks Schwarz sich im Endspiel sicher verteidigen kann.

Schachspieler, die taktische Verwicklungen in einem frühen Partiestadium nicht mögen, werden es vorziehen, den Marshall-Angriff zu vermeiden. Einer dieser Wege ist 8.a4, oft Anti-Marshall-Angriff genannt. Objektiv hat er wohl kaum gegenüber seinem „größeren Bruder" Vorteile, aber er bringt Stellungsformationen mit sich, die ihre eigene Strategie und Taktik aufweisen. Lange Zeit schien es mir, daß zwischen dem Marshall-Angriff und dieser Spielweise auf jeden Fall ein gehöriger Unterschied bestünde. Diese Vorstellung ist jedoch in letzter Zeit beträchtlich ins Wanken geraten. Beispielsweise könnte in der Variante 8. ... b4, wenn der Anziehende auf das anspruchslose 9.d3 oder das vereinfachende 9.d4 d6 9.de ♘:e5 verzichtet und 9.c3 oder 9.a5

(dies ist laut Theorie am aussichtsreichsten) spielt, 9. ... d5!? folgen.
Der Verfasser mußte sich mit folgender Variante auseinandersetzen.
Suetin–I. Saizew (Moskau 1983): **8. ... b4 9.a5**
In der Regel greift man hier auf 9. ... d6 10.c3 zurück. Mein Partner hatte jedoch eine interessante Neuerung vorbereitet und spielte nach der „Methode Marshalls" **9. ... d5!? 10.ed e4!?**

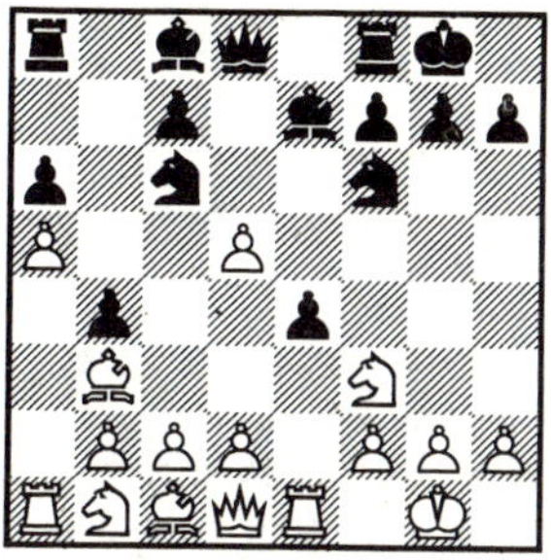

Hierin liegt die Pointe des schwarzen Plans. Wie die weitere Entwicklung der Ereignisse im Vergleich zum üblichen Marshall-Angriff zeigt, gewinnt hier das schwarze Gegenspiel erst an Stärke. Eigenartigerweise ist bis heute als Antwort auf 9.a5 der Zug 9. ... d5!? der Aufmerksamkeit der Analytiker entgangen. In Bondarewskis Buch „Spasski erstürmt die schachlichen Höhen" ist die folgende Überlegung Spasskis angeführt: „Während der Partie (es handelt sich um die 9. Partie des Wettkampfes Tal–Spasski, 1965) beschäftigte mich eine gewisse Zeit die Frage, was mein Gegner als Antwort auf 9. ... d5 vorbereitet hatte und worin der Unterschied zwischen dem ‚normalen' Marshall-Angriff und dem Angriff mit Einschub der Züge 8.a4 b4 bestand. Schließlich verwarf ich diesen Gedanken, weil die nach 9. ... d6 entstandene Stellung recht günstig für Schwarz ist und es überlüssig erscheint, zu einem so gewaltigen Mittel zu greifen wie einem Bauernopfer." Nichtsdestoweniger ist als Antwort auf 9.a5 die Fortsetzung 9. ... d5!? äußerst wirkungsvoll.

**11.dc ef 12.d4 fg 13.♗g5 ♘d5 14.♗:e7 ♘:e7 15.d5 ♘g6 16.♘d2?! ♘f4 17.♖e3 ♕g5 18.♖g3 ♕e5**, und Schwarz verfügte über eine ausgezeichnete Stellung.
Angemerkt sei, daß im Falle von 8. ... b4 9.c3 d5!? 10.ed ♘:d5 11.♘:e5 ♘:e5 12.♖:e5 ♘f6 13.d4 ♗d6 14.♖e2 ♖b8 Schwarz ebenfalls eine spürbare Initiative erlangt.
Es sieht danach aus, daß sich die Möglichkeiten des Marshall-Angriffs ausweiten. Lohnt es sich deshalb für Weiß, der Hauptfortsetzung mit 8.c3 d5!? aus dem Wege zu gehen?

*Die Hauptsysteme der geschlossenen Verteidigung*

Sie entstehen nach den Zügen: 3. ... a6 4.♗a4 ♘f6 5.0–0 ♗e7 6.♖e1 b5 7.♗b3 d6 8.c3 0–0.

Jetzt verfügt Weiß über zwei Hauptfortsetzungen: 9.d4, was unmittelbar einen aktiven Kampf im Zentrum hervorruft, und 9.h3 mit der Absicht, das schwarze Gegenspiel einzuengen.

Im ersten Fall wird nach 9. ... ♗g4 die charakteristische strategische Frage aufgeworfen: Was ist wirksamer – die Besetzung des Zentrums mit Bauern oder Figurendruck auf das Zentrum? Unter den gegebenen Umständen erweist sich das schwarze Gegenspiel als äußerst nützlich. Nicht zufällig stellt hier eine der aktuellsten Varianten die Fortsetzung dar, die mit einem Bauernopfer von Weiß verbunden ist: 10.d5 ♘a5 11.♗c2 c6 12.h3 ♗:f3 13.♕:f3 cd 14.ed ♘c4 15.♘d2 ♘b6 16.♘f1!?

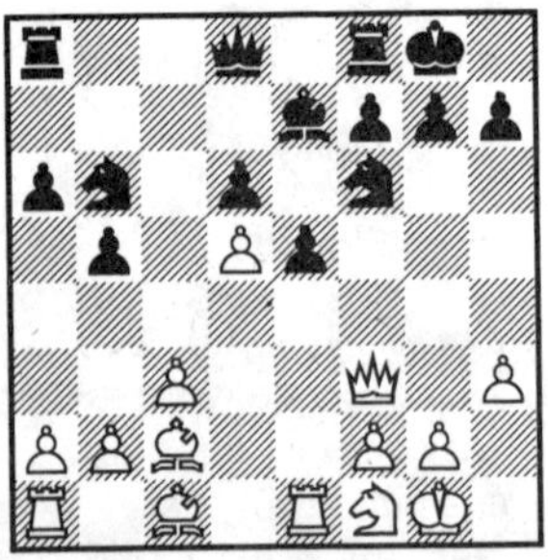

Eine interessante Gambitidee, die von Romanischin stammt. In seiner Partie gegen Geller (43. Meisterschaft der UdSSR, 1975) folgte 16. ... ♘b:d5 17.♘g3 ♘c7 19.a4 ba 19.♗:a4 ♖b8 20.b4 ♘fe8 21.♗e3 ♘b5 22.♗c2 ♖c8 23.♖:a6 ♖:c3 24.♖a8, und die weiße Initiative kompensiert völlig den Bauernverlust.

Vielleicht wird Schwarz zukünftig sich wieder mehr dem Zug 16. ... ♘e8 zuwenden und bestrebt sein, die geschlossene Zentrumsstruktur zu erhalten. Allerdings hat sich längst das Hauptaugenmerk auf die Fortsetzung 9.h3 konzentriert. Hier entstehen einige sehr komplizierte und differenzierte Systeme. Beginnen wir mir der Tschigorin-Variante, die wohl am meisten untersucht worden ist und von der gediegenes Partiematerial vorliegt.

*Die Tschigorin-Variante*

Ihre einleitenden Züge sind 9.h3 ♘a5 10.♗c2 c5 11.d4 ♕c7 12.♘bd2 ♘c6, und nun kann Weiß zwischen zwei Hauptplänen wählen:

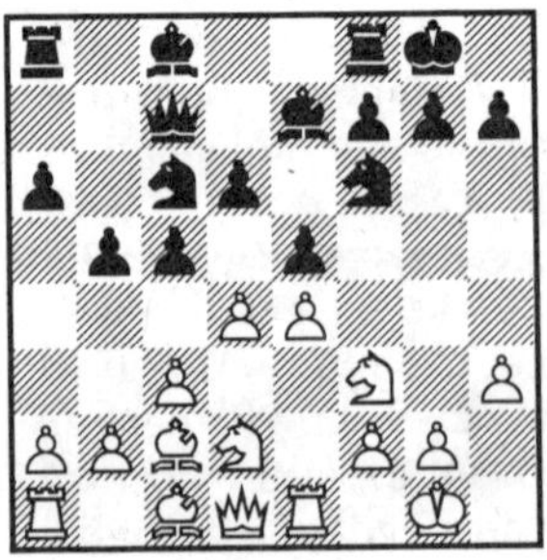

1) 13.dc dc

Dieser Tausch, der zu einer Festlegung des Zentrums führt, leitet zu einem von Rauser ausgearbeiteten komplizierten Sy-

stem über. Im weiteren Verlauf ist Weiß bestrebt, aktive Flügeloperationen mit Leichtfigurenmanövern im Zentrum zu verknüpfen und gegebenenfalls die Punkte d5 und f5 anzuvisieren. Charakteristisch ist die folgende Entwicklung des Geschehens:
14.♘f1 ♗e6 15.♘e3 ♖ad8 16.♕e2 c4! 17.♘g5
(Eine ruhigere Variante wäre 17.♘f5 ♖fe8 18.♗g5 ♘d7 19.♗:e7 ♘:e7 20.♘g5, obwohl Schwarz nach 20. ... ♘f8 über eine äußerst starke Verteidigung verfügt.)
17. ... h6 18.♘:e6 fe 19.a4!?
(Hier erscheint es angebracht, an die Partie Fischer–Cholmow, Havanna 1965, zu erinnern, in der 19.b4? ♘d4! 20.cd ed 21.a3 d3 22.♗:d3 ♖:d3 mit überwältigender Stellung von Schwarz geschah.)
19. ... ♗c5 10.ab ab 21.♖f1! ♕b6 22.♔h1
Diese Stellung bedarf noch grundlegender praktischer Erprobung. Das freie schwarze Figurenspiel kompensiert wahrscheinlich seine Bauernschwächen.
2) 13.d5. Dieser Plan, der das Zentrum unter Tempogewinn schließt und hauptsächlich Raum verschafft, ist seit langem bekannt und war in den zwanziger Jahren ziemlich verbreitet. Danach verschwand diese Spielweise fast aus der Praxis. Zu Beginn der siebziger Jahre erwachte wieder das Interesse daran. Eine der Ursachen dafür ist die großartige Behandlung dieses Systems durch Karpow. Hier eines der Beispiele: **13. ... ♘d8 14.a4 ♖b8 15.ab ab 16.b4! ♘b7** (etwas besser ist 16. ... c4) **17.♘f1 ♗d7 18.♗e3! ♖a8 19.♕d2 ♖fc8 20.♗d3 g6 21.♘g3 ♗f8 22.♖a2 c4 23.♗b1 ♕d8 24.♗a7! ♘e8 25.♗c2 ♘c7 26.♖ae1 ♕e7 27.♗b1 ♗e8 28.♘e2 ♘d8 29.♘h2 ♗g7 30.f4 f6 31.f5 g5 32.♗c2**. Die schwarze Stellung ist strategisch völlig eingeklemmt (Karpow–Unzicker, Olympiade 1974).
Bei der Analyse hat die Kenntnis typischer Stellungen, die im Mittelspiel als Ergebnis der Eröffnung entstehen, wie Spiel bei festgelegtem, geschlossenem Zentrum usw., große Bedeutung. Eine derartige Methode eignet sich besonders zur Untersuchung der geschlossenen Systeme der Spanischen Partie. Hier kommen ziemlich rasch stabile Bauernstrukturen im Zentrum zustande, die für die weitere Entwicklung des strategischen Kampfes ausschlaggebend sind (siehe S. 174ff.).
Neben 12. ... ♘c6 verfügt Schwarz über eine ganze Reihe anderer möglicher Pläne, wie 12. ... ♗d7, 12. ... ♗b7, 12. ... ♖d8?!, 12. ... cd. Gegenwärtig ist am aktuellsten 12. ... cd 13.cd. Diese Variante hat bereits eine 40jährige erfolgreiche praktische Anwendung hinter sich. Nach einer längeren Periode des Desinteresses erlebte sie nach der bekannten Partie Gligorić–

Keres (Hastings 1964/65) einen zweiten Frühling. Zum Kampfschauplatz wird hier gewöhnlich der Damenflügel. Instruktiv ist die Variante 13. … ♘c6 14.♘b3 a5 15.♗e3 a4 16.♘bd2 ♘b4!? 17.♗b1 ♗d7
(Eine moderne Fortsetzung. Früher spielte man hier in der Regel 17. … a3?!, aber nach 18.♕b3 ♕a5 19.de de 20.♕:a3 waren die weißen Chancen klar besser.)
18.a3 ♘c6 19.♗d3 ♘a5!
Dieser Zug wurde von Kusmin im Jahre 1977 in die Praxis eingeführt.
20.♖c1 ♕b8 21.♖c2 ♖e8 22.♘f1 ♗e6! 23.d5 ♗d7 24.♗d2 ♗d8 25.♗b4 ♗b6, und Schwarz hat gutes Spiel (Beljawski–Kusmin, Leningrad 1977).

*Das Keres-System*

Dieses System entsteht, wenn Schwarz als Antwort auf 11.d4 den Zug 11. … ♘d7 wählt, der von Keres im Kandidatenturnier 1962 in die Praxis eingeführt wurde.

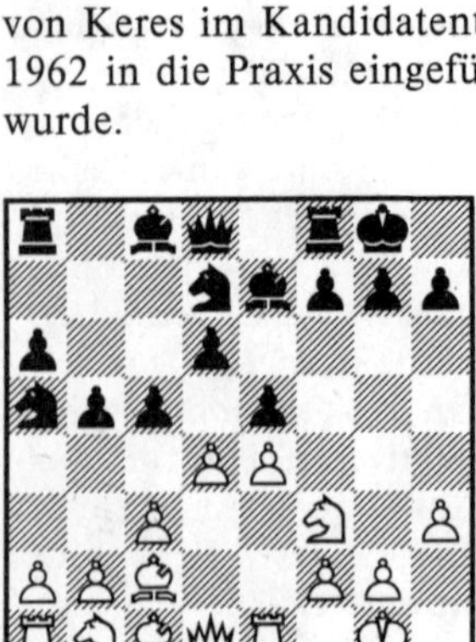

Ungeachtet ihres verhältnismäßig jungen Alters liegt der Variante bereits reichhaltiges theoretisches Material zugrunde. Die Idee des Springermanövers besteht in der Vorbereitung einer Zentrumsöffnung, um anschließend Figurendruck auszuüben. Gegenwärtig ist das Interesse am Keres-System, das taktischen Charakter trägt, merklich gesunken.
Nach 12.♘bd2 cd 13.cd ♘c6 14.♘b3 a5 hat Weiß zwei Hauptfortsetzungen:
1) 15.♗e3 a4 16.♘bd2 ♗f6 17.♘f1 ed 18.♘:d4 ♘:d4 19.♗:d4 ♘e5 20.♘e3 mit etwas Druckspiel für Weiß.
2) 15.♗d3.
Dieses Manöver führte der Verfasser in einer Partie gegen Stein (Zonenturnier der UdSSR, 1964) in die Praxis ein. Der taktische Gedanke zeigt sich in der Variante: 15. … a4 16.♗:b5 ab 17.♗:c6 ♖:a2 18.♖:a2 ba 19.♕a4 mit Übergewicht für Weiß.
Auch im Falle von 15. … ♗a6 16.d5 ♘b4 17.♗b1!? a4 18.♘bd4!? ed 19.a3 ♘:d5 20.ed ♗f6 21.♘:d4 ♗:d4 22.♕:d4 ♘c5 23.♗c2 sind die Chancen für Weiß etwas besser.

*Das Tschigorin-System mit 9.h3 ♘d7*

Auch dieser von Tschigorin begründete Plan beinhaltet die Festigung des Punktes e5. Heute kommt er in der Turnierpraxis fast nicht mehr vor. Nach 10.d4 ♗f6 11.a4 ♘a5 12.♗c2 ♘b6 13.ab ab 14.♘bd2 oder 14.d5 sind die Chancen von Weiß vorzuziehen. Vor nicht allzu langer Zeit, nämlich Ende der fünfziger Jahre, fand die folgende Fortsetzung Eingang in die Praxis: 10.d4 ♘b6 11.♘bd2 ♗f6. Jedoch auch hier steht Schwarz nach 12.d5 oder 12.♘f1 vor nicht geringen Schwierigkeiten.

*Das System mit 9.h3 ♗e6*

Der Abtausch der weißfeldrigen Läufer, dem Weiß nicht gut ausweichen kann, verringert dessen Chancen auf einen Königsflügelangriff. Deshalb organisiert der Anziehende in dieser Variante gewöhnlich einen Angriff am Damenflügel unter Ausnutzung der etwas geschwächten weißen Felder im schwarzen Lager. Schwarz seinereits ist bestrebt, das Spiel im Zentrum zu öffnen. In dieser Beziehung ist folgende Variante instruktiv: 10.d4 ♗:b3 11.♕:b3 d5!? 12.ed ♘a5 13.♕c2 ed 14.♘:d4 ♘:d5 15.♘d2 ♖e8 16.♘e4 ♕d7 17.♘g5 ♗:g5 18.♗:g5 h6 19.♗d2 ♘c4 mit Ausgleich (Ostojić–Cholmow, Belgrad 1967).
Meiner Ansicht nach bietet 11.ab (anstelle von 11.♕:b3) mehr Aussichten. Gerade diese Fortsetzung stellt Schwarz vor größte Probleme. Weiß konzentriert seine Bauernstreitmacht am Damenflügel und bereitet eine massierte Angriffsoperation mittels d4–d5, c3–c4 usw. vor. Wenig verlockend ist z. B. die Gambitvariante 11. ... ed 12.cd d5?! 13.e5 ♘e4 14.♘c3 f5 15.ef ♗:f6 (Aufmerksamkeit verdient 15. ... ♘:f6) 16.♘:e4 de 17.♖:e4 ♕d5 18.♖g4 ♖ad8 19.♗e3 h5 20.♖f4 ♘b4 21.♕d2, und Schwarz hat keine Kompensation für den Bauern. Wahrscheinlich muß sich Schwarz für ein positionelles Lavieren entscheiden, 11. ... ♖e8 oder 11. ... ♕b8 fortsetzen und sich mit einer etwas passiven, aber festen Stellung abfinden.

*Das Breyer-System 9.h3 ♘b8*

Dieser paradox anmutende Springerrückzug, der äußerlich gegen die Eröffnungsprinzipien verstößt, wurde jetzt sehr populär. Erstmalig, und zwar bereits im Jahre 1911, wandte ihn der ungarische Meister Breyer an. Jedoch waren es die sowjetischen Schachspieler Borissenko und Furman, die mit der gründlichen Untersuchung dieses Systems begannen und zu Anfang der fünfziger Jahre den damals fast vergessenen Zug 9. ... ♘b8 wieder ins Blickfeld rückten. Der Plan von Schwarz ist ziemlich klar: Der Springer wird nach d7 überführt, wo er zuverlässig den Punkt e5 verteidigt und zugleich für den weißfeldrigen Läufer die Diagonale a8–h1 frei macht. Des weiteren plant der Nachziehende eine Umgruppierung seiner Streitkräfte am Königsflügel:

♖e8, ♗f8, g6 und ♗g7, um dann für Aktionen im Zentrum und am Damenflügel bereit zu sein. Das kostet alles Zeit. Wie jedoch die Praxis beweist, hält das Breyer-System erfolgreich einer dynamischen Belastung stand. Obwohl Weiß über mannigfaltige Kampfmethoden zur Erlangung der Initiative verfügt, zeigen sich für ihn keinerlei Möglichkeiten, den Plan von Schwarz zu widerlegen.
Ziemlich lange Zeit wurde ein theoretischer Streit um die Variante 10.d4 ♘bd7 11.c4 geführt. Jedoch nach 11. ... c6 12.c5 ♕c7 13.cd ♗:d6 14.♗g5 ed! 15.♗:f6 gf (Petrosjans Plan) 16.♘:d4 ♘c5 17.♘f5 ♗:f5 18.ef ♖ad8 oder 16.♕:d4 ♘e5 stellte es sich heraus, daß Schwarz ein reichhaltiges Figurengegenspiel besitzt.
Weiß setzte die Suche nach taktischen Möglichkeiten fort. Interessant wurde Simagins Fund 11.♘h4!? Jedoch zeigt es sich auch nach 11. ... ♖e8 12.♘f5 ♗f8 13.♘d2 c5 14.♘f3 ed 15.cd c4 oder 15. ... ♗b7, daß Weiß auf Granit stößt und Schwarz ein völlig sicheres Spiel besitzt.
Nicht zufällig wandten sich deshalb in letzter Zeit die Theoretiker der Untersuchung rein positioneller Methoden zu: 11.♘bd2 oder 11.♗g5 mit einem riesigen Netz von Varianten. Die Forschungen sowohl in die Tiefe als auch in die Breite. Es dauern an! Sehr aufschlußreich ist z. B. die Variante 11.♘bd2 ♗b7 12.♗c2 ♖e8 13.b4 ♗f8 14.a4 ♘b6 15.a5 ♘bd7 16.♗b2 ♖b8 17.♖b1 ♗a8 mit sehr kompliziertem Spiel, in dem die weißen Chancen etwas den Vorzug verdienen. Positionelle Feinheiten gibt es hier mehr als genug. Ihre Kenntnis erfordert nicht nur viel Arbeit, sondern auch eine entsprechend hohe Qualifikation.

*Das Smyslow-System 9.h3 h6*

Der strategische Plan von Schwarz besteht in diesem modernen System, das Smyslow im Jahre 1959 in die Praxis einführte, in der Festigung des Punktes e5. Die Umgruppierung der Streitkräfte am Königsflügel (♖e8 und ♗f8) dient diesem Ziel. Vor allem nimmt Schwarz den Punkt g5 unter Kontrolle, um dem kardinalen Ausfall des weißen Springers (oder auch des Läufers!) vorzubeugen. Nach dem üblichen 10.d4 ♖e8 11.♘bd2 ♗f8 12.♘f1 bieten sich dem Nachziehenden zwei Hauptpläne an: 12. ... ♗d7 und 12. ... ♗b7.
Im ersten Falle entsteht ein Manövrierspiel, in dem es in einer Reihe von Varianten zu einer Schließung des Zentrums kommt; im zweiten ergibt sich ein lebhafter Figurenkampf. Schwarz droht hier hauptsächlich mit einem Konterschlag im Zentrum mittels d6–d5.

*Das System mit 9.h3 ♗b7*

Diese Fortsetzung, von Flohr und Lilienthal in den vierziger Jahren in die Praxis eingeführt, durchlebt jetzt eine neue Blütezeit. Die Ursache liegt in der gestiegenen Popularität für die Variante 10.d4 ♖e8, in der Schwarz gewissermaßen das Smyslow-System rationalisiert, indem er sich bemüht, ohne den Zug h7–h6 auszukommen. Die Variante mit 10. … ♖e8 wurde von I. Saizew im Jahre 1976 in die Praxis eingeführt. Ihr taktischer Plan offenbart sich in der Fortsetzung 11.♘g5 ♖f8 12.f4? ef 13.♗:f4 ♘a5 14.♗c2 ♘d5!, und Schwarz hat ausgezeichnetes Spiel.
Eines der Hauptabspiele ist hier 11.♘bd2 ♗f8 12.♗c2 g6 13.d5 ♘b8 14.b3.

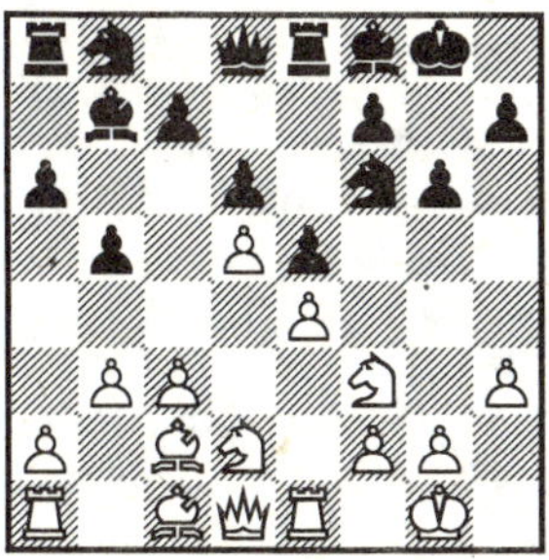

Ein sehr stabiler und verbreiteter Plan. Weiß beabsichtigt, eine dauerhafte Bauernkette im Zentrum und am Damenflügel (b3–c4–d5–e4) zu errichten, um das schwarze Gegenspiel einzuengen und Raumüberlegenheit zu erlangen. Der Damenflügel wird zum Hauptkampfplatz. Übrigens gehört ein solcher Plan zum Lieblingsrepertoire von Karpow. Interessant verlief die Entwicklung der Ereignisse in der Partie Karpow–Beljawski (50. Meisterschaft der UdSSR, 1983): **14. … c6 15.c4 a5 16.♘f1 ♘bd7 17.♗g5 ♗e7 18.♗e3 ♕c7 19.♖c1 ♖ec8 20.♗d3 bc 21.bc ♗a6 22.♖e2 ♖ab8 23.♖ec2 ♕b7 24.♖c3 ♕a8 25.♘g3 ♗d8 26.♖a3.** Beide Seiten haben ihre Streitkräfte am Damenflügel konzentriert. Weiß, der über großen Raum verfügt, hat die besseren Perspektiven.
**26. … ♖b4 27.♘e1 ♕b7! 28.♗d2 ♘c5**
Auf der Suche nach aktiver Verteidigung opfert Schwarz die Qualität. Karpow weist jedoch sehr überzeugend nach, daß auch dies nicht ausreicht, gleichwertiges Spiel zu erhalten:
**29.♗:b4 ab 30.♖b1 ♕b6 31.♘c2 ♘:d3 32.♖:d3 cd 33.ed ♖:c4 34.a3! ♕a7 35.ab ♗b6 36.♖f3 ♕e7 37.b5!**, und Weiß hat sein Übergewicht gefestigt.
In letzter Zeit spielt man im 12. Zug häufig a4, wonach das Spiel gewöhnlich in das Smyslow-System übergeht. So geschah in der Begegnung Kasparow–Dorfman (46. Meisterschaft der UdSSR, 1978) 12.a4 h6 13.d5 ♘b8 14.c4 c6 15.ab ab 16.♖:a8 ♗:a8, und Schwarz hat eine genügend dauerhafte Stellung.

Es sei noch auf zwei Möglichkeiten im 9. Zug von Weiß eingegangen:
Die bescheidene Fortsetzung 9.d3 hat zwar eine lange, aber nicht umfangreiche Geschichte. Bevor Weiß zu aktiven Zentrumsunternehmungen übergeht, möchte er die Entwicklung seiner Streitkräfte beenden. Diese Spielweise überläßt allerdings Schwarz eine größere Handlungsfreiheit als 9.h3 oder 9.d4 und ermöglicht ihm, auf verschiedene Weise (z. B. 9. ... ♗e6 oder 9. ... ♘a5) vollwertiges Spiel zu erreichen.
9.a3 ist mein „Patent", das erstmalig in meiner Partie gegen Stein (32. Meisterschaft der UdSSR, 1965) angewandt wurde. Weiß beabsichtigt, den prophylaktischen Zug 9.h3 zu umgehen und in der Eröffnung das gewonnene Tempo zur Vorbereitung von Operationen am Damenflügel auszunutzen. So erweist sich z. B. jetzt das Breyer-System als wenig zweckdienlich: 9. ... ♘b8 10.d4 ♘bd7 11.c4 c6 12.♘c3, und Schwarz kann nicht b5–b4 spielen. Natürlich gebe ich mich nicht der Hoffnung hin, da der Zug 9.a3 mit der Hauptvariante 9.h3 konkurrieren, geschweige sie ersetzen kann. Praktisch gesehen, stellt er aber den Nachziehenden vor gewisse Schwierigkeiten. Er braucht nicht immer zu einem Mißgriff zu führen, doch zuweilen wirkt er, wenn es nicht dem Geschmack und dem Wissen des Gegners entspricht, überraschend wie ein Schreckschuß.

Der Zug 5. ... ♗e7 gilt neben 5. ... ♘:e4 mit Recht als die Hauptantwort auf 5.0–0. Dem Nachziehenden bieten sich jedoch auch andere Möglichkeiten.

*Rubinstein-System 5. ... d6 6.♗:c6+ bc 7.d4*

Hier eine Auswahl an gebräuchlichen Fortsetzungen:
1) 7. ... ♘d7. Eine sehr alte Spielweise zur Sicherung des Punktes e5. Aber nach 8.♘a3 f6 (8. ... a5 9.♘c4 ♗a6 10.♘:a5 ♗:f1 11.♘:c6 mit Vorteil für Weiß) 9.♘c4 a5 10.♖e1 ♘b6 11.♘e3 ♗e7 12.c4 ♗e6 13.c5! ♘c8 14.♕a4 ♘a7 15.♘c4 erlangt Weiß deutliches Übergewicht (Rauser–Sawizki, Leningrad 1933).
2) 7. ... ♘:e4 (dies führt zu lebhaftem Figurenspiel) 8.♖e1 f5 9.de d5 10.♘d4 ♗c5 11.c3 0–0 12.f3 ♘g5 13.♔h1. In der Partie Smyslow–Löwenfisch (Moskau 1939) folgte 13. ... ♗:d4 14.♗:g5 ♕:g5 15.cd ♖b8 16.b3 ♕h4 17.♘c3, und Weiß steht besser.
3) 7. ... ♗g4!? 8.de ♘:e4. Auch in diesem Falle trägt das Spiel im Zentrum scharfen Charakter, und zudem ist die Spielweise wenig erforscht. Möglich wäre 9.ed ♗:d6 10.♕e2 ♕e7 11.♖e1 ♘c5 12.♕:e7+ ♗:e7 13.♘e5 mit geringem weißem Vorteil.

*Möller-System 5. … ♗c5*

Diese Spielweise war in den dreißiger Jahren ziemlich verbreitet und nahm im Repertoire Aljechins einen wichtigen Platz ein. Jetzt steckt sie schon seit langem in einer tiefen Krise. Möglich ist 6.c3 ♗a7 7.d4 ♘:e4 8.♖e1 f5 9.♘bd2! 0–0 10.♘:e4 fe 11.♗g5 ♕e8 12.♖:e4 d6 13.de mit weißem Übergewicht. Erinnert sei an die Partie Capablanca–Millner-Barry, Margate 1935, in der nach 13. … ♕g6 14.♖f4 ♖:f4 15.♗:f4 ♗g4 16.♕b3+ ♕f7 17.♘g5 ♕:b3 18.♗:b3+ Schwarz es bereits für angebracht hielt aufzugeben.

*Die Archangelsker Variante 5. … b5 6.♗b3 ♗b7*

Diese interessante Variante ist vor verhältnismäßig kurzer Zeit von jungen Schachspielern aus Archangelsk ausgearbeitet worden. In Verbindung mit dem folgenden Läuferausfall nach c5 stellt sie einen Versuch dar, das Möller-System zu modernisieren. In den prinzipiellen Varianten strebt Schwarz nach aktivem Kampf, und sein Läuferpaar bewegt sich auf den großen Diagonalen.
Eine sehr spannende Situation entsteht z. B. in der Variante 7.♖e1 ♗c5 8.c3 d6 9.d4 ♗b6 10.♗g5 h6 11.♗h4. Hier bietet sich für Schwarz neben 11. … 0–0 auch ein Plan mit der langen Rochade an: 11. … ♕d7 nebst 0–0–0. In beiden Fällen steht eine das ganze Brett beherrschende Schlacht bevor. Beachtung verdienen auch die Varianten, wo Weiß 7.d4 oder 7.c3 ♘:e4 8.d4 spielt.
In der Praxis tauchen hin und wieder Fortsetzungen auf, in denen sich der Anziehende nicht beeilt, mit seiner Bauernmacht aufzumarschieren, sondern hauptsächlich auf die Einengung des schwarzen Gegenspiels bedacht ist. Das geschieht mit den Zügen 7.d3 oder 7.♘c3.
Schwarz seinerseits sollte hier, seinen kämpferischen Schwung dämpfend, sich auf den Weg des Manövrierens begeben und 7. … ♗e7 nebst 0–0 fortsetzen. Bereits lange bevor die Archangelsker Variante publik wurde, spielte man 5. … b5 gewöhnlich mit anschließendem 6. … d6. Weiß kann hier den Hauptvarianten mit ♖f1–e1 ausweichen und schnell ein aktives Spiel im Zentrum beginnen, z. B. 5.0–0 b5 6.♗b3 d6 7.c3 ♗e7 8.d4 (gut ist auch 8.h3) 8. … ♗g4 9.h3!? ♗:f3 10.♕:f3 ed 11.♕g3! 0–0 12.♗h6 ♘e8 13.♗d5 ♕d7 14.♕g4! mit gefährlicher weißer Initiative.

Zum Abschluß dieses Teils noch zu einem Thema, von dem in meinen Darlegungen schon des öfteren die Rede war. Es handelt sich um typische Bauernstrukturen, die sich nach Beendigung des Eröffnungsstadiums ergeben. Zu diesen charakteristischen

Formationen gehört z. B. die Gegenüberstellung des weißen Bauern e4 und des schwarzen Bauern d6. Sie kann außer in der Steinitz-Verteidigung in vielen Systemen ohne 3. ... d6 wie der verbesserten Steinitz-Verteidigung u. a. vorkommen. Weitere typische Strukturen treten bei geschlossenem Zentrum und einem Bauernvorposten auf d5 oder forcierten Bauernstellungen (e4 gegen e5 bei offener d-Linie) auf. Für viele Varianten ist die Struktur mit einem weißen Vorposten auf e5 charakteristisch (er ist z. B. der Angelpunkt in der offenen Verteidigung der Spanischen Partie).
Kurzum, bei der Untersuchung der Strategie der Eröffnungsformationen spielt die Kenntnis der Bauernstrukturen im Zentrum eine wesentliche Rolle. Denn jede von ihnen gibt, entsprechend der individuellen Beschaffenheit der jeweiligen Variante, der weiteren Entwicklung des Kampfes das Gepräge. Dieses Thema ist äußerst umfangreich. Hier beschränke ich mich auf die Untersuchung der Fragen, die sich immerhin als wertvolle Hilfe erweisen können bei der Erforschung der allgemeinen Wesenszüge der Eröffnungen, die ihrer Struktur im Zentrum eigen sind.

## 10. Kapitel

### Typische Stellungen bei der Untersuchung einer Eröffnung

Als Demonstrationsobjekt wählen wir die Hauptsysteme der Grünfeld-Indischen Verteidigung. Das Problem eines beweglichen Bauernzentrums mit dem „idealen" Paar d4 und e4 ist hier in vielen Fällen das Leitmotiv. Natürlich wartet Schwarz mit einem Figurenspiel auf, um so auf die weißen Stützpunkte im Zentrum einzuwirken.
Um sich in dem komplizierten Variantenlabyrinth der Grünfeld-Indischen Verteidigung zurechtzufinden, ist, wie die Trainingserfahrung beweist, die Kenntnis und das „Erfühlen" der starken und schwachen Seiten eines beweglichen Bauernzentrums eine wesentliche Voraussetzung.
Sehen wir uns zuerst ein Beispiel an, in dem das weiße Zentrum reale Stärke besitzt. Obwohl es in dieser Partie Schwarz gelang, rasch den Damentausch herbeizuführen, blieben wesentliche Eröffnungsschwierigkeiten bestehen, wodurch die weiße Bauernmasse im Zentrum große Stärke erlangte.

Waganjan-Chassin
Jaroslawl 1982

**1.d4 ♘f6 2.c4 g6 3.♘c3 d5 4.♘f3 ♗g7 5.cd ♘:d5 6.e4 ♘:c3 7.bc c5 8.♗e3 ♕a5**

**9.♕d2 0–0 10.♖b1 cd 11.cd ♕:d2+ 12.♔:d2 ♘c6 13.d5 ♖d8 14.♗d3 ♘a5**

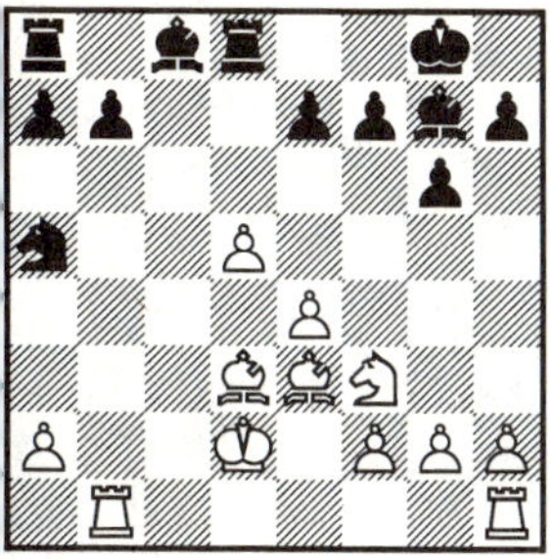

**15.♗c5!**

Eine neue und sehr starke Fortsetzung. Weiß visiert den Punkt e7 an und droht zugleich 16.♗b4.

**15. … ♗f6**

Wahrscheinlich ist 15. … e6 besser, obwohl auch hier Weiß nach 16.♗e7 ♖d7 17.d6 deutlich bessere Perspektiven besitzt. Jetzt sieht sich Schwarz einem mächtigen Druck ausgesetzt.

**16.♔e2 ♗g4 17.♗b4! b6 18.h3 ♗:f3+ 19.gf ♖ac8 20.f4 e5 21.fe ♗:e5 22.♖hc1**

Weiß besitzt klare Überlegenheit im Zentrum und übt starken Druck am Damenflügel aus. Die schwarze Stellung ist strategisch verloren.

**22. … ♗f4 23.♗d2 ♗:d2 24.♔:d2 ♘b7 25.♖:c8 ♖:c8 26.♗a6!** und Weiß gewann leicht.

Nun zu einem Beispiel, in dem es Weiß nicht verstand, im Zentrum die notwendige dauerhafte Stellung aufzubauen, und sich hasardähnlich in einen Angriff am Königsflügel stürzte. Das stieß auf entschiedenen Widerstand, der in einem starken Gegenschlag auf den Punkt d4 kulminierte.
Schließlich befand sich der Anziehende bald in einer strategisch schwierigen Lage.

Chandler–Popović
Vršac 1981
**1.d4 ♘f6 2.c4 g6 3.♘c3 d5 4.♘f3 ♗g7 5.♕b3 dc 6.♕:c4 0–0 7.e4 a6 8.♕b3 b5 9.e5 ♘fd7 10.h4!? ♘b6 11.h5 ♘c6!?**

Eine neue, wenig erforschte Fortsetzung. Gewöhnlich spielt man hier 11. … ♗e6.

**12.hg?!**

Wahrscheinlich war 12.♗e3 ♘a5 13.♕c2 ♘ac4 14.hg hg 15.♗h6 ♗:h6 16.♖:h6 ♔g7 17.♖h4 mit annähernd gleichem Spiel vorsichtiger.

**12. … ♘:d4!**

Eine effektvolle Antwort, die es Schwarz ermöglicht, die Initiative zu ergreifen. Jetzt muß Weiß zur Verteidigung übergehen.

**13.gh+** (13.gf+ ♖:f7 mit schwarzem Vorteil) **13. ... ♔h8 14.♕d1 ♘:f3+ 15.♕:f3 ♕d4 16.♗e2 b4 17.♘d1 ♕:e5 18.♗f4?**

Notwendig war 18.♗h6 mit Konterchancen.

**18. ... ♕e6 19.♗:c7 ♘d5 20.♗g3 ♗b7 21.♕b3 a5!**

Droht a5–a4–a3.

**22.a4 ♖ac8 23.♖h2? f5 24.♕d3 ♖fd8 25.♕b5 ♖c2 26.♕d3 ♖dc8 27.♖h5 ♘f6 28.♖h4 ♘e4 29.♗f4 ♕f6 30.♖h5 e5 31.♗h2 ♖2c7 32.♘e3 f4 33.♘d5 ♖c1+ 34.♖:c1 ♖:c1+ 35.♗d1 ♕f7**

Weiß steht hoffnungslos.

**36.♘:f4 ef 37.♕d8+ ♗f8 38.♖:a5** (38.♖h4 ♖c8!) **38. ... ♘d6 39.♕g5 ♘c4 40.♗:f4** (auf 40.♖f5 folgt 40. ... ♕e8+) **40. ... ♖:d1+ 41.♔:d1 ♘:a5.** Weiß gab auf.

Wie ersichtlich, war der konkrete Charakter der eben betrachteten Partien äußerst unterschiedlich. Bei aufmerksamerer Untersuchung ist es allerdings nicht schwer, hier eine gemeinsame strategische Linie in der Handlungsweise beider Seiten zu entdecken. Zunächst ist Weiß bestrebt, seine Bauernbastionen im Zentrum zu festigen und im weiteren Verlauf vor allem den strategischen Angriff fortzusetzen. Schwarz seinerseits muß sich bemühen, genügend Figurendruck im Zentrum auszuüben und dies mit der Organisierung von Sprengungsunternehmen gegen die Bauern im Hauptkampfgebiet zu verbinden. Die Untersuchung derartiger Partien in untrennbarer Verbindung mit der Eröffnungstheorie erweitert den Gesichtskreis eines Schachspielers, erleichtert die bewußte Aneignung des komplizierten Komplexes der Eröffnungsvarianten und -systeme.

Doch sogleich möchten wir den wenig erfahrenen Leser warnen. Partien, wie die eben angeführten, etwas schematisch verlaufenden, kommen in der Meisterpraxis nicht allzuoft vor. Meisterwerke wahrer Schachkunst sind selten in schwarzweißen Tönen gehalten. So läßt sich in einer hochklassigen Schachpartie sehr häufig beobachten, wie rasch der Ideengehalt des Ausgangsproblems expandiert (in diesem Falle handelte es sich ursprünglich um das echte Problem eines Bauernzentrums).

Im ersten der nachfolgend angeführten Partiebeispiele begann bereits in einem frühen Stadium ein unerbittlicher und rein irrationaler taktischer Kampf über das ganze Brett. Hierbei wurde rasch das materielle Gleichgewicht der Kräfte verletzt; Schwarz ging, um die Initiative im Kampf zu behalten, nicht geringe materielle Opfer ein.

Pantschenko–Sideif-Sade
UdSSR 1980

**1.♘f3 ♘f6 2.c4 g6 3.♘c3 d5 4.d4 ♗g7 5.♕b3 dc 6.♕:c4 0–0 7.e4 ♘a6 8.♗g5 c5 9.d5 h6 10.♗h4 b5! 11.♘:b5 ♕a5+ 12.♘d2 ♖b8!**

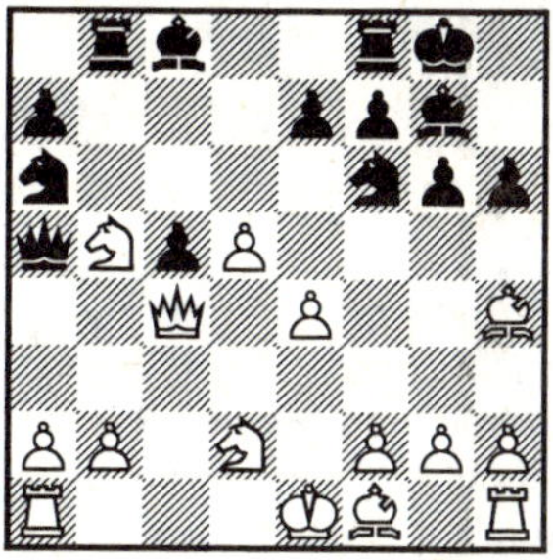

Gewöhnlich geschieht hier 12. ... ♘:e4 13.♕:e4 ♗:b2 14.♖d1 ♗f5 15.♕c4 ♘b4 mit sehr scharfem Spiel.

**13.♖d1?**

Nicht gut wäre 13.♗e2? ♗d7! Jedoch 13.♗g3! ginge. Nach 13. ... ♘:e4 14.♕:e4 ♖:b5 15.♗:b5 ♕:b5 16.♕e2 ♕:b2 17.0–0 ♘b4 18.♖fd1 würden sich die Chancen etwa ausgleichen.

**13. ... ♘b4 14.a3 ♖:b5! 15.f3 ♖b6 16.ab ♖:b4 17.♕c2 ♘:d5**

Leicht kann man sich überzeugen, daß sich die Lage auf dem Brett rasch zugunsten von Schwarz verändert hat. Die weiße Stellung ist schon sehr schwierig.

**18.♗f2 ♖:b2 19.♕:c5 ♕:c5 20.♗:c5 ♖c2!**

Dieser Zug führt zum Gewinn. Dagegen würde 20. ... ♘c3 21.♖c1 ♖d8 22.♘c4 ♖a2 23.♗:e7 ♖d7 24.♗b4 ausgleichen.

**21.♗:a7 ♘c3 22.♖a1 ♘:e4 23.♗d3 ♖:d2 24.♗:e4 ♖:g2 25.♖c1**

Weiß würde auch nach 25.♖a3 ♗b2 26.♖b3 ♗e6 27.♔f1 ♗h3 28.♔e1 ♖c8 verlieren.

**25. ... ♖a2! 26.♗c5 ♗a6 27.♗:e7 ♖e8.** Weiß gab auf.

In der folgenden Partie verlagerte sich das Kampfgeschehen schnell auf die Flanken: Weiß führte einen Angriff am Königsflügel, und Schwarz wartete mit beträchtlichen Drohungen am Damenflügel auf.

Baumbach–Mallée
Fernpartie 1980

**1.d4 ♘f6 2.c4 g6 3.♘c3 d5 4.cd ♘:d5 5.e4 ♘:c3 6.bc c5 7.♗c4 ♗g7 8.♘e2 ♘c6 9.♗e3 cd 10.cd 0–0 11.0–0 ♘a5 12.♗d3 b6 13.♖c1 e6 14.♕d2 ♗b7 15.h4!?**

Ein interessanter Plan, dessen taktische Begründung die folgende Variante zeigt: 15. ... ♕:h4? 16.♗g5 ♕h5 17.♘g3 ♕g4 18.♗e2, und die schwarze Dame ist gefangen.

**15. … ♕d7** (Aufmerksamkeit gebührte 15. … ♕e7) **16.h5 ♖fc8 17.♗h6 ♗h8 17.e5! ♘c6 19.♗b5 a6 20.♗a4 b5 21.♗b3 ♘e7 22.♘g3 ♗d5 23.♗g5 ♗g7 24.♖fe1 ♖:c1 25.♖:c1 ♗:b3 26.ab a5?**

Richtig war 26. … ♖c8, und das Gleichgewicht bliebe erhalten.

**27.♘e4 ♘d5 28.♖c5!**

Droht 29.h6 ♗f8 30.♖:d5!

**28. … ♔h8**

Im Falle von 28. … a4 29.ba ba 30.h6 a3 31.hg! a2 32.♖:d5 a1♕+ 33.♔h2 ♕:d5 34.♘f6+ ♔:g7 35.♗h6+ ♔h8 36.♘:d5 ed 37.♕f4 gewinnt Weiß forciert.

**29.♘f6! ♘:f6 30.♗:f6 a4 31.ba ba 32.♕f4**

Nach 32.♖a5 ♕b7! wären die Chancen etwa gleich.

**32. … ♔g8**

Auch nach 32. … gh 33.♖c3 ♖g8 34.♕h6! ♕e8 35.♖h3 ♗:f6 36.♖:h5! würde Schwarz verlieren.

**33.♗:g7 ♔:g7 34.♕f6+ ♔h6 35.hg ♕d8 36.♕:f7 ♕:d4 37.♕:h7+ ♔g5 38.♖c1.** Schwarz gab auf.

Ungefähr den gleichen Charakter trug auch die folgende Partie. Weiß verknüpfte hier den strategischen Druck mit scharfsinnigen taktischen Operationen.

Kasparow–Sax
Moskau 1982

**1.d4 ♘f6 2.c4 g6 3.♘c3 d5 4.cd ♘:d5 5.e4 ♘:c3 6.bc ♗g7 7.♗c4 0–0 8.♗e3!?**

Ein wenig erforschter neuer Plan, der mit der Organisierung aktiven Spiels am Königsflügel verbunden ist. Weiß strebt die Aufstellung der Dame auf f3 und des Springers auf e2 im Zusammenhang mit dem Vorstoß h2–h4–h5 an.

**8. … b6 9.h4 ♗b7 10.♕f3 ♕d7 11.♘e2 h5**

Es drohte h4–h5.

**12.♗g5 ♘c6 13.♘f4 e6**

Schlecht wäre 13. … ♘a5 14.♘:g6! ♘:c4 15.♘:e7+, und Weiß gewinnt.

**14.♖d1 ♘a5 15.♗d3 e5 16.de ♗:e5 17.0–0 ♕g4 18.♕e3 ♖fe8 19.♗e2! ♗:f4 20.♗:f4 ♘c4?**

Richtig war 20. … ♕:h4, obwohl auch hier nach 21.e5! Weiß die Initiative besäße. Jetzt gerät Schwarz in eine listige Falle.

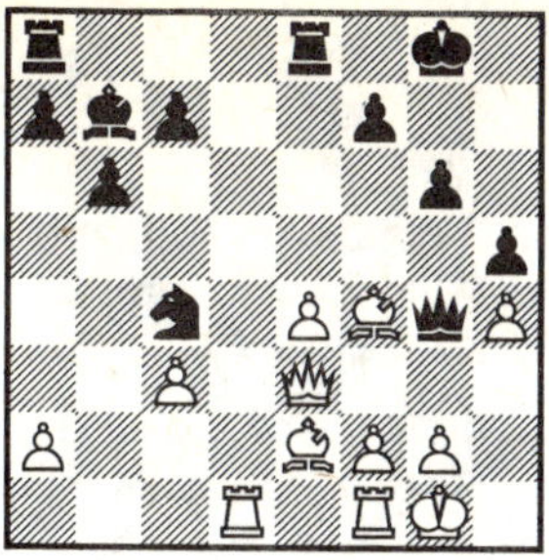

**21.♗:c4 ♖:e4 22.f3! ♕:f4 23.♗:f7+!**

Gerade diese scharfsinnige Antwort war der Aufmerksamkeit von Schwarz entgangen, als er 20. ... ♘c4 spielte. Auf 23. ... ♔:f7 oder 23. ... ♕:f7 würde 24.fe entscheiden.

**23. ... ♔g7 24.♕d3!**

Noch eine wichtige Feinheit. Der Turm darf nicht wegziehen wegen 25.♕:g6+. Jetzt entsteht ein Endspiel, in dem Weiß einen Mehrbauern besitzt. Das Stadium der Realisierung des Vorteils beginnt.

**24. ... ♕e3+ 25.♕:e3 ♖:e3 26.♖d7 ♔h6 27.♖:c7 ♗a6 28.♖d1 ♗d3 29.♖d2 ♗f5 30.♔f2 ♖e5 31.♖d5 ♖:d5 32.♗:d5 ♖d8 33.c4 b5 34.♔e3**

Schlechter wäre 34.♖:a7 wegen 34. ... ♗d3!

**34. ... a5 35.♔f4 ♗b1**

Beschleunigt die Niederlage. Zäher war 34. ... bc.

**36.g4 hg 37.fg.** Schwarz gab auf. Es drohte 38.g5+ ♔h5 39.♖h7 matt, und im Falle von 37. ... ♖f8+ 38.♔g3 g5 39.cb verliert Schwarz noch einen Bauern.

Den Ausgang des Kampfes in komplizierten Fällen entscheiden oft nicht Fehler im strategischen Vorgehen, sondern vielmehr taktische Fehler aufgrund von Versehen oder durch Verrechnen (Pantschenko–Sideif-Sade) und in der Hitze des Gefechts wie im letzten Beispiel. Insgesamt gesehen, handelt es sich hier um Stellungen dynamischen Gleichgewichts, was durchaus nicht bedeutet, daß sich die Spannungen rasch aufheben und Ausgleich ergeben, sondern es kündigt sich ein lang anhaltender und schwieriger Kampf an. In derartigen Situationen stehen vor den Spielern komplizierte Probleme, für deren Lösung beide Partner etwa die gleichen Möglichkeiten besitzen.

Noch zwei Duelle in der Grünfeld-Indischen Verteidigung seien angeführt. Zweischneidiges Spiel kennzeichnete beide Partien, geprägt von dem spannenden Kampf um Initiative. In der ersten überspielte der Nachziehende folgerichtig seinen Gegner und nutzte geschickt äußerlich unbedeutende Ungenauigkeiten aus.
Der Ausgang der zweiten Partie wurde im vorgeschrittenen Mittelspiel durch scharfen taktischen Kampf entschieden.

Flohr–Boleslawski
Kandidatenturnier, Budapest
1950

**1.d4 ♘f6 2.c4 g6 3.♘c3 d5 4.♘f3 ♗g7 5.♕b3 dc 6.♕:c4 0–0 7.e4 c6 8.♕b3 b5 9.e5! ♘e8 10.a4! ba 11.♘:a4**

Weiß hat die Eröffnung energisch gespielt, aber hier begeht er eine Ungenauigkeit. Besser war 11.♕:a4, was die Kontrolle über den Punkt d5 bewahrt.

**11. ... ♘a6 12.♗d2 ♖b8 13.♕c4 ♘ec7 14.♗e2 ♗e6 15.♕c1**

Zu schwarzem Vorteil führt 15.♕:c6 ♗d5 16.♕c3 ♘b5 17.♗:b5 ♖:b5 18.♕d3 ♘b4!

**15. ... ♗d5 16.♗e3 ♘b4 17.0–0 ♘e6 18.♘c5?**

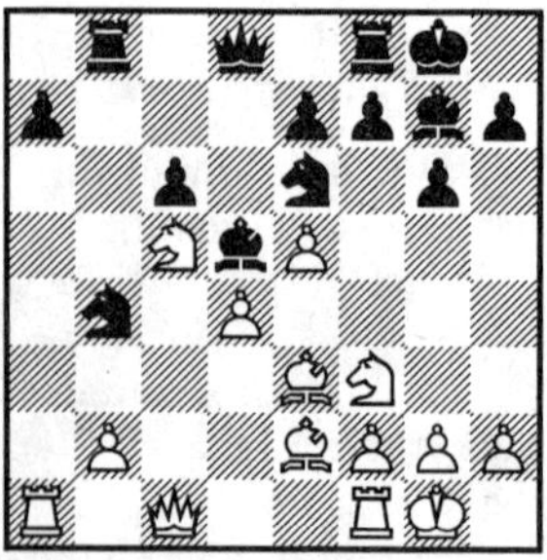

Jetzt geht die Initiative an Schwarz über. Richtig war 18.♘g5 ♘:g5 19.♗:g5 f6 20.♗f4 fe 21.♗:e5 ♗:e5 22.de ♕c7 23.♕c3 ♖f5 24.♘c5! ♖:e5 25.♖:a7 ♕:a7 26.♕:e5 ♖f8 mit gleichen Chancen (Boleslawski).

**18. ... ♘a2! 19.♕c2 ♘:c5 20.dc ♘b4 21.♕c3 ♕c7 22.♗f4 ♖b7 23.♗g3**

Vielleicht der entscheidende Fehlgriff. Boleslawski empfahl 23.♖a4! ♖fb8 24.♖fa1 mit Chancen auf Remis.

**23. ... ♖fb8 24.♗c4 e6 25.♘d2 ♗f8 26.♖fc1 ♗e7 27.♖a4**

Nicht besser wäre 27.♕e3 h5 28.h3 ♕d8!, z. B. 29.♖a3 h4 30.♗h2 ♗:c4 31.♘:c4 ♘d5 32.♕d4 ♖b4! 33.♖:a7 ♖8b5 34.♖ca1 ♗:c5 35.♖a8 ♗:d4 36.♖:d8+ ♔g7 23.♘d6 ♖:b2! 38.♘:b5 cb 39.♖f1 b4, und vor Weiß stehen kaum zu überwindende Schwierigkeiten.

**27. ... h5 28.h4 ♕d8 29.♘f3 ♗:c4! 30.♕:c4 ♘d3 31.♖d1 ♖d7 32.♖aa1 ♖:b2 33.♕a6 ♘:c5!**

Erst dieser Zug setzt sicher das Tüpfelchen auf das i. Jetzt vermag Schwarz verhältnismäßig leicht die technischen Schwierigkeiten zu bewältigen.

**34.♖:d7 ♕:d7 35.♕:a7 ♖b1+ 36.♔h2 ♖:a1 37.♕:a1 ♘d3 38.♘d4 c5 39.♕a8+ ♕d8 40.♕:d8+ ♗:d8 41.♘b5 c4 42.♔g1 ♗c7! 43.♔f1**

Nach 43.♘:c7 c3! oder 43.f4 ♗b6+ nebst 44. ... ♗e3 gewinnt Schwarz leicht. Jedoch auch jetzt ist die Stellung von Weiß aussichtslos.

**43. ... ♗:e5 44.♗:e5 ♘:e5 45.♔e2 ♘g4 46.♘d6 c3 47.♘e4 c2 48.♔d2 e5 49.♔:c2 f5**

**50.♘g5 ♘:f2 51.♘f3 ♘g4 52.♔d2 ♔f7 53.♔e2 ♔f6 54.♘g5 ♘h6 55.♔e3 ♘f7 56.♘h3 ♘d6 57.♔f2 f4 58.♘g5 ♘f5 59.♘f3 e4.** Weiß gab auf.

Furman – Suetin
21. Meisterschaft der UdSSR, 1954

**1.d4 ♘f6 2.c4 g6 3.♘c3 d5 4.cd ♘:d5 5.e4 ♘:c3 6.bc ♗g7 7.♗c4 0–0 8.♘e2 c5 9.0–0 cd 10.cd ♘c6 11.♗e3 ♗g4 12.f3 ♘a5 13.♗d3 ♗e6 14.d5 ♗:a1 15.♕:a1 f6 16.♗h6 ♖e8 17.♔h1**

Damals eine Neuheit. Weiß beugt dem eventuellen Schachgebot von b6 vor, entzieht dem Gegner damit taktische Möglichkeiten. Jedoch gewinnt der Nachziehende dadurch ein Tempo zur Organisierung aktiven Gegenspiels.

**17. ... ♖c8!**

Nur so. Nach 17. ... ♗d7 oder 17. ... ♗f7 erhielte Weiß sehr starken Angriff. Jetzt gibt Schwarz bei der von dem Partner gewählten Variante einen Bauern, erlangt jedoch aktives Figurenspiel.

**18.♕d4**

Weiß verzichtet einstweilen auf einen direkten Königsangriff, er nimmt den Bauern für die Qualität und hofft auf das Läuferpaar und das starke Zentrum.

**18. ... ♗d7 19.♕:a7 ♘c4!**

Schwarz ist bereit, noch einen Bauern zu geben, würde er nur die Initiative erlangen. Tatsächlich erhielte er im Falle von 20.♗:c4 ♖:c4 21.♕:b7 ausgezeichnete Perspektiven. Von der weißen Initiative bliebe nicht die Spur. Schwarz dagegen könnte mittels 21. ... ♖c2 oder 21. ... ♕c7 mit anschließendem Angriff am Damenflügel unangenehme Drohungen schaffen.

**20.h4 ♘e5 21.♗b1 ♗b5 22.♖e1 ♖a8 23.♕e3 ♕a5 24.♘d4 ♖ec8**

Ein für diese Variante äußerst seltenes Mittelspiel. Der Anziehende befindet sich in der Verteidigungsstellung. Schwarz darf jedoch nicht ein einziges Tempo verlieren – denn Weiß droht, bei der ersten sich bietenden Gelegenheit zu entscheidenden Angriffsoperationen im Zentrum und am Königsflügel mittels f3–f4 und e4–e5 überzugehen.

**25.♖g1 ♗d7 26.♘b3 ♕a7 27.♕e1 ♕a6 28.♗e3 ♗a4 29.♘c5 ♕a5 30.♕f2 ♘c4 31.♗d4 b6 32.♘e6 ♗d7 33.♘f4**

Nach 33.f4 ♗:e6 34.de ♕d2 wären die Aussichten von Schwarz besser.

**33. ... ♕d2 34.♘e2 ♗a4 35.♗c3 ♕e3 36.♕e1 ♗b5 37.♗b4 ♘d6 38.♘c3 ♕:e1 39.♖:e1 ♗d7 40.f4**

Der letzte Zug in Zeitnot, und wahrscheinlich ist es der entscheidende Fehler. Jetzt dringen die schwarzen Figuren in das gegnerische Lager ein, zerstören das weiße Zentrum. Richtig war 40.g3 nebst ♔g2, f4, ♔f3. Dann wäre es für Schwarz kaum möglich, sein unbedeutendes Materialübergewicht zu realisieren.

**40. … ♖c4!**

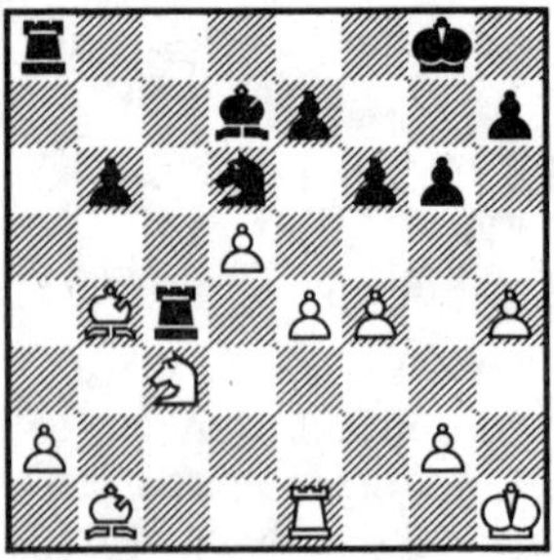

Jetzt ist das Manöver sehr stark. Nach 41.a3 ♖ac8 steht Weiß wegen der Schwäche des Bauern e4 nicht mehr der Zug 42.♘e2 zur Verfügung. Die Stellung von Weiß bricht forciert zusammen.

**41.a3 ♖ac8 42.♖e3 ♖d4! 43.♔h2 ♔f8 44.h5 gh! 45.e5 ♘c4 46.♖e1 fe 47.fe ♘:a3! 48.♖f1+ ♔e8 49.e6 ♗:e6! 50.de ♖h4+ 51.♔g1 ♖:b4 52.♗:h7 ♖:c3 53.♖d1 ♔f8 54.♖f1+ ♔e8 55.♖d1 ♘b5 56.♗g6+ ♔f8 57.♖d8+ ♔g7.** Weiß gab auf.

Sehen wir uns nun eine typische Struktur mit einer festgelegten Bauernstellung im Zentrum an. Sie ist charakteristisch für viele Varianten im Tschigorin-System der Spanischen Partie: 1.e4 e5 2.♘f3 ♘c6 3.♗b5 a6 4.♗a4 ♘f6 5.0–0 ♗e7 6.♖e1 b5 7.♗b3 d6 8.c3 0–0 (oder 8. … ♘a5 9.♗c2 c5 10.d4 ♕c7 11.♘bd2 ♘c6 12.de de) 9.h3 ♘a5 10.♗c2 c5 11.d4 ♕c7 12.♘bd2 ♘c6 13.dc dc.

Die Bauernstruktur im Zentrum ist auffallend stabilisiert, und der Kampf verlagert sich oft auf die Flügel. Lange Zeit dominierte hier ein Plan Rausers, der die Aufstellung des Springers auf e3 mit Blickrichtung nach f5 oder d5 beinhaltet, was als Signal für einen Angriff am Königsflügel galt (vgl. S. 158 f.). Aufschlußreich ist z. B. der Verlauf der folgenden Partie:

Boleslawski–Fridman
Lwow 1940

**1.e4 e5 2.♘f3 ♘c6 3.♗b5 a6 4.♗a4 ♘f6 5.0–0 ♗e7 6.♖e1 b5 7.♗b3 d6 8.c3 ♘a5 9.♗c2 c5 10.d4 ♕c7 11.h3 h6?**

Der Textzug von Weiß, obwohl nicht der beste (elastischer war 11.♘bd2), galt damals durchaus als solide. Allerdings beschwört die Kopie von Schwarz Unannehmlichkeiten für diesen herauf, da sie eine unmotivierte Schwächung des Königsflügels darstellt.

**12.♘bd2 0–0 13.♘f1 ♗d7 14.♘e3 ♖fe8 15.de**

Ein interessanter Zug. Boleslawski bezeichnete in seinen Kommentaren den von ihm gewählten Plan selbst als schablo-

nenhaft und erwähnt als bessere Fortsetzung 15.b4! cb 16.cb ♘c6 17.a3.
In Anbetracht der Schwächung h7–h6 ist der vorliegende Plan indes völlig begründet.

**15. ... de 16.g4 ♗e6 17.♔h1 ♖ad8 18.♕e2 ♘h7 19.♘f5 ♗f8 20.♖g1 ♗c4 21.♕e3 f6 22.h4 g5!?**

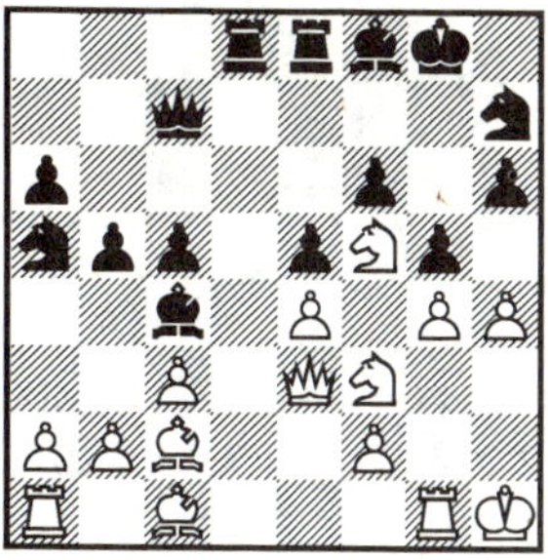

Schwarz verteidigt sich sehr hartnäckig, indem er die interessante Idee einer aktiven Verteidigung anwendet (heute hat diese Idee weite Verbreitung erhalten, so z. B. in folgender Variante der Königsindischen Verteidigung: 1.d4 ♘f6 2.c4 g6 3.♘c3 ♗g7 4.e4 d6 5.♘f3 0–0 6.♗e2 e5 7.0–0 ♘c6 8.d5 ♘e7 9.♘e1 ♘d7 10.f3 f5 11.g4!?)

**23.♘d2 ♗e6 24.♕h3 ♗g7 25.♔g2 ♘f8 26.hg hg 27.♖h1 ♘c4?**

Das ist bereits ein ernsthafter Fehler. Nach 27. ... ♕f7 nebst ♘f8–g6–f4 hätte der Nachziehende eine durchaus verteidigungsfähige Stellung.

**28.♘:c4 ♗:c4 29.♗e3 ♗d3 30.♗:d3 ♖:d3 31.♕h5 ♖e8** (schlecht wäre 31. ... ♖ed8? 32.b4 cb 33.♗b6!) **32.♖h3 ♕f7(?) 33.♕:f7+ ♔:f7 34.♗:c5! ♖:h3 35.♘d6+ ♔g6 36.♘:c8 ♖d3 37.a4 ♖d2 38.ab ab 39.♘e7+ ♔f7 40.♘f5**

Mit einer kleinen Kombination hat Weiß einen Bauern gewonnen. Er realisiert jetzt sicher sein Übergewicht.

**40. ... ♘e6 41.♖a7+ ♔g6 42.♗e3 ♖:b2 43.♖e7 ♘f4+ 44.♗:f4 ♗f8 45.♗e3 ♗:e7 46.♘:e7+ ♔f7 47.♘d5**, und Weiß gewann bald.

Natürlich hätten die konkreten Pläne des Anziehenden bei anderen Gegenaktionen beträchtliche Änderungen erfahren können. Doch insgesamt gesehen war das strategische „Auge“ von Weiß vor allem auf den gegnerischen Königsflügel gerichtet.

Boleslawski–Panow
12. Meisterschaft der UdSSR, 1940

**1.e4 e5 2.♘f3 ♘c6 3.♗b5 a6 4.♗a4 ♘f6 5.0–0 ♗e7 6.♖e1 b5 7.♗b3 d6 8.c3 0–0 9.h3 ♘a5 10.♗c2 c5 11.d4 ♕c7 12.♘bd2 ♗e6?!**

Eine damals äußerst aktuelle Fortsetzung, die Panow in die Praxis einführte. In dieser Partie fand Weiß eine starke Erwiderung.

**13.de de 14.♘g5 ♗d7 15.♕e2!**

(mit dem Zug 15.♘f1, worauf 15. ... ♘c4 folgen würde, hat es keine Eile) **15. ... h6 16.♘f3 ♘h5**

Die schwarze Stellung ist schon sehr schwierig. So würde Weiß nach 16. ... ♗e6 17.♘h4! mit seinem Springer f5 anvisieren.

**17.♘f1 ♖fe8 18.♘3h2 ♘f4 19.♗:f4! ef 20.e5!**

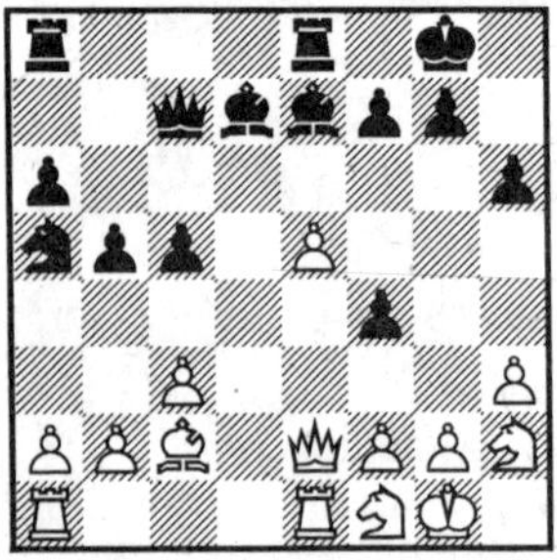

Der Textzug unterstreicht das weiße Übergewicht. Nicht gut ist nun 20. ... g6 wegen 21.e6! ♗:e6 22.♗:g6 ♗c4 23.♗d3, und die schwarze Königsstellung ist völlig kompromittiert.

**20. ... ♗g5 21.♘f3 g6 22.h4 ♗f6 23.h5 ♘c4?**

Jetzt ist die schwarze Stellung hoffnungslos. Notwendig war 23. ... g5, obwohl auch hier Weiß nach 24.♗e4! ♗c6 25.♘1d2 ♗g7 26.a4 deutlich bessere Chancen hätte.

**24.hg ♘:e5 25.♘:e5 ♖:e5 26.♕f3 ♖:e1 27.♖:e1**

Eine Nachlässigkeit, die den Gewinn bedeutend erschwert. Nach 27.gf+! ♔:f7 28.♖:e1 könnte Schwarz nur noch wenige Züge durchhalten.

**27. ... ♖f8 28.♕h5 ♗g5 29.♘d2 ♕c6 30.♘f3 fg 31.♗:g6 ♗f5?**

Schwarz seinerseits erleichtert damit dem Anziehenden die Aufgabe. Weitaus zäher war 31. ... ♕f6!

**32.♗:f5 ♖:f5 33.♕g4 ♕d5 34.♘h4 ♖f7 35.♘f3 ♖f5 36.b3 ♔h7 37.c4 bc 38.bc ♕f7 39.♖b1 ♗d8 40.♖b8 ♗g5 41.♖b7! ♕:b7 42.♕:f5+ ♔h8 43.♘e5 ♔g8 44.♔h2 ♕e7 45.♔h3 ♗f6 46.♘g6 ♕d6 47.♘:f4 ♗d4 48.f3 a5 49.♕e6+ ♕:e6 50.♘:e6 ♗f2 51.♔g4 ♔f7 52.♔f5 h5 53.♘f4 h4 54.♘d3.** Schwarz gab auf.

Ende der vierziger Jahre geriet Rausers Plan immer mehr in eine Sackgasse. Für Schwarz waren Systeme gefunden worden, die den weißen Angriff am Königsflügel bremsten. Eine der Hauptvarianten sah folgendermaßen aus: 1.e4 e5 2.♘f3 ♘c6 3.♗b5 ab 4.♗a4 ♘f6 5.0–0 ♗e7 6.♖e1 b5 7.♗b3 d6 8.c3 0–0 9.h3 ♘a5 10.♗c2 c5 11.d4 ♕c7 12.♘bd2 ♘c6 13.dc dc 14.♘f1 ♗e6 15.♘e3 ♖ad8 16.♕e2 g6. Dieser Zug verhindert nicht nur grundsätzlich den Springerausfall nach f5, sondern neutralisiert in vielerlei Hinsicht die weißen Drohungen am Königsflügel. Denn im Falle von 17.♘g5 ♗c8 18.♘d5 ♘:d5

19.ed ♖:d5 20.♘:h7 ♔:h7 21.♕h5+ ♔g8 22.♗:g6 fg 23.♕:g6+ müßte sich Weiß mit ewigem Schach abfinden.
In meiner Spielpraxis kam ich mit diesem Problem erstmalig in der Partie gegen Kamyschew (Schwarz) im Turnier in Tbilissi im Jahre 1951 in Berührung. Es handelte sich um ein Trainingsturnier, und die Versuchung war groß, sich durch ein schnelles Remis einen erholsamen Tag zu verschaffen. Ich mußte mich regelrecht zwingen, hier nach neuen Wegen zu suchen. Nach längerem Nachdenken lebte ich buchstäblich auf. Ich begann nach aktivem Spiel am Damenflügel zu suchen! Und Zug für Zug kam ich dem neuen Plan auf die Spur, der dann in dieser Situation einer der wirkungsvollsten wurde.

**17.♘g5 ♗c8 18.a4 c4 19.ab ab 20.b3!**

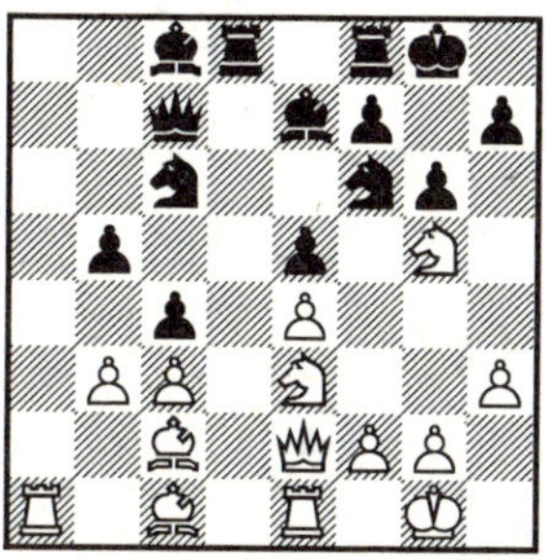

Es stellt sich heraus, daß Schwarz entweder den weißen Läufer nach 20. ... cb 21.♗:b3 auf eine Diagonale lassen muß, die dem Anziehenden gefährliche Initiative gibt, oder sich mit einer Schwäche auf c4 abzufinden hat.

**20. ... ♘a5 21.bc bc 22.♗a3 ♖fe8 23.♗:e7 ♖:e7 24.♖ed1**

Der Abtausch eines Turmpaares ist nützlich, um das schwarze Gegenspiel auf der d-Linie einzuengen.

**24. ... ♖ed7 25.♖:d7 ♖:d7**

Nach 25. ... ♗:d7 26.♕f3 ♔g7 27.♘:f7! ♔:f7 28.♘d5 gewinnt Weiß.

**26.♖a4 ♗a6**

Schlecht ist 26. ... ♗b7? wegen 27.♘:c4 ♗a6 28.♕f3!

**27.♕f1! ♗b5 28.♖b4 ♕c5 29.♕b1 ♖b7**

Nach 29. ... ♗c6 oder 29. ... ♗a6 30.♖b8+ ♔g7 31.♕b4 gewänne Weiß mindestens einen Bauern.

**30.♗a4 ♗a6**

Unbefriedigend wäre 30. ... ♗:a4 31.♖:b7 ♘:b7 32.♕:b7 ♗e8 33.♕b8 ♔g7 34.♘d5!

**31.♘f3! ♕d6 32.♗b5! ♗:b5 33.♖:b5 ♕c6 34.♖:b7 ♘:b7 35.♘:e5 ♕:e4 36.♕b5!**

Das entscheidende Manöver. Materialverlust ist jetzt für Schwarz unvermeidlich.

**36. ... ♘d6 37.♕b8+ ♘de8 38.♘5:c4 ♕d3 39.♕e5 ♕b1+ 40.♔h2 ♔f8 41.♘d6 ♔b8**

**42.♘:f7 ♔b2 43.♘d6 ♕:f2 44.♘d5! ♘:d5 45.♕:e8+ ♔g7 46.♕e5+.** Schwarz gab auf.

Natürlich hat seither diese ganze Variante bedeutende Veränderungen durchgemacht (worüber bereits im vorangegangenen Kapitel gesprochen wurde). Jedoch für ihre strategische Linie wie überhaupt für geschlossene Strukturen der Spanischen Partie war bereits zu Beginn der fünfziger Jahre eine beträchtliche Ausweitung des Ideengehalts charakteristisch. In der Regel greift in solchen Strukturen der Kampf auf das ganze Brett über, wobei der Damenflügel durchaus keine untergeordnete Rolle spielt.
In einer Reihe von Varianten ergibt sich dies aus dem äußeren Bild bereits in der Eröffnung, besonders dann, wenn Weiß vorteilhaft auf d5 einen Keil in die schwarze Stellung treibt (wir empfehlen, die Aufmerksamkeit auf S. 159 oder 163 zu lenken). Instruktiv ist die folgende Partie, in der Weiß sehr wirkungsvoll das ungenaue gegnerische Spiel in der Eröffnung ausnutzte.

Capablanca–Black
New York 1916

**1.e4 e5 2.♘f3 ♘c6 3.♗b5 a6 4.♗a4 ♘f6 5.0–0 ♗e7 6.♖e1 d6 7.c3 0–0 8.d4 b5(?) 9.♗c2 ♗g4 10.d5!**

Der Beginn eines Angriffs am Damenflügel, den Weiß stark und zielstrebig führt.

**10. ... ♘b8 11.h3!**

Ein wichtiger Zug. Weiß schafft rechtzeitig Klarheit über die Aufstellung des schwarzen Läufers. Er muß entweder nach c8 zurück, was Weiß nach 12.a4! die Möglichkeit gäbe, seinen Angriff am Damenflügel vorzutragen, oder nach h5, wo er vom Hauptkampfplatz isoliert ist.

**11. ... ♗h5 12.♘bd2 ♘bd7 13.♘f1 ♖e8 14.g4! ♗g6**

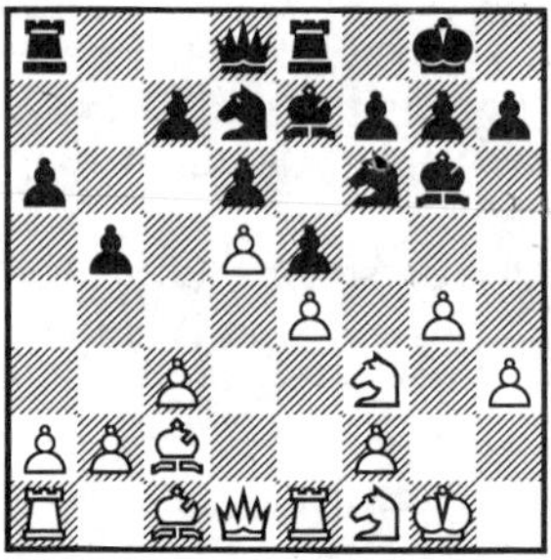

**15.♘g3 h6 16.a4 ♘h7 17.♕e2 ♗b8 18.ab ab 19.b4! ♕c8 20.♗d3 c6 21.dc ♕:c6 22.♖a5! ♕:c3 23.♗:b5 ♕c7 24.♗e3 ♖ed8 25.♖c1 ♕b7 26.♗c6 ♕:b4 27.♖a4 ♕b3 28.♖a7! ♘hf8 29.♘d2 ♕b2**

Oder 29. ... ♕e6 30.♗d5 ♕f6 31.♘f3 ♘h7 32.♖cc7, und Weiß gewinnt eine Figur.

**30.♕d1 ♗g5 31.♖c2 ♗:e3 32.♖:b2 ♗:a7 33.♖:b8 ♘:b8 34.♗d5 ♘e6 35.♘e2 ♘d7 36.♕a1 ♗b8 37.♕a2 ♘dc5 38.f3 ♔f8 39.♘c4 ♔e7(?) 40.♘a5 ♔f6(?) 41.♘c6 ♖c8 42.h4 ♗c7 43.f4,** und Weiß hat eine klare Gewinnstellung.

Komplizierter sind die folgenden Beispiele aus der modernen Spielpraxis.
Die folgenden drei Partien sind vielleicht die bedeutendsten von den vielen im Jahre 1986 gespielten Partien, wo die Struktur mit einem weißen Zentrumsvorposten auf d5 vorkommt.

Spanisch
Sokolow–Karpow
Bugojno 1986

**1.e4 e5 2.♘f3 ♘c6 3.♗b5 a6 4.♗a4 ♘f6 5.0–0 ♗e7 6.♖e1 b5 7.♗b3 d6 8.c3 0–0 9.h3 ♗b7 10.d4 ♖e8 11.♘g5 ♖f8 12.♘f3 ♖e8 13.♘bd2 ♗f8 14.♗c2 ♘b8 15.a4 c5**

Zweckmäßiger ist 15. … ♘bd7, um nicht so rasch die Zentrumsstruktur festzulegen. In einer Partie Ljubojević–Portisch desselben Turniers folgte darauf 16.♗d3 d5 17.ab de 18.♘:e4 ♘:e4 19.♗:e4 ♗:e4 20.♖:e4 ab 21.♗g5 f6 22.♗h4 ♖:a1 23.♕:a1 ♗d6 mit Ausgleich.

**16.d5 ♘bd7 17.b4! c4** (vorzuziehen war 17. … ♕c7) **18.♘f1 ♘h5 19.♘3h2 g6 20.♗e3 ♗e7 21.♕d2 ♖f8 22.♗h6 ♘g7 23.♘g3 ♔h8 24.♘g4! ♘f6 25.♘:f6 ♗:f6 26.♖f1** (Weiß beabsichtigt ein massiertes Vorgehen auf dem Königsflügel und bereitet den Vorstoß f2–f4 vor) **26. … ♕d7 27.f4 a5 28.f5! ab 29.cb ba 30.♖f3** (Weiß hat einen Bauern geopfert und seine Kräfte am Königsflügel konzentriert) **30. … ♔g8 31.♕f2 ♗h4 32.♗:g7 ♗:g3?** (danach nimmt der weiße Königsflügelangriff an Gefährlichkeit sehr zu; vielleicht war 32. … ♔:g7 33.♘h5+ gh 34.♕:h4 f6! vorzuziehen, und Schwarz hätte mehr Verteidigungsmöglichkeiten am Königsflügel) **33.♖:g3 ♔:g7 34.f6+ ♔h8 35.♖ga3!** (unter Aufrechterhaltung der Drohungen auf dem Königsflügel unterbindet Weiß jegliches Spiel des Gegners auf dem Damenflügel) **35. … ♕b5 36.♕e3 ♖g8**

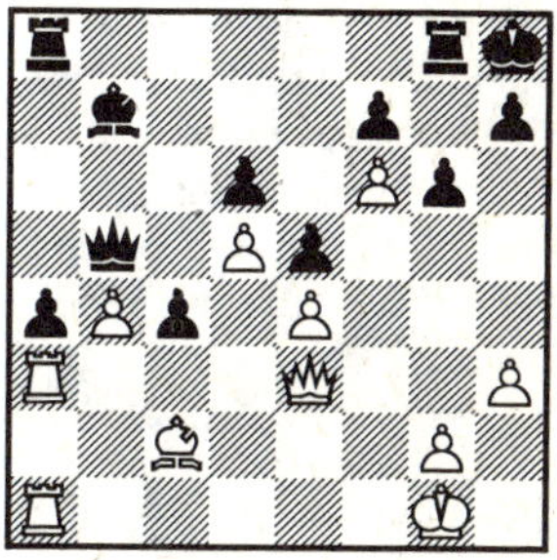

**37.h4!**

Es fällt Schwarz nicht leicht, die richtige Antwort zu finden. Falls 37. … ♗c8 38.♖:a4 ♖:a4 39.♖:a4 ♗d7 40.♔h2 oder 37. … ♖a6 38.♖:a4 ♕b6 39.♔f2 ♕:e3+ 40.♔:e3 ♖b6 41.♔d2, so erlangt Weiß beträchtliches Übergewicht. Karpow trifft eine extravagante Entscheidung und zieht eine Gegenaktion am Königsflügel auf, aber auch das erweist sich als nicht ausreichend.

**37. … g5?! 38.hg ♖g6 39.♔f2!**

**h6** (schlecht ist 39. ... ♖ag8 40.♖h1 ♖:g5 41.♕h3 ♖:g2+ 42.♔f1 c3+ 43.♗d3 oder 40. ... ♗c8 41.♖:h7+! ♔:h7 42.♕h3+! ♗:h3 43.♖:h3+ mit Matt) **40.♖h1 ♔h7 41.♗d1 ♖ag8 42.♕h3 ♖h8 43.♗h5.** Schwarz gab auf.

Spanisch
Kasparow–Karpow
14. Partie des Revanchematches, 1986

**1.e4 e5 2.♘f3 ♘c6 3.♗b5 a6 4.♗a4 ♘f6 5.0–0 ♗e7 6.♖e1 b5 7.♗b3 d6 8.c3 0–0 9.h3 ♗b7 10.d4 ♖e8 11.♘bd2 ♗f8 12.a4 h6 13.♗c2** (eine der aktuellsten Varianten der Spanischen Partie) **13. ... ed** (in der Partie Ghinda–Lin Ta, Luzern 1985, geschah 13. ... ♕d7 14.d5 ♘e7 15.b3 c6 16.c4 ♘g6 17.♗d3 ♖ec8 18.♗f1 bc 19.bc ♕c7 20.♘b3 mit weißem Druckspiel) **14.cd ♘b4 15.♗b1 c5 16.d5** (ein notwendiges Glied im Plan von Weiß; falls 16.b3 cd 17.♘:d4 ba 18.♖:a4 a5 19.♗b2 g6 20.♗c3 ♖c8, so hat Schwarz ausgezeichnetes Gegenspiel, Zeschkowski–Balaschow, Minsk 1982) **16. ... ♘d7 17.♖a3 c4 18.ab ab 19.♘d4 ♖:a3 20.ba ♘d3 21.♗:d3 cd 22.♗b2!** (bei 22.♘:b5 ♕a5 23.♘d4 ♘c5 hat Schwarz offensichtlich genügend Kompensation für den Bauern; Kasparow ändert die Richtung seines strategischen Vorgehens und peilt den Königsflügel an) **22. ... ♕a5 23.♘f5! ♘e5**

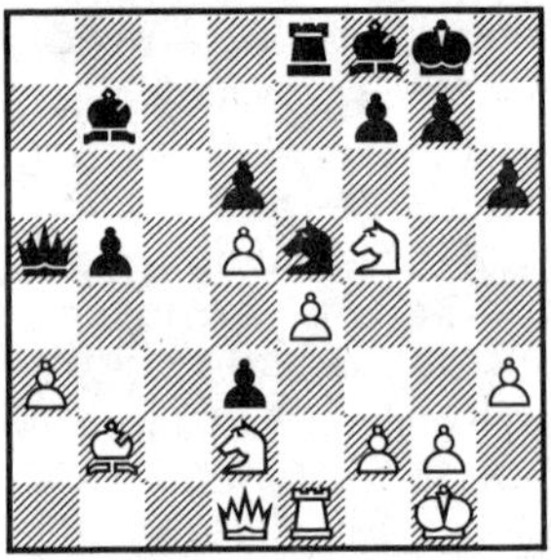

Dieser Zug sieht natürlich aus, aber vielleicht war 23. ... g6 vorzuziehen, und wenn 24.♖e3, so 24. ... ♘c5! mit sehr unklaren Folgen.

**24.♗:e5!**

Bei 24.f4 würde Schwarz nach 24. ... ♘g6 25.♖f1 ♘e7 den Ansturm erfolgreich abwehren. Kasparows Entscheidung mutet paradox an. Er überläßt dem Gegner das Läuferpaar, erhält allerdings dafür einen starken gedeckten Freibauern im Zentrum und vertraut gleichzeitig auf die Stärke seiner Kavallerie.

**24. ... de** (24. ... ♖:e5 25.♘f3 ♖e8 26.♕:d3 kostet Schwarz einen Bauern) **25.♘b3 ♕b6?!** (vorzuziehen war 25. ... ♕:a3 26.♕:d3 ♕a6) **26.♕:d3 ♖a8 27.♖c1 g6 28.♘e3 ♗:a3** (sowohl hier als auch im vorangegangenen Zug war es gefährlich, den Bauern a3 mit dem Turm zu nehmen; jetzt würde darauf 29.♘g4 und ein Zug vorher 28.d6! folgen mit klarem Übergewicht für Weiß in beiden Fällen) **29.♖a1 ♖a4** (vielleicht verdiente 29. … h5 30.♕c3 f6 den Vorzug, obwohl auch dann die schwarze Stellung nicht wenig Schwächen aufwiese) **30.♘g4 ♗f8 31.♖c1! ♕d6?** (führt zu rascher Entscheidung; Rettungschancen bot 31. … ♗g7) **32.♘c5 ♖c4 33.♖:c4 bc 34.♘:b7 cd 35.♘:d6 ♗:d6 36.♔f1! ♔g7 37.f3 f5 38.♘f2 d2 39.♔e2 ♗b4 40.♘d3 ♗c3 41.♘c5.** Schwarz gab auf, denn der Bauer d2 geht verloren, wonach für ihn das Endspiel aussichtslos ist.

Kasparow–Karpow
16. Partie des Revanchematches, 1986

Diese Partie ist bis zum 17. Zuge identisch mit der vorangegangenen.

**18.♘d4 ♕f6!?** (eine neue Fortsetzung; in der Partie Sokolow–Psachis, Wolgograd 1985, geschah 18. … ♘e5 19.ab ♕b6 20.♘2f3 ♘bd3 21.♗e3 ♘:e1 22.♘:e1 ♕c7 23.♘ef3 ab 24.♘:b5 ♕d7 mit zweischneidigem Spiel) **19.♘2f3 ♘c5** (interessant ist 19. … ♘d3!? 20.♗:d3 b4 21.♗:c4! ba 22.b3 ♘c5 oder 20.♖:d3!? cd 21.ab) **20.ab ab 21.♘:b5 ♖:a3 22.♘:a3 ♗a6 23.♖e3 ♖b8 24.e5!? de 25.♘:e5 ♘bd3** (aussichtsreicher war 25. … ♘cd3)

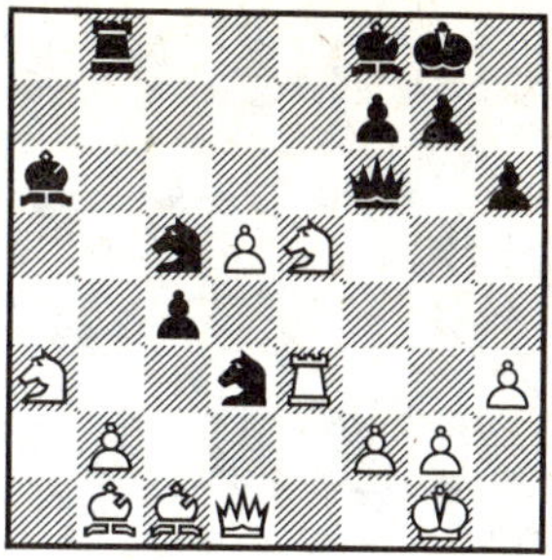

**26.♘g4?!**

Die Variante 26.♗:d3 ♘:d3 27.♖:d3! cd 28.♘d7 ♕d6 29.♘:b8 ♕:b8 30.♕a4 führt schnell zum Remis. Später wurde festgestellt, daß Weiß mit dem stillen, aber sehr starken Zug 26.♕c2! (es droht 27.♘a:c4) in Vorteil kommen konnte: 26. … ♖c8 27.♘a:c4 ♗:c4 28.♘:c4; oder 26. … ♖b4 27.♘c6 ♖b7 28.♖e8.

**26. … ♕b6 27.♖g3 g6! 28.♗:h6 ♕:b2 29.♕f3! ♘d7!?** (Schwarz spielt auf Gewinn; mit der Fortsetzung 29. … ♕:a3 30.♘f6+ ♔h8 31.♕h5 ♖:b1+ 32.♗c1+! ♔g7 33.♘e8+ ♔g8 34.♘f6+ ♔g7 konnte er das Remis forcieren) **30.♗:f8 ♔:f8 31.♔h2 ♖b3?!** (auch hier vermochte Schwarz mit 31. … ♕c1! 32.♗:d3 cd 33.♘f6 ♘e5 34.♕e4 d2 35.♕:e5 d1♕ das Gleichgewicht zu bewahren) **32.♗:d3 cd** (vorzuziehen war 32. … ♖:d3 33.♕f4 ♕:a3 34.♘h6! ♕e7 35.♖:g6 ♕e5 36.♕:e5 ♘:e5 37.♖:a6 mit etwas besseren Endspielchancen für Weiß) **33.♕f4 ♕:a3?** (verliert; weitaus zäher war 33. … d2!) **34.♘h6 ♕e7 35.♖:g6 ♕e5 36.♖g8+ ♔e7 37.d6+! ♔e6 38.♖e8+ ♔d5 39.♖:e5+ ♘:e5 40.d7 ♖b8 41.♘:f7.** Schwarz gab auf.

Wie ich bereits hervorgehoben habe, besteht ein schöpferisches Herangehen an typische Stellungen in der Eröffnung in der Fähigkeit, rasch Schlußfolgerungen aus neuen Strömungen in der Theorie und Praxis zu ziehen. So hielt man es lange Zeit in einem der Hauptsysteme der Französischen Verteidigung nach 1.e4 e6 2.d4 d5 3.♘c3 ♗b4 4.e5 c5 5.a3 ♗:c3+ 6.bc ♘e7 7.♘f3 ♘bc6 8.a4 ♕a5 9.♗d2 ♗d7 10.♗e2 für fast verpflichtend, daß Schwarz das Spiel im Zentrum und am Damenflügel mittels 10. … c4 schließen müsse. Jedoch von einem bestimmten Zeitpunkt an wurde eine andere Tendenz immer deutlicher, nämlich die massierte Sprengung der weißen Zentrumsstützpunkte mittels 10. … f6!?

Der objektive Wert dieser Idee ist noch nicht genügend klar. Allerdings läßt sich daran zusehends erkennen, daß ein vorhandenes, nicht schablonenhaftes strategisches Verfahren, das immer wieder neue Formen annimmt, einer sorgfältigen Erforschung bedarf.

Die Aufgabe des Forschenden besteht darin, die für das jeweilige Problem wertvollsten Partien herauszufinden und einer Analyse zu unterziehen. Dazu gehört in unserem Falle z. B. die folgende.

Französisch
Rogulj–Jelen
Jugoslawien 1980

**1.e4 e6 2.d4 d5 3.♘c3 ♗b4 4.e5 c5 5.a3 ♗:c3+ 6.bc ♘e7 7.♘f3 ♘bc6 8.a4 ♕a5 9.♗d2 ♗d7 10.♗e2 f6 11.c4!? ♕c7 12.ef gf 13.cd ♘:d5 14.c3 0–0–0 15.0–0 ♖hg8 16.♖e1 e5?**

Besser ist 16. … ♘f4.

**17.c4 ♗h3 18.♗f1 ♘b6 19.d5 ♘:c4 20.dc ♕:c6**

Nicht gut wäre 20. … ♗:g2 21.♗:g2 ♕g7 22.♘h4 ♖d4 23.♕b3 ♖:h4 24.♕:b7+ ♕:b7 25.cb+ ♔b8 26.♖e2, und Weiß muß gewinnen.

**21.g3 ♗:f1 22.♖:f1 e4 23.♕c2!**

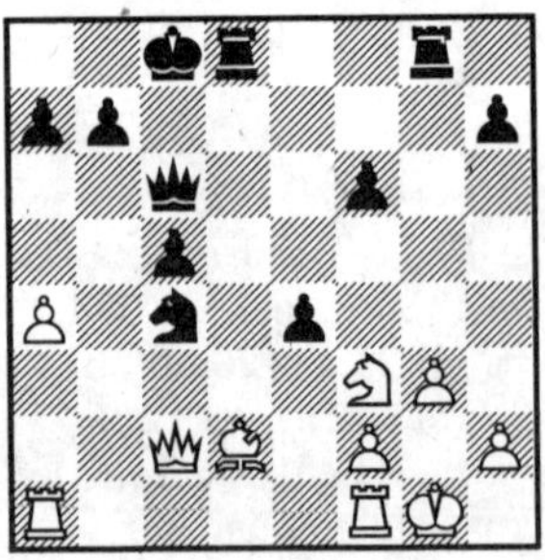

Ein neuer Zug. Hier wurde bisher 23.♕b3?! gespielt.

**23. … ♕d5 24.♗f4 ef 25.♖fc1?**

Weiß vergibt seinen Vorteil.

Richtig war 25.♖ac1 ♘e5 26.♕f5+ ! ♖d7 27.♗:e5! fe 28.♖fd1 ♕c6 (oder 28. ... ♕f7 29.♖:c5+ ♔d8 30.♖:d7+ ♕:d7 31.♕f6+) 29.♖:d7 ♕:d7 30.♖:c5+ ♔d8 31.♕f6+, und Weiß sollte gewinnen.

**25. ... ♖ge8! 26.♕:h7 ♖d7 27.♕g6 ♖e6 28.h4 b6 29.♕g8+ ♖d8 30.♕h7 ♖d7 31.♕g8+.** Remis.

Ein Schachspieler, der diese Partien untersucht, wird nicht nur in den Kreis der konkreten Probleme eindringen. Er muß vielmehr, wenn er Eröffnungsvarianten mit einer analogen Bauernstruktur im Zentrum (in diesem Falle mit Bauernkeil auf e5) betrachtet, sehr aufmerksam auf sich andeutende neue Tendenzen achten. Uhlmann, ein großer Kenner der Französischen Verteidigung, „bürgerte" in einer gut erforschten Variante den neuen Plan mit dem frühzeitigen Vorstoß f7–f6 ein!

Przewoznik–Uhlmann
Polen–DDR, 1980

**1.e4 e6 2.d4 d5 3.e5 c5 4.c3 ♘c6 5.♘f3 ♕b6 6.a3 c4 7.g3 f6!**

Ein sehr wirkungsvoller Weg zur Erlangung von Gegenspiel. Schwarz unterminiert unverzüglich den Punkt e5 und strebt die Zerstörung des weißen Bauernzentrums an.

**8.ef ♘:f6 9.♗g2**

Nach 9.♗h3 ♗d6 10.♕e2 0–0 11.♗:e6+ ♔h8 hat Schwarz ausgezeichnetes Gegenspiel.

**9. ... ♗d6 10.0–0 0–0 11.♘bd2**

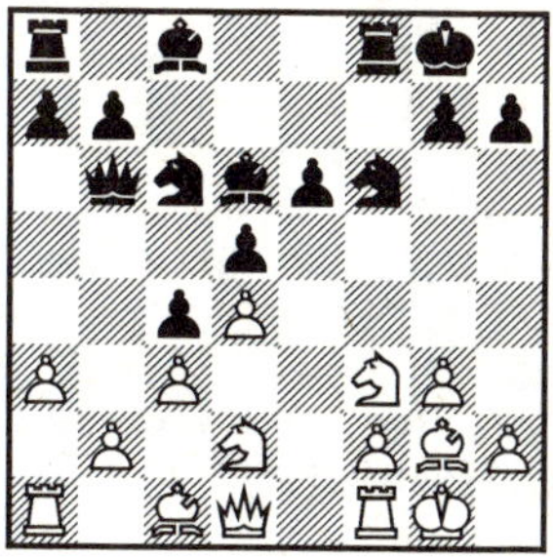

Auch nach 11.♖e1 ♘e4! 12.♘bd2 ♘:d2 gebührt den Chancen von Schwarz der Vorzug.

**11. ... e5! 12.de ♗:e5! 13.♘:e5 ♘:e5 14.♕e2?! ♖e8! 15.♘f3**

Nach 15.♕e3 ♕:e3 16.fe ♘eg4 17.e4 ♘e3 18.♖f2 ♘:g2 19.♔:g2 ♘:e4! ist der schwarze Vorteil offensichtlich.

**15. ... ♗g4 16.♕d1**

Schlecht wäre 16.♗e3 ♗:f3 17.♗:f3 ♘:f3+ 18.♕:f3 ♕:b2 19.♗d4 ♕e2, und Schwarz gewinnt.

**16. ... ♖ad8 17.♗e3 ♕:b2 18.♗d4 b6! 19.h3 ♘:f3+ 20.♗:f3 ♗:f3! 21.♕:f3 ♕e2! 22.♕f4 ♕e4 23.♕g5 h6 24.♕d2 ♕f5! 25.♗:f6 ♕:f6 26.♖ad1**

Auch im Falle von 26.♖fe1 ♖:e1+ 27.♖:e1 b5! stünde Weiß schlecht.

**26. … b5! 27.♔h2 a6 28.a4 ba 29.♖a1 ♕f3! 30.♖:a4 ♖e2 31.♕c1? ♖f8! 32.♕d1 ♖:f2+.** Weiß gab auf.

Nun wäre es natürlich zu wünschen, daß der Leser das vermittelte Wissen nutzt und überdenkt, wie er *selbst* seine eigene schachliche Entwicklung gestaltet. Allerdings gehört das schon zum Bereich schachlicher Meisterschaft.

Abschließend sei noch etwas auf die charakteristischen Irrtümer und auftretenden fehlerhaften Auffassungen im Training eingegangen, die sich bei manchen jungen Schachspielern mittlerer Qualifikation (Leistungsklasse 1, Meisteranwärter) beobachten lassen (obwohl sie im allgemeinen auf dem Gebiet der Eröffnungstheorie auch eifrig arbeiten):

1. Augenfälliges Mißverhältnis zwischen dem mühseligen Sammeln des Materials und der ungenügenden Qualität (auch Quantität) der Analyse. Das führt zu einem „Schwimmen an der Oberfläche“.
2. Unterschätzung des klassischen Schacherbes. In der Regel wird das Wissen aus modernen Periodika erworben.
3. Häufig werden übereilte Schlüsse anhand von ein bis zwei Partien der jüngsten Vergangenheit gezogen. In dieser Beziehung „sündigen“ nicht nur unerfahrene Schachspieler, sondern auch moderne Meister, die hoch und heilig glauben, daß erst jetzt eine wahre Entwicklung der Theorie begonnen habe, für die jede Neuerung eine Art Offenbarung darstellt.
4. Mechanisches „Einpauken“ forcierter Eröffnungsvarianten, wobei es nicht zu einer bewußten Aufnahme der damit verbundenen Strategie und Taktik als Ganzes kommt.
5. Unnötiges und ungerechtfertigtes Bestreben, schwierige moderne Systeme zu spielen, ohne die allgemeine Qualifikation dafür zu besitzen und ohne entsprechende theoretische Vorbereitung. Wie es unmöglich ist, sich die höhere Mathematik aneignen zu wollen, ohne die elementare zu beherrschen, kann man auch im Schach nicht die sogenannte einfache Strategie und taktisch klaren Eröffnungssysteme „überspringen“. Nicht vergessen werden darf, daß man zu den modernen komplizierten Spielweisen heranreifen muß!
6. Ungenügendes Wissen in der Eröffnungstheorie.
7. Vielfach trägt das Herangehen an die Untersuchung äußerst pragmatischen Charakter. Man wendet sich von irgendeiner spannenden Variante ab und geht auf rein konkretem Wege weiter. Ein solches Verhalten erinnert an einen Kraftfahrer, der sein Fahrzeug zwar lenken kann, aber keine Vorstellung vom inneren Aufbau hat.
8. Fehlendes Verständnis für die Rolle der Eröffnungstheorie im modernen Schachkampf.

Heute stellt die Eröffnung nicht nur das Stadium für die Entwicklung der Streitkräfte dar, sondern die Gesamtheit des Wissens über die komplizierteste schachliche Phase – die Anfangsstellung. Häufig beginnt der wahre Kampf bereits in einem sehr frühen Stadium und beeinflußt die Partie bis weit in das Endspiel hinein. Hieraus ist ersichtlich, wie bedeutsam und folgenschwer die ersten Züge im Spiel sind, wo konkretes Wissen eine nicht zu umgehende Notwendigkeit ist und vor allem eine wirksame Waffe im Kampf um Initiative und Vorteil.

Längst sind die Zeiten vorbei, da man eine Eröffnung nach „Augenmaß" spielte und sie nur schemenhaft kannte. Sie ist eine strenge Wissenschaft, eine konkrete Anleitung zum Kampf, zumeist ohne langes Vorspiel.

Die Reihe der hier angeführten Mängel ließe sich ohne weiteres erweitern. Man könnte solche „ureigensten" Mängel aufzählen wie mangelhafte Kenntnis der Schachliteratur, enger spielerischer Bereich (z. B. die Unfähigkeit, beengte und defensive Stellungen zu spielen), naives Spiel auf Fallen, Unkenntnis typischer Verfahren und Stellungen, die sich aus Eröffnungssystemen ergeben, u. a.

Ohne die genaue Kenntnis und zielgerichtete Bekämpfung dieser negativen Erscheinungen lassen sich die Probleme der Vervollkommnung des Spiels in der Eröffnung auf keinen Fall lösen.

Damit haben wir das „Pflichtprogramm" absolviert, das zur Vervollkommnung eines zur Meisterschaft strebenden Schachspielers gehört.

Im letzten Teil möchte ich Fragen behandeln, die mit individuellen und psychologischen Problemen in Verbindung stehen. Schließlich sollte man nicht vergessen, daß es Menschen sind, die Schach spielen (oder es lernen). Und wie das Leben beweist, ist das, was dem einen leichtfällt, für den anderen durchaus schwierig.

# VIERTER TEIL

# Die Vervollkommnung des Schachspielers

Bisher haben wir vorwiegend die für die Vervollkommnung im Schach notwendigen Methoden behandelt, ohne dabei die natürlichen Anlagen, den Charakter und schließlich das Alter des Schachspielers zu berücksichtigen. Dieser Komplex soll nun untersucht werden.

## 11. Kapitel

### Fehlerhafte und begrenzte Denkweisen, der Fehlerbegriff im weitesten Sinne

Wer sich nicht der richtigen Denkmethoden bedient – so lehrt die Erfahrung –, dem gelingt es selten, seine Möglichkeiten in vollem Maße auszuschöpfen. So geht schon aus der Beschaffenheit der Natur des Menschen hervor, daß er nicht nur mit einer ganzen Reihe positiver Eigenschaften geboren wird, sondern auch mit Mängeln oder Unzulänglichkeiten. Denken wir uns einmal tiefer in diese Problematik hinein und fragen: Bedingt denn nicht das komplizierte Kaleidoskop menschlicher Stärken und Schwächen, die eine gewaltige Differenzierung in den Meinungen und Einstellungen hervorbringen, den allgemeinen Fortschritt des schachlichen Schaffens? Und was wäre, wenn es sich anders verhielte? Nehmen wir einmal an, daß alle ohne Zweifel vollkommen spielten, also fehlerlos, ein in gleichem Maße entwickeltes Positionsgefühl besäßen und eine äußerst weite Berechnung der Varianten, durch die gleiche kombinatorische Phantasie vervielfacht, beherrschten. So paradox es klingt, doch in diesem Falle würde das Schachschaffen unvermeidlich erlöschen. Nicht nur die Verletzung der Symmetrie in rein schachlichen Situationen (wenn z. B. eine Seite das Zentrum beherrscht und die andere sehr wirkungsvoll auf das Zentrum einwirkt; oder Weiß besitzt Übergewicht und greift am Damenflügel, Schwarz dagegen am Königsflügel an usw.) stellt ein Stimulans seiner Entwicklung dar, sondern meiner Ansicht nach vor allem die unterschiedliche Einstellung zum Schach, bedingt durch die Verschiedenheit der menschlichen

Natur und die daraus resultierenden Handlungen.
Der einfachste Beweis dafür: Die interessantesten und kämpferischsten Partien kommen nur dann zustande, wenn beide Gegner den Kampf in gleichem Maße anstreben. Es bietet sich weniger schöpferischer Raum an, wenn sich nur einer von ihnen darum bemüht. Völlig farblos wird das Spiel, wenn beide Seiten friedliebend eingestellt sind. In diesem Streben zum Kampf offenbaren sich jedoch nicht nur die positiven, sondern auch die negativen Eigenschaften des Denkens und – was ebenso wichtig ist – des Charakters. Glänzende Angriffe können schließlich nur dann erfolgreich abgeschlossen werden, wenn der Gegner irgendwo in der Verteidigung eine Schwachstelle zuläßt. Eine Neuerung in der Theorie ist nur in den Varianten sichtbar zu verwerten, in denen ein unvorbereiteter Gegner die herannahenden Drohungen nicht rechtzeitig zu entschärfen vermag. Die Kunst der Verteidigung zeigt sich in voller Stärke dort, wo die angreifende Seite in der Hitze des Gefechts auf Granit beißt, das Gefühl für Gefahr verliert und ihre Möglichkeiten überschätzt. Eigentlich entstehen auf diese Weise auch Musterschöpfungen, von denen die neuen Generationen lernen. Immer treten in solchen Fällen ein Haupt-Urheber und ein Mit-Urheber auf, der unfreiwillig an der Entstehung der Neuschöpfung mitwirkt.
Wie oft wird doch das Wort „Fehler" geringschätzig und verächtlich ausgesprochen. Dabei wird ganz vergessen, daß der Fehler ein unvermeidliches Attribut einer Schachpartie darstellt, der im Grunde genommen nicht weniger wichtig ist als eine glänzende Kombinationsidee oder ein tiefer strategischer Plan. Letzten Endes schaffen erst die Fehler das entsprechende Bedingungsgefüge zur Realisierung der verborgenen Gedanken der anderen Seite. In dem Ausmaß, wie sich die Schachtheorie entwickelt, nimmt nicht nur unentwegt das positive Material zu, sondern auch immer mehr klären und vertiefen sich unsere Vorstellungen darüber, was ein Fehler im Schach eigentlich ist. Manchmal erweist es sich als sehr schwierig, zu ihren Quellen vorzudringen, und man muß eine Unmenge von Varianten „durchackern", um ihn schließlich zu finden. Darin liegt schließlich der hauptsächliche innere Wert unserer geliebten schachlichen Betätigung. Solange es Fehler gibt, wird auch das Schachspiel fortbestehen. Daß Fehler dem Menschen eigen sind, wußten schon die Lateiner (Errare humanum est!). Und seither hat sich in dieser Beziehung wenig geändert! Es muß allerdings gesagt werden, daß sich der Fehlerbegriff selbst ständig veränderte und kompli-

zierter geworden ist. Selbstverständlich ist der Begriff elementarer Fehler, die Fehler erster Ordnung, wie wir sie nennen, bestehen geblieben. Die Ansichten über die Fehler zweiter Ordnung entwickelten sich ziemlich langsam, und auch jetzt hat sich darüber noch keine bestimmte Meinung herausgebildet.
Konstatieren läßt sich nur, daß Fehler zweiter Ordnung mit einem Experiment, einem strategischen Risiko in Verbindung stehen. Ihrem Charakter entsprechend können solche Fehler äußerst mannigfaltig sein.
Gleichfalls gibt es hier keine Schwarzweißeinteilung, wie es für offensichtliche Versehen oder grobe positionelle Fehler zutrifft.
An einer Reihe von Beispielen komplizierten, modernen dynamischen Kampfes (siehe S. 26 bis 37) ließ sich erkennen, wie gewisse Partien buchstäblich aus einzelnen winzigen Fehlern „gewebt“ waren. Man kann nicht umhin zu bemerken, daß die Vermeidung solcher Fehler fast unmöglich ist und sie in der Spielpraxis eine ganz normale Erscheinung darstellen. Vergleichbar einem kühnen Versuch in der Wissenschaft, einem Experiment in der Kunst. Kurzum, es ist etwas, was untrennbar mit der Suche nach Neuem verbunden ist.
Im weiteren werden wir unser Hauptaugenmerk auf typische Fehler und charakteristische Mängel des Denkens lenken (das alles ist sehr lebendig und steht in enger Beziehung zu den Denkmethoden).

## Das impulsive Denken

Ein sehr verbreitetes Übel stellt das impulsive Denken dar, kenntlich im Fehlen einer einheitlichen strategischen Linie und an einem Spiel „von Zug zu Zug“. Dies entspringt vor allem einem unruhigen Charakter und dem Mangel an der nötigen Geduld. Natürlich leiden daran gewöhnlich junge Spieler, zuweilen sehr begabte, die durch fehlende Erfahrung ihr Temperament unter den harten Kampfbedingungen nicht zügeln können, besonders wenn der Erfolg nahe zu sein scheint. So möchte man die Partie schneller beenden, weil die Aufregung den Verstand trübt und es an Ausdauer fehlt. Daraus resultiert gedankenlose Nachlässigkeit, bei der die Hände spielen und nicht der Kopf.
Allerdings ist impulsives Spiel nicht nur auf den Charakter, sondern auch auf das Denken zurückzuführen. Das tritt zum Beispiel bei Schachspielern auf, denen eine echte positionelle Ausbildung fehlt. Ihr Gedankengang verläuft dabei etwa so: Irgendein äußerlich verlockender Zug findet Anklang – und sofort folgt die Reaktion. Danach gefällt (genauer gesagt, lenkt ab)

eine andere, deutlich davon abweichende Idee – erneut wird dem Impuls nachgegeben. Weil er die weiteren Perspektiven der Stellung nicht versteht – obwohl er sie ganz richtig beurteilt, werden die von ihm gefühlsmäßig erkannten Varianten nicht tief genug berechnet –, trifft der Spieler übereilte Entschlüsse. Einem solchen Denken fehlt die Harmonie.
Wenn sich die durch das impulsive Denken hervorgerufene Ungeduld auf jugendliche Unreife zurückführen läßt, ist das völlig normal. Unter dem Einfluß bitterer Lehren und des zunehmenden Alters verschwindet allmählich dieses impulsive Verhalten. Selbst die größten Hitzköpfe werden vorsichtiger und weiser. Das hat doch jeder selbst in der Jugend durchgemacht!
Schwieriger läßt sich das impulsive Verhalten korrigieren, wenn es sozusagen zu einer Untugend des Denkens geworden ist. Früher wurde eine solche Spielweise „Kaffeehausschach“ genannt. Übrigens wäre es falsch anzunehmen, daß einem impulsiven Spiel lediglich junge oder einfach schwache Spieler ausgesetzt sind. Die Praxis beweist, daß mitunter sogar sehr erfahrene und starke Meister nicht dagegen gefeit sind, ja selbst Großmeister. Offenbar ist impulsives Verhalten – vieles spricht dafür – in der menschlichen Natur begründet. Auch die geduldigsten Spieler werden in extremen Situationen, zu denen vor allem die Zeitnot gehört, davon betroffen. Wohl keiner ist hier gegen impulsives Reagieren geschützt. Es stellt sich ein als folgenschwere Notwendigkeit. Und wie ist es um die sportlichen Ziele bestellt? Oft stehen diese im krassen Gegensatz zur Entwicklung der Ereignisse auf dem Schachbrett. Manchmal behalten dann nicht der gesunde Menschenverstand und die Logik die Oberhand, sondern die Hoffnung auf ein Wunder überwiegt. Daraus resultieren impulsive Entscheidungen, die gewöhnlich zu verhängnisvollen Folgen führen. Nicht selten werden impulsive Einfälle durch Nervosität begünstigt, die sich während des Kampfes – besonders bei taktisch zugespitztem Spiel – einstellt, zumal wenn die Partie in sportlicher Beziehung wichtig ist.
Bei Schachspielern höherer Qualifikation wird jedoch am häufigsten durch oberflächliche Stellungsbewertung, Nachlässigkeit in der Berechnung und durch das Unvermögen oder die fehlende Bereitschaft verhindert, in das Wesen der Stellung einzudringen. Sogar bei erfahrenen Spielern kommt es vor, daß sie impulsiv handeln, sobald sich die Spannung abschwächt.
Wie so oft, liegen negative und ihnen äußerlich ähnliche positive Eigenschaften nahe beieinander. Im praktischen Leben sind das zum Beispiel Hartnäk-

kigkeit und Wille, Eitelkeit und Stolz, Charakterschwäche und Herzensgüte usw. So verhält es sich auch im Schachdenken. Dem impulsiven Verhalten als negative Eigenschaft steht eine wertvolle und seltene Eigenschaft gegenüber, nämlich die Elastizität des Denkens, die Fähigkeit, einen Plan rasch entsprechend plötzlichen Wendungen im Spiel zu ändern.
Im praktischen Spiel gilt es, sich immer den neuen Verhältnissen anzupassen. Aber in jedem Fall ist die klar erkannte Notwendigkeit des neuen, auf der objektiven Einschätzung der Stellung beruhenden Planes das wichtigste. Hierbei handelt es sich nicht um blinde Eingebung, sondern um eine schnelle und unerläßliche Reaktion auf die Generallinie des strategischen Kampfes.
Mitunter ergeben sich in der Praxis heikle Situationen, in denen es – zumal unter den Bedingungen des scharfen Turnierkampfes – sehr schwer ist, die Grenze zwischen logischem und impulsivem Denken zu erkennen. Hier haben wir eines der ewigen und diffizilen Probleme vor uns, denn in unerforschten und schwierigen Positionen muß größtenteils intuitiv entschieden werden. In einer Reihe von Fällen ist es schwer zu bestimmen, ob es sich um eine die Logik übersteigende intuitive Entscheidung oder einfach um ein verstärktes impulsives Bestreben handelt, wodurch der Kampfverlauf eine günstigere Wendung nahm.
Das zeigt, welcher Schwierigkeit es Herr zu werden gilt, will man impulsives Denken ausmerzen. Deshalb sollte dieser Fehlhaltung schon in frühen Jahren der Kampf angesagt werden, um sie nicht zu einer schädlichen Gewohnheit ausarten zu lassen.
Worin liegt eigentlich der Hauptmangel des impulsiven Denkens? In der Übereilung! Sie wird zu einer störenden Ursache, die sich – besonders beim Spiel unter schwierigen und ungewöhnlichen Bedingungen – sehr nachteilig bemerkbar macht.
Junge Schachfreunde sollten sich daher vor Übereilung und Augenblicksentschlüssen hüten und angehalten werden, ihre Züge ganz bewußt zu wählen.

## Die Unterschätzung der gegnerischen Drohungen

Ist Ihnen schon einmal aufgefallen, welcher Unterschied zwischen der Aufstellung eigener Drohungen und der Fähigkeit, rechtzeitig gegnerische Drohungen zu erkennen, besteht? Hier gibt es keine zwei Meinungen, denke ich. Die eigenen Drohungen sind immer gegenwärtig. Es wäre schlecht um einen Schachspieler bestellt, würde er sie nicht suchen und sehen. Gegenüber den Drohungen des Gegners verhalten wir uns auffallend „kurzsichtig“. Das alles ist ganz

natürlich. Im Sinne der Tschechowschen Gestalt des Belikow „gewissermaßen käme nichts heraus“ brauchte man sich kaum hinzusetzen und Schach zu spielen.
Nun gilt es unbedingt zu lernen, die gegnerischen Drohungen zu sehen, sonst erreicht man im Schach nichts. Die Unterschätzung dieser Drohungen geht darauf zurück, daß Spielführung und -verständnis von Einseitigkeit geprägt sind. Die Natur des Schachs selbst fordert gebieterisch, die gegnerischen Drohungen ebenso intensiv wahrzunehmen.
In der Praxis stößt man allerdings recht oft auf diesen Denkfehler, der durchaus nicht immer sichtbar zum Vorschein kommt. So vermochte ich ziemlich lange nicht den Grund für die Schwachstellen im Spiel eines recht erfahrenen Meisters (nennen wir ihn X) herauszufinden. Als ich ihm einmal am Brett gegenübersaß, bemerkte ich, daß er zeitweilig einen durchaus hartnäckigen taktischen Kampf führte, aber plötzlich einfache Versehen beging, die ihn regelrecht zu verfolgen schienen und für ihn das waren, was man eine Achillesferse nennt. Die Lösung des Rätsels fand sich in einem zufälligen Gespräch mit einem anderen Meister, der mit „X“ sehr nahe bekannt war. Ich äußerte die Meinung, daß die Ursache für das wechselhafte Spiel und das Unglück meines Gegners in seinen kombinatorischen Schwächen läge. Mein Gesprächspartner widersprach mir: „Das stimmt nicht ganz. Seine eigenen taktischen Drohungen sieht er sehr wohl, aber die gegnerischen längst nicht so gut.“ Nun wurde mir einiges klar ... Das alles bezieht sich natürlich nicht nur auf die Taktik, sondern auch auf die Strategie.
Deshalb unser Rat: Lernen Sie, eine Schachpartie von zwei Seiten zu sehen. Besuchen Sie öfter stark besetzte Schachturniere, und beobachten Sie so aufmerksam wie möglich das Spiel bedeutender Schachmeister. Wenn Sie zuschauen, wie einer der Spieler über seinen Zug nachdenkt, seien Sie nicht müßig, versuchen Sie, nicht nur seinen besten Zug zu finden, sondern auch den gefährlichsten Antwortzug seines Gegners. Genauso sollte man sich bei der Analyse von Partien verhalten. Sehen Sie sich also das Geschehen von zwei Seiten an, versetzen Sie sich in die Lage des Gegners. Lehrreich ist eine Methode von Keres. Er studierte häufig die eine oder andere problematische Stellung von zwei gegensätzlichen Gesichtspunkten aus. Zuerst versuchte er alle Angriffsmöglichkeiten herauszufinden (er war ja darin ein vortrefflicher Meister!), und danach drehte er das Schachbrett um 180 Grad und erkundete die Ressourcen der Verteidigung.

## Verlust der Folgerichtigkeit

Eine Schachpartie ist ein einheitlicher kämpferischer Prozeß. Von einem bestimmen Moment an verläuft sie wie programmiert. Äußerlich wechseln die Situationen auf dem Brett. Abtauschmanöver finden statt, die Ereignisse werden forciert usw. Jedoch die innere Linie des Kampfes schwankt, wenn keine groben Fehler vorkommen, sehr unbedeutend.
Wenn man z. B. infolge einer unglücklich gespielten Eröffnung durch den gegnerischen Druck in eine Umklammerung geraten ist, dann fällt es im weiteren Partieverlauf sehr schwer, den inneren Kampfverlauf zu ändern. In entgegengesetzten Fällen, wenn die gegnerische Initiative trotz ihrer sichtbaren Gefahr nichts Schreckliches in sich birgt und man über reiche innere Ressourcen verfügt, kann sich mit der Zeit ein eigenes drangvolles Gegenspiel entfalten. Sehen wir uns dazu zwei äußerlich ähnliche Beispiele an.

Damengambit
Botwinnik–Vidmar
Nottingham 1936

**1.c4 e6 2.♘f3 d5 3.d4 ♘f6 4.♘c3 ♗e7 5.♗g5 0–0 6.e3 ♘bd7 7.♗d3 c5 8.0–0 cd 9.ed dc 10.♗:c4 ♘b6 11.♗b3 ♗d7 12.♕d3 ♘bd5(?)**

Eine typische Struktur mit einem isolierten weißen Bauern im Zentrum ist entstanden. Der Textzug erweist sich als ein wesentlicher Fehler. Richtig war 12. ... ♘fd5 mit Vereinfachungsbestrebungen, z. B. 13.♗c2 g6 oder 13.♗e3 ♘:c3 14.bc ♗a4!

**13.♘e5 ♗c6 14.♖ad1 ♘b4 15.♕h3 ♗d5 16.♘:d5 ♘b:d5**

Noch eine Ungenauigkeit. Gespielt werden mußte 16. ... ♘f:d5! 17.f4 f5 oder 17.♗c1 ♖c8 mit einer verteidigungsfähigen Stellung für Schwarz. Der Angriff von Weiß wächst nun unerbittlich.

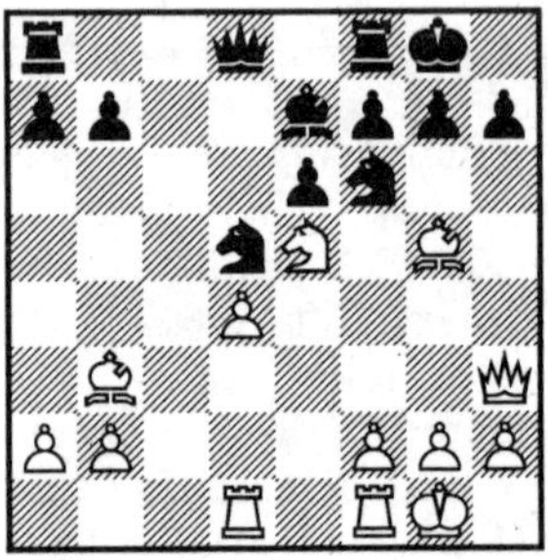

**17.f4**

Es droht 18.f5. Nicht möglich ist jetzt 17. ... ♘e4 18.♘:f7! ♖:f7 19.♕:e6! oder 18. ... ♔:f7 19.♖ed1!, und Weiß gewinnt.

**17. ... ♖c8 18.f5 ef 19.♖:f5 ♕d6 20.♘:f7!** mit entscheidendem weißem Angriff.

Die soeben angeführte Partie veranschaulicht deutlich den ersten Teil unserer Erörterungen. Das folgende Beispiel zeigt die Ressourcen der Verteidigung.

Damengambit
Botwinnik–Flohr
Groningen 1946

**1.d4 d5 2.c4 e6 3.♘f3 ♘f6 4.♘c3 c5 5.cd ♘:d5 6.e3 ♘c6 7.♗d3 cd 8.ed ♗e7 9.0–0 0–0 10.♖e1 ♘cb4 11.♗e4 ♘f6 12.♗b1 b6 13.♘e5 ♗b7 14.♖e3 ♘bd5 15.♖h3 g6 16.♗h6 ♖e8 17.♕d2**

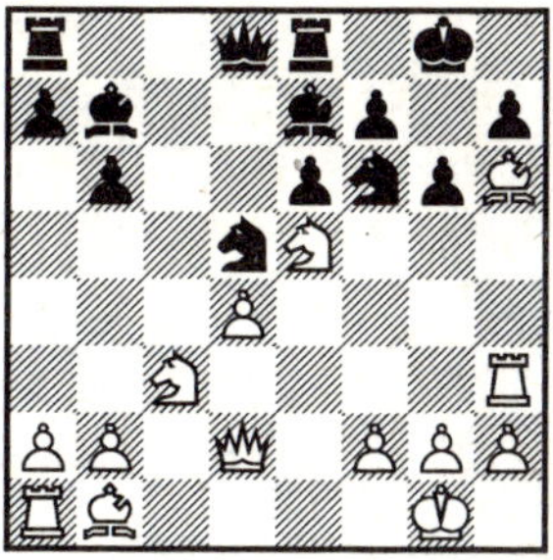

Hier ist eine ähnliche Situation entstanden. Weiß greift wütend am Königsflügel an, aber Schwarz ist auf der Hut.

**17. ... ♖c8 18.♗d3 a6 19.♖e1 b5**

Flohr verteidigt sich sehr überzeugend. Er pariert kaltblütig die gegnerischen Drohungen und beabsichtigt zugleich einen Gegenangriff auf die Punkte c3 und d4.

**20.♖g3**

Stellt die Drohung 21.♗:g6! hg 22.♖:g6+ fg 23.♕g5! auf.

**20. ... ♘h5 21.♖h3**

Ungeeignet wäre 21.♗:g6? hg 22.♖:g6+ fg 23.♕c2 ♘df4!, und der Nachziehende geht zum Gegenangriff über.

**21. ... ♘hf6 22.♗b1 ♖c7 23.♖g3 ♘h5 24.♖h3 ♘hf6 25.♕e2 ♘:c3 26.bc b4 27.♖g3 ♖:c3 28.♘:f7! ♕d5!** Hier spielte Weiß fehlerhaft **29.♘e5?**, und nach **29. ... ♖:g3 30.fg ♕:d4+** verlor er einen Bauern.

Ein würdiges Ende dieser Partie, in der sich die Verteidigung auf dem gebührenden Niveau befand, wäre die folgende Variante gewesen: 29.♖g5 ♕c4 30.♗:g6! hg 31.♖:g6+ ♔:f7 32.♖g7+ ♔f8 33. ♖g3+ mit ewigem Schach. Die Partie endete nach vergeblichen Gewinnversuchen von Schwarz nach 41 Zügen remis.

So sieht es in Begegnungen großer Schachmeister aus, in denen sich das Geschehen nach den Gesetzen eiserner Logik abspielt und der Plan mit präziser Folgerichtigkeit durchgeführt wird. Das ist nicht jedem gegeben. Die Fähigkeit, eigene Ideen in der Spielpraxis lebendig umzusetzen, ist ein äußerst beschwerliches Unterfangen. Wir sprechen natürlich nur von den Fällen, in denen genügend objektive Voraussetzungen zur Erreichung des Zieles gegeben sind. Hier ist jedoch höchste Aufmerksamkeit notwendig, ganz zu schweigen von solch wichtigen Eigenschaften wie taktische Erfindungsgabe und feines Positionsgefühl. Der Schwierigkeitsgrad steigert sich beim Führen einer langwierigen Verteidigung. Instruktiv ist das folgende Beispiel aus der Partie Aljechin–Fine (Hastings 1937).

Auf der Suche nach Verwicklungen verfiel Aljechin auf das Bauernopfer **15.♘f5!?** Solider wäre 15.cd ed 16.♘f5 ♕:c2 17.♘:e7+ ♔h8 18.♘f5 mit wenig besserem Spiel für Weiß.

**15. … dc 16.♕:c3! ♖fc8 17.♕g3 ♗f8 18.♗d3 ♘c6 19.♗g5 ♘e8 20.♖ac1 ♕b7 21.a3 g6 22.♘h6+ ♗:h6 23.♗:h6 ♘d4 24.♖cd1 b4 25.f4! ef 26.♕:f4**

Obwohl Weiß hartnäckig Wege zur Erlangung der Initiative sucht, behält Schwarz einstweilen genau seine Verteidigungslinie bei. Jedoch ist dies nicht nur objektiv schwierig, sondern psychisch auch äußerst ermüdend.

**26. … ba 27.ba ♖c3 28.♕f2 ♘e6?**

Und hier verliert Schwarz den Faden! Richtig wäre 28. … ♘c6 29.♗c1 ♘e5 mit etwa gleichen Chancen.

**29.a4 ♖ac8 30.♖f1 ♖3c7 31.♖b1 ♕c6 32.a5 ♘c5?**

Führt unverzüglich zur Entscheidung. Zäher war 32. … ♖a8.

**33.♗c4 ♕d7 34.♕a2! ♘:e4 35.♖:f7 ♕:f7 36.♗:f7+ ♖:f7 37.♕e6.** Schwarz gab auf.

## Das Gefühl für das Vertretbare und die Elastizität des Denkens

Das Gefühl für das Vertretbare ist sowohl im Leben als auch im Schach eine notwendige Eigenschaft. Dessen bedarf es vor allem für die objektive Beurteilung der auf dem Brett entstehenden Situationen. Die Überschätzung der eigenen Möglichkeiten, die Jagd nach Initiative um jeden Preis können mitunter verhängnisvolle Folgen nach sich ziehen. Nicht selten verhält es sich so, daß ein Spieler, der einen minimalen Vorteil besitzt, aber keine realen Wege zur Vergrößerung seines Übergewichts sieht, hartnäckig eine Entscheidung herbeiführen möchte und, den Kurs verlierend, einer Niederlage zusteuert. Wieviel abschreckende Beispiele gibt es doch! Ein derartiges Fehlverhalten findet man sogar bei Spielern, die sich allgemein durch große Objektivität in der Stellungsbeurteilung auszeichnen.

Aufschlußreich ist das folgende Beispiel.

Französisch
Sokolow–Jussupow
3. Partie des Kandidatenmatches 1986

**1.e4 e6 2.d4 d5 3.♘c3 ♗b4 4.e5 ♘e7 5.a3 ♗:c3+ 6.bc c5 7.♘f3 b6 8.a4 ♗a6 9.♗:a6 ♘:a6 10.0–0 ♘b8 11.dc!?**

Eine umstrittene Entscheidung. Weiß strebt eine Öffnung des Spiels im Zentrum an, wohl mit der Absicht, den Wirkungsbereich seines Läufers auszudehnen. Dadurch erhält allerdings Schwarz keine schlechten Perspektiven für ein aktives Spiel mit den Springern. Vorzuziehen war 11.♘g5 oder 11.♗e3.

**11. ... bc 12.c4 0–0 13.cd ♘:d5** (schlechter war 13. ... ed 14.♕d3 h6 15.c4, und Weiß erhält einen starken Vorposten auf e5) **14.♕d3 h6 15.c4 ♘e7 16.♕e4 ♘d7 17.♖b1?!** (Weiß, zu optimistisch gestimmt, findet nicht den richtigen Plan, und Zug für Zug gerät er in eine schwierige Stellung; besser war 17.♖d1) **17. ... ♕a5! 18.♖d1 ♖ad8!**

Bereits hier konnte Schwarz nach 16. ... ♕:a4 17.♗:h6 gh 18.♖a1 ♕c6 19.♕:c6 ♘:c6 20.♖:d7 usw. den Übergang in ein zum Remis führendes Endspiel forcieren. Nachdem allerdings Jussupow seine Chancen richtig erkannt und als günstiger eingeschätzt hatte, entschloß er sich, die Spannungen aufrechtzuerhalten. Zugleich bereitete er eine scharfsinnige Falle vor.

**19.♕c2?**

Endgültig das Gefühl für Gefahr verlierend, greift Weiß fehl; notwendig war 19.♗d2 (19.♕g4? ♘f6!) 19. ... ♕:a4 20.♖a1 ♕c6 21.♕:c6 ♘:c6 22.♗e3! ♘d:e5 23.♘:e5 ♘:e5 24.♗:c5 mit Remischancen.

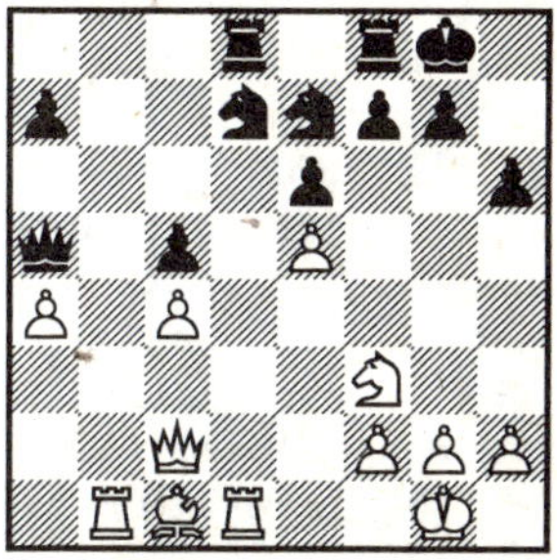

**19. ... ♘:e5!** (ein unkomplizierter, aber effektvoller taktischer Schlag, der auf der Schwäche der ersten Reihe beruht; Schwarz gewinnt einen Bauern und realisiert überzeugend seinen Vorteil) **20.♘:e5 ♕c3! 21.♕e2 ♕:e5! 22.♗e3 ♘f5 23.♕f3 ♖:d1+ 24.♖:d1 ♘d4! 25.♗:d4 cd 26.♕d3 ♖d8 27.g3** (etwas besser war 27.h3, obwohl auch dann Schwarz gewinnen sollte) **27. ... ♕c5 28.f4 ♕b4 29.♖a1 a5 30.h4 h5 31.♖b1 ♕:a4 32.♖b5 g6 33.♔g2 ♕a2+ 34.♔f3 a4 35.♖b6 ♔g7 36.♖b1 ♔g8 37.♖b6 ♕a1 38.♔e2** (unbefriedigend ist auch 38.♖:e6

♖b8 39.♖:g6+ ♔f8!) **38. … a3 39.♖a6 ♕b2+ 40.♕d2 d3+.** Weiß gab auf.

Ein hoher Preis mußte hier gezahlt werden für nur ein Versehen, das unter dem Einfluß einer übermäßigen kämpferischen Einstellung geschah. Dazu läßt sich sagen, daß man gegen eine derartige Niederlage nur wenig durch das Gefühl für das Vertretbare gesichert ist. Der Verlust dieses Gefühls ist eng verknüpft mit dem Verlust des Gefühls für Gefahr, was eigentlich auch für das eben erst angeführte Beispiel zutraf. Die Eigenschaft, Gefahr zu spüren und ihr vorzubeugen, besitzt längst nicht jeder, mitunter mancher starke Meister nicht. Diese Eigenschaft zeichnete bzw. zeichnet in sehr hohem Grade Petrosjan, Botwinnik und Karpow aus. Das Gefühl für das Vertretbare ist eng mit der Elastizität des Denkens verbunden (worüber bereits im Abschnitt „Das impulsive Denken" gesprochen wurde). Sogar starken und erfahrenen Meistern mangelt es häufig an der notwendigen Elastizität des Denkens. Das erklärt sich z. B. durch die Unlust, rechtzeitig prophylaktische Maßnahmen zu ergreifen und im Falle eines gegnerischen Angriffs notwendige Zugeständnisse zu machen, durch die unangebrachte Treue zu dem einen oder anderen zweifelhaften Eröffnungssystem u. a.

In der modernen Turnierpraxis trifft man häufig Partien an mit raschem Rollenwechsel von Angriff und Verteidigung. Angenommen, Weiß ist nach der Eröffnung im Besitz der Initiative und natürlich bemüht, einen Angriff aufzubauen. Der Gegner opfert aber plötzlich einen Bauern für Initiative und reißt damit das Steuer an sich. Ob Weiß will oder nicht, er muß zu einer längeren Verteidigung übergehen, „Leiden" wegen eines Mehrbauern auf sich nehmen. Eine derartige Strategie ist für eine Reihe von Varianten charakteristisch, z. B. für den Marshall-Angriff (1.e4 e5 2.♘f3 ♘c6 3.♗b5 a6 4.♗a4 ♘f6 5.0–0 ♗e7 6.♖e1 b5 7.♗b3 0–0 8.c3 d5) und für die Jänisch-Verteidigung mit 3. … f5 4.♘c3 ♘d4 5.ef ♗c5 in der Spanischen Partie oder im Damengambit für die scharfe Variante 1.d4 d5 2.c4 e6 3.♘c3 ♘f6 4.♗g5 c5?! 5.cd cd u. a. Natürlich finden diese Methoden besonders im Mittelspiel Anwendung. In derartigen Spielsituationen wird die Elastizität des Denkens geprüft.

Die Elastizität des Denkens ist allerdings die Eigenschaft eines Schachspielers, die sich erst mit der Evolution der Schachtheorie und -praxis herausbildete. In früheren Zeiten herrschte eine geradlinige Strategie vor. Interessant ist, daß sich durch diese Eigenschaft auch die leidenschaftlichen Verfechter der kombina-

torischen Richtung und des ausgesprochen positionellen Stils voneinander unterschieden. Sie betrachteten es als Ehrensache, ihr schöpferisches Credo bis zur letzten Konsequenz zu vertreten. So spielte Steinitz, der Begründer der positionellen Schule, ungeachtet des großen praktischen Risikos extravagante Varianten wie: 1.e4 e5 2.f4 ef 3.♘c3?! ♕h4+ 4.♔e2 oder 1.e4 e5 2.♘f3 ♘c6 3.♗c4 ♘f6 4.♘g5 d5 5.ed ♘a5 6.♗b5+ c6 7.dc bc 8.♗e2 h6 9.♘h3?!
Ja, auch im Mittelspiel ließ er oft seinen König in der Mitte, nur deshalb, um die Richtigkeit seiner Konzeptionen beweisen zu können.
Tschigorin, ein bedeutender Vertreter des kombinatorischen Stils, verteidigte wiederum nicht weniger eifrig ziemlich gekünstelte Spielweisen, ohne die Mißerfolge in der Praxis zu beachten. Wieviel Sorgen bereitete ihm in seinen Wettkämpfen mit Steinitz sein Lieblingssystem, das seinen Namen erhielt: 1.d4 d5 2.c4 ♘c6!? Jedoch ungeachtet dessen bediente er sich weiter dieser Verteidigung. Ja, das waren ritterliche Zeiten!
All das geschah in einem nicht kleinen, doch gewissermaßen historisch notwendigen Zeitabschnitt. Hier wurde das Fundament der Schachtheorie gelegt, ein Vorgang, zu dem es fester Überzeugungen, leidenschaftlicher Beharrlichkeit bei der Verteidigung der eigenen Ansichten bedurfte. Die gleiche Hartnäkkigkeit zeigten auch ihre Nachfolger: Tarrasch, Rubinstein, Nimzowitsch, Réti, Spielmann, Breyer und viele andere Schachritter der Vergangenheit. Aus heutiger Sicht würden die Gedanken jedes einzelnen wie Donquichoterie anmuten. Auf dem festen Fundament aller bildete sich jedoch immer mehr die Elastizität des Denkens aus.

Für die Mehrzahl der Anhänger Caissas stellt allerdings diese Eigenschaft ein Ideal dar. Über sie wie auch über das Gefühl für das Vertretbare verfügen wenige Schachspieler, und sie läßt sich, was nicht weniger wichtig ist, längst nicht in allen Spielsituationen anwenden.
Die folgende Stellung entstand in der Partie Rudakowski–Smyslow (12. Meisterschaft der UdSSR, 1940) nach 17 Zügen.

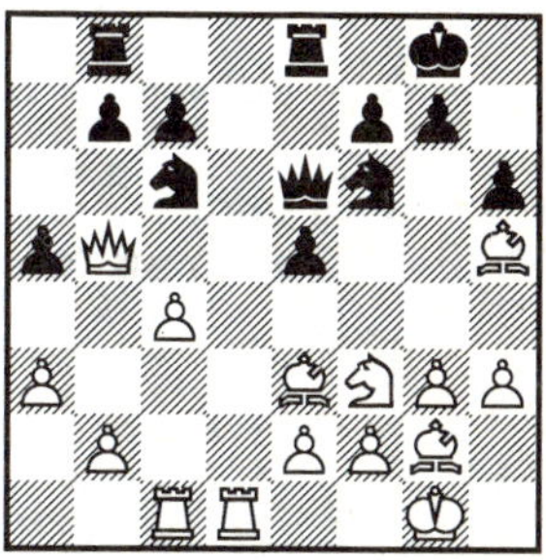

Eingangs des Mittelspiels sind die Chancen beider Seiten etwa gleich. Jetzt müßte Weiß 18.♖c2 zur Verteidigung des Punktes e2 spielen, um dann allmählich seine Stellung zu verstärken. Er verliert jedoch das Gefühl für das Vertretbare und beginnt eine gefahrbringende Jagd auf den Bauern a5.

**18.g4 ♗g6 19.♘d2 ♘d4 20.♗:d4 ed 21.♘f3 c6 22.♕b6 ♕:e2 23.♘:d4 ♕e5 24.♘f3**

Vorsichtiger wäre 24.♖e1. Jedoch der Anziehende spürt nicht die herannahenden Drohungen am Königsflügel und sieht nur ein Ziel – den Bauern a5.

**24. ... ♕f4 25.♕:a5?** (auch jetzt wäre 25.♖e1 noch besser) **25. ... ♖e2 26.♕b6 ♘e4! 27.♖f1 ♘:f2! 28.♖ce1**

Nun ist es zu spät.

**28. ... ♘:h3+! 29.♔h1 ♖:g2!**

Dieser kombinatorische Schlag forciert den Gewinn.

**30.♔:g2 ♕:g4+ 31.♔h2 ♘f4 32.♕f2 ♕h3+ 33.♔g1 ♘d3.** Weiß gab auf.

## Die Mängel im kombinatorischen Sehvermögen und in der Variantenberechnung

Diese Thematik ist sehr umfangreich, denn in der praktischen Partie heißt es sich vor allem in der Taktik, der Variantenberechnung und in den kombinatorischen Motiven auskennen. Bereits im ersten Teil habe ich gerade auf diese Punkte meine Aufmerksamkeit gerichtet und eindringlich darauf hingewiesen, ständig und allseitig die für die Taktik notwendigen Eigenschaften zu trainieren.

Hier wollen wir uns mit einigen Problemen dieser Art beschäftigen.

Charakteristische Mängel des kombinatorischen Sehvermögens treten in den unterschiedlichsten Entstellungen zutage. Hier wird häufig die wahre Sachlage wie in einem Zerrspiegel gesehen. So ist es z. B. in der Regel fehlerhaft, ein Restabbild, das die Bewertung einer vorangegangenen Stellung enthält, in unveränderter Gestalt auf die neue Situation zu übertragen. Dadurch verdrängt das Vergangene in gewissem Grade die Wirklichkeit und verzerrt das kombinatorische Sehvermögen. Allerdings kann das Restabbild – wie es bei vielen anderen Faktoren des schachlichen Denkens der Fall ist – bei bewußter Regulierung der Aufmerksamkeit und der nötigen Selbstkontrolle zu einer wertvollen Hilfe werden. Ein erfahrener Taktiker, der ein listiges Kombinationsmotiv ins Auge gefaßt hat, wartet auf dessen Anwendung wie ein Jäger auf den günstigsten Augenblick des Schusses. Bevor es soweit ist, müssen Manöver, die sorgfältig die vorbereitete Falle maskieren, die Aufmerksamkeit des Gegners ablenken, um seine Wachsamkeit einzuschläfern.

Das gehört jedoch bereits zum angrenzenden Thema – wie man

den feinsinnigen Prozeß des „Sehens“ steuert. Insgesamt gesehen ist natürlich wegen der vorwiegend negativen Auswirkungen gegen Restabbilder entschieden anzukämpfen.
Ein Antipode dieser Erscheinung des schachlichen Denkens ist das vorweggenommene Abbild. Hier verdrängt eine künftig mögliche Stellung die wirklich existierende – das Denken eilt voraus. Daraus resultiert eine Einengung der Aufmerksamkeit, und infolgedessen entgehen uns häufig die Zwischenzüge des Gegners. Allerdings können auch die vorweggenommenen Abbilder bei der Entwicklung der Fähigkeit, künftige auf dem Schachbrett eintretende Ereignisse vorauszusehen, zu wichtigen Faktoren werden.
Betont sei, daß die verschiedenen Entstellungen des kombinatorischen Sehvermögens eng mit der Störung der Aufmerksamkeit des Schachspielers verknüpft sind. Die erwähnten Mängel zeigen sich in der Variantenberechnung und stehen in Verbindung mit der nicht entsprechenden Fixierung jedes im Geiste ausgeführten Zuges (des eigenen und des gegnerischen) im Vorstellungsvermögen. Die Ursache grober Fehler ist durchweg gerade diese Nachlässigkeit in der Fixierung der Zwischenstellungen bei der Variantenberechnung.
Meist sind derartige Fehler nicht die Folge eines schwachen Vorstellungsvermögens, sondern sie entspringen der Nervosität oder unzureichender Willensstärke.
Der bekannte sowjetische Methodiker Blumenfeld schrieb dazu bereits im Jahre 1936: „Die Trägheit, nach der gedanklichen Ausführung des Zuges die Veränderung auch im Vorstellungsvermögen zu fixieren, führt uns oftmals zu einem Trugbild. Man macht den Zug im Gespräch mit sich selbst entweder durch Reproduktion der Zugnotation oder aber durch eine räumliche Bewegungsvorstellung im Geist, jedoch ohne feste Fixierung der Stellung nach dem Zug in der Vorstellung.“
Daraus läßt sich ableiten, daß zuweilen die durch das Vorstellungsvermögen erzeugte Vorstellung die Wirklichkeit verdrängt.
Je größer die Anzahl der Varianten und je länger sie sind, desto höher die Wahrscheinlichkeit taktischer Fehler und Versehen. Denn mit jedem im Geist ausgeführten Zug verliert die gedachte Stellung immer mehr die Verbindung zur Wirklichkeit, und die entstehenden Gedankenbilder werden ständig verschwommener.
Da das schachliche Denken untrennbar mit visuellen Vorstellungen verbunden ist, funktioniert es um so besser und genauer, je schärfer das vor dem geistigen Auge befindliche Bild ist.
Beim Berechnen der Varianten ist strenge innere Disziplin zu üben, und man sollte sich beflei-

ßigen, keineswegs von einem Abspiel zum anderen zu pendeln und mehrmals zu einem bestimmten zurückzukehren, sondern beim Berechnen eine bestimmte Reihenfolge einzuhalten. Die Festlegung der Reihenfolge der zu berechnenden Varianten ist nach ökonomischen Gesichtspunkten vorzunehmen. Zuallererst gilt es, den auf den ersten Blick am gefährlichsten aussehenden Zug zu prüfen. Erst wenn dagegen eine Verteidigung gefunden wurde, sollte man nach anderen, versteckteren Möglichkeiten des Gegners suchen.

Noch ein praktischer Rat. In Erwartung des Zuges des Gegners gehen wir oft fieberhaft ein ganzes Netz von Varianten durch, um sozusagen eine unverzügliche Antwort parat zu haben. Selbst wenn der gegnerische Zug offensichtlich ist, sollte man sich nicht zu sehr in die eventuell entstehende Stellung vertiefen, denn das durch das Vorstellungsvermögen erzeugte Bild ist unklarer als das konkret sichtbare Stellungsbild (siehe z. B. S. 7f.).

Der moderne dynamische Kampf erfordert von einem Schachspieler eine wahrhaft Kopfzerbrechen bereitende Rechenarbeit. Ohne das Berechnen einer Unmenge von Varianten (von denen viele vielleicht überflüssig sind) kommt man einfach nicht mehr aus. Deshalb spielen die Probleme der Entwicklung kombinatorischer Fähigkeiten und der Rechentechnik eine erstrangige Rolle. Alle dabei auftretenden Mängel sind im häuslichen Training systematisch zu korrigieren, wobei drei Aufgaben im Zusammenhang gelöst werden sollen:

Man muß lernen,

1. Varianten mit einer möglichst großen Zugzahl zu berechnen,
2. wesentliche Varianten von den unwesentlichen zu trennen,
3. diese Arbeit in möglichst kurzer Zeit zu erledigen.

Wir haben eine Reihe von charakteristischen Mängeln des schachlichen Denkens untersucht: das impulsive Denken, die Unterschätzung der gegnerischen Drohungen, den Verlust der Folgerichtigkeit, den Verlust des Gefühls für das Vertretbare und für die Gefahr, die ungenügende Elastizität des Denkens, die Verzerrung des kombinatorischen Sehvermögens, die fehlende Genauigkeit in der Variantenberechnung.

Jetzt werden wir Denkmethoden betrachten, die wir als einschränkend bezeichnen: das Spiel nach allgemeinen Überlegungen, das Denken in Analogien, das negative Verfahren bei der Beurteilung und beim Finden eines Zuges. Da sie alle miteinander verknüpft sind, dürfen sie keineswegs einseitig betrachtet werden. Zugleich bergen sie eine Reihe positiver Momente in sich, z. B. ist ein Spiel aus allgemeinen positionellen Überlegungen heraus in vernünftigem Rahmen einfach unumgänglich. Es bildet gewissermaßen das Fundament, die Denkkultur, die die Evolution des schachlichen Denkens widerspiegelt. Mitunter richten sie in sich Grenzen auf, verlieren ihre Wirkung und werden sogar zur Bremse. Doch darüber werden wir noch ausführlicher reden.

## Die einschränkenden Denkmethoden

Das Spiel nach allgemeinen positionellen Überlegungen entstand in der zweiten Hälfte des 19. Jahrhunderts, war also erst möglich, als sich die Schachtheorie auf einem verhältnismäßig hohen Entwicklungsniveau befand. Der Begründer dieser Methode wurde Steinitz, doch eine ganze Reihe von Grundprinzipien, die zu ihrer Entstehung beitrugen, hatte bereits vorher Morphy in seinem Spiel praktiziert. Die Methoden der positionellen Schule verdrängten rasch das damals vorherrschende Spiel auf verlockende, aber häufig in positioneller Hinsicht unsolide Verwicklungen mit allen sich hieraus ergebenden impulsiven Entscheidungen.
Auf der Grundlage des schachlichen Denkens entstand ein Plan, der sich aus einer realen Stellungsbeurteilung und genau formulierten Prinzipien zur Führung des Positionsspiels aufbaute. Wer sich diese Spielweise zu eigen gemacht hatte, dem fiel das Spiel am Brett leichter. Er erhielt sozusagen technische Hilfe. Das Schach errang wissenschaftliches Niveau, während es vorher ein Spiel der Begeisterung und des Zufalls gewesen war. Dachte man im Schach noch kurz zuvor in äußerst konkreten Varianten, war nun mit dem Aufkommen der neuen Schule eine Kette von Überlegungen in den Vordergrund gerückt. Aus diesen Überlegungen flossen gewissermaßen die Varianten heraus und bekräftigten den Gang der logischen Schlüsse des Meisters. Die Varianten waren nicht mit unnötigem Ballast angehäuft und ermöglichten so, leicht und ökonomisch zu spielen. Das Schachspielen wurde nicht nur anziehender, sondern auch eine angenehmere Betätigung.
In seiner Entwicklung durchläuft ein Schachspieler, natürlich nur allgemein gesehen, nicht selten die gesamte Evolution des Denkens. In diesem Zusammenhang erinnere ich mich an meine ersten Schritte im Schach. In Tula, wo ich meine schachliche Kindheit und Jugend verbrachte, gab es damals keine starken Spieler, geschweige denn Schachpädagogen. Das Spiel mußte man in der Praxis lernen, man war Autodidakt im wahrsten Sinne des Wortes. Mich zog das Schach an, war es auch sehr

zeitaufwendig. Während des Spiels führte ich zahllose Berechnungen durch, so daß der Kopf regelrecht „rauchte". So ging es lange Zeit und wäre wer weiß wie lange weiter so gegangen, hätte ich nicht im Alter von etwa 16 Jahren den Moskauer Meister A. B. Poljak kennengelernt. Als leidenschaftlicher Anhänger der positionellen Schule führte er mich rasch in das Gebiet des Denkens nach allgemeinen Überlegungen ein. Das war für mich eine wahre und angenehme Offenbarung. Ohne besondere Mühe eignete ich mir das gesamte „Register" dieser Methode an und kam mir vor, als hätte ich meine schweren Stiefel gegen leichtes Schuhwerk eingetauscht! Geriet ich früher regelmäßig in Zeitnot, verfügte ich jetzt im Spiel über mehr als genug Zeit. Die Züge fanden sich leicht, wie von selbst. Hervorgehoben sei jedoch, daß mir auch damals ab und zu ernsthafte Versehen unterliefen. Dieses Spiel auf „Augenmaß" verleitete besonders in zweischneidigen Stellungen zur Oberflächlichkeit. Ich begriff bald, daß ohne Variantenberechnung (dabei vielfach in sehr großem Umfange) keine Erfolge zu erreichen sind. Ich gelangte zu dem Schluß, daß man das Spiel nach allgemeinen Überlegungen hauptsächlich zur Kontrolle heranziehen sollte, einem Kompaß vergleichbar, der für lange Wanderungen unerläßlich ist.

Als ich später übrigens die Partien solcher Vertreter des Positionsspiels wie Steinitz, Tarrasch und Schlechter untersuchte, stellte ich fest, daß die Einfachheit und Leichtigkeit ihrer Entscheidungen nur äußerlich war. Zweifellos erfaßte in der Regel jeder von ihnen den gesamten notwendigen Rechenkomplex bei der Spielgestaltung auf positioneller Grundlage. Sonst wären sie wohl kaum so große Schachmeister und -künstler gewesen!

Auch heute hat die positionelle Schule durchaus nicht ihren Wert verloren. Man geht jedoch an das Studium dieser allgemeinen Prinzipien vom Standpunkt ihrer realen Stärke in der jeweiligen Position heran. Die Beherrschung der Verfahren der positionellen Schule in ihrer Gesamtheit bedeutet hauptsächlich Schachverständnis und Schachkultur, ohne die wahre Meisterschaft nicht zu erreichen ist. Eine ganze Reihe dieser Verfahren ist zu einem unentbehrlichen Rüstzeug geworden, das zum Technikarsenal eines Schachspielers gehört.

Wenden wir uns nun der Kehrseite der Medaille zu. Es bedarf wohl keiner Worte, daß die Theorie von Steinitz das schachliche Denken sichtlich erleichtert hat. Dazu seien nur einige Regeln angeführt wie: man mache nur natürliche Züge, besetze offene Linien, schwache Punkte usw., wonach sich der Erfolg von selbst einstellt. Gerade eine derartige Schablone ist jedoch nicht weniger gefährlich als impulsives Spiel ohne Beachtung dieser Prinzipien (übrigens kommt in einer Reihe von Fällen impulsives Spiel der Schablone sehr nahe!). Ein begabter Schachspieler, der von Natur aus mit einem Positionsgefühl ausgestattet ist, kann natürlich auch bei derartigem Herangehen gewisse Erfolge erzielen, die jedoch immer bedeutend unter seinen Möglichkeiten liegen werden. Denn ein Spieler, der nur dem Spiel nach allgemeinen Überlegungen huldigt, ohne sich der entsprechenden Variantenberechnung hinzugeben, wird nie zur vollen Entfaltung gelangen. Bei dieser Denkmethode lassen sich regelmäßige Versehen einfach nicht vermeiden. Schließlich ist jede Schachpartie voller spezifischer und verborgener Kampfressourcen, und hier können keinerlei allgemeine Überlegungen helfen. Nur durch sorgfältige Variantenberechnung und gründliche Vertiefung in die Dynamik der Stellung (selbstverständlich auch unter Berücksichtigung der allgemeinen positionellen Prinzipien) wird es möglich sein, den richtigen Weg zu finden. Andernfalls bleibt das Denken schablonenhaft, bar innerer Begeisterung. Das gilt nicht nur für das Spiel insgesamt, sondern auch für jeden einzelnen Zug. Nur zu gut wissen wir, daß es weitaus einfacher ist, eine Partie zu verlieren, als zu gewinnen. Dabei kann man auch ziemlich schnell verlieren, ohne klare Fehler zu begehen. Manchmal genügt schon ein schablonenhafter Zug. Nachstehend ein Beispiel dieser Art. Diese Stellung entstand in der Partie Fokin–Suetin (Daugavpils 1978) nach 12 Zügen.

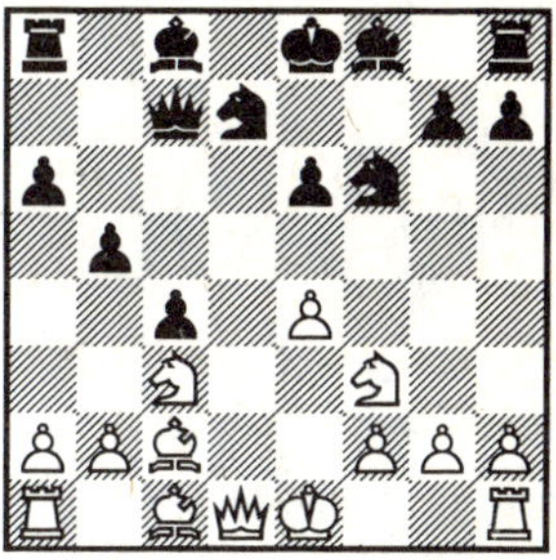

Es wurde eine zweischneidige und ziemlich wenig erforschte Variante der Slawischen Verteidigung gespielt. Bis vor kurzem beurteilte sie die Theorie als etwas vorteilhafter für Weiß, hauptsächlich wegen der organischen Schwäche des Bauern e6. Nach den althergebrachten Auffassungen ist dieser Umstand wesentlich. Vielleicht veranlaßte gerade das den Anziehenden, zu sorglos darauf zu vertrauen. Vielmehr mußte er in Betracht ziehen, daß Schwarz einen gefährlichen Angriff am Königsflügel vorbereitet, denn dessen Figuren sind gut entwickelt, und wenn sich die Gelegenheit bietet, kann er in Verbindung mit dem Ausfall ♘f6–g4 mit Drohungen auf der f-Linie aufwarten. Es geschah:

**13.♗g5** (besser wäre 13.0–0, um vorerst das Feld g5 für den Springer frei zu halten) **13. … ♗c5 14.♕e2 ♗b7 15.0–0 0–0 16.♖ad1?**

Da haben wir den schablonenhaften Zug, der nicht wiedergutzumachende Folgen nach sich zieht. Weiß ging von allgemeinen Überlegungen aus und nahm an, daß seine Figuren sicher stehen, doch mußte er vorerst Maßnahmen gegen den drohenden Königsangriff treffen und 16.♗h4 oder 16.h3 spielen.

**16. … ♘g4! 17.h3**

Unbefriedigend ist auch 17.g3 ♘de5 18.♗f4 ♘:f2! 19.♖:f2 ♘:f3+ 20.♕:f3 e5.

**17. … ♘de5!**

Der entscheidende taktische Schlag. Die weiße Königsflanke ist schutzlos.

**18.♘:e5**

Schlecht ist auch 18.hg ♘:f3+ 19.gf ♕g3+ 20.♔h1 ♕h3+ 21.♔g1 ♖:f3, und Schwarz gewinnt.

**18. … ♘:f2! 19.♖d7 ♕:e5 20.♗e3 ♘:h3+**, und Weiß gab auf.

Übrigens haben es Spieler, die nach allgemeinen Überlegungen vorgehen, immer schwer, wenn sie auf ihre Antipoden treffen, auf Kombinationsspieler etwa gleicher Spielstärke.

Slawische Verteidigung
Tolusch–Alatorzew
15. Meisterschaft der UdSSR, 1947

**1.d4 d5 2.c4 c6 3.♘f3 ♘f6 4.♘c3 e6 5.e3 ♘bd7 6.♗d3 ♗b4 7.0–0 0–0 8.♕c2 dc 9.♗:c4 ♗d6 10.♗d3 ♕e7? 11.♘e2 e5 12.♘g3**

Durch die Ungenauigkeit von Schwarz im 10. Zug (besser war 10. … e5) erhielt Weiß die besseren Perspektiven. Der Nachziehende muß sich sehr genau verteidigen. Jetzt droht 13.♘f5.

**12. … g6 13.♗d2 ♖e8 14.e4 ed 15.♖ae1 ♘e5?**

Ein schablonenhafter Zug, der einen forcierten Königsangriff von Weiß zur Folge hat. Notwendig war 15. … ♕f8, und die Dame nimmt eine ruhigere Stellung ein.

**16.♘:e5 ♗:e5 17.f4 ♗c7 18.e5 ♘d5 19.f5! ♗:e5 20.fg f6**

Diese zähe Fortsetzung erweist sich dann als ungenügend.

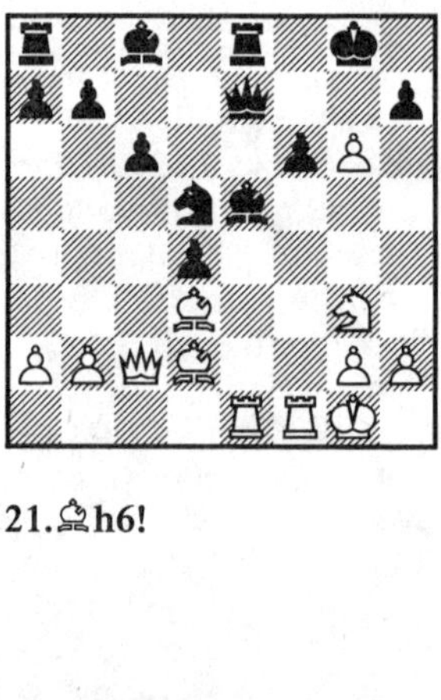

**21.♗h6!**

Ein effektvoller Weg zur Entwicklung des weißen Angriffs am Königsflügel. Dagegen brächte 21.gh+ ♔h8 nichts ein.

**21. ... ♘e3**

Auf diesen Zug hatte Schwarz wahrscheinlich seine Hoffnungen gesetzt. Weiß zeigt sich jedoch gut vorbereitet und wartet gegen den Springereinfall mit einer eleganten, im vorhergehenden Zug ausgedachten Kombination auf.

**22.♖:e3! de 23.g7! f5 24.♘:f5!**

Geht einer verlockenden, aber schlechten Fortsetzung aus dem Wege: 24.♗c4+ ♗e6 25.♘:f5 ♕d7 26.♗:e6+ ♖:e6! 27.♘e7+ ♕:e7! 28.♖f8+ ♖:f8 29.gf♕+ ♕:f8 30.♗:f8 e2! 31.♕:e2 ♗d4+, und jetzt würde Schwarz gewinnen.

**24. ... ♗:f5** (sonst entschiede 25.♘e7+!) **25.♖:f5 ♗:g7 26.♖g5 e2 27.♗:e2 ♕e3+ 28.♔h1 ♕:g5 29.♗:g5 ♔h8 30.h4 ♖e5 31.♗f4 ♖a5 32.♕e4 ♖f8 33.♗d3 ♖h5 34.♗g5 ♗:b2 35.g4.** Schwarz gab auf.

Heute, wo das Schach außerordentlich dynamisch geworden ist, erweist sich ein zur Methode erhobenes Spiel nach allgemeinen Überlegungen als völlig unzureichend. Wenn eine solche Spielauffassung in der unmittelbaren Praxis zur Schablone verleitet, bedeutet das in größerem Maßstabe den bekannten Dogmatismus im Denken.

Dennoch läßt sich auch jetzt nicht ohne eine derartige Denkmethode auskommen, denn immerhin hat sie fortwährend eine Evolution durchgemacht und sich durch neue Formen bereichert, ohne deren Kenntnis man nicht zur Meisterschaft gelangen kann. In der ganzen Reihe sogenannter typischer Stellungen (und ihre Zahl nimmt ständig zu!), in denen die strategischen Motive vorherrschen und die jeder zur Meisterschaft strebende Spieler kennen muß, ist diese Denkmethode harmonisch in das Wesen des Spiels integriert und zweifellos gerechtfertigt. Selbst Botwinnik bediente sich ihrer. Bereits in seiner frühen Schaffensperiode bewies er beharrlich die Effektivität der Methode des Denkens in Schemata und verknüpfte sie mit konkretem Eindringen in jede analoge Stellung. Hier wird das Spiel nach allgemeinen Überlegungen zum Synonym für Spieltechnik im Mittelspiel. Heutzutage stellt die Technik einen sehr wichtigen Faktor dar, der erstrangige praktische Bedeutung besitzt. Auf alle Fälle erweist sich diese Methode des Denkens als Hilfsmittel besonders in Fragen der Stellungsbeurteilung als völlig sinnvoll.

## Über das Spiel nach Analogie

Die eben erwähnte Methode ist dem Spiel nach Analogie bekannter Vorbilder nahe verwandt. Hier wird die gewonnene Erfahrung, also das angesammelte Wissen über das Spiel in ähnlichen Stellungen, für die eine oder andere Spielsituation verwertet. Sicherlich wird der Leser aus Partien von Steinitz, Rubinstein und Botwinnik die Methoden gut kennen, wie in Stellungen mit einem isolierten weißen Zentrumsbauern auf d4 vorzugehen ist.

Wenn man in der Spielpraxis mit einem derartigen Problem konfrontiert wird, führt man nicht nur die Variantenberechnung durch, sondern stützt sich bei der Entscheidungsfindung auf das von den klassischen Vorbildern stammende Spielschema. Allerdings ist ein Spiel nach Analogie durchaus nicht einfach. Es darf sich dabei nicht um ein blindes Nachahmen einer Variante oder einer bestimmten Idee handeln, sondern um ein bewußtes Sich-leiten-Lassen von den feinsinnigen strategischen Verfahren, die für die betreffende Stellungsstruktur charakteristisch sind (z. B. Blokkade eines Zentrumsbauern, vorteilhafter Leichtfigurenabtausch, Einschränkung der weißen Initiative u. a.).

Hier widerspiegelt sich die Schachkultur eines Spielers, seine Beherrschung klassischer Mittel. Er muß fähig sein, verwertbare Analogien zu finden, seinen Vorrat an Wissen und Erfahrung auf dem laufenden zu halten und aufgrund dessen die notwendigen Verallgemeinerungen vorzunehmen.

Das Spiel nach Analogie nimmt im schachlichen Denken einen wichtigen Platz ein. In noch größerem Maße als das Spiel nach allgemeinen Überlegungen kann es jedoch erst recht Hilfsmittel sein, hauptsächlich im schöpferischen Prozeß des Denkens in der Praxis.

Wie das Spiel nach allgemeinen Überlegungen leicht in Oberflächlichkeit ausarten kann, so führt ein primitives Suchen einer Analogie ohne die erforderliche Schachkultur und Denkanspannung zur Schablone, zum Verlust lebendigen Handelns. Blindes Kopieren kann nichts Gutes ergeben.

Da jede schwierige Stellung ihre „Rosinen" enthält und fast immer auf die brauchbarsten Analogien zurückgegriffen wird, muß die konkrete Analyse in den Vordergrund treten.

Das Spiel nach Analogie schadet besonders häufig in Übergangsstellungen von der Eröffnung zum Mittelspiel, in denen gewöhnlich komplizierte Situationen entstehen und mitunter verborgene und verschleierte Faktoren die erfolgreiche Verwirklichung eines Planes begünstigen. Deshalb ist ein mechanisches Einpauken der Eröffnungsvarianten ohne ihr gründliches Studium und die Beherrschung des gesamten Eröffnungssystems so schädlich.

## Das negative Denken

Wenden wir uns nun den Problemen des negativen Denkens zu, wie ich es bezeichnen möchte. Sicherlich hat jeder schon einmal das Gespür gehabt, in einer bestimmten Stellung verpflichtet zu sein, einen Vorteil ergebenden Weg zu finden. Jedoch das erfordert zuerst das Suchen konkreter Wege.
Hier verfährt der Spieler bei der Auswahl der Varianten häufig so, daß er eine ansteigende Linie vom Schlechteren zum Besseren verfolgt und die wenig wirkungsvollen Varianten eine nach der anderen verwirft. Schließlich findet sich oft auf diesem Weg die richtige Lösung. Das ist zwar kein sehr ökonomisches, aber ein durchaus zulässiges Verfahren. Natürlich nur unter der Voraussetzung, daß die Ausgangsstellung richtig beurteilt wird, weil sonst das gesamte Verfahren von Grund auf falsch ist und negative Folgen nicht ausbleiben.
Die negative Denkweise erweist sich hauptsächlich für die Kontrolle konkreter Pläne als zweckmäßig. Jedoch ist es zweifellos nicht produktiv, ja einfach fehlerhaft, bei der Variantenauswahl den entgegengesetzten Weg zu beschreiten. Hartnäckiges Befolgen des negativen Denkens bedeutet, im wesentlichen lediglich eine „halbblinde" Auswahl zu treffen, und zwar nur nach dem Prinzip, daß anderes ungeeignet oder noch schlechter ist. In der Praxis führt das dazu, daß der Spieler verhältnismäßig annehmbare Fortsetzungen verwirft und letztlich als fehlerhaft aussondert.

Ziehen wir das Fazit. Die erwähnten Methoden (hauptsächlich das Spiel nach allgemeinen Überlegungen oder nach Analogie) enthalten eine Reihe positiver Momente. Dort, wo ihnen die Schachkultur des Spielers, seine Erfahrung und sein Wissen zur Seite stehen, werden sie zu praxiswirksamen Faktoren, die Energie sparen und die Spielführung erleichtern. Niemals darf man allerdings vergessen, daß sie ihre Grenzen haben.
Kommen wir noch einmal auf die Schachkultur zurück. Unser Jahrhundert ist das Jahrhundert des exakten Wissens. Das gilt in großem Maße auch für das Schach, denn die Schachtheorie, die gewissermaßen eine konzentrierte Widerspiegelung der Praxis darstellt, füllt bereits Zehntausende von Seiten. Es ist einfach unmöglich, sich heute die Vervollkommnung eines Schachspielers ohne ununterbrochene Arbeit an der Eröffnung und am Endspiel vorzustellen. Welch eine Rolle genaue Kenntnisse spielen, wird hier am deutlichsten sichtbar. Wie oft kann man jedoch beobachten, daß sogar erfahrene Schachspieler z. B. nicht die elementarsten Grundlagen des Endspiels kennen. Allerdings

setzt Meisterschaft nicht nur das Studium der Grundregeln und -prinzipien des Endspiels voraus, sondern dieses Wissen muß bis zur völligen Automatisierung beherrscht werden. Im praktischen Spiel bleibt sehr oft keine Zeit zum langen Nachdenken und zum Durchrechnen aller Varianten. Immerhin ist die Führung eines technischen Endspiels, wenn nicht eine Art Kompaß vorhanden ist, voller aufwendiger Berechnungen.

## 12. Kapitel

### Die Denktypen der Schachspieler und die zwei Antipoden des schachlichen Denkens

Häufig ist zu beobachten, daß bei der Analyse einer beendeten Partie die Spieler, obwohl sie etwa die gleiche und zudem eine hohe Qualifikation besitzen, keine gemeinsame Sprache finden. Hierbei handelt es sich nicht nur um unterschiedliche Gesichtspunkte hinsichtlich der Beurteilung des Kampfgeschehens, sondern vor allem um die Formen der Vorgehensweise. Während ein Spieler buchstäblich in konkreten Varianten schwimmt, versucht dagegen der andere, mit allgemeinen Begriffen zu operieren, z. B. zu beweisen, daß er nach dem Übergang des Springers vom Feld e2 zum Punkt c5 zwangsläufig ein bestimmtes Übergewicht erreichen könnte. Ersterer macht gar nicht erst den Versuch, sich in die Erforschung eines derartigen Planes zu vertiefen, erkundet die verschiedenen taktischen Fallen und kleinen Kombinationen, die ganz und gar nicht mit dem logischen Gedankengang seines Partners in Verbindung stehen. Es handelt sich um zwei diametral gegenüberstehende Denkmethoden.

Diese Gegensätzlichkeit der Standpunkte für die Führung des Kampfes findet sich auch auf höchstem Spielniveau. Fest hat sich mir im Gedächtnis eine ausführliche Anmerkung Tals zu einer seiner Partien aus dem Weltmeisterschaftskampf gegen Botwinnik im Jahre 1960 eingeprägt. Darin spiegeln sich zwei entgegengesetzte Spielauffassungen wider: die streng strategische Botwinniks und die hervorragend taktische des Herausforderers. Tal schrieb:

„Als ich mit maschinengewehrartiger Geschwindigkeit die während der Partie berechneten Varianten herunterratterte, die die Stellung von Schwarz als günstig nachwiesen, sagte Botwinnik: ‚Mir schien zuerst die Stellung für Weiß günstiger, aber dann fand ich den richtigen Plan – die Türme zu tauschen und die Dame zu behalten.‘ Anfänglich“, setzt Tal fort, „hielt ich diese Bewertung für erstaunlich absurd, doch als ich die sehr zahlreichen Varianten zu sichten begann, blieb mir nur die Schlußfolgerung, daß Botwinnik recht hatte, denn in einem Endspiel ohne Damen könnte er wegen der geschlossenen weißen Bauernkette, unterstützt durch einen aktiven Läufer, kein entscheidendes Übergewicht erlangen. Das Vorhandensein der Damen bot Schwarz angesichts der Schwäche des Feldes g4 die Möglichkeit, einen starken Angriff aufzubauen."

## Anschauliche und verstandesgemäße Ideen

Im ersteren Falle, in dem die Variantenberechnung in den Vordergrund gestellt wird, haben wir es mit dem deutlichen Hervortreten anschaulicher Ideen zu tun. Anschauliche Ideen sind immer äußerst konkret. Sie kommen in der Sprache der Berechnung und des kombinatorischen Sehens zum Ausdruck. Im Denkprozeß tauchen sie sozusagen automatisch auf.

Im zweiten Falle vollzieht sich der schöpferische Akt auf der Grundlage von Überlegungen, und die daraus hervorgehenden Ideen lassen sich leicht in Worte formulieren.

Im Schachschaffen existiert im weitesten Sinne ein untrennbarer Zusammenhang zwischen den anschaulichen und den sogenannten verstandesmäßigen Ideen. Ein bestimmter Komplex anschaulicher Ideen führt letztlich zu verbalen Verallgemeinerungen, zur Herausbildung einer Theorie, der rein logische Überlegungen zugrunde liegen. Werfen wir nur einen flüchtigen Blick auf die Entwicklungsgeschichte der Schachtheorie, stellen wir ohne besondere Mühe fest, daß sich aus der Summe kühner praktischer Experimente sehr oft ein Prinzip, eine Methode herauskristallisierte. So hat z. B. der geniale Morphy niemals Lehrbücher geschrieben, jedoch in der Praxis setzte er den Weg zur Herausbildung und anschließenden wörtlichen Formulierung von Eröffnungsprinzipien fort, die bis heute nicht in Vergessenheit geraten sind.

Folglich stellen die verstandesmäßigen Ideen, deren Sinn sich vor allem in Worten ausdrückt, gewissermaßen die Quintessenz für die Entwicklung des einen oder anderen Komplexes anschaulicher Ideen dar. Zugleich macht die Beherrschung der allgemeinen Theorie nicht nur die Kultur eines Schachspielers, sondern auch sein vorhandenes schöpferisches Potential aus, das es ihm ermöglicht, neue, ungewöhnliche anschauliche Ideen aufzuspüren. Man kommt nicht umhin, all das in der Ausbildung zu berücksichtigen.

Bisher haben wir sozusagen das obligatorische Ausbildungsprogramm untersucht, ohne es mit den Denktypen der Schachspieler in Beziehung zu bringen.

Meiner Meinung nach ist es unbedingt erforderlich, den Charakter der Ausbildung dem Denktyp des Schachspielers und seinen spezifischen Besonderheiten anzupassen.

## Die Denktypen und die spezifischen Arbeitsmethoden

Die folgende Untersuchung wendet sich in erster Linie an Schachspieler, die bereits eine verhältnismäßig hohe Qualifikation (Meisteranwärter, starke Leistungsklasse 1) erreicht haben, sich auf dem Wege zur Meisterschaft befinden. In der Praxis lassen sich Spieler dieses Leistungsniveaus in der Regel in zwei (äußerst verschiedene) Grunddenktypen einordnen.
Der erste Typ ist der starke Taktiker, der rasch kombinatorische Motive erfaßt und den außergewöhnliche Phantasie auszeichnet. Er strebt nach scharfem, „irrationalem" Kampf, schreckt in einer Reihe von Fällen nicht vor Materialopfern zurück. Zuweilen, wenn die entsprechenden, ein wirkungsvolles Kombinationsspiel rechtfertigenden Faktoren fehlen, beginnt er auf Fallen zu spielen, d. h. strategisch unsolide zu handeln. Gewöhnlich sind diese Spieler etwas ungeduldig, skeptisch gegenüber allgemeinen Überlegungen, langwierigem Lavieren abhold und lieben die Verteidigung nicht (die sie überhaupt schwach führen). Meist mangelt es ihnen an der Technik im Endspiel und der Realisierung eines Vorteils.
Der andere Typ ist der nüchterne, mit einem ziemlich kühlen und praktischen Verstand ausgestattete Spieler, der zum Denken in Schemata und zu allgemeinen Formulierungen bei der Stellungsbeurteilung neigt. Jene Spieler zeichnen sich durch weitaus größere Ausdauer und Geduld aus. Ein sich lang hinziehender Kampf liegt ihnen. Zudem vermeiden sie scharfes Spiel, das einem „Seiltanz" ähnelt und in dem alles an einem seidenen Faden hängt.
Selbstverständlich sind diese Denktypen selten in Reinkultur anzutreffen, aber sie tendieren in eine der Richtungen.
Die Praxis zeigt, daß beide Spielertypen genügend Perspektiven für ihre schachliche Vervollkommnung besitzen, im Unterschied zu den Schachrechnern, die all ihr Bemühen auf die Beherrschung der Eröffnung und des Endspiels legen (letzteres trifft man seltener an). Derart „gesichtslose" Schachspieler bleiben gewöhnlich ziemlich schnell auf der Stelle stehen und bringen es nicht weiter als bis zu verknöcherten Spielern der Leistungsklasse 1 (selten werden sie Meisteranwärter).
Dieser „gesichtslose" Typ ist nicht mit einem weiteren Spielertyp zu verwechseln, der gewissermaßen die beiden äußerst polaren Spielercharaktere aus-

gleicht (z. B. war das charakteristisch für Fischer und Karpow in ihrem frühen Alter, die bewundernswert das Kombinations- und Positionsspiel vereinigten). Im Prinzip wurde dieser Typ (zumeist ein junger Spieler) bisher in der spärlich vorhandenen methodischen Literatur wenig untersucht.

Natürlich nimmt die Differenzierung der Schachstile mit Erreichen der Meisterschaft rasch zu, worüber noch zu reden sein wird. Vorerst wollen wir uns mit den beiden Hauptspielertypen beschäftigen – dem Spieler, der sich durch äußerst konkretes Denken, gepaart mit großer Phantasie, und kombinatorisches Schaffen auszeichnet, und dem Typ, dessen Denken sich in Schemata bewegt, in denen rein strategische Motive herrschen.

Versuchen wir einmal, bestimmte Mängel des Denkens den beiden Spielertypen zuzuordnen. In der Regel sind dem Spieler, der in Schemata auf gesunder positioneller Grundlage denkt, vorwiegend Mängel im kombinatorischen Sehen eigen. Ihn „unterminieren" sowohl Rest- als auch träge Abbilder. Sein Spiel drängt zum Dogmatismus, er glaubt an positionelle Verallgemeinerungen, obwohl allgemein anerkannt ist, daß das wichtigste „Instrument" bei der Wahl des Planes und jedes Zuges das konkrete Herangehen an die jeweilige Stellung darstellt, wobei sich allgemeine Überlegungen harmonisch mit den konkreten Berechnungen verbinden. Spieler dieses Typs unterschätzen gegnerische Drohungen, neigen zu schablonenhaftem Verhalten, zum Denken nach Analogie, zu negativem Denken nach der Auslesemethode (Zug A ist ungenügend, B auch, bleibt übrig C) und huldigen dem Glauben, daß es nur eine gute Stellung gibt. Zudem weist dieser Typ auch ungenügende Elastizität im Denken auf. Bei Spielern, die zu äußerst konkretem Denken neigen, treten vor allem solche Mängel auf wie Impulsivität, die allgemein bekannte Zerstreutheit, was zuweilen ebenfalls – selbst bei auffallend starken kombinatorischen Anlagen – zu elementaren Versehen führt. Charakteristisch ist auch, daß es ihnen oft an Folgerichtigkeit im Handeln fehlt.

Während sich überdies der auf positioneller Grundlage denkende Spieler recht gut die positiven Eigenschaften der Denkfaktoren aneignet, fällt es dagegen dem Spieler, der übermäßig an konkretes Suchen und Ausnahmen glaubt, gewöhnlich weitaus schwerer, sich der Schachkultur zu bemächtigen und ein strategisches Fundament aufzubauen. Wenn für den zweiten Typ eine gewisse preußische Schwerfälligkeit charakteristisch ist, erinnert ersterer an einen virtuosen Bogenschützen, der eine vollkommenere Waffe für ungeeignet hält.

Entsprechend dem Denktyp muß man die jeweiligen Arbeitsmethoden in Betracht ziehen. (Sie müssen mit dem obligatorischen Programm parallel laufen.) Hierbei läßt sich eine vielfach im Leben bestätigte Wahrheit beobachten, daß nämlich die Vervollkommnung unserer starken Anlagen weitaus leichter fällt. So wird sich ein zum abstrakten Denken neigender Schachspieler viel rascher die Kunst des Positionsspiel aneignen. Fast wie im Fluge erkennt er die allgemeinen Wesenszüge der verschiedenen Formationen, reibungslos erlernt er die typischen Stellungen und Verfahren. Dagegen zeigt er für Ausnahmen wenig Verständnis, das kombinatorische Spiel erregt zu sehr sein Gemüt.

Für einen Kombinationsspieler ist das Positionsspiel häufig ein „Buch mit sieben Siegeln". Sieht er dagegen die Konturen einer Kombination, manchmal sogar nur eine primitive Falle, leuchten seine Augen. Das Arsenal seiner taktischen Waffen handhabt er federleicht.

Welchen Weg soll nun ein Spieler bei seiner Vervollkommnung beschreiten, und wie muß ein Schachpädagoge vorgehen, der Schachspieler mit höherer Qualifikation unterweist? Offen gesagt, das ist ein sehr diffiziles Problem. Einerseits erfordert wahre Meisterschaft letztlich die Entwicklung beider Seiten des schachlichen Denkens, zum anderen spricht die Lebenspraxis ein gewichtiges Wort dabei. Sie beweist hundertfach, daß auf jeden Fall bei Spielern der Leistungsklasse 1 bis Meisteranwärter vor allem die starken natürlichen Eigenschaften des Denkens auszubilden sind. Schließlich bedeutet die Beherrschung der Kombinationskunst und gleichermaßen die der positionellen Schule, selbst wenn das Spiel auch etwas einseitigen Charakter trägt, die Pforte zur Meisterschaft. Ich habe nicht zufällig etwas „einseitig" gesagt. Jede dieser Eigenschaften erwiese sich in reiner Gestalt, ohne ein gewisses Schwanken zur anderen Seite, als völlig unzulänglich für die Praxis. Fehlt einem Kombinationsspieler die spielerische Harmonie vollständig, wird er zu einem bloßen Löser von Kombinationen, im besten Falle ein Verfasser von Schachaufgaben. Sein Antipode in Reinform würde zu einem Erläuterer des allgemeinen Spielverlaufs verflachen, der sich in sehr oberflächlichen Doktrinen bewegt. Nicht selten begegnet man im Leben auch solchen wenigversprechenden Randfiguren.

Die Spielpraxis stellt letzten Endes das wirkungsvollste Mittel dar, das besser als jeder Trainer für eine Ausgewogenheit im Spiel sorgt, eine übermäßige Einseitigkeit des Denkens bei jedem der erwähnten Spielertypen unbarmherzig ausmerzt. Das Kriterium dafür sind die praktischen Erfolge. Wenn sie eintreten (sei der Spieler nun ein hervorragender Taktiker, sei er ein strenger Rationalist), treibt das folglich die gesamte Entwicklung eines Schachspielers voran, und unmerklich geht die Ausbildung sowohl der einen als auch der anderen Seite des Denkens vor sich.

Noch nie ist ein Talent im stillen Kämmerlein zu schachmeisterlichen Höhen emporgestiegen. Alle Eigenschaften, deren es in der Praxis bedarf, bilden sich im „Kampfgetümmel" heraus. Selbst ein Tal wäre nicht in so kurzer Zeit unter die führenden Schachmeister der Welt gelangt, hätte er seine kombinatorische Natur um keinen Deut verändert. Botwinnik hat des öfteren erklärt, daß seine verwundbare Stelle eine gewisse Schwäche im kombinatorischen Sehen wäre. In seiner Entwicklung hat er stets auf die strategische Vervollkommnung deutliches Gewicht gelegt. Entgegen den seinerzeitigen allgemeinen Auffassungen, zuerst nur die offenen Eröffnungen und Gambits zu spielen und sich darin zu erproben, konzentrierte sich Botwinnik von den ersten Schritten in der Mitte der zwanziger Jahre an zielstrebig auf die Erforschung der geschlossenen Systeme. Beständig begann er die Partie jeweils mit dem Zug 1.d4 und gab ihr strengen positionellen Charakter. Das hinderte ihn durchaus nicht, bereits Ende der zwanziger Jahre eine gewaltige, wahrhaft großmeisterliche Spielstärke zu erlangen.

Hier zwei Partiebeispiele aus jener Zeit, als Botwinnik erst etwa 16 Jahre alt war.

Damenindisch
Botwinnik–Grigorjew
Leningrad–Moskau, 1927

**1.d4 ♘f6 2.c4 e6 3.♘f3 b6 4.g3 ♗b7 5.♗g2 ♗b4+ 6.♗d2 ♗:d2+ 7.♕:d2 0–0 8.0–0 d6 9.♕c2**

Zu der gewählten Variante schrieb Botwinnik folgendes: „In jenen Jahren spielte ich immer im 3. Zug ♘f3 und untersuchte die sich aus diesem Zug ergebenden Fortsetzungen in allen Feinheiten."

**9. ... ♘bd7 10.♘c3 ♕e7 11.e4 e5 12.♖ad1 g6 13.♖fe1 c6 14.b3 ♘e8 15.♕d2 ♖ad8 16.♗h3 f6 17.♕h6 ♘c7 18.♘h4 ♖f7 19.d5 cd 20.♘:d5 ♗:d5 21.cd ♖df8 22.♖d2 f5?**

Richtig war 22. ... a5! nebst 23. ... ♘c5 mit Ausgleich.

**23.ef gf 24.♕h5 f4 25.♘f5 ♖:f5 26.♗:f5 ♘f6 27.♕h6 ♔h8 28.♖:e5! de 29.d6 ♕d8 30.dc ♕:d2 31.♕:f8+ ♘g8 32.c8♕.**
Schwarz gab auf.

Damengambit
Botwinnik–Jurjew
Leningrad 1927

**1.d4 ♘f6 2.c4 e6 3.♘f3 d5 4.♗g5 ♗e7 5.e3 0–0 6.♘c3**

♘bd7 7.♗d3 a6(?) 8.c5! c6 9.b4 a5 10.a3 ab 11.ab ♖:a1 12.♕:a1 b6 13.♗f4! bc 14.bc ♘h5 15.♕a7 ♘:f4 16.ef f6 17.0–0 e5 18.♗f5! ed

**19.♘a4**

Aufschlußreich ist die folgende Anmerkung Botwinniks: „Eine taktische Motivierung des strategischen Planes. Weiß hält den Druck aufrecht, da 19. ... ♘:c5 20.♗:c8 ♘:a4 21.♗e6+ zu Figurenverlust führt. Die von Schwarz gewählte Fortsetzung führt ebenfalls zum Verlust, denn der Bauer b6 wird zu stark."

**19. ... ♘b6 20.cb ♗:f5 21.♘:d4 ♗d7 22.f5 ♕c8 23.♘e6 ♗:e6 24.♕:e7 ♗:f5 25.b7 ♕b8 26.♘c5 ♖f7 27.♕e2 ♔f8 28.♕a6 ♖e7 29.♕a8 ♖e8 30.♕:b8 ♖:b8 31.♖a1.** Schwarz gab auf.

In beiden Partien wird uns ein völlig ausgereiftes, auf sehr genauer Grundlage beruhendes Positionsspiel vor Augen geführt. Also muß sich ein Spieler allem Anschein nach auf die Entwicklung seiner starken natürlichen Seiten des Denkens orientieren und im praktischen Spiel sein Schacharsenal ausbauen. Dabei darf natürlich nicht die Aneignung des obligatorischen Ausbildungsprogramms vernachlässigt werden, das für jeden vorwärtsstrebenden Spieler unerläßlich ist. Die systematische Analyse der eigenen Partien, die Untersuchung von Meisterpartien u. a. muß zur Gewohnheit geworden sein. All das verfeinert und präzisiert, zuweilen unsichtbar, das Spiel allseitig und macht es nuanciert universeller und elastischer. So eignet man sich, ohne der eigenen Natur des Denkens Gewalt anzutun, Schritt für Schritt die gesamten Eigenschaften an, die einen Meister auszeichnen.

Anders verhält es sich bei einem Schachspieler mit schon meisterhaftem Spielniveau. Wenn zu diesem Zeitpunkt die Einseitigkeit des Denkens deutlich ausgeprägt ist, kann man allen Ernstes von einem schwerwiegenden Stilbruch sprechen. Hier bedarf es allerdings eines einfühlsamen Vorgehens. So wäre es ein grober Fehler, wollte man seine Entwicklungsrichtung jäh ändern und z. B. einen Spieler des ultrakombinatorischen Stils von seinen geliebten Schemata und Verfahren abbringen und ihn veranlassen, ausgesprochen positionelle Systeme zu spielen und in einfache Endspiele überzugehen. Derart plötzliche Umstellungen in der Spielweise mißlingen selbst sehr großen Meistern und führen zu nichts Gutem. Welch eine urwüchsige Kombinationsgabe besaß z. B. Bondarewski! Jedoch waren Mängel im Positionsspiel die verwundbare Stelle in seiner Jugend, besonders wenn er sich zu verteidigen hatte. Die damaligen Kritiker (Ende der dreißiger und Anfang der vierziger Jahre), von gutgemeinten Absichten geleitet, rieten Bondarewski regelmäßig, daß er noch die positionell-technische Seite seines Spiels ausbauen sollte. Sowohl diesem Einfluß erliegend und seiner „inneren" Stimme gehorchend, begann Bondarewski plötzlich in der Mitte der vierziger Jahre, seinen Stil zu verändern, indem er sich deutlich positionellen Methoden zuwandte und zeitweilig demonstrativ kombinatorischen Stürmen aus dem Wege ging. Und wie endete das? Damit, daß sein Spiel rasch farblos wurde. Natürlich blieb er noch lange ein starker Spieler, aber seine schöpferischen Potenzen ließen immer mehr nach. Die Erfolge gingen zurück, und seine Spielstärke nahm ab (obwohl er erst etwas über 30 Jahre alt war). Als ein weiteres Beispiel der nachteiligen Folgen für eine derartige Spielumstellung mag das Schachschicksal Boleslawskis dienen. Sein schachlicher Aufstieg war wahrhaft überwältigend. Als Boleslawski, eben Meisteranwärter geworden, bei den 12. Meisterschaften der UdSSR im Jahre 1940 sein Debüt gab, machte er regelrecht Furore. Er errang durch prächtige Leistungen im Mittelspiel eine Reihe von Siegen hintereinander – und das in einem sehr scharfen, dynamischen Stil. Hier davon zwei charakteristische Beispiele.

Caro-Kann
Boleslawski–Makogonow

**1.e4 c6 2.♘c3 d5 3.♘f3 ♗g4 4.h3 ♗:f3 5.♕:f3 e6 6.d4 ♘f6 7.♗d3 de 8.♘:e4 ♕:d4 9.♗e3 ♗b4+ 10.♔e2 ♕d8 11.♖hd1 ♘:e4 12.♗:e4 ♕e7 13.♔f1 0–0 14.♕g3 ♘a6 15.c3 ♗a5 16.♗d3 ♘c7 17.♗d4 f6**

Bereits in einem frühen Partiestadium hat Weiß einen Bauern für Initiative geopfert. Boleslawskis Gegner zählte zu den besten Kennern der Verteidigungskunst. Vorerst verteidigt sich Schwarz auch in bester Weise. Er hat alle Mängel in der Entwicklung beseitigt und sich den Mehrbauern erhalten. Dennoch nutzt Boleslawski im weiteren Spielverlauf schwungvoll seine Initiative aus, darauf vertrauend, daß sich die Flamme des Angriffs entzündet.

**18.♕h4 g6 19.♗e3 ♗b6 20.♗h6 ♖fd8 21.♕g3 ♔h8 22.h4 ♖d7 23.♗c2 ♖ad8 24.♖:d7 ♖:d7 25.♖e1 ♕c5 26.♕f4 ♕e7 27.♗b3 ♖d8 28.♕e4 e5 29.♕f3!? ♘b5 30.g3**

**♘d6 31.♗c1 ♔g7 32.♔g2 ♕d7 33.g4! ♖e8 34.h5 gh?**

Wahrscheinlich hatte die anstrengende Verteidigung Makogonow ermüdet. Er hielt den Anspannungen nicht mehr stand und beging einen ernsten taktischen Fehler, der unmittelbar zum Zusammenbruch führt. Notwendig war 34. … ♕e7.

**35.♗h6+ ♔g6 36.gh+.** Schwarz gab auf.

Sizilianisch
Boleslawski–Kotow

**1.e4 c5 2.♘f3 d6 3.d4 cd 4.♘:d4 ♘f6 5.♘c3 a6 6.♗e2 ♕c7 7.0–0 e6 8.f4 ♘c6 9.♔h1 ♗e7 10.♗e3 ♗d7 11.♕e1 b5 12.a3 0–0 13.♕g3 ♖fd8 14.♗f3 ♖ab8 15.♖ad1 b4!? 16.ab ♖:b4 17.e5!?**

Eine Entscheidung, die für den jungen Boleslawski typisch ist. Er strebt schnellste Entfaltung eines Angriffs am Königsflügel an und schreckt vor Materialverlust nicht zurück. Damals waren positionelle Bauernopfer durchaus noch kein gewohntes Verfahren.

**17. … ♘e8?**

Kotow war anscheinend durch die rasche Wendung der Ereignisse schockiert. Er mußte die Herausforderung annehmen: 17. … de 18.fe ♘:e5 19.♗f4 ♗d6, und die Stellung ist unklar.

**18.f5! ♘:e5 19.fe fe 20.♗g5** (stärker war 20.♗d5!) **20. … ♘f6 21.♘f5!?**

Weiß setzt die eingeschlagene Spiellinie fort. Objektiv stärker war 21.♗:f6 ♗:f6 22.♗d5!

**21. … ef 22.♘d5 ♘:d5 23.♗:d5+ ♔h8 24.♗:e7 ♖e8**

Als zäher erwies sich 24. … ♖c8. Jetzt gewinnt die Initiative von Weiß an Kraft.

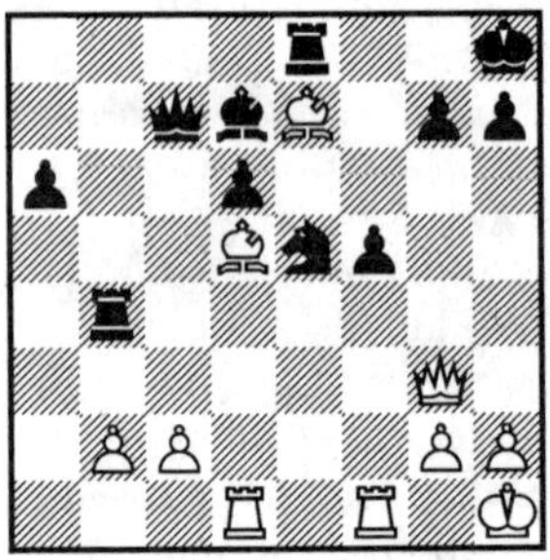

**25.♗:d6! ♕:d6 26.♗f7 ♕e7?**

Notwendig war 26. … ♕b8, obwohl auch dann Weiß nach 27.♗:e8 ♗:e8 28.♕a3! über starke taktische Drohungen verfügt.

**27.♗:e8 ♕:e8 28.♖de1! f4 29.♖:f4 ♖:b2 30.♖fe4 ♖:c2 31.♖:e5 ♕g6 32.♖e7! ♗e6 33.♖7:e6.** Schwarz gab auf.

Damals war Boleslawski noch kein großer Freund der Eröffnungstheorie. Er improvisierte am Brett vorwiegend. Doch dann eignete er sich in kurzer Zeit ein umfangreiches theoretisches Wissen an, und bereits in den

fünfziger Jahren, als er kaum die 30 überschritten hatte, galt er als Kapazität auf dem Gebiet der Eröffnungstheorie. Im praktischen Spiel gelang ihm keine volle Entfaltung – leider. Das Spiel des reifen Boleslawski gründete sich auf tiefem Wissen, aber sein urwüchsiges Talent ging irgendwie verloren.
Ganz im Gegensatz dazu steht z. B. die Schachlaufbahn Tals, der sich über eine lange Zeit seinen jugendlichen Wagemut bewahrte. Sicherlich lag Tal gar nichts daran, mehr strategische Weisheit zu besitzen und sich zu viel davon anzueignen. Wer weiß jedoch, ob ihm das mehr genützt hätte? In schöpferischer Hinsicht wäre es Tal wohl nicht gelungen, noch mehr zu erreichen. Es kann eben niemand über seinen eigenen Schatten springen.
Wie ersichtlich, fällt es nicht leicht, in der Schachgeschichte Beispiele zu finden, wo das eigene Spiel eine gelungene Bereicherung (aber durchaus keine Umwälzung) erfuhr und Harmonie im Schachschaffen erreicht wurde. Vielleicht kann der schachliche Entwicklungsweg Aljechins als das markanteste Beispiel gelten. Wie er seine nahezu vollkommene Spielweise erlangte, darüber berichten aufschlußreich seine hervorragenden Werke „Meine besten Partien“ und „Auf dem Wege zur Weltmeisterschaft“.
Fürs erste möchte wir die allgemeine Richtung angeben, die in Unterweisungen bestehen sollte, wenn der Denktyp des Spielers (Spielstärke: Leistungsklasse 1 bis Meisteranwärter) berücksichtigt werden soll.
Für kombinatorisch veranlagte Spieler eignet sich vor allem die Analyse von Stellungen, die scharfe kombinatorische Probleme enthalten und die beim Übergang von der Eröffnung zum Mittelspiel entstehen. Ein gewaltiger Reichtum von Möglichkeiten bietet z. B. den Liebhabern kopfzerbrechender Angriffe eine Variante wie die folgende, die im Sosin-System der Sizilianischen Verteidigung entsteht: 1.e4 c5 2.♘f3 ♘c6 3.d4 cd 4.♘:d4 ♘f6 5.♘c3 d6 6.♗c4 e6 7.♗e3 ♗e7 8.♕e2 a6 9.0–0–0 ♕c7 10.♗b3 ♘a5 11.g4 b5 12.g5 ♘:b3 13.ab ♘d7. Nun kann sich Weiß für den massierten Bauernangriff 14.h4 b4 15.♘a4 ♘c5 16.♔b1 ♗b7 17.h5 oder für die Gambitfortsetzung 14.♘f5! ef 15.♘d5 ♕d8 16.ef entscheiden.
Immer wieder macht man dabei die Erfahrung, daß, je tiefer man in die Geheimnisse derartiger Stellungen eindringt, diese sich nicht nur einer Beurteilung entziehen, sondern im Gegenteil ein noch verworreneres Bild abgeben. Aber gerade die Kenntnis sehr scharfer, praktisch unerschöpflicher Spielsituationen wirkt sich vorteilhaft auf die Entwicklung der verschiedenartigen Seiten des schachlichen

Denkens und vor allem der kombinatorischen Phantasie aus. Neben der Herausbildung analytischer Fähigkeiten nimmt das Verständnis für das wahre Schachschaffen zu, das sich in keinen formalen Rahmen zwängen läßt. Zugleich eignet man sich die wichtigsten Feinheiten eines Eröffnungssystems an, was dem Lernenden gegenüber seinem zukünftigen Gegner keinen geringen Vorteil einräumt und sein Spiel insgesamt bereichert. Schachspieler des kombinatorischen Stils sollten zudem an Genauigkeit und Systematisierung (woran es ihnen häufig mangelt) herangeführt werden. Eine peinlich genaue Arbeit an den eigenen Partien sowie die systematische Erhöhung der Schachkultur (ernsthaftes Literaturstudium, Niederschrift der Ergebnisse der Analyse, Tagebuchführung u. a.) und die Ausarbeitung eines Eröffnungsrepertoires verbürgen bei dieser Erziehung die besten Erfolge.
Beim Variantenstudium heißt es den „physischen Sinn“ eines Systems, seine inneren strategischen und taktischen Ideen zu erfassen. Weniger wichtig ist es, wie man die entstandenen wichtigsten kritischen Positionen untersucht und sich einprägt.
Ein Spieler, der zu Verallgemeinerungen, zum strategischen Denken neigt, sollte, um die starken und schwachen Seiten seines Denkens zu entwickeln, bestrebt sein, sich vor allem typische Stellungen anzueignen, die in den verschiedenen Kampfstadien entstehen, um sich an das „Denken in Schemata“ zu gewöhnen.
Zugleich ist es für ihn notwendig, damit sein Denken nicht verflacht, seine Konkretheit erhalten und entwickelt wird, regelmäßig Studien, Probleme und Kombinationen zu lösen.
Spielern dieses Typs fällt eine systematische Arbeit weitaus leichter, während sie nicht so danach trachten, „kopfzerbrechende“ Situationen einer Analyse zu unterziehen. Deshalb muß man sie zuweilen zwingen, „irrationale“ Stellungen zu analysieren.

In vielerlei Hinsicht sind diese Ratschläge, wie auch die Einteilung der Arbeit selbst, relativ zu sehen. Erstens treffen wir in der Praxis selten einen „reinen“ Denktyp an, und zweitens hängt die Arbeitsweise vielfach vom Charakter des Menschen und seiner individuellen Natur ab. Drittens schließlich gewährleistet nur eine enge Verknüpfung beider Arbeitsmethoden eine harmonische schachliche Entwicklung.
Wie bereits eingangs dieses Kapitels betont wurde, trifft man äußerst selten den von Natur aus harmonischen Denktyp an. Das Talent dieser Spieler ist unumstritten. Vielleicht besitzen sie manchmal etwas mehr hervorragendes Kombinationstalent oder

auch eine außergewöhnliche Fähigkeit für Verallgemeinerungen, zur strategischen Berechnung des Spiels. Wie dem auch sei, in meinem Leben habe ich eine derartige Vereinigung dieser unterschiedlichen Denkweisen nur bei auserwählten Schachspielern beobachten können, wie z. B. bei Smyslow, Petrosjan, Spasski, Fischer, Karpow, Kasparow. Ich glaube, daß Lasker und Capablanca ebenfalls diese Gabe besaßen. Jeder der genannten Schachspieler zeichnet sich durch eine stark ausgeprägte Individualität aus, die in vielem durch persönliche Eigenschaften bestimmt wird, wie auch durch den Charakter, den Grad der schachlichen Hingabe, Gesundheit, psychische Festigkeit, allgemeine Kultur, Ehrgeiz, Arbeitsfähigkeit, Gedächtnis u. a. m. Dabei ist die Einstellung zum Schach von keiner geringen Bedeutung: Wird es z. B. als Sport aufgefaßt oder vor allem als Kunst? Kurzum, hier taucht eine Vielzahl von Problemen auf, die schon nicht mehr mit den Hauptaufgaben dieser Untersuchung in Verbindung stehen. Bemerkt sei nur noch, daß es sich mit Schachspielern dieses Typs weitaus leichter arbeiten läßt (weitaus schwieriger allerdings, solche Kinder zu finden!). Wahrscheinlich ist die Fähigkeit am wichtigsten, die wertvollen Haupteigenschaften des Denkens zu bewahren und sie mit der Vervollkommnung der Spieltechnik und der Erhöhung des theoretischen Wissens zu verbinden.

## Über die Klassifikation der Schachstile

Unter Stil in seiner allgemeinen Bedeutung versteht man eine Vorgehensweise, eine Arbeitsmethode. Bei der Verwendung dieses Begriffs in den Bereichen der Kunst und Literatur wird er als Einheit ideologisch-künstlerischer Besonderheiten aufgefaßt, die sich in den Werken eines Schriftstellers, Malers, Komponisten u. a. ausdrückt. Im gleichen Maße trifft eine ähnliche Definition auch für den Begriff des schachlichen Stils zu.
Wollen wir nun etwas auf die Probleme der Klassifikation der allgemeinen Schachstile eingehen. Seit je ist die Einteilung der Stilarten in den kombinatorischen und positionellen Stil geläufig, die natürlich in der heutigen Zeit einen sehr groben und schematischen Eindruck macht. Die Wesenszüge dieser zwei Gruppen sind eben erst dargelegt worden.
In den neunziger Jahren des vorigen Jahrhunderts hat Lasker unterschieden: 1. Der Stil eines Automaten; 2. Der feste Stil (vor allem Sicherheit); 3. Der Stil der Verlockung; 4. Der Kombinationsstil; 5. Der Stil nach Regeln des Kampfes (gemeint ist der positionelle Stil nach der Steinitzschen Theorie).

Krogius schlug in seinem Werk „Die Persönlichkeit im Konflikt“ eine etwas umfassendere Systematik vor: 1. Der praktische Stil; 2. Der logisch-systematische Stil; 3. Der theoretische Stil; 4. Der kritisch-analytische Stil; 5. Der künstlerische Stil; 6. Der kombinatorische Stil (1.–5.); 7. Der harmonische Stil.
In einigen meiner früheren Veröffentlichungen habe ich darauf hingewiesen, daß diese Einteilungen sehr bedingt und allgemein gehalten sind, obwohl sie eine völlig gesunde Grundlage besitzen und in der Praxis Anwendung finden.
Jedenfalls entsprechen sie der heutigen Vorstellung der Klassifizierung der Schachstile.
Hinzufügen möchte ich noch folgendes: Die Beziehung zu dem einen oder anderen Stil sowie auch sein Inhalt sind durchaus nicht beständig, sondern unterliegen dem Einfluß neuer Erkenntnisse und Tendenzen in Theorie und Praxis.
Zudem brachte und bringt die Praxis eine ganze Reihe neuer, gehaltvoller Schachstile hervor, von denen zweifellos z. B. der universelle Stil, der ein sehr weites Feld konkreter Ideen erfordert, einen bedeutenden Platz einnimmt. Und haben sich nicht auch Wesenszüge eines dynamischen Stils herausgebildet? Nicht zu vergessen den „irrationalen“ Stil mit seinen kopfzerbrechenden Verwicklungen und kaskadenhaften Positionsopfern.
Wie übrigens die Praxis längst bestätigt hat, ist eine strenge Gegenüberstellung der Stile abzulehnen. Die ständige wechselseitige Durchdringung der verschiedenen strategischen und taktischen Mittel läßt eine zusätzliche Stilnuancierung unvermeidlich erscheinen. Wie es schien, waren doch die positionellen Methoden der Theorie von Steinitz kristallklar. Jedoch auch hier gab es wesentliche, sogar prinzipielle Unterschiede im Schaffen der führenden Vertreter dieses Stils. Ohne Zeifel waren Tarrasch, Schlechter und Pillsbury treue Anhänger des Positionsstils. Doch gerade ein Vergleich zwischen ihnen zeigt eindringlich, welch verschiedenartiger und mannigfaltiger Formen sie sich bedienten. In noch höherem Maße trifft das für die modernen Stilarten zu.

## Der individuelle Spielstil

Es gilt sorgfältig zwischen dem allgemeinen Stil (als einer Methode des strategischen Denkens) und dem individuellen Stil eines bestimmten Schachmeisters zu unterscheiden. Der allgemeine Stil (von dem eben die Rede war) ist gewissermaßen ein abstrakter Sammelbegriff. Sagt man von einem Meister, er sei Positionsspieler, so ist damit vor allem die Richtung seines Denkens gemeint. Tatsächlich ist bei keinem Schachspieler ein bestimmter allgemeiner Stil in reiner Form ausgeprägt. Vielmehr vermischen sich seine Spielmethoden durch den Einfluß seines Charakters, seines Geschmacks, seiner Neigungen usw. und werden schließlich auch von praktischen Notwendigkeiten diktiert. So paradox es klingen mag, Stil und Temperament bilden hier nicht so oft eine Einheit. Nicht übersehen werden darf, daß es viele Positionen gibt, die jeder – unabhängig von seinem Stil – auf die gleiche Weise behandeln muß.

Natürlich kann von einem individuellen Stil nur bei Spielern mit meisterlichem Können (oder ihm nahekommenden) gesprochen werden. Aufschlußreich ist die folgende Äußerung Laskers in seinem Buch „Gesunder Menschenverstand im Schach“: „Sicherlich können nur Meister einen Stil haben. Daß ein Nicht-Meister auch nur ein einziges Mal in seinem Leben eine Partie folgerichtig durchführte, habe ich niemals bemerkt. Nicht-Meister bringen nur Bruchstücke einer Partie stilgerecht zuwege. Meister dagegen bringen in ihrem Leben ein paar Partien zustande, die von Anfang bis zum Ende einen und den nämlichen Gedanken ausdrücken und diesen Gedanken zum Abschluß bringen und zur Einheit runden. Aber auch diese Leistung genügt nicht für sich allein, den Anspruch zu rechtfertigen, daß der Meister einen bestimmten, nur ihm eigenen Stil habe.“ Weiter heißt es: „... der meisterliche Zug im Schach aber ist nur selten eindeutig bestimmt. Er wird ein bestimmter erst durch ein Abwägen von Für und Wider, wobei geringfügige Umstände den Ausschlag geben, wobei auch Neigungen mitreden und wobei – was die Hauptsache ist – die Phantasie fühlbar mitschwingt.“ Zweifellos ist das Vorhandensein eines Stils ein hervorstechendes Merkmal ausgereifter Meisterschaft. Meiner Ansicht nach treten übrigens die stilistischen Anlagen mitunter sehr frühzeitig auf. Solche markanten und starken Schachnaturen wie z. B. Botwinnik, Petrosjan, Tal und Karpow besaßen viele Kennzeichen eines eigenen Stils, lange bevor sie als Schachspieler berühmt wurden.

Obwohl der Stil ein echtes Kennzeichen der Meisterschaft darstellt, wäre es unangebracht, einem bedeutenden Könner irgendeinen Stil gleichsam als Etikett anzuheften. Meiner Meinung nach ist besonders in der heutigen Zeit von Belang, daß Schach immer mehr zum Sport wird. Das gestiegene Spielniveau und die Einstellung gegenüber Schachtechnik und -wissen stellen die positiven Faktoren dieser Entwicklung dar. Zweifellos ist das ein Aspekt, daß viele Schachspieler jetzt raschere Fortschritte machen. Allerdings dürfen auch die Schattenseiten dieser Entwicklung nicht überse-

hen werden, die sich in einer gewissen Nivellierung der Eigenart und der Originalität des Spiels äußern, sich also schließlich auf den Stil auswirken. Der individuelle Stil stellt nicht nur einen integrierenden Bestandteil der Meisterschaft dar, sondern auch eine Eigenschaft der Natur und Erziehung des Menschen. Mit anderen Worten, der Stil ist der Charakter, die Bestätigung der Persönlichkeit.
Und noch etwas, die individuellen Besonderheiten im Spiel großer Schachspieler sind immer umfassender ausgeprägt als der Stil, dem sie zugeordnet werden. Jeder von ihnen repräsentiert gewissermaßen eine ganze, zudem mannigfaltige Schule schachlichen Schaffens.

## 13. Kapitel

### Die altersbedingten Besonderheiten des Schachspielers und die Probleme schachlicher Langlebigkeit

Das Schachspiel ist an kein Alter gebunden! Dabei braucht man nicht immer an solche Phänomene zu denken wie z. B. Lasker und Smyslow. So belegte Lasker in dem stark besetzten internationalen Turnier in Moskau im Jahre 1935 den 3. Platz mit einem Punkt hinter dem Sieger – und das im Alter von 67 Jahren! Der 62jährige Smyslow setzte ich im Jahre 1983 in den Kandidatenturnieren um die Weltmeisterschaft erfolgreich gegen seine viel jüngeren Konkurrenten durch. Sehen wir einmal von diesen Ausnahmen ab, so beträgt, insgesamt gesehen, die durchschnittliche Schaffensperiode eines Schachpraktikers mindestens 30 Jahre.
Ein wahrer Klasseschachspieler kann sehr lange auf ziemlich hohem Niveau spielen, wenn er außer einem Vorrat an physischen Kräften auch noch über das notwendige schöpferische Potential verfügt. Unter schöpferischem Potential verstehe ich nicht nur eine unauslöschliche Liebe zum Schach, sondern auch die Fähigkeit umzulernen, neue Entwicklungen in Theorie und Praxis aufzugreifen und sich der Veränderung der Spielstile anzupassen.
Beispiele für die grenzenlose Liebe zum Schach gibt es mehr als genug. So beschreibt Spielmann in seinem Büchlein „Ein Rundflug durch die Schachwelt" ergreifend die letzten Tage Tschigorins. Obwohl dieser schon ein todkranker Mensch war, konnte er buchstäblich nicht ohne Schach leben, war auf ständiger Suche nach Ideen. Aljechin starb am Schachbrett sitzend. Auch Steinitz trennte sich bis zu seinem Tod nicht vom Schach. Hatte sich auch bei jedem von ihnen frühzeitig die Gesundheit abgenutzt, blieb doch ihre Geisteskraft erhalten,

loderte ihre schöpferische Leidenschaft bis zu ihrem Lebensende.
Auch meine schon umfangreiche Lebens- und schachliche Erfahrung beweist, daß früh nur die Meister die Schachbühne verlassen, die sich von einem bestimmten Zeitpunkt an gleichgültig gegenüber der Suche nach Neuem verhalten und infolgedessen die Fähigkeit zum Umlernen verlieren. Schließlich stagniert ihr rückständiges Spiel, und die Erfolge bleiben aus. Das Schicksal dieser Schachspieler (darunter viele hervorragende Talente) ist in der zweiten Lebenshälfte ziemlich unrühmlich.
Des öfteren erinnere ich mich an ein Gespräch aus meiner Studentenzeit mit meinem Mathematikprofessor. „Wissen Sie", sagte er, „was der Lebensweg eines ‚durchschnittlichen' Pädagogen ist? Fünf Jahre studiert er, fünf Jahre lehrt er, wie es sich gehört, fünf Jahre quält er sich, fünf Jahre quält er die Studenten, und schließlich in den letzten fünf Jahren befindet er sich im Zustand völliger Erschöpfung. Das sind die Etappen seines Arbeitslebens! Natürlich ist das ein Scherz. Doch in jedem Scherz verbirgt sich ein Fünkchen Wahrheit!"
Auch ein Schachspieler hat seinen Aufstieg (häufig vollzieht dieser sich sehr rasch), seine Blütezeit (eine Periode, die Menschen mit einem begrenzten Horizont unendlich scheint), spürt das Nachlassen seiner Leistungen, ihre immer größer werdende Ungleichmäßigkeit (damit nimmt die Quälerei zu, besonders wenn man nicht die Kraft findet, an sich selbst zu arbeiten), nachlassende Spielstärke, Mißerfolge (wenn man aus Gewohnheit das Schach nicht aufgeben möchte, obwohl es einem der gesunde Menschenverstand empfiehlt). Leider besitzen viele Schachspieler nicht die erforderliche Arbeitsfähigkeit und Elastizität des Denkens. Das ist besonders dann der Fall, wenn der Jünger Caissas allmählich seine schachliche Leidenschaft verkümmern läßt und sein allgemeiner Horizont nicht über die 64 Felder des Schachbretts hinausreicht.
Meines Erachtens besteht für jeden, der das Schach zu einem wichtigen Lebensziel macht, die erstrangige Aufgabe darin, nicht nur die schachlichen Fähigkeiten zu trainieren, sondern zugleich auch seinen gesamten Intellekt zu entwickeln. Dazu reicht es nicht, einen Hauptberuf in Reserve zu haben; es bedarf vielmehr eines reichen Innenlebens und breitgefächerter Lebensinteressen. Andernfalls wird der schachliche Lebensabend sehr trostlos aussehen.
Doch genug der philosophischen Ermahnungen.
Meine Absicht ist es ja, über die Probleme schachlicher Langlebigkeit zu sprechen. Was im Jugendalter und in der Periode des

Erwachsenwerdens zu tun ist, hat seinen Niederschlag in den vorangegangenen Kapiteln gefunden (natürlich ist der angeführte Ausbildungskurs hauptsächlich für jüngere und junge Spieler bestimmt).

## Altersbedingte Entwicklungsetappen

Die Erfahrung lehrt, daß man das Schachspielen in früher Kindheit erlernen sollte, zumal sich heute auf fast allen sportlichen Gebieten die Altersgrenze des Einsatzes vorverlagert hat. Ein späterer Lernbeginn wirkt sich leistungshemmend aus. In dieser Beziehung ist unser Spiel einer fremden Sprache ähnlich, in der man nur vollkommen zu sprechen versteht, wenn man sich von Kindesbeinen an darin übt. Die Hochleistungsperiode eines modernen Schachspielers setzt heute weitaus früher ein, als es noch vor 20–30 Jahren der Fall war. Die Fülle an Informationen und Lehrbüchern, das Vorhandensein von Schulen und Lehrgängen sowie die vielen Wettkämpfe wirken sich auf die jungen Talente sehr förderlich aus. War früher die Erlangung des Großmeistertitels das Ergebnis erfolgreicher schachlicher Betätigung auserwählter Meister, so stellt dies heute nur das Vorspiel für eine zukünftige Schachkarriere dar. Schaut man sich den Entwicklungsgang der jüngeren Jahrgänge an, erfährt man, daß sie gewöhnlich diesen Titel im Alter zwischen 20 und 25 Jahren erreichten.

Diese früher einsetzende schachliche Reife hat natürlich auch eine längere Periode der Hauptleistungszeit zur Folge. Die Formen des schachlichen Schaffens hängen allerdings von altersbedingten Kriterien ab und lassen sich nicht verändern. In jungen Jahren, wenn die Ideen regelrecht überschäumen, das Gedächtnis frisch ist und man über genügend Gesundheit und Energie im Spiel verfügt, soll, unabhängig vom Stil, das Streben nach konkretem Kampf vorherrschen. Unablässiges Suchen, das mit Risikobereitschaft und dem Spiel auf Verwicklungen (dem man nicht aus dem Wege gehen soll!) verbunden ist, stellt das Vorrecht der Jugend dar. Diesen Stärken trägt auch das Eröffnungsrepertoire Rechnung, das sich aus scharfen Systemen mit einer Fülle langer, taktisch betonter Varianten zusammensetzt. Die in diesen Jahren natürliche Fähigkeit zur Berechnung, die noch nicht auf eine verderbliche Routinemäßigkeit festgelegt ist, ermöglicht es, sich einen gewaltigen Komplex konkreter Eröffnungskenntnisse anzueignen. Und das darf man nicht versäumen. Denn ohne einen Vorrat an taktischen Verfahren und ein entwickeltes taktisches Sehvermögen kann ein Schachspieler keine großen Erfolge erzielen (im praktischen Spiel wird man vor allem vor die Lösung von Problemen taktischen Charakters gestellt), aber auch nicht auf schachliche Langlebigkeit hoffen. Die Blütezeit anschaulichen Denkens ist ein Vorzug der Jugend.

Mit den Jahren läßt die Hinwendung zu anschaulichen Ideen deutlich nach. Dagegen tritt mit zunehmendem Alter bei einem Schachspieler das verstandesmäßige, strategische Denken mehr in Erscheinung. Schachliche und Lebenserfahrungen sammeln sich an und werden bei der Entscheidungsfindung herangezogen, denn sie erleichtern es, Verallgemeinerungen und Assoziationen abzuleiten. Unwillkürlich möchte der Spieler den Sinn seines Schaffens begreifen, alle Kenntnisse schubkastenmäßig ablegen und jedem konkreten System seinen eigenen Stempel aufdrücken. Das ist nicht nur auf das Alter selbst zurückzuführen, hier geht es auch um das natürliche Bedürfnis jedes Denkenden, sich das gesamte Panorama des Schachkampfes vorzustellen, seine Triebfedern zu erkennen, will sagen seinen philosophischen Sinn, ein Bereich also, in dem in Worte gefaßte Überlegungen vorherrschen.

Eine Eigenschaft des menschlichen Denkens und Schaffens ist es, daß es den Weg von anschaulichen Vorstellungen zu tiefgehenden Verallgemeinerungen beschreitet.

Das alles erfordert im vorgeschrittenen Alter Veränderungen in der Spielweise und im Eröffnungsrepertoire. Das Spiel trägt nicht mehr so ungestümen Charakter und wird solider in strategischer Beziehung, was nicht ohne Einfluß auf die Eröffnungswahl bleibt. Das Gedächtnis nimmt nicht mehr in großem Umfang konkretes Wissen auf, und die nachlassende Rechenfähigkeit kommt nicht mit den zahlreichen taktischen Feinheiten zurecht, wenn sie sich in einem Bereich von 20 und sogar 30 Zügen im voraus bewegen. Dabei kommt es häufig zu Stellungen, in denen das materielle Gleichgewicht sehr gestört ist und alles an einem seidenen Faden hängt. Selbst wenn der Spieler diesen Belastungen noch standhält, gesellen sich streßartige Erscheinungen hinzu, die er nicht lange erträgt, zumal im vorgeschrittenen Alter Ermüdungserscheinungen sich deutlicher bemerkbar machen. Der gesunde Verstand und der natürliche Wunsch, sein sportliches Leben zu verlängern, legen nahe, nach ökonomischen Denk- und Schaffensformen zu suchen.

Aufschlußreich ist in dieser Beziehung die Verhaltensweise Botwinniks. Während in jungen Jahren in seinem Eröffnungsarsenal als Nachziehender als Antwort auf 1.e4 komplizierte Systeme der Französischen und Sizilianischen Verteidigung eine führende Rolle spielten, womit er deutlich seine Suche nach aktivem und kompromißlosem Gegenspiel zum Ausdruck brachte, veränderte er in seiner letzten Schaffensperiode entschlossen sein Repertoire. Die Caro-Kann- und die Pirc-Ufimzew-Verteidigung wurden seine hauptsächlichen Verteidigungswaffen, da in ihnen mehr die Kunst des Lavierens und die verschiedenen positionellen Feinheiten in den Vordergrund treten. Auch Geller, ein leidenschaftlicher Anhänger und großer Kenner der Königsindischen Verteidigung, fühlte sich mit den Jahren nicht mehr in dem Maße zu seiner Lieblingseröffnung hingezogen und gab den klassischen Systemen des Damengambits den Vorzug. Das alles ist natürlich kein Zufall, sondern die Konsequenz einer genauen und gründlichen „Selbstdiagnose". Schließlich wird durch die Eröffnung das strategische (und vielfach auch das taktische!) Gesicht des Kampfes bestimmt.

So verläuft die Entwicklung eines Schachspielers unter dem Aspekt des Älterwerdens. Es versteht sich, daß hier lediglich die allgemeine Entwicklungstendenz angedeutet werden konnte. Im Leben geschieht das alles viel komplizierter. Hier haben auch die individuellen Eigenschaften des Spielers, sein Charakter und der natürliche Denktyp entscheidenden Einfluß.

Bei Schachspielern, die von Natur aus zu vernünftigem Denken neigen, setzt der Leistungsabfall weitaus früher ein. Ihre Schachjugend ist äußerst kurz. Natürlich sind auch hier sowohl die allgemeinen Methoden als auch das Eröffnungsrepertoire zu verändern. Wenn Schachspieler des abstrakten Typs in jungen Jahren nicht „umhertollen", so trocknet ihr Spiel aus, bevor die Periode der Reifezeit anbricht. Deshalb haben viele von ihnen in den ersten Perioden ihrer Schachpraxis mehr Sorgen. Sie sollten deshalb in dieser Zeit ihr taktisches Arsenal so gut wie möglich auffüllen. Andernfalls wird mit den Jahren das Spiel aus allgemeinen Erwägungen „zerdrückt", und das Denken artet in Spitzfindigkeit aus.

Auch Schachspieler, denen ein konkret-bildhaftes Denken eigen ist, haben ihre spezifischen Schwierigkeiten. Mitunter macht sich ihr Altern nicht bemerkbar, und sie bemühen sich, noch in den Reifejahren und sogar im vorgeschrittenen Alter im Geiste der Jugend zu spielen. Jedoch die Fähigkeiten des Berechnens werden schwächer, sie halten physisch nicht mehr den gewaltigen Anstrengungen stand, die sie in jungen Jahren ohne weiteres ertrugen.

Wenn keine positionelle Basis vorhanden ist, kann sich eine eindrucksvolle Periode kombinatorischen Schaffens als ziemlich kurz erweisen.

Noch ein wesentlicher Umstand sei erwähnt. Durch persönliche

Erfahrungen und Beobachtungen des Spiels meiner Kollegen habe ich festgestellt, daß mit den Jahren, also im vorgerückten Alter, wenn der Umfang der Spielpraxis und folglich das Training unter dem Einfluß verschiedener Lebensursachen bedeutend geringer werden, zuerst die natürlichen Hauptschwächen (die starken Seiten haben viel kräftigere Wurzeln!) wieder zum Vorschein kommen. So machte mir z. B. in frühen und selbst noch in jugendlichen Jahren die mangelhafte Aufmerksamkeit sehr zu schaffen, so daß ich einen stetigen Kampf gegen die „Oberflächlichkeit" und die Ungeduld in der Verteidigung führte. Als ich dann den Kulminationspunkt meiner schachlichen Laufbahn überschritten hatte und die praktischen Erfolge nachließen, traten vor allem diese verhängnisvollen Mängel wieder auf. So beobachtete ich auch in der spielerischen Entwicklung Petrosjans, mit dem ich viele Jahre als Trainer verbunden war, daß sein geringer Leistungsrückgang nach vierzig Jahren nicht nur auf die Verschlechterung der rechnerischen Fähigkeiten zurückzuführen ist, sondern auch auf eine übermäßige Vorsicht, die etwas apathischem und trägem Denken entspringt. Gerade an der Verbesserung dieser Eigenschaften arbeitete er in seinen besten Jahren mit besonderem Eifer. Er zwang sich regelmäßig, etwas zu riskieren, auf Gewinn zu spielen, besonders in Begegnungen mit Gegnern, die er fürchtete und vor denen er Respekt hatte. Hätte er übrigens diese ihn hemmenden Faktoren Ende der fünfziger und Anfang der sechziger Jahre nicht überwunden (in der Periode seiner optimalen Leistungen), wäre er wohl nicht Weltmeister geworden. Dem Spiel Gellers haftete schon immer – trotz seiner vielfältigen natürlichen Anlagen – eine gewisse Schwerfälligkeit an. Jetzt, da Geller die Fünfzig längst überschritten hat, artete diese negative Eigenschaft zu einer Art chronischer Krankheit aus, mit der er fertig zu werden nicht die Kraft hat. Immer häufiger zeigt sich das gleiche Bild: Bei großem Zeitmangel fehlt es ihm an tiefen strategischen Ideen, und zugleich geht mit seinen ergebnislosen Überlegungen die vorhandene Nervenenergie verloren.

Für ältere Schachspieler ist gewöhnlich die fünfte Spielstunde am schwierigsten und oft verhängnisvoll. Weitaus häufiger als in jungen Jahren treten sehr deutlich Erschöpfungserscheinungen auf. Gerade die fünfte Stunde gebiert elementare Fehler, die die ganze Partie entstellen und verderben. Allerdings handelt es sich hier wohl nicht nur um ein Zeitproblem. Vielmehr trägt gerade das Spiel in der fünften Stunde rechnerischen Charakter, wo von Zug zu Zug konkret gehandelt werden muß und man sich nicht auf erleichternde positionelle Kriterien zu stützen vermag. Dabei können sehr überraschende Wendungen im Partieablauf eintreten. Die Schwierigkeit liegt hier nicht im objektiven Wert der unerwarteten Entscheidungen des Gegners, sondern in der Notwendigkeit, darauf entsprechend zu reagieren und jedesmal die besten und manchmal auch die einzig möglichen Züge zu finden. Ist der Spieler dazu noch in Zeitnot (eine häufige Erscheinung), so vergrößern sich jäh die Schwierigkeiten.

Unwillkürlich gelangt man zu dem Schluß, daß „das Alter eine Last ist"?! Selbstverständlich nehmen bei einem Schachspieler im vorgeschrittenen Alter die Schwierigkeiten zu. Und dennoch bringt diese Periode nicht nur negative Erscheinungen mit sich. Ältere Schachspieler besitzen eine Reihe nicht zu unterschätzender Vorteile. Dazu gehören Erfahrungen, Spielverständnis, fundamentales Wissen. Ausreichende Gesundheit und ausgeprägte Liebe zum Schach vorausgesetzt, kann auch der ältere Schachspieler seine Form über lange Jahre erhalten. Ein ausgezeichnetes Beispiel dafür ist Exweltmeister Smyslow.

Auch Namen wie Neshmetdinow, Weressow, O'Kelly, Lokvenc ..., die sich ihre außergewöhnliche Spielstärke buchstäblich bis an das Ende ihrer Tage erhielten, tauchen auf.

Ich berichtete, mit welchen Methoden Keres das kombinatorische Sehvermögen trainierte. Hinzufügen möchte ich, daß er dieses Training, nämlich die Lösung der Schachaufgaben und Studien „vom Blatt", bis zum allerletzten Tag seines jäh unterbrochenen Lebens beibehielt.

Wie oft treffen wir in der Schach- und Sportliteratur bei allgemeinen Einschätzungen und bei kommentierten Partien die zum geflügelten Wort gewordene Redensart an: Erfahrung gegen Jugend.

Manchmal ist diese Redensart als eine gewisse Schablone aufzufassen. Nicht immer dringt der Leser in den wahren Sachverhalt, in den tieferen Sinn derartiger Zweikämpfe ein (es ist auch unmöglich, wenn sie nicht in gebührender Weise analysiert wurden). Hier widerspiegeln sich häufig die Unterschiede in den Denkmethoden.

Sehr deutlich veranschaulichen diesen Unterschied die Partien der Weltmeisterschaftskämpfe zwischen Botwinnik und Tal in den Jahren 1960 und 1961. Die Kontrahenten trennte der große Altersunterschied von 25 Jahren. Hinzu kam, daß zwei Antipoden des schachlichen Denkens aufeinandertrafen: der von Natur aus tiefgründige Stratege Botwinnik (der zudem über eine riesige Erfahrung verfügte) und der glänzende Taktiker Tal, der sich im Zenit seiner Entwicklung befand.

Im ersten Wettkampf gelang es Botwinnik nicht, dem „irrationalen“ Spiel seines jungen Gegners entsprechenden Widerstand zu leisten. Mehr noch – indem er unerschrocken den Gefahren entgegenging, erreichte er keine positiven Resultate.
Aufschlußreich ist z. B. die folgende Partie.

Französisch
Tal–Botwinnik
Wettkampf 1960

**1.e4 e6 2.d4 d5 3.♘c3 ♗b4 4.e5 c5 5.a3 ♗:c3+ 6.bc ♕c7 7.♕g4 f5 8.♕g3 ♘e7 9.♕:g7 ♖g8 10.♕:h7 cd 11.♔d1!? ♗d7 12.♕h5+ ♘g6 13.♘e2 d3 14.cd ♗a4+ 15.♔e1 ♕:e5(?)**

Schon durch die Eröffnungswahl von Schwarz entsteht in sehr kurzer Zeit ein halsbrecherisches Spiel, das Wasser auf die Mühle eines Kombinationsspielers schüttet, aber vom Standpunkt der klassischen Strategie Zweifel hervorruft. Doch Botwinnik wollte vielleicht zeigen, daß er Verwicklungen nicht fürchtet und seinen Kontrahenten mit dessen eigenen Waffen zu schlagen gedenkt. Später wurde ihm klar, daß es besser ist, den Kopf nicht in den Rachen des Löwen zu stecken. Einstweilen verließ Botwinnik den richtigen Weg. Wahrscheinlich war 15. ... ♘c6 nebst 16. ... 0–0–0 besser, um die Entwicklung abzuschließen.

**16.♗g5!**

Jetzt wird der schwarze König in der Mitte festgehalten, was eine Desorganisation der schwarzen Streitkräfte bewirkt. Die Initiative in den kühnen Händen Tals erhöht sich rasch.

**16. ... ♘c6 17.d4 ♕c7 18.h4! e5 19.♖h3 ♕f7 20.de ♘c:e5 21.♖e3 ♔d7 22.♖b1 b6 23.♘f4 ♖ae8 24.♖b4! ♗c6**

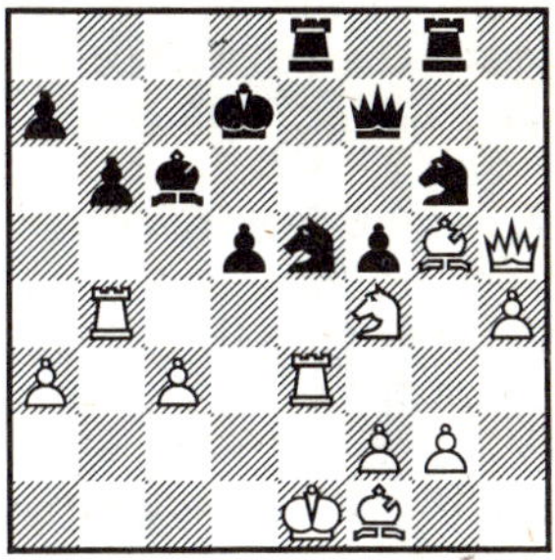

**25.♕d1!**

Ein originelles und starkes Manöver, das den weißen Vorteil unterstreicht. Der Anziehende besitzt nicht nur einen Mehrbauern, sondern auch seine Figuren stehen bedeutend aktiver.

**25. ... ♘:f4 26.♖:f4 ♘g6 27.♖d4 ♖:e3+ 28.fe ♔c7 29.c4 dc 30.♗:c4 ♕g7 31.♗:g8 ♕:g8 32.h5**. Schwarz gab auf.

Ein Jahr später fand das Revanchematch statt, auf das sich Tal wahrscheinlich aus jugendlicher Leichtfertigkeit nicht ernsthaft genug vorbereitet hatte. Dagegen überzeugten wieder einmal Botwinniks Erfahrung und Weisheit. Neben der rein konkreten Vor-

bereitung in Form einer Überarbeitung seines Eröffnungsrepertoires hatte er sehr intensiv die verschiedenen Seiten von Tals Stil untersucht. Er konnte jedoch dort nicht nur die Schwachstellen aufdecken, sondern auch reale Wege zu ihrer Ausnutzung finden. Botwinnik hatte sein Spiel regelrecht programmiert, indem er langwierige positionelle Varianten aufbaute, in denen die taktischen Möglichkeiten auf ein Minimum begrenzt waren. Er weitete den Kreis der strategischen Probleme aus und verlieh damit den Partien ein streng rationelles Gepräge, und hier konnte er mit ganzer Macht die besseren Seiten seines Denkens in Schemata zur Geltung bringen. Natürlich war das Eröffnungsrepertoire auch entsprechend gewählt. Schließlich gaben die vorzüglichen Erfahrungen und die qualitativ hochstehende Vorbereitung den Ausschlag.
Hier ein Beispiel von Botwinniks wirksamer Methode.

Nimzowitsch-Indisch
Botwinnik–Tal
Revanchematch 1961

**1.c4 ♘f6 2.♘c3 e6 3.d4 ♗b4 4.e3 0–0 5.♗d3 d5 6.a3 dc 7.♗:c4 ♗d6 8.♘f3 ♘c6 9.♘b5 e5 10.♘:d6 ♕:d6 11.de**

Auf diese Weise kann man wohl kaum mit Erlangung eines Eröffnungsvorteils rechnen. Aber Botwinnik strebt offenbar gar nicht danach, möchte das Spiel nur vereinfachen, weil er nicht ohne Grund annimmt, damit seinem jungen Gegner die gefürchteten taktischen Waffen zu entreißen.

**11. ... ♕:d1+ 12.♔:d1 ♘g4 13.♔e2 ♘c:e5 14.♗d5 c6 15.♗e4 ♗e6 16.♘d2!?**

Ein interessantes Moment. Zum Remis führte 16.♘:e5 ♘:e5 17.f4 ♗c4+ 18.♔f2 ♘d3+ 19.♗:d3 ♗:d3 20.♗d2 nebst ♗c3. Obwohl Botwinnik auf eine Vereinfachung ausgeht, heißt das längst nicht, daß er sich ein friedfertiges Ziel gestellt hätte. Das ist eine bestimmte Kampftaktik – ein Spiel in einfachen Stellungen.

**16. ... ♖ad8**

Energischer war 16. ... f5, um über den Vorstoß f5–f4 zu verfügen. Vielleicht erschien Tal diese Stellung ziemlich langweilig, und er spielte aus allgemeinen Überlegungen, wodurch er unmerklich ein schlechteres Endspiel erhielt.

**17.h3 ♘f6 18.♗c2 ♖d7 19.b3 ♖fd8 20.♖d1 ♘d3 21.♗:d3 ♖:d3 22.♗b2 ♖3d7?**

Eine wesentliche Ungenauigkeit. Es mußte der Bauer b3 anvisiert werden, was mit dem Zug c6–c5 erreicht würde.

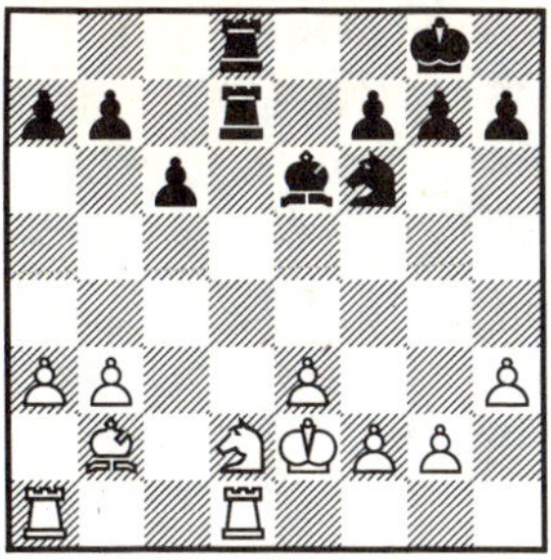

**23.♗:f6! gf 24.b4! ♗f5 25.♘b3 ♗d3+**

Alles geschieht auf impulsive Weise. Reale Remischancen bot ein gesamter Abtausch der Türme auf d1 mit anschließender Überführung des Königs nach d6.

**26.♔e1 b6 27.♖ac1 ♗e4 28.f3 ♖:d1+ 29.♖:d1 ♖:d1+ 30.♔:d1 ♗d5?**

Das ist bereits ein verhängnisvoller Fehler. Nach 30. ... ♗f5 31.♘d4 ♗d7 besäße Schwarz keine schlechten Aussichten auf Rettung. Jetzt geht es schnell bergab.

**31.♘d4 c5 32.bc bc 33.♘b5 a6 34.♘c7! ♗c4 35.♘e8! f5 36.h4 ♔f8 37.♘d6 ♗f1 38.g3 ♔e7 39.♘:f5+ ♔e6 40.e4 ♔e5 41.♔d2.** Schwarz gab auf.

Nachdem Botwinnik diese einengende Strategie genau umrissen hatte, handelte er in ihren Grenzen sehr überzeugend auch in der taktischen Verwirklichung und nutzte eine gewisse Nachlässigkeit seines Gegners bei der Verteidigung „langweiliger“ Stellungen aus.
Sehen wir uns noch ein Beispiel an.

Nimzowitsch-Indisch
Botwinnik–Tal
Revanchematch 1961

**1.c4 ♘f6 2.♘c3 e6 3.d4 ♗b4 4.e3 0–0 5.♗d3 d5 6.a3 dc 7.♗:c4 ♗d6 8.♘f3 c6 9.b4! e5 10.♗b2 ♗g4 11.d5 ♘e7 12.h3 ♗d7 13.♘g5!? ♘g6?**

Unumgänglich war 13. ... h6, aber Schwarz übersah die positionelle Kombination des Anziehenden.

**14.♘e6! fe 15.de ♔h8 16.ed ♕:d7 17.0–0 ♕f5 18.♘d5!**

Setzt die Strategie der Einengung fort. Nach 18. ... e4 19.♘:f6 gf 20.♕c2 ♘e5 21.f4 ist das positionelle Übergewicht von Weiß unumstritten.

**18. ... ♘g8(?)**

Besser war 18. ... ♖ad8 19.♘:f6 gf.

**19.♕g4 ♕c2 20.♕e2 ♕f5 21.♕g4 ♕c2 22.♕e2 ♕f5 23.e4 ♕d7 24.♖ad1 ♖ad8 25.♕g4 ♕e8 26.g3 ♘h6 27.♕h5 ♘g8 28.♕e2 ♘6e7 29.♘e3 ♘h6 30.♘g4! ♘:g4 31.hg ♘c6 32.♔g2 ♗e7 33.♗d5!**

Botwinnik führt seinen Plan, der aus der Verbindung eines Angriffs auf der h-Linie mit einem Bauernangriff im Zentrum besteht, sehr exakt durch.

**33. ... ♘d4 34.♗:d4 ed 35.♗c4 c5 36.b5 ♗f6 37.f4 d3 38.♖:d3 ♖:d3 39.♗:d3 ♗d4 40.e5 g6 41.♖h1 ♔g7 42.♕e4 b6 43.♗c4.** Schwarz gab auf.

In dem Duell Jugend gegen Erfahrung bleibt allerdings häufig erstere erfolgreich, denn das Aufblühen lebendiger Gedanken stellt doch einen wichtigen Faktor der praktischen Spielstärke dar. Das heißt aber nicht, daß die Vertreter der älteren Generation zu früh die Hände in den Schoß legen, sondern den Kampf wenn irgend möglich durchstehen sollen unter Ausnutzung all ihrer positiven Eigenschaften.
Auch mit über 50 Jahren kann man noch auf einem sehr hohen Niveau spielen. Natürlich ist das nicht jedem vergönnt. Aber jeder Schachmeister in vorgerücktem Alter findet jederzeit eine seiner Erfahrung und seinem Wissen entsprechende Betätigung. Denken wir nur an die Arbeit auf dem Gebiet der Schachtheorie und -literatur, an die Trainertätigkeit, das Halten von Lektionen und Simultanveranstaltungen – das sind bei weitem nicht alle Möglichkeiten, die sich der älteren Generation für ihre aktive Betätigung anbieten.

## 14. Kapitel

### Über die psychologischen Faktoren

Durch das stürmische Wachstum des Wissens und der Technik des Schachspiels, das die gegenwärtige Entwicklungsepoche des Schachs kennzeichnet, scheint es, daß das Schachschaffen immer mehr von objektiven Faktoren bestimmt wird und die psychologischen Aspekte eine immer geringere Rolle spielen. Vielleicht ist infolge dieser Tendenz die psychologische Forschungsrichtung deutlich hinter der Entwicklung der Schachtheorie zurückgeblieben (sie ist es jetzt noch und wird es wohl auch bleiben). Und dennoch sind auf dem Gebiet der Schachpsychologie – mitunter wenig beachtet – reichhaltige Erfahrungen gewonnen worden.
In dieser Beziehung ist unbedingt der sowjetische Psychologe Blumenfeld zu erwähnen, der erstmalig – in der Zeit vor dem

zweiten Weltkrieg – die Probleme des schachlichen Denkens in ihrem ganzen Komplex betrachtete (Probleme der Zugwahl, Berechnung der Varianten, Zeiteinteilung u. a.). Blumenfeld führte ernsthafte Versuche durch, um die psychologischen Ursachen von Fehlern im kombinatorischen Sehen zu erforschen.
Eine aufschlußreiche Arbeit über die Psychologie des Schachschaffens stammt vom Amerikaner Fine.
Einer der bedeutendsten Schachpsychologen der Gegenwart ist Krogius, dem für seine vielseitigen Forschungen auf dem Gebiet des Schachs der Grad eines Doktors der Psychologischen Wissenschaften verliehen wurde. Die Psychologie des Schachdenkens ist heute zu einem umfangreichen Forschungsfeld geworden. Sie ist längst über die rein praktischen Bedürfnisse hinausgewachsen und befaßt sich mit einer Reihe von Problemen sowohl spielerischen als auch vorbereitenden Charakters.

## Ein psychologischer Streifzug

Lassen wir noch einmal die vorausgegangenen Kapitel Revue passieren, von denen jedes einem bestimmten Thema der Vervollkommnung des Schachspielers, seiner Praxis und seinem Training gewidmet war. Kann man das in diesen Kapiteln Dargebotene losgelöst von psychologischen Faktoren betrachten?
Fangen wir mit dem einfachsten an – der *Aufmerksamkeit* des Schachspielers. Gehört dies denn nicht in den Bereich der psychologischen Wissenschaft? Da gibt es noch eine ganze Menge ähnlicher Gesichtspunkte: *Geduld, Selbstbeherrschung, streßartiger Zustand, kämpferische Einstellung, Willensimpulse* u. a. Auch die folgenden negativen Eigenschaften und Erscheinungen stehen mit der Psychologie in Beziehung: *Impulsivität* des Denkens, einseitiges Herangehen an eine Stellung (Unterschätzung der gegnerischen Drohungen), *Verlust der Folgerichtigkeit, des Gefühls für Gefahr* u. a. m., nicht zu reden von den erwähnten Ursachen von Fehlern im kombinatorischen Sehen.
Ein wichtiges Thema in psychologischer Hinsicht stellen die Probleme der *Übermüdung* dar (längere und lokale, während einzelner Partien), *Verlust des Interesses am Spiel, Selbstzufriedenheit.* Untersuchungen des Spiels unter extremen Bedingungen, z. B. unter dem Druck sportlicher Verpflichtungen, tragen zur Klärung bestimmter psychologischer Faktoren bei. Nicht zufällig gilt als ungeschriebenes Gesetz, daß eine entscheidende Turnier- oder Matchpartie eine ernste Prüfung aller Charaktereigenschaften eines Schachspielers darstellt. In der vorangegange-

nen Darlegung habe ich mich durchaus nicht von irgendeiner „künstlichen Verbreitung“ psychologischer Verfahren leiten lassen. Ich dachte gar nicht daran. Jedoch jetzt, wenn ich diese Arbeit überblicke, kann ich nicht umhin festzustellen, wie unwillkürlich psychologische Momente in sehr viele, zudem wichtige Komponenten des Denkens, zuweilen rein schachlichen Charakters, „eindringen“.
Nehmen wir z. B. die Anwendung einer Neuerung in der Eröffnung, die in der Regel immer mit einem nachhaltigen psychologischen Effekt verbunden ist. Der vor die Lösung des neuen konkreten Eröffnungsproblems gestellte Spieler findet die entsprechende Entgegnung weniger wegen der objektiven Schwierigkeiten (bisweilen tragen solche Neuerungen „einmaligen“ Charakter) nicht, sondern infolge des psychologischen Effekts, der manchmal sogar einem Schock nahekommt.
Hinsichtlich dieser Problematik sei an einen Vorfall bei der 25. Meisterschaft der UdSSR (die gleichzeitig als Zonenturnier galt), 1958, erinnert. In einer der letzten Runden hatte die Partie Bronstein–Boleslawski sehr große sportliche Bedeutung im Kampf um den Einzug in das Interzonenturnier. Bronstein sah voraus, daß Boleslawski als Antwort auf 1.e4 das Paulsen-System der Sizilianischen Verteidigung wählen würde, und er bereitete eine tückische Neuerung vor.
Hier der Partieverlauf: **1.e4 c5 2.♘f3 e6 3.d4 cd 4.♘:d4 a6 5.c4 ♘f6 6.♘c3 ♗b4 7.♗d3 ♘c6 8.♗c2!?**

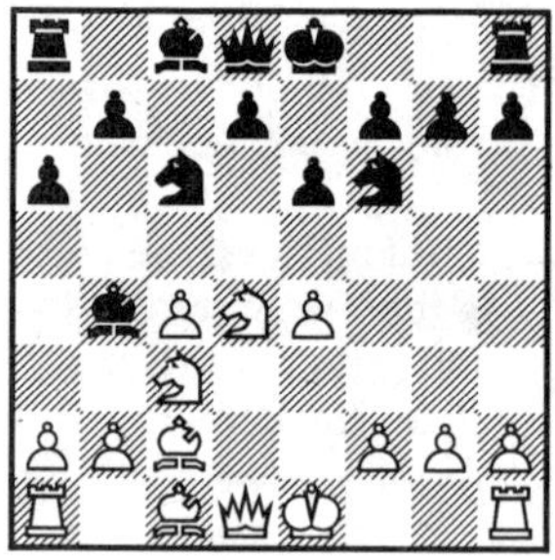

Die Neuerung trägt taktischen Charakter. Verlockend, aber nicht zweckmäßig ist es, auf Bauerngewinn zu spielen: 8. ... ♘e5? 9.0–0 ♘:c4 10.♕e2 ♘e5 11.♔h1 oder 8. ... ♕a5? 9.0–0 ♗:c3 10.bc ♕:c3 11.♘:c6 dc 12.♕d6 ♘d7 13.♗g5 f6 14.♕:e6+ ♔d8 15.♗e3! – in beiden Fällen mit Übergewicht für Weiß. Boleslawski, der am wenigsten eine „Überraschung“ in einem so frühen Partiestadium erwartete, war offensichtlich verwirrt und kam psychologisch aus dem Tritt. Bis zu einem bestimmten Moment spielte er richtig, nämlich **8. ... ♕c7 9.0–0 ♘:d4 10.♕:d4 ♘g4 11.e5 ♘:e5 12.♗f4**, aber hier griff er schon fehl, und nach **12. ... d6? 13.♘e4 b6 14.a3 ♗c5 15.♕c3!** geriet er in eine schwierige Stellung und verlor schließlich die Partie.

In seinem Hotelzimmer fand Boleslawski ziemlich schnell die richtige Fortsetzung 12. … f6! 13.♘e4 b6! (aber nicht 13. … ♘f3+ 14.gf ♕:f4 15.c5! mit entscheidendem Übergewicht für Weiß) 14.♗g3 ♗b7 15.♖ad1 0–0, und Schwarz steht keineswegs schlechter. In der Turnierpraxis kam 8.♗c2 nicht mehr vor. Die Neuerung war im Grunde genommen nur für eine Partie als Überraschungseffekt gedacht und hat hier ihre Aufgabe erfüllt. Bronsteins Erfolg beruhte zu keinem geringen Teil auf der richtigen psychologischen Einschätzung der Situation.
Zu der Kategorie ähnlicher psychologischer Effekte gehört auch die Fähigkeit, dem Partieverlauf eine jähe Wendung zu geben, z. B. mit Hilfe eines Bauernopfers von der Verteidigung zum Angriff überzugehen. Die folgende Stellung kam in der Partie Alatorzew–Löwenfisch (Wettkampf 1939) zustande.

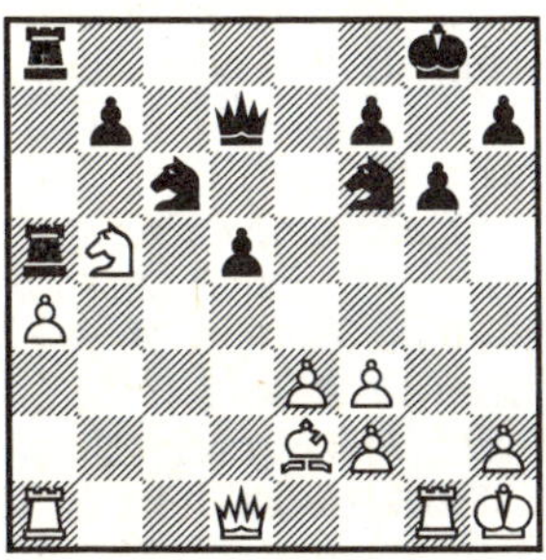

Es folgte **26. … d4!**

Schwarz opfert einen Bauern und nimmt damit dem Gegner alle Aussichten auf Initiative.

**27.ed ♘d5 28.♗c4 ♖d8 29.♕b3 ♕f5 30.♖g4 ♔g7 31.♗:d5 ♖:d5 32.♖d1?**

Die Drohungen von Schwarz wirken sich nicht nur auf die weiße Stellung aus, sondern beeinflussen auch die Psyche des Verteidigers. Zäher war 32.♖ag1.

**32. … ♖:a4! 33.♕:a4 ♕:f3+ 34.♖g2 ♖:b5 35.♔g1**

Chancen auf Remis bot 35.♕:b5 ♕:d1+ 36.♖g1 ♕:d4 37.♕:b7 ♕d5+ 38.♖g2 ♕d1+ 39.♖g1 ♕f3+ 40.♖g2 h5 41.♕b2+ ♔h7 42.♕d2 ♘e5 43.♕d4. Aber der Anziehende hat bereits den richtigen Faden und die innere Ruhe verloren.

**35. … ♖a5 36.♕c2 ♘:d4 37.♕d2 ♘e2+ 38.♔f1 ♖e5 39.♕b2 ♘g3+**, und Schwarz gewann bald.

Wir haben gesehen, welche Folgen Überraschungseffekte im Partiegeschehen nach sich ziehen. Gar nicht erst zu reden, inwieweit sich emotionale Erlebnisse und Streß durch impulsive Entscheidungen und das damit verbundene Risiko auswirken! In derartigen Fällen sollte man nicht nur gründlich die schachliche Situation untersuchen, sondern möglichst auch den psychischen Zustand des Gegners erahnen, ja sich überhaupt in

der ganzen Skala psychologischer Nuancen auskennen.
Das Spiel in sportlich bedeutsamen Duellen erfordert die *vollständige Mobilisierung der geistigen und körperlichen Kräfte.* Die Eingebung, die „Erleuchtung" ist dabei ein wichtiger Faktor, der stets heuristische Prozesse begleitet. Die Eingebung bewirkt immer einen gewaltigen Kräftezuwachs, der sehr lange anhält. Die Verwirklichung origineller Ideen in einer gelungenen und schwungvoll gespielten Partie setzt gewaltige, manchmal unschätzbare Impulse frei auf dem Wege zu weiteren Erfolgen. Damit möchte ich sagen, daß es nicht nur auf die unmittelbare Schaffung schachlicher Kunstwerke ankommt, sondern es auch wichtig ist, daß sich ein Schachspieler selbst bestätigt fühlt, sein Vertrauen in die eigenen Möglichkeiten wächst und er somit zu weiteren großen Leistungen beflügelt wird.
Erfahrungsgemäß treten nach diesen alle Kräfte erfordernden Partien heftige Reaktionen auf, die sich in Müdigkeit und durch eine gewisse emotionale Leere äußern. Natürlich ist das individuell sehr verschieden. Man sollte jedesmal eine Selbstdiagnose über den Zustand seiner geistigen und körperlichen Kräfte stellen. Nach erfolgreichen, aber sehr anstrengenden Partien kommt das überreizte Nervensystem nur langsam zur Ruhe, und in der Nacht können Schlafprobleme auftreten. Oft ist man dann am nächsten Tag nicht in der Lage, den entsagungsvollen Kampf mit voll regenerierten Kräften zu führen. Deshalb sollten halsbrecherische Verwicklungen (wenn möglich, schon ihrer Entstehung den Boden entziehen) vermieden werden, und es ist angebracht, sich selbst einer sehr sachlichen Diagnose zu unterziehen. Selbstverständlich hängt hier viel vom Charakter und Temperament des betreffenden Spielers ab. Es gibt sogenannte Maximalisten, zu denen so hervorragende Könner wie Larsen und vielleicht auch Timman zählen und wie es in der Vergangenheit wahrscheinlich Marshall und Janowski waren, die an ihren „Stern" glauben und es äußerst gut verstehen, den jeweiligen Stimmungsschwung unmittelbar auszunutzen. Leider blieben keinem von ihnen Rückschläge und bittere Enttäuschungen erspart. Allerdings gehört das bereits in den Bereich der Taktik des Turnierkampfes, was ein gesondertes und umfangreiches Thema darstellt.
Hier möchte ich die Aufmerksamkeit auf allgemeine Probleme lenken. Es geht hauptsächlich darum festzustellen, inwieweit man im Prinzip fähig ist, sich in schöpferischen Elan und in einen Zustand der Eingebung zu versetzen.
Im praktischen Kampf, sei es nun im Turnier oder in einem

Match, ist es sehr wichtig, sich geistige Frische und ausreichende Kraftreserven über die gesamte Wettkampfdistanz zu erhalten. Gerade diese Faktoren gewährleisten einen zuverlässigen und genauen Ablauf der Gehirntätigkeit.
Der Schachpraktiker hat auch noch einen ganzen Komplex anderer Probleme zu bewältigen, die mit der Psychologie eng verknüpft sind. Wie wichtig ist es beispielsweise, die immer wieder auftretende *Gehemmtheit* eines Gedankens zu überwinden. Das ist mitunter der Fall, wenn in der letzten Runde ein Remis genügt und man nicht verlieren darf. Das Spiel auf Remis begrenzt die Möglichkeiten, hemmt sie. Oder man hat seine Nerven nicht in der Gewalt und beginnt mit einem impulsiven Aufstauchen der Figuren (bei eigener Zeitnot noch zu verstehen, aber unhöflich, wenn der Gegner sich in Zeitnot befindet). Wie oft geschieht es, daß sich ein Spieler selbst aufgibt, wenn er sich in einer schwierigen, aber durchaus nicht hoffnungslosen Lage befindet.
Das psychologische Gefühl der *Hoffnungslosigkeit* (das es zu bekämpfen lernen gilt) ist für viele Jünger Caissas typisch.
Bereits am Anfang dieser Arbeit habe ich betont, welche Bedeutung eine gründliche Analyse jeder selbst gespielten Partie besitzt. Dringen Sie in den Sinn der Worte ein: Eine Partie wird von ihren Spielern durchlebt. Das heißt, es wirken immer psychologische Faktoren mit. Die Anspannung des Intellekts ist eine unabdingbare Eigenschaft jeglicher schöpferischer Betätigung am Schachbrett. Welch ein weites Feld eröffnet sich hier der Forschung!
Eine bedeutende Rolle spielt die Untersuchung der psychologischen Momente, die unmittelbar mit dem praktischen Kampf in Verbindung stehen. So muß man, wenn es ans Spielen geht, eine Last von Varianten „tragen" lernen, die während der Vorbereitung auf die Partie oder bei der Analyse einer Abbruchstellung einstudiert wurden. Das trifft besonders dann zu, wenn diese Varianten nicht nur die Stellung ausschöpfen, sondern auch in bedeutendem Maße deren Beurteilung klarstellen. Lediglich die Kunst der Analyse zu erlernen genügt nicht; vielmehr bedarf es auch der Fähigkeit, sich von den gewonnenen Ergebnissen leiten zu lassen.
Des weiteren ist es nötig, die Psychologie der zwei einander polaren Denkmethoden zu untersuchen, deutlich ihre altersbedingten Besonderheiten herauszustellen. Eigentlich sollte jeder wahre Schachmeister ein forschender Schachpsychologe sein, sich nicht im engen Kreis rein schachlicher Vorstellungen einschließen.
In einem Gespräch über einen bereits sehr erfahrenen Meister

hörte ich eine ziemlich genaue Beurteilung seines engen strategischen Horizonts, nach der seine Entwicklungsmöglichkeiten nicht sehr hoch eingeschätzt wurden: „X. bezieht in seine strategischen Konzeptionen hauptsächlich den gegnerischen König ein, aber längst nicht das ganze Geschehen auf dem Brett." Den Gedanken fortsetzend, läßt sich sagen, daß das „Sehen" des ganzen Brettes, besonders heutzutage, noch nicht das Kriterium echter Meisterschaft darstellt. Man muß über das Brett hinaussehen: die schwachen und starken Seiten seiner Gegner studieren, stetig den eigenen „Puls" des Schaffens fühlen, den Kräftevorrat und überhaupt die ganze Palette psychologischer Faktoren kennen, auf die der Leser aufmerksam gemacht wurde.

Die Schachterminologie ist, ungeachtet einer gewissen Spezifik, die man eine Art Jargon nennen kann, eigentlich lakonisch und ziemlich sachbetont. Eine Aufgabe der forschenden Methodiker besteht darin, die ganze Fülle der aufgestellten psychologischen Postulate „auszugraben", die in Untersuchungen, Analysen und schließlich in Partieanmerkungen von Praktikern (natürlich vor allem die von großen, namhaften Meistern) dargelegt bzw. verstreut sind.

Heutzutage ist es z. B. sehr verbreitet, für die Vorbereitung, nicht nur auf dem Gebiet der Eröffnungstheorie, sondern auch in bezug auf die Persönlichkeit der Gegner, Karteien zu verwenden. Gerade für das Studium des schachlichen Gegners gewinnen psychologische Faktoren einige Bedeutung. Mit einem geübten Blick lassen sich ziemlich schnell die hauptsächlichen Kriterien festhalten; z. B. es ist unzweckmäßig, dem Gegner, der eine ausgeprägte Kombinationsgabe besitzt, die Möglichkeit eines Figurenspiels mit Initiative zu geben; oder einen ausgezeichneten Meister des Positionsspiels längeren Druck auf deutliche Bauernschwächen ausüben zu lassen, ohne dafür ein bestimmtes Gegenspiel zu erhalten. (Es ist natürlich eine andere Sache, diese Erkenntnisse folgerichtig anzuwenden. Jedoch gilt es, sich unablässig darum zu bemühen.) Damit ist allerdings die psychologische Programmierung längst nicht abgeschlossen. Den „integrierten" Entscheidungen müssen „differenzierte Berechnungen" folgen.

So sollte z. B. jeder, der gegen Uhlmann mit 1.e4 eröffnet, nicht nur wissen, daß dieser fast unverändert sich der Französischen Verteidigung bedient, sondern auch berücksichtigen, daß hier Uhlmann bei der charakteristischen Struktur des geschlossenen Zentrums – 1.e4 e6 2.d4 d5 3.♘c3 ♗b4 4.e5 c5 5.a3 ♗:c3+ 6.bc oder 1.e4 e6 2.d4 d5 3.e5 – fast verpflichtet ist, im passenden Moment auf sein strategisches Glanzverfahren, den Sprengungszug f7–f6 mit anschließendem Gegenangriff am Königsflügel, zurückzugreifen. Hier einige Beispiele, die in einer derartigen Kartei Platz finden würden!

Fischer–Uhlmann
Buenos Aires 1960

**1.e4 e6 2.d4 d5 3.♘c3 ♗b4 4.e5 ♘e7 5.a3 ♗:c3+ 6.bc c5 7.a4 ♘bc6 8.♘f3 ♗d7 9.♕d2 ♕a5 10.♗d3 c4 11.♗e2 f6! 12.♗a3 ♘g6 13.0–0 0–0–0 14.♗d6 ♘ce7 15.♘h4 ♖de8 16.♘:g6 hg 17.ef gf 18.h3 ♘f5 19.♗h2 g5 20.f4(?) ♘d6 21.♗f3(?) g4! 22.hg f5!**

**23.g5 ♖e7 24.♗g3 ♗e8 25.♕e3 ♘e4! 26.♗:e4 de 27.♔f2 ♖eh7 28.♖fb1 ♕d5 29.♕c1!? ♖h1! 30.♕:h1? e3+! 31.♔g1 ♖:h1+ 32.♔:h1 e2 33.♖b5 ♗:b5 34.ab ♕:b5 35.♖e1 a5 36.♖:e2 a4! 37.♖:e6 a3 38.g6 ♕d7 39.♖e5 b6 40.♗h4 a2 41.♖e1 ♕g7 42.♖a1 ♕:g6**. Weiß gab auf.

Hazai-Uhlmann
Halle 1981

**1.e4 e6 2.d4 d5 3.♘c3 ♗b4 4.e5 ♘e7 5.a3 ♗:c3+ 6.bc c5 7.♘f3 ♗d7 8.a4 ♕a5 9.♗d2 ♘bc6 10.♗b5?! c4 11.♕c1 f6! 12.ef gf 13.0–0 ♖g8 14.♖e1 ♔f7! 15.♔f1 ♘f5 16.♗f4 h5 17.h3 ♖g6 18.♕a3 h4!**

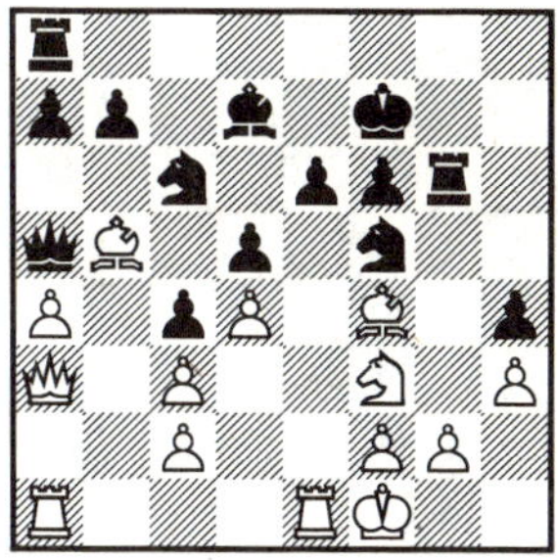

**19.♘h2 ♖ag8 20.♘g4 ♖:g4! 21.hg ♖:g4 22.♗h2 ♕d8 23.f3 ♖g6 24.♕c1 ♕g8 25.♕d2 ♘g3+! 26.♗:g3 ♖:g3 27.♗:c6 bc 28.♖e2 h3 29.♖b1 h2! 30.♕h6 ♖:f3+ 31.♖f2?** (zäher war 31.♔e1) **31. ... ♕g6! 32.♕:g6+ ♔:g6 33.♔e2 ♖:c3 34.♔d2 ♖g3 35.♖h1 c3+ 36.♔c1 ♖g4 37.♖:h2 ♖:d4 38.♖f3 e5! 39.♖:c3 ♖:a4 40.♖g3+ ♗g4 41.♖c3 e4! 42.♖h4 ♖a1+! 43.♔b2 ♖g1 44.g3 ♗f3! 45.♖d8 ♖d1 46.♖:c6 e3 47.♖f8 ♗e4! 48.♖c:f6+ ♔g5 49.♖6f7 ♔g4 50.♖f4+ ♔h3 51.♖h4+ ♔g2 52.♖f4 ♖d2**. Weiß gab auf.

Becker–Uhlmann
Halle 1982

**1.e4 e6 2.d4 d5 3.♘c3 ♗b4 4.e5 ♘e7 5.a3 ♗:c3+ 6.bc c5 7.a4 ♘bc6 8.♘f3 ♕a5 9.♗d2 ♗d7 10.♗e2 f6!? 11.ef gf 12.0–0 c4 13.♘h4 0–0–0 14.♗h5 ♖hg8 15.g3 e5 16.f4 e4 17.f5 ♔b8 18.♕e1 ♔a8 19.♗h6 ♗e8! 20.♗:e8 ♖d:e8 21.♘g2 ♘d8 22.♘e3 ♘f7 23.♗f4 h5 24.♖b1 ♘g5! 25.♖b5 ♕:a4 26.♕b1 ♘h3+! 27.♔h1 ♘:f4 28.♖:f4 ♕a3! 29.♘:d5?** (gespielt werden mußte 29.♖:b7 ♖b8 30.♖:b8+ ♖:b8 31.♕e1 mit Ausgleich) **29. … ♘:d5 30.♖:d5 e3!**

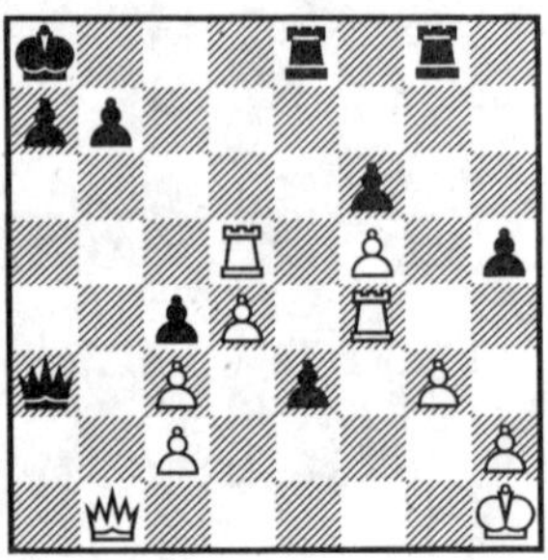

**31.♕e1 e2 32.♔g2 ♖e3 33.♔f2 ♖e7 34.♖b5 ♖ge8 35.♖h4 ♕a4 36.♖c5 b6**. Weiß gab auf.

Wir werden uns nicht in das Dickicht der psychologischen Nuancen begeben. Einstweilen sei lediglich festgestellt, daß nicht nur die rein schachlichen Ursachen unserer Fehler herauszufinden sind. Vielfach stellen sie bloß die Folge unserer Denkfehler und psychologische Fehlleistungen dar. Ein offenes, ehrliches Gespräch mit sich selbst, das zur Gewohnheit werden soll, also eine Art autogenes Training, ist ein gutes Mittel für ihre Überwindung.

Eine Untersuchung der psychologischen Faktoren zeigt anschaulich, wie unlösbar das Denken des Schachspielers mit seinem Intellekt verbunden ist. Aus vielen Beispielen wird ersichtlich, daß sich der Stil entsprechend der Lebenseinstellung und der allgemeinen Entwicklung des Menschen verändert, der sich dem Schach auf lange Zeit schöpferisch widmet. Die unmittelbare Entwicklung der schachlichen Fähigkeit, die Entfaltung des Talents ist das Los der Jugend. Dann beginnt der schwierige Weg der Erfolge und Rückschläge, die Zeit, in der Erfahrungen gewonnen und Enttäuschungen durchgemacht werden. Schachliche Langlebigkeit erfordert nicht nur ständiges Training, eine geregelte Lebensweise, Gesundheit und eine unauslöschliche Liebe zum Schach. Sie spiegelt sich auch wider in der gesamten Natur des betreffenden Menschen und vor allem, meiner Meinung nach, in der Freude zum Leben.

Das Schach als solches ist hier durchaus kein passiver Faktor, sondern wirkt sich auf die Entwicklung des Menschen aus. Es genügt, an die im Abschnitt „Die Analyse von Abbruchstellungen“ zitierte Äußerung von Exweltmeister Smyslow zu erin-

nern, daß die Kunst der Analyse auch im Leben nützlich sei.
Ein moderner Schachmeister hat sich auf eine große Anzahl unterschiedlicher Faktoren, psychologische einbegriffen, „programmieren" zu können – und jedenfalls auch bis zu einem bestimmten Grade Philosoph zu sein. Der gesamte Gesichtskreis eines Schachkämpfers (zum Kampf muß er immer bereit sein, zudem gegen sehr unterschiedliche Gegner hinsichtlich Stil, Charakter, Alter usw.), der Fehlerbegriff im weitesten Sinne u. a. können in das Gebiet der Philosophie verlegt werden.
Dieser Überblick ist eigentlich nur nach den bisher behandelten Themen dieses Buches abgefaßt worden. Allerdings geschah diese Art Zusammenfassung aus der Sicht der psychologischen Kampfführung.

## Der psychische Zustand eines Schachspielers

Wir beobachten in der Spielpraxis ziemlich oft, daß die Kaltblütigkeit verlorengeht, eine Erinnerung, die mit charakterlichen Verzerrungen zusammenhängt, wobei sich übermäßiges Selbstbewußtsein und krankhaftes Zweifeln an den eigenen Kräften diametral gegenüberstehen. Das alles kann nicht ohne Einfluß auf die objektive Beurteilung des Partiegeschehens und auf das Gefühl für das Vertretbare bleiben. Das letztere setzt Vertrauen in die eigenen Kräfte, gepaart mit der entsprechenden Bescheidenheit, voraus, Klarheit und Genauigkeit des Denkens gehen sowohl durch kategorische Ambitionen als auch durch mangelhaftes Selbstvertrauen gleichermaßen verloren.
Unabhängig von seinem Charakter und seinem Temperament kann ein Schachspieler nicht umhin, während des Kampfverlaufs die verschiedenartigsten Emotionen durchzumachen.
Bald stimmt das rasch wechselnde Spielgeschehen den Spieler äußerst zuversichtlich, bald erfüllt es ihn mit Freude und unbändigem Stolz, bald stößt es ihn in einen Zustand der Mutlosigkeit und der Verzagtheit.
Derart verläuft die einzelne Partie, ein Turnier – und im Grunde genommen der gesamte Weg eines Schachspielers. Alle diese Prüfungen stellen eine Art Probierstein für Charakter und Intellekt dar.
Natürlich prägen diese unvermeidlichen und ständigen Prüfungen die Psyche. Gewöhnlich stählt das bei wahren Meistern den Charakter, macht das Denken elastischer. Gewissermaßen erweitert sich die Amplitude im Ertragen allseitiger Belastungen, und eine unerschütterliche Ausgeglichenheit bleibt erhalten.
Häufig jedoch zeigt sich auch ein umgekehrtes Bild, wenn sich eine teilweise Verformung des Charakters vollzieht. Nach mei-

ner Erfahrung äußert sich das zumeist durch die zu verwünschende Unsicherheit, von der sehr schwer loszukommen ist (der Jugend ist dabei der Optimismus behilflich). Mißerfolge, ebenso Traumata und Verletzungen, machen sich lange (mitunter das ganze Leben hindurch) bemerkbar. Ein ganzer Komplex von „Ängsten" läßt sich anführen: der unbequeme Gegner, eine unbekannte Stellung, eine schwierige Verteidigung, eine scharfe Eröffnungsvariante, herannahende Zeitnot u. a. Den Kampf dagegen muß jeder selbst führen. Eine beträchtliche Hilfe können hier Selbstanalysen und Psychotherapie leisten.
Umgekehrt kann sich auch eine übermäßige Selbstsicherheit als eine negative Erscheinung erweisen. Angeberei steht einem Schachspieler nicht zu Gesicht. Obwohl sich starke Zweifelhaftigkeit, die der Unsicherheit eigen ist, übermäßige Selbstsicherheit im Spiel nicht unmittelbar auswirken, stellen sie doch negative Erscheinungen dar. Daraus resultieren Stagnation im Schaffen, Selbstbewunderung, was wiederum zur Beeinträchtigung des Denkens und damit der Leistungen führt. Die negativen Folgen der Angeberei machen sich gewöhnlich nicht sogleich bemerkbar, sind aber zumeist unkorrigierbar.
Eine übermäßige Selbstsicherheit führt mitunter auf direktem Wege zur Unsicherheit. Die Erklärung ist einfach. Die Selbstsicherheit erlebt früher oder später ihren Niedergang, was eine jähe, psychologisch unvorteilhafte Wendung der Ereignisse mit sich bringt, die sich in einem Nachlassen der Spielstärke und langer Depression äußert. Während meiner langjährigen schachlichen Tätigkeit konnte ich wiederholt eine solche traurige Entwicklung beobachten.
Den zur Selbstüberschätzung neigenden Schachspielern geht auch das Gefühl für Gefahr verloren. Auf S. 194f. ist ein Beispiel angeführt, das zeigt, wie sogar ein geringer Verlust des Gefühls für Gefahr nicht wiedergutzumachende Folgen nach sich zieht. Das geschieht übrigens sehr oft. Schwerer lassen sich gegenteilige Beispiele finden, und um so wertvoller sind sie.
Hier ein Fall, in dem es rechtzeitig gelang, die „Bremse" zu ziehen, um die heraufziehende Katastrophe aufzuhalten.

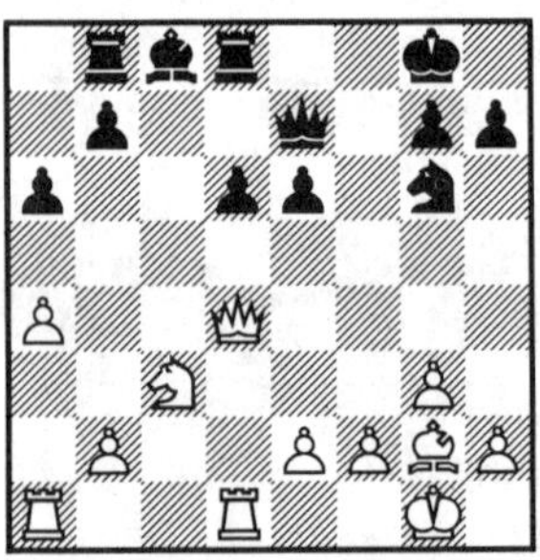

Diese Position entstand in der Partie Botwinnik–Romanowski

(11. Meisterschaft der UdSSR, 1939) nach 18 Zügen.
Die Stellung von Weiß, der über Raumvorteil verfügt, ist etwas vorzuziehen. Der Anziehende konnte mittels 19.a5! nebst 20.♘a4 seinen Gegner vor nicht geringe Probleme auf dem Weg zum Ausgleich stellen. Er wählte jedoch den schlechteren Plan:

**19.♖d2 ♘e2! 20.♖ad1 ♘f7 21.♕e3** (wiederum war 21.a5 besser) **21. ... ♖e8 22.a5 ♗d7 23.b3 ♗c6 24.♘e4 ♖bd8 25.♕c3 ♖c8**

Leicht kann man sich überzeugen, daß Schwarz bereits keine schlechten Aussichten auf Initiative besitzt. Jedoch Botwinnik nahm sehr genau eine Umorientierung vor. Mit dem folgenden Zug zieht er die entscheidende Bremse, um die weitere Entwicklung der gegnerischen Initiative aufzuhalten.

**26.♕b4!**

Weiß leitet in ein Endspiel über, in dem er einen Bauern verlieren kann, aber eine genügend aktive Stellung besitzt, um Remis zu erzielen.

**26. ... ♗:e4 27.♗:e4 d5 28.♕:e7 ♖:e7 29.♗g2 ♖c3 30.e4! de 31.♗:e4 ♖:b3 32.♖d7 ♔f8 33.♗:h7 ♖b5 34.♗e4 ♔e8 35.♖7d2! ♖c7**

Oder 35. ... ♖:a5 36.♗g6! ♖c7 37.♖d8+ ♔e7 38.♗:f7 ♔:f7 39.♖d7+, und Weiß gleicht das Spiel aus.

**36.♗g6 ♔e7 37.♗:f7 ♔:f7 38.♖d7+ ♖:d7 39.♖:d7+ ♔f6 40.h4 g4 41.♔g2 ♖:a5.** Remis.

Aus den angeführten Überlegungen geht hervor, daß der Unsicherheitskomplex ein Trauma darstellt, das sehr erfahrenen, in Schachschlachten „verwundeten“ Kämpfern anhaftet. Natürlich enthält Erfahrung nicht nur positive Wesenszüge. Mit den Jahren läßt nicht nur die Schärfe des konkreten Denkens nach, sondern kann auch eine gewisse „Überkomplettiertheit“ auftreten. Immer häufiger trifft man bei der Arbeit mit jungen Schachspielern auf Komplexe dieser Art. Der Charakter des Menschen bildet sich sehr früh heraus. Noch ehe ein Junge oder ein Mädchen sich ernsthaft mit dem Schachspiel beschäftigt, hat sich die Psyche schon etwas geformt. Selbstverständlich hat man es in erster Linie mit Kindern zu tun, die optimistisch ins Leben schauen und bescheiden sind.
Ziemlich oft begegnet man auch dem „nicht anpassungsfähigen“ Typ, der ein gewisses Selbstbewußtsein zeigt, das der Jugend eigen ist. Wenn das nicht Formen annimmt, die für die Umwelt unangenehm sind, läßt sich das wieder korrigieren. Ein junger, selbstbewußter Schachspieler, der die unvermeidlichen Prüfungen durchmacht und von erfahrenen Mentoren geleitet wird (besonders wenn er die Fä-

higkeit besitzt, kritisch das Leben zu betrachten), „schleift" sich rasch ab.
Die größten Probleme bereiten verletzliche Naturen. Es ist schwierig, diese krankhafte Unsicherheit zu korrigieren, die sich im frühkindlichen Alter herausbildet! Mitunter verfolgt diese Eigenschaft den Schachspieler, wenn sie in seiner Natur liegt, das ganze Leben hindurch. Wie bereits hingewiesen wurde, gibt es dagegen nur ein Mittel – die Psychotherapie, die Anerziehung kämpferischer Eigenschaften. In diesem Sinne bietet gerade unser Spiel ein ziemlich reiches Betätigungsfeld zur Korrektur negativer natürlicher Eigenschaften, und zwar nicht nur im Bereich den Denkens, sondern auch in der Charaktererziehung. Bekanntlich sind nur natürliche Extreme schwer korrigierbar. Im allgemeinen stellt eine etwas geringe Unsicherheit durchaus kein großes Übel dar. Ein Schachspieler mit dieser Neigung zeichnet sich zumeist durch Objektivität und Diszipliniertheit aus, arbeitet gern an seiner Vervollkommnung, nimmt Lehren an, lernt nicht nur von Autoritäten, sondern auch von seinen Gegnern. Übrigens hat eine gewisse Unsicherheit von jungen Jahren an über einen langen Zeitraum Petrosjan begleitet. Das hat ihn jedoch nicht gehindert, bereits in sehr jungen Jahren einer der führenden Meister des Sowjetlandes und der Welt zu werden und dann den Weltmeisterschaftstitel zu erringen. Hier erscheint es durchaus angebracht, an einen Aphorismus Tartakowers zu erinnern: „Schach veredelt den Menschen, weil es voller Enttäuschungen ist." Ein Anflug von Unsicherheit, Zweifeln, gepaart mit Bescheidenheit und Achtung anderer Meinungen, stellen auch im Schach nützliche Eigenschaften dar. Das soeben Gesagte präzisierend, läßt sich feststellen, daß der innere Zustand eines Schachspielers im Prozeß des Kampfes widersprüchlich ist und es ihm an einer gewissen Stabilität mangelt. Die am Brett lodernden Leidenschaften spiegeln sich nicht nur in der Elastizität des Denkens wider, sondern kommen auch im emotionalen Zustand sicher zum Ausdruck.

## Über die moralische Haltung des Schachspielers

In unseren Ausführungen geht es hier nicht um die Kleidung oder die Art der Frisur, obwohl natürlich gesagt werden muß, daß im Grunde genommen ein Schachspieler auf seinem Gebiet eine Art Künstler ist, seine Tätigkeit größtenteils wie auf einer Bühne abläuft, so daß er nicht umhin kann, diszipliniert, ordentlich gekleidet, gut frisiert und rasiert usw. zu erscheinen. Als Ideal mag das tadellose äußere Erscheinungsbild des ver-

storbenen Großmeisters Keres gelten. Es sei daran erinnert, daß zu Turnieren, wo Keres spielte, nicht nur Schachliebhaber, sondern auch schachlich uninteressierte Leute kamen, die lediglich den hervorragenden estnischen Großmeister sehen und erleben wollten.
Es geht hier in der Hauptsache um die „Maske", die sich jeder genügend erfahrene Schachspieler mit der Zeit geschaffen hat. Sie stellt gewissermaßen eine Schutzhülle dar, hinter der sich sein innerer Zustand, seine Zweifel und Unruhe verbergen.
Da gibt es die einen – die sind die Ernsthaftigkeit selbst, sozusagen den Sorgen der Welt entrückt. Während der Partie scheint es, daß Spieler dieser Art nichts anderes sehen und hören.
Für einen anderen Typ ist eine gekünstelte Hochnäsigkeit charakteristisch, eine irgendwie betonte Selbstsicherheit, die mitunter ein kompliziertes und widersprüchliches Innenleben verdeckt. Jedoch steht ihnen wie ins Gesicht geschrieben: „Mich verwirrt nichts, ich bin von meinem Erfolg überzeugt und achte die Pläne meine Gegners geringschätzig."
Verbreitet ist auch die Maske, naiv zu wirken, eine Art völlige Gleichgültigkeit, aus der schwer zu erraten ist, was der Betreffende gerade fühlt.
Gerade darin liegt der eigentliche Sinn der Tarnung. Ein erfahrener Schachspieler versteht es, seine Emotionen und zeitweilig unangenehmen Gemütsbewegungen zu verbergen bzw. zu verschleiern.
Eine „Maske" gehört schon seit langem zu einer nicht zu unterschätzenden Waffe im Schachkampf. Sie verdeckt nicht nur die Zweifel, sondern auch die Mängel eines Spielers, engt den Kreis der Untersuchungsobjekte beim Gegner ein. Eine Maske spiegelt den Grad der Selbstbeherrschung eines Spielers wider. Natürlich benötigt sie, wie auch die Selbstbeherrschung, einige Entwicklungszeit. Ein Schachspieler findet nicht so schnell sein äußeres Erscheinungsbild, das es ihm ermöglicht, die Spielführung zu erleichtern.
Es sei nur noch auf einige charakteristische Typen eingegangen. Tatsächlich sind weitaus mehr anzutreffen. Genaugenommen besitzt eigentlich jeder große Schachmeister ein Erscheinungsbild eigener Art. Manchmal ist es deutlich individuell geprägt, manchmal paßt es sich einem Stereotyp an.
Auf eine ausführliche Untersuchung werden wir nicht eingehen. Das hat sehr gründlich Krogius getan, dessen Werke wir zum Studium empfehlen. (Im Jahre 1983 erschien im Sportverlag „Psychologie im Schach" von Nikolai Krogius.)
Tatsächlich herrscht bei jugendlichen und noch mehr bei jüngeren Schachspielern im Spiel ein natürliches Verhalten vor, das

durchaus nicht immer mit zunehmender Erfahrung verschwindet. Es gibt sogar einige Großmeister, in deren Gesicht sich Emotionen wie in einem Spiegel zeigen. Die natürliche Empfindung hat zweifellos ihre Berechtigung, wenn sie nicht in Formen ausartet, die die hohe Bedeutung des Schachs als ein Mittel der Erziehung des Menschen untergraben.
Eine Schachpartie soll ein ernsthaftes geistiges Schauspiel darstellen, in dem sich nicht nur das Geschehen auf dem Brett anschaulich widerspiegelt, sondern auch im tadellosen Verhalten der beiden Spieler.
Natürlich treten im Partiegeschehen schicksalhafte Wendungen auf, die eine heftige psychische Erregung erzeugen und sich mitunter als stärker erweisen als die schützende Maske. Der Kräftezustrom bei einem Erfolg oder der Schreck im Augenblick einer Katastrophe, wenn alle Hoffnung schwindet, lüftet den dicksten Schleier einer äußerlich zur Schau getragenen Naivität. Und dann sieht der Zuschauer vor sich einen Menschen mit seinem wahren Gesicht und Charakter. Die Wirkung dieser Momente ist sichtlich beeindrukkend und zeigt dem Zuschauer, wie auf dem Brett die Kombination oder das strategische Manöver ablief.
Die „Schutzhülle" eines Schachspielers läßt sich auch durch die jähe, kontrastierende Veränderung seines Erscheinungsbildes unmittelbar bei Beginn des Spieles erkennen.
Später kann sogar ein nicht sehr geübtes Auge leicht feststellen, wie sich die Kontrahenten während des Spielverlaufs verwandeln. Ein gutes Beispiel ist diesbezüglich Tal. Im gewöhnlichen Leben erscheint er sanft und liebenswürdig. Setzt er sich aber ans Schachbrett, verwandelt er sich in einen unbändigen, mitleidlosen Kämpfer, erfüllt von leidenschaftlichem Siegeswillen. Weitaus sanfter wirken bzw. wirkten hier Smyslow, Petrosjan, die im Alltag scherzhafte, ein wenig phlegmatische Menschen sind und jeglichen Konflikten aus dem Wege zu gehen versuchen. Einen nicht so großen Spielraum in ihrem Verhalten besitzen z. B. Botwinnik, Karpow, Beljawski, die immer angespannt arbeiten und sich selten gelöst zeigen. Das Problem ist also, daß mit zunehmendem Alter ein solches januskopfartiges Verhalten immer deutlicher in Erscheinung tritt und schwerer zu vermeiden ist. Einstweilen ist es sogar schwer zu bestimmen, wo der wahre Charakter eines Schachspielers deutlicher zum Ausdruck kommt, ob im gewöhnlichen Leben oder wenn er am Brett sitzt. Das Gesagte und die gesamte eigene Erfahrung verallgemeinernd, möchte ich konstatieren, daß sich in der Regel Schachspieler (gemeint sind die Mei-

ster, die das Schach zu ihrem Lebensinhalt gemacht haben) durch einen komplizierten, auf jeden Fall eigenartigen Charakter unterscheiden, der keinen Platz für Unpersönlichkeit und Naivität läßt.
Häufig ist zu hören, wie nützlich Körperkultur und Sport für alle seien, jedoch der professionale Sport, besonders vom Standpunkt der Gesundheit aus, eine sehr „zweischneidige“ Beschäftigung darstelle. Zu dieser Meinung kann gesagt werden, daß Schach auf hohem Niveau den Charakter des Menschen wesentlich verändert, mitunter entstellt. Das unablässige, quälende Suchen, der Kampf unmittelbar am Brett gegen in Stil, Charakter und Alter unterschiedliche Gegner und schließlich gegen sich selbst – all das verfeinert und schärft nicht nur den Verstand, sondern wirkt auch auf den Charakter, auf das gesamte Innenleben des Menschen ein. Und das durchaus nicht immer in positivem Sinne.
Ein erfahrener Schachspieler besitzt in der Regel eine erhöhte Sensibilität, die jedoch mitunter an Argwohn grenzt (z. B. traf das für Nimzowitsch zu). Häufig entwickelt sich auch ein egozentrisches Verhalten (und immer beginnt das mit dem durchaus nicht negativen Begehren, sich selbst zu bestätigen). Vielfach tritt krankhafte Eigenliebe auf. Bei vielen Schachmeistern macht sich auch eine erhöhte Ängstlichkeit bemerkbar; in Perioden des Mißerfolgs geht das Interesse am Leben verloren, und ihr Blickwinkel engt sich ein. Diese Schachspieler errichten sich eine Art Mikrowelt, die beengt und drückend ist, und werden somit im Leben unglücklich.
Alle diese das spätere Leben betreffenden Warnungen sind unbedingt in der Arbeit mit jungen Schachspielern zu berücksichtigen. Schach bereitet seinen wahren Liebhabern, die sich ihm in Mußestunden zur Entspannung, während der Erholung, in Zeiten mißlicher Lebenslagen usw. zuwenden, Freude. Darin liegt seine Bedeutung, und dieses ureigenste Anliegen des Schachs gilt es zu bewahren – das sollte niemand vergessen. Es ist immer bedauerlich, wenn ein von Natur aus begabter Schachspieler, der sich auf einem langen, beschwerlichen Weg vervollkommnet und Meisterschaft erlangt hat, den gesunden Menschenverstand und den richtigen Lebenskompaß verliert. Die Eigenliebe beginnt zu „nagen“, die Folge ist eine moralische Katastrophe. Das kann zu den ernsthaftesten persönlichen Konsequenzen führen.
Natürlich sind derart extreme Fälle selten anzutreffen. Jedoch auch jegliche Anhäufung von Komplexen ist unangenehm. Die vorwiegend verstandesmäßige Betätigung der Schachspieler kann und muß auch zur Ent-

wicklung der besten charakterlichen Qualitäten beitragen. Die moralische Haltung eines Schachspielers formt sich im Kampf. Folglich besteht eine der Hauptaufgaben der schachlichen Erziehung darin, den Intellekt des Menschen so zu bilden, daß er frei von Mängeln und Komplexen ist.

## Ein Wort zum Schluß

In den letzten Kapiteln unserer Darlegungen standen die altersbedingten und psychologischen Faktoren im Mittelpunkt. Nicht zur Sprache kam das Problem des Frauenschachs, dessen spezifisches Anliegen trotz der wachsenden Popularität des Spiels unter den Vertreterinnen des schönen Geschlechts noch viel zuwenig untersucht worden ist. An wen wendet sich nun dieses Buch in der Hauptsache? Natürlich vorwiegend an junge Schachspieler, die nicht nur den Weg zur Meisterschaft kennenlernen wollen, sondern auch danach trachten, das Schach zum Begleiter ihres Lebens zu machen. Die Arbeit eines Schachpraktikers ist ziemlich mühevoll und währt mitunter bis ins hohe Alter. Die Jugend ist rasch verflogen. Deshalb sollte ein Schachspieler gerade in dieser Lebensperiode soviel wie möglich positive Denk- und Charaktereigenschaften ausbilden, ohne die eine einigermaßen erfolgreiche schachliche Langlebigkeit nicht vorzustellen ist. Aus diesen Voraussetzungen müssen Impulse hervorgehen, die immer mehr zur Gewohnheit, zur Notwendigkeit werden und dazu beitragen, den richtigen Entwicklungsweg zu beschreiten. Das, was man in seinen besten Jahren, als ein natürliches Bedürfnis vorlag, versäumt hat, ist im wahrsten Sinne des Wortes unwiederbringlich verloren. Im Laufe der Jahre werden naturgemäß nicht nur der Pflichtenkreis (Arbeit, Familie usw.) sowie gesundheitliche Probleme eines Menschen größer, auch die Aufnahmefähigkeit und die Aktivität des Gehirns lassen etwas nach.

Wer das Schachspiel liebt, muß unbedingt seine jungen Jahre nutzen. Alle Mühe wird sich dann später als fruchtbar und nützlich erweisen.

# Inhalt

## Gesamtübersicht über die 24 Bände des Standardwerkes Moderne Eröffnungstheorie

A. Suetin
2., stark bearbeitete Auflage

**Spanisch Rubinstein-Aufbau bis Breyer-System**
(außerdem Möller-System, Marshall-Angriff, Tschigorin-System, Smyslow-System u. a.)
(Band 1 der Gesamtausgabe)

A. Suetin
2., stark bearbeitete Auflage

**Spanisch Klassisches System bis Offene Verteidigung**
(außerdem Steinitz-Verteidigung, Berliner Verteidigung, Jänisch-Gambit, Abtauschvariante, Verbesserte Steinitz-Verteidigung u. a.)
(Band 2 der Gesamtausgabe)

A. Suetin unter Mitarbeit von
E. Gufeld und W. Lepeschkin

**Russisch bis Königsgambit**

(außerdem Philidor-Verteidigung, Ponziani-Eröffnung, Vierspringerspiel, Italienisch, Zweispringerspiel im Nachzuge, Evans-Gambit, Ungarisch, Schottisch, Wiener Partie u. a.)
(Band 7)

L. Polugajewski
unter Mitarbeit von E. Gufeld
2., stark bearbeitete Auflage

**Sizilianisch Drachensystem bis Geschlossene Variante**

(außerdem System 4.♕:d4)
(Band 3)

L. Polugajewski
unter Mitarbeit von E. Gufeld
und M. Judowitsch jun.
2., stark bearbeitete Auflage

**Sizilianisch Morra-Gambit bis Scheveninger System**

(außerdem System 2.c3 und 2.b3, Klassische Systeme, Tscheljabinsker Variante, Boleslawski-System, Aufbau 2. … a6, Paulsen-System)
(Band 4)

L. Polugajewski
unter Mitarbeit von
M. Judowitsch jun.

**Sizilianisch Rauser-Angriff bis Sosin-System**

(außerdem Sizilianisches Gambit, Systeme 2.f4 und 2.g3, Rubinstein-System, Moskauer System 3.♗b5)
(Band 9)

L. Polugajewski

**Sizilianisch Najdorf-System bis Polugajewski-Variante**

(Band 23)

A. Suetin

**Französisch bis Nimzowitsch-Eröffnung**

(Band 8)

A. Suetin
unter Mitarbeit von E. Gufeld

**Caro-Kann bis Aljechin-Verteidigung**

(Band 14)

A. Suetin

**Pirc-Ufimzew-Verteidigung bis Skandinavisch**

(Band 13)

L. Polugajewski
unter Mitarbeit von
A. Mazukewitsch

**Damengambit Orthodoxes System bis Wiener Variante**

(außerdem Abtauschsystem, Tartakower-Variante, Cambridge-Springs-System u. a.)
(Band 20)

L. Polugajewski
unter Mitarbeit von E. Gufeld

**Damengambit Tschigorin-System bis Tarrasch-Verteidigung**

(außerdem Albins Gegengambit, die Variante 2. ... ♗f5, angenommenes Damengambit)
(Band 21)

L. Polugajewski
unter Mitarbeit von
P. Kondratjew

**Slawisch Abtauschsystem bis Slawisches Gambit**

(Band 11)

M. Taimanow
unter Mitarbeit von E. Gufeld

**Damenindisch bis Katalanisch**

(außerdem Reti-Eröffnung)
(Band 24)

M. Taimanow

**Nimzowitsch-Indisch Rubinstein-System bis seltene Fortsetzungen**

(Band 5)

M. Taimanow

**Nimzowitsch-Indisch Sämisch-System bis Leningrader System**

(außerdem die Systeme 4.♕c2, 4.♕b3, 4.♘f3, 4.f3)
(Band 12)

M. Taimanow
unter Mitarbeit von E. Gufeld
2., stark bearbeitete Auflage

**Modernes Benoni bis Wolga-Gambit**

(außerdem Blumenfeld-Gambit)
(Band 6)

M. Taimanow
unter Mitarbeit von
P. Kondratjew
2., stark bearbeitete Auflage

**Holländisch bis Bird-Eröffnung**

(Band 10)

A. Suetin

**Grünfeld-Indisch Hauptsystem bis Schlechter-System**
(Band 15)

A. Suetin
unter Mitarbeit von E. Gufeld

**Grünfeld-Indisch bis Königsindisch**
(Grünfeld-Indische Systeme mit der Läuferentwicklung nach g5 und g2–g3; Königsindisch mit Fianchettierung des weißen Königsläufers)
(Band 18)

M. Taimanow
unter Mitarbeit von E. Gufeld

**Königsindisch Sämisch-System bis Vierbauernvariante**
(außerdem die Systeme 5.h3 und 5.♘ge2)
(Band 17)

L. Polugajewski
unter Mitarbeit von M. Judowitsch jun.

**Königsindisch Awerbach-System bis Petrosjan-System**
(außerdem Systeme mit früher Entwicklung des weißen Damenläufers, Systeme ohne c2–c4, klassisches System mit 7.d5)
(Band 16)

M. Taimanow
unter Mitarbeit von E. Gufeld

**Königsindisch bis Altindisch**
(klassisches System mit 7.0–0, Königsindisch im Anzug, Klassisches Benoni, Altindisch)
(Band 19)

M. Taimanow

**Englisch Klassisch bis seltene Systeme**
(Band 22)